西安交通大学 本科"十四五"规划教材
新时代高等学校通识课系列教材

大学生心理健康与自我发展

U0743092

（第3版）

主　编　姚　斌
副主编　毛志宏　金　花　吴梦瑶
编　委（以姓氏拼音为序）
　　　　金　花（西北农林科技大学）
　　　　李　佳（西北大学）
　　　　李志红（西安建筑科技大学）
　　　　罗　维（西安科技大学）
　　　　毛志宏（陕西师范大学）
　　　　钱玉燕（西安交通大学）
　　　　魏　萍（西安电子科技大学）
　　　　吴梦瑶（深圳大学）
　　　　闫　琼（西安交通大学）
　　　　姚　斌（西安交通大学）
　　　　张晓梅（西安外国语大学）

西安交通大学出版社
XI'AN JIAOTONG UNIVERSITY PRESS

图书在版编目(CIP)数据

大学生心理健康与自我发展/姚斌主编.—3 版
.—西安:西安交通大学出版社,2023.4(2025.7 重印)
ISBN 978-7-5693-2678-9

Ⅰ.①大… Ⅱ.①姚… Ⅲ.①大学生—心理健康—健
康教育 Ⅳ.①G444

中国版本图书馆 CIP 数据核字(2022)第 113911 号

DA XUESHENG XINLI JIANKANG YU ZIWO FAZHAN
大学生心理健康与自我发展
(第 3 版)

主　　编　姚　斌
责任编辑　王斌会
责任校对　张静静
封面设计　任加盟
责任印制　刘　攀

出版发行　西安交通大学出版社
　　　　　(西安市兴庆南路 1 号　邮政编码 710048)
网　　址　http://www.xjtupress.com
电　　话　(029)82668357　82667874(市场营销中心)
　　　　　(029)82668315(总编办)
传　　真　(029)82668280
印　　刷　西安五星印刷有限公司

开　　本　720mm×1000mm　1/16　印张 21.75　字数 414 千字
版次印次　2023 年 4 月第 3 版　2025 年 7 月第 3 次印刷
书　　号　ISBN 978-7-5693-2678-9
定　　价　49.10 元

如发现印装质量问题,请与本社市场营销中心联系。
订购热线:(029)82665248　(029)82667874
投稿邮箱:635208196@qq.com

第3版说明

　　课堂教学作为心理健康教育的重要形式,在提升学生心理素质,普及心理健康知识,预防心理问题,防范心理危机方面发挥着不可替代的作用。2021年7月,教育部办公厅印发《关于加强学生心理健康管理工作的通知》,要求高校加强心理健康课程建设,发挥课堂教学主渠道作用,帮助学生掌握心理健康知识和技能,树立自助互助求助意识,学会理性面对挫折和困难。习近平总书记在党的二十大报告中提出:"重视心理健康和精神卫生。"通过课堂教学普及心理健康知识,是提升心理素质,防范心理问题的重要途径。在教学实践中不断探索新的教学方式,完善教学内容,提升教学效果是每一位心理健康教育教师的重要任务。

　　2020年以来的新冠肺炎疫情对大学生的学习生活造成了一定影响,也引发了一些心理问题。据相关研究,疫情期间大学生的抑郁、焦虑等不良情绪显著增加,学生心理危机也呈上升的趋势。面对常态化疫情防控的形势,采用线上心理咨询、网络授课等形式开展心理健康教育工作成为常态。新冠肺炎疫情期间,我们也经历了无法线下授课的困境,尝试采用线上小组讨论等形式提升教学效果。

　　在网络授课的条件下,一部好的教材就显得非常重要。教材可以为学生提供反复研读的学习资源,可以很好地弥补网络授课的不足。本教材在使用过程中不断完善内容,更新形式,本次修订是在第2版的基础上,融入课程思政元素,修正了一些内容,规范了一些表述,使教材的适用性、可读性更强。本版教材的作者分别是:第一章,姚斌(西安交通大学);第二章,吴梦瑶(深圳大学);第三章,罗维(西安科技大学)、闫琼(西安交通大学);第四章,钱玉燕(西安交通大学);第五章,李志红(西安建筑科技大学);第六章,魏萍(西安电子科技大学);第七章,李佳(西北大学);第八章,吴梦瑶(深圳大学);第九章,金花(西北农林科技大学);第十章,张晓梅(西安外国语大学);第十一章,闫琼(西安交通大学);第十二章、十三章,姚斌(西安交通大学);第十四章,毛志宏(陕西师范大学);第十五章,闫琼(西安交通大学);第十六章,吴梦瑶(深圳大学)。

感谢各位作者在教材修订中的贡献,特别是闫琼、吴梦瑶老师在统稿时做了大量工作。感谢西安交通大学出版社的老师们严谨认真的编辑工作。本教材还不够完善,有待进一步提升,还请各位同仁及读者批评指正。

姚斌

2022 年 11 月

第 2 版说明

本书第 1 版于 2014 年 8 月出版。6 年来,国家对高校心理健康教育工作更加重视,特别是 2018 年 7 月教育部印发的《高等学校学生心理健康教育指导纲要》,对大学生心理健康教育工作的目标、原则、任务等方面提出了新的要求。同时教学环境、教学对象等也有了不小的变化,特别是 2020 年以来,网络教学更加普及,线上线下相结合成为新的教学要求。西安交通大学大学生心理健康与自我调适课程于 2016 年秋季开始采用线上线下相结合的混合式教学,学生线上自主学习理论知识,教师组织线下讨论交流、心理情景剧展演等促进学生对知识的理解和实践,取得了良好的教学效果。混合式教学中线上课程多为 20～30 分钟的短课,内容容量有限,学生学习网课呈现出碎片化的特点。在网络教学背景下,学生更需要参阅教材将所学知识体系化,补充网络教学的不足。

为此,我们对《大学生心理健康与自我发展》第 1 版教材做了修订。新版教材保持了第 1 版的基本内容和体例格式,并根据近年教学实践和对学生问卷调查的结果,对部分章节内容做了调整。本版教材的作者分别是:第一章,姚斌(西安交通大学);第二章,吴梦瑶(西安交通大学);第三章,罗维(西安科技大学)、闫琼(西安交通大学);第四章,钱玉燕(西安交通大学);第五章,李志红(西安建筑科技大学);第六章,魏萍(西安电子科技大学);第七章,李佳(西北大学);第八章,吴梦瑶(西安交通大学);第九章,金花(西北农林科技大学);第十章,张晓梅(西安外国语大学);第十一章,闫琼(西安交通大学);第十二、十三章,姚斌(西安交通大学);第十四章,毛志宏(陕西师范大学);第十五章,闫琼(西安交通大学);第十六章,吴梦瑶(西安交通大学)。

一部好的教材需要在教学实践中反复修订、打磨,本书在编写和修订过程中尽管各位作者尽心尽力,各位主编、副主编认真负责,但也难免有欠妥之处,还请各位高校心理健康教育专家和同仁批评指正。

姚斌

2020 年 6 月

第 1 版前言

进入 21 世纪以来,我国的高等教育事业蒸蒸日上,大学生心理健康教育工作也日渐发展。一方面大学生处于人生发展的重要时期,存在许多心理困惑以及心理发展方面的问题,需要心理健康知识;另一方面从教育行政管理的角度来看,高校需要大力开展心理健康教育工作以促进大学生身心健康成长。为促进此项工作,党中央、教育部曾多次下发文件要求着力开展大学生心理健康教育和心理咨询工作,并在条件保障、人员培养、课程开设等方面提出了具体要求。特别是中共中央、国务院发布的《关于进一步加强和改进大学生思想政治教育的意见》,教育部、卫生部和共青团中央联合印发的《关于进一步加强和改进大学生心理健康教育的意见》,以及教育部印发的《普通高等学校学生心理健康教育工作基本建设标准(试行)》和《普通高等学校学生心理健康教育课程教学基本要求》,这些文件对推动高等学校开展心理健康教育工作发挥了重要作用。

课程教学作为高校心理健康教育的重要组成部分已经成为大家的共识,但应该如何开展心理健康教育课程教学、设置课程目的和内容等问题长期以来一直存在争议。有的课堂以理论教学为主,将心理健康教育课程等同于心理学系对专业学生的教学;有的课堂迎合学生口味,让趣味测评、团队游戏成为课堂教学的主角。虽然有文件对大学生心理健康教育课程的内容、教学方式等作出规定,但现实的情况是各高校在教学内容和方法上各有不同。市面上可以看到的以"大学生心理健康教育"为书名的教材非常多,其内容和教学方式却相差很大。为什么要开设心理健康教育课程? 什么教学内容才是合适的? 大学生喜欢怎样的教学方式? 理解了这些问题才能有针对性地开展教学活动,达到教学目的。

带着对这些问题的思考,本书主编对大学生心理健康教育课程教学进行了深入的调查研究,编制了有关大学生心理健康教育课程目的、教学内容、教学方式等方面问题的问卷,向上过大学生心理健康与自我调适选修课的大学生发放一千余份,了解大学生对本课程的认识和期望,发现课程教学中存在的问题并探索解决措施;同时,参考了大量有关大学生心理健康教育方面的教材,特别是2011年以后出版的最新教材。这些前期工作是制定本书编写大纲和体例格式的依据。

本书作者均为长期在高校心理健康教育与咨询中心从事一线工作的专业人员,他们绝大多数有心理学学历背景,并且承担着大学生心理健康课程教学工作。这保证了作者既有扎实的心理学理论功底,又非常熟悉大学生实际情况,有解决学生心理问题、帮助学生心理发展的实践经验,还有丰富的课堂教学经验。本书凝聚了作者的经验和智慧,内容丰富,结构完整,对大学生预防和解决心理问题,促进自我发展可发挥积极作用。

本书有以下四个特色:第一,着眼于大学生的心理发展,教学内容兼顾大学生心理问题解决和心理发展与成长的需求,既有针对常见心理问题的分析和建议,也有对自我发展和心理成熟的指导;第二,基于当前大学生知识结构设置教学内容,调查发现大多数学生没有学过心理学基础知识,因此本书特别增加了心理学基础、发展心理和社会心理三章内容;第三,注重理论知识与生活实践的结合,每个章节先介绍相关理论知识,然后是将知识应用于学习生活实践的内容;第四,提高学生的参与度,以心理测评、课堂活动、课堂讨论等形式吸引学生,本书每章都有"延伸阅读""课堂实践""讨论议题""课后思考"等环节,引导学生参与教学活动,活跃课堂气氛,增强教学效果。

大学生心理健康教育在我国是一个新兴学科,在快速发展的同时也必将经历从不成熟到成熟的发展过程。本书作为课程教学改革的一次尝试,有创新必然会有瑕疵,尽管作者竭尽全力,但也难免存在疏漏,本书的不足之处还请各位同行及广大读者批评指正。

姚斌

2014年6月

目录
CONTENTS

第一章　绪论 ………………………………………………… 1

　第一节　心理健康 ………………………………………… 2

　第二节　大学生心理健康及影响因素 …………………… 9

　第三节　大学生心理健康教育 …………………………… 15

第二章　认识心理现象 …………………………………… 24

　第一节　心理学概述 ……………………………………… 24

　第二节　心理过程 ………………………………………… 29

　第三节　个性心理 ………………………………………… 38

第三章　心理发展历程 …………………………………… 42

　第一节　心理发展及影响因素 …………………………… 42

　第二节　青年期的心理特点 ……………………………… 50

　第三节　毕生发展心理学 ………………………………… 55

第四章　社会心理解读 …………………………………… 58

　第一节　社会化与社会认知 ……………………………… 58

　第二节　态度与态度转变 ………………………………… 67

　第三节　社会互动 ………………………………………… 71

第五章　校园适应 ………………………………………… 81

　第一节　挑战与适应 ……………………………………… 81

　第二节　大学入学适应问题及对策 ……………………… 85

　第三节　大学生适应能力培养 …………………………… 94

第六章　自我认同与自我管理 …………………………… 99

　第一节　自我意识概述 …………………………………… 100

第二节　大学生的自我意识 ································ 106

第三节　自我管理 ······································ 112

第七章　学习心理 ··· 120

第一节　激发学习动机 ·································· 121

第二节　掌握学习方法 ·································· 125

第三节　解决学习问题 ·································· 133

第八章　人际交往 ··· 140

第一节　人际关系基本理论 ····························· 140

第二节　大学生人际关系问题与调适 ·················· 147

第三节　如何提高大学生交往能力 ···················· 155

第九章　恋爱与婚姻 ······································· 160

第一节　爱情与恋爱 ···································· 160

第二节　婚姻 ·· 170

第三节　家庭 ·· 173

第十章　就业与职业发展 ··································· 179

第一节　专业选择与职业发展 ························· 179

第二节　职业生涯规划 ································· 186

第三节　提高就业能力 ································· 194

第十一章　人格与人格完善 ································· 203

第一节　人格及其特征 ································· 203

第二节　人格与心理健康 ······························ 209

第三节　人格完善 ····································· 213

第十二章　认识心理疾病 ··································· 223

第一节　心理障碍概述 ································· 223

第二节　大学生常见心理障碍 ························· 230

第十三章　大学生心理危机 ································· 244

第一节　认识心理危机 ································· 245

第二节　大学生心理危机及危机干预 ·················· 248

第三节　自杀的预防与干预 ···························· 259

第十四章　情绪问题与情绪管理 ……………………………………… 267

　　第一节　大学生情绪特点 ………………………………………… 267

　　第二节　大学生常见情绪问题及自我调节 ……………………… 273

　　第三节　情绪管理 ………………………………………………… 281

第十五章　行为问题与习惯养成 ……………………………………… 290

　　第一节　良好生活方式的意义 …………………………………… 290

　　第二节　不健康行为 ……………………………………………… 295

　　第三节　网络成瘾 ………………………………………………… 302

第十六章　自助与求助 ………………………………………………… 308

　　第一节　自助的技巧 ……………………………………………… 308

　　第二节　善于求助 ………………………………………………… 315

　　第三节　心理咨询 ………………………………………………… 321

参考文献 ………………………………………………………………… 331

第一章 绪论

小A的大学生活即将画上句号,回首往事,无限感慨。他曾经意气风发、踌躇满志,将大学当作实现理想的阶梯。还记得大一时他曾立志做个"学霸",却因不知大学里应该如何学习而在第一次期末考试挂起了"红灯",此后便常常在挂科和补考间徘徊;大二迷恋"网游",在网吧里虚度光阴;大三网恋一"女神",为她神魂颠倒,无奈两地相隔,最终失恋了。失恋的伤口尚未愈合,他又为毕业去向烦恼,担心不能按期毕业,他常常被失眠、抑郁袭扰,一度失去对未来的希望,被辅导员老师连拽带拉,看医生、去咨询,状态有所好转。临近毕业,一门门功课就像一道道坎,重修、补考,他在煎熬中勉强跨过。虽然总算能够毕业,但与班上其他同学比起来,他觉得自己这四年简直是白过了。当初入校时大家都是差不多的水平,但毕业时却有这么大的差距。到现在他才知道大学里应该珍惜什么,应该追求什么,如果能够重来一遍……

过来人的感慨令人唏嘘。大学生,天之骄子,青春年华,本应朝气蓬勃,积极向上,打下人生职业发展的基础,而小A却在这样或那样的问题影响下不能安心学习,并为之纠结、痛苦。总结一下,小A大一出现入学适应问题,大二过度上网,大三恋爱与失恋,大四是毕业和就业问题,而学业问题一直贯穿始终。其实,这些问题在大学里很常见,许多大学生在面临压力挑战时可能会出现这样或那样的心理问题。可以说,问题是成长和发展的开端,如果能及时发现问题,并学会应对的方法,将问题解决在萌芽状态,就会减少对个人学习生活的影响,让大学生活有更多的收获。因此,大学生除了要解决学业和职业问题,还需要关注心理健康和自我发展的问题,学会适应环境和应对压力的技巧。本书介绍的就是如何在大学生活中解决各种发展和适应的问题,以及维护心理健康的知识和技巧。

第一节　心理健康

随着社会的进步,人们对健康的理解更加全面和多元化,心理健康作为健康的一个重要组成部分逐渐被大众了解和接受。如同身体健康一样,心理健康也是顺利完成学习和工作任务的前提,是幸福生活的保证。了解心理健康,学习维护心理健康的方法和技巧,学会应对各种压力和问题,提升自身心理素质是每一位大学生成长和发展过程中应该面对的一个重要课题。

一、全面健康概念

长期以来,人们都将健康理解为身体的健康。各种有关健康的定义也显示只要身体没有疾病就是健康状态,而疾病是可以用某些生理改变来衡量的一些躯体变化。基于这种对健康的理解,医疗活动的主要目的是消除躯体异常,恢复生理功能。

但是,在医疗实践过程中人们发现,仅仅是躯体健康还不能保证一个人正常的社会功能,健康不仅是一种生理现象,还是一种心理和社会现象。1948年,世界卫生组织(WHO)成立时在其宪章中指出:健康是一种生理上、心理上和社会适应上的完好状态,而不仅仅是没有疾病和虚弱的现象。1989年世界卫生组织又提出了21世纪健康新概念:健康不仅是没有疾病,而且包括躯体健康、心理健康、社会适应良好和道德健康。

因此,全面健康的概念包括了四层含义:第一,没有躯体疾病,即生理健康;第二,没有主观不适感,即心理健康,自我感觉良好,没有明显不良情绪困扰和行为问题;第三,社会适应良好,即能胜任正常的工作和学习,完成各种责任和义务的要求而不感到疲劳,与人和睦相处,能在社会生活中恰当地满足自己的各种需求而不伤害他人,与周围社会环境和谐融洽;第四,道德品质良好,有正确的道德观念,恰当的道德情感和行为,将道德准则内化为个人的行为标准,自觉遵守道德规范,受到他人的肯定与赞誉。

古希腊哲学家赫拉克利特(Heracleitus)曾说过,如果没有健康,智慧就难以表现,文化就无从施展,力量就不能战斗,财富变成废物,知识也无法利用。健康是一个人成就事业的前提和基础,也是幸福生活的保障。1986年,世界卫生组织强调了健康的意义,认为健康是个人每天生活的资源,是个人能力的体现,认为个人健康也是社会的资源。由此可见,大学生在掌握科学知识和职业技能的同时,也要关注健康,发掘自己的健康资源,为以后的事业发展打下坚实的基础。

二、心理健康的概念

心理现象既包括了认识、情感和意志行为,也包括了个性特征。人的心理既是一种个体的主观活动,也是一种在与他人的互动中表现出的社会行为。相对于躯体健康,对心理健康的理解更为复杂多样,人们在认识心理健康的过程中,形成了众多的定义和标准。

(一)心理健康的定义

精神病学家卡尔·门宁格(Karl Menninger)认为:心理健康是指人们对于环境及相互间具有最高效率及快乐的适应情况,不仅要有效率,也不只要有满足感,或是愉快地接受生活的规范,而是需要三者兼备。心理健康的人应能保持平静的情绪,敏锐的智能,适应社会环境的行为和愉快的气质。

1946 年召开的第三届国际心理卫生大会将心理健康定义为:所谓心理健康是指在身体、智能以及情感上,在与他人的心理健康不相矛盾的范围内,将个人的心境发展成最佳的状态。

世界心理卫生联合会将心理健康定义为:身体、智力、情绪十分调和,适应环境,人际关系中彼此能谦让,有幸福感,在工作和职业中,能充分发挥自己的能力,过着有效率的生活。

心理学家玛丽·雅霍达(Marie Jahoda)认为心理健康主要包括六个方面。①自我认知的态度:能对自我做出客观的分析,对自己的体验、感情、能力和欲求等做出正确的判断;②自我成长、发展和自我实现的能力:努力去实现自己内在的潜能,自强不息,即使遇到挫折,也会去追求人生真正的价值;③统一、安定的人格:能有效地处理内心的各种矛盾,使之不产生冲突和对立,保持均衡心态,有较高的抗压力及坚韧的忍耐力;④自我调控能力:对于环境的压力和刺激,能保持自我相对的稳定,并具有自我判断和决定的能力,不依附或盲从于他人,善于调节自我的情绪和能力,果断地决定自己的发展方向;⑤对现实的感知能力:在现实生活中不会迷失方向,能正确地认知现实世界;⑥积极地改善环境的能力:能积极适应环境,并积极地改善环境,使之更适应人的生存。

尽管对心理健康的定义有不同的理解,但从这些概念可以看出,心理健康是一种良好的状态,在这种状态下人的主观感觉良好,社会功能完善,因此,我们认为,心理健康是以积极有效的心理活动,平稳正常的心理状态,对当前和发展着的社会和自然环境有良好的适应功能。

(二)正确理解心理健康

很多人对心理健康存在误解,认为与心理健康的概念对比,自己是心理不健康的人,或者认为心理健康与自己没有什么关系。我们要正确理解心理健康,使之成为进行心理调节的目标或标尺。

1.心理健康是一种理想的状态,而且具有相对性

心理健康概念所描述的是一种理想的良好状态,但并非每个人时时刻刻都能保持这样的状态。以心理健康概念中提到的心理活动的有效性为例,很多大学生都有这样的体会,自己在某一段时间学习效率非常高,但在其他时间里学习效率一般或者较低。达到高效学习的状态有一定的条件,对自己感兴趣的、能熟练运用的、重要的学习内容效率就高,反之效率就不高。因此,人们可以在一定的时间、一定的条件下达到心理健康的状态,但不可能一直保持这种状态,当环境条件发生变化时,心理状态也会发生变化。

心理健康的相对性是指没有一个标准的、完美的状态,心理健康状态在每一个人身上的表现有所不同。《简明不列颠百科全书》认为,心理健康是指个体心理活动在自身和环境条件许可范围内所能达到的最佳状态,而不是指一种绝对的十全十美的状态。绝对的完美状态只能在假设各种条件均具备的情况下存在,现实中非常罕见。

2.心理健康与不健康状态是一个动态变化的过程

心理健康与不健康不是"有"和"无"的关系,不是静止不变的,而是在各种环境条件和自身个性因素的作用下发展变化的过程。一个人可能这一段时间心理健康,另一段时间心理不健康,甚至早上状态还很好,下午遇到一些烦心的事情状态就不好了。在学习生活中,随着时间的推移,受到个人愿望和需求以及环境条件等因素的影响,心理状态也在相应地发生变化。就像哲学里所说的,运动是绝对的,静止是相对的,心理健康是在不断变化中保持的一种相对静止状态。

如图1-1所示,人的心理状态首先可以分为正常与异常两部分。心理正常指人的心理活动具有正常的功能,包括能够顺利适应环境,健康地生存发展,能正常进行人际交往,承担社会责任,能正确地认识和反映客观世界的本质及其规律性。如果丧失了这些正常功能,就会出现心理异常。心理正常又可以分为心理健康与不健康。心理健康是完好的心理状态,而心理不健康则是存在某种心理问题,但又未达到精神疾病的状态。也就是说,正常与异常是在区分"没病"和"有病",而健康与不健康是在区分"完好"和"有缺陷"。如果将心理疾病比作黑色,将健康完好比作白色,那么在黑与白之间存在较大的灰色地带就是心理不健康状态。这个灰色地带由浅灰到深灰,越靠近心理健康颜色越浅,越靠近心理异常颜色越深。

图1-1 心理状态的划分

3.人的心理状态呈现正态分布的特点

正态分布是一个统计学概念,是对某些指标在人群中分布的一种描述。例如身高体重等指标在平均值附近的人数较多,离平均值越远,人数越少,而且不同身高体重人数是以平均值为中线两边对称。人的心理状态也可以按照正态分布来理解如图 1 - 2 所示,一方面,在人群中完全心理健康的人很少,出现心理疾病的人也不多,大多数人都处于两者中间的某个位置,有人靠近"健康完好"一些,有人靠近"心理疾病"一些。2018 年《中国城镇居民心理健康白皮书》显示,心理完全健康的城镇居民仅为 10.3%,73.6% 的城镇居民处于心理亚健康状态,存在不同程度心理问题的城镇居民有 16.1%。这个统计数据恰恰说明了这一点。另一方面,一个人的心理状态在少数时间里健康完好,在少数时间里状态极差,在大多数时间里处于中间状态,当然有的人心理状态极差时达到了心理疾病的标准,有的人并没有出现心理疾病。

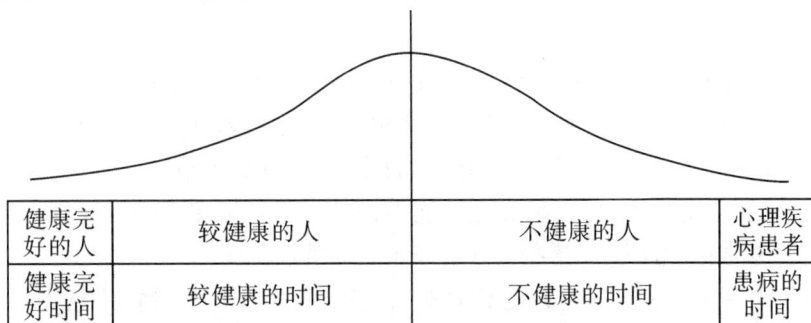

健康完好的人	较健康的人	不健康的人	心理疾病患者
健康完好时间	较健康的时间	不健康的时间	患病的时间

图 1 - 2　心理状态分布曲线图

4. 人的心理状态是自身和环境诸多因素综合作用的结果

为什么人的心理状态有时候好,有时候差? 其原因主要是两个方面:一个是自身特点,另一个是环境条件。自身特点方面主要是指人的个性特征,有的人乐观,有的人悲观,在同样的环境条件下,不同人的心态各不相同。环境条件包括季节,气候,工作学习是否顺利,是否遭遇打击事件,人际关系是否融洽等,环境条件令人满意时,就会有良好的心态,否则就会出现各种情绪和行为问题。

5. 心理健康不代表没有心理困扰

没有人能够一直保持心理健康状态,在遇到学业困难、人际矛盾、失恋、亲人亡故等情况时,人们都会出现痛苦、焦虑、退缩等情绪和行为反应,或者说出现某种心理困扰。出现这些情况并不代表心理不健康,而是人对消极刺激的正常反应,只要能够主动调节,经过一段时间后心理困扰就能自然消除。但如果不能正确看待,或者采用消极的应对方式,不良情绪和行为就会持续存在,甚至可能发展成为心理疾病。所以,只要在大多数时间里能够保持良好的心态,在出现打击挫折时能够及时调节就算是一个心理健康的人。

三、心理健康的标准

如何判断一个人心理是否健康? 我们需要以一些具体的标准作为衡量依据。

心理健康具体标准有许多不同的提法,下面我们列举其中的几种。

《简明不列颠百科全书》认为心理健康的具体标准为:①认知过程正常,智力正常;②情绪稳定、乐观,心情舒畅;③意志坚强,做事有目的;④人格健全,性格、能力、价值观等均正常;⑤养成健康的习惯和行为,无不良行为;⑥精力充沛地适应社会,人际关系良好。

亚伯拉罕·哈罗德·马斯洛(Abraham Harold Maslow)将心理健康的标准概括为十个方面:①有充分的自我安全感;②能充分了解自己,并能恰当估价自己的能力;③生活理想切合实际;④不脱离周围现实环境;⑤能保持人格完整与和谐;⑥善于从经验中学习;⑦能保持良好的人际关系;⑧能适度地宣泄和控制情绪;⑨在符合社会规范的前提下,能有限度地发挥个性;⑩在不违背社会规范的前提下,能恰当地满足个人的基本需求。

我国学者王效道和徐斌提出了评估心理健康水平的七条标准:①适应能力,是对自然环境和社会环境的适应能力;②耐受力,是对精神刺激或压力的承受力或抵抗力;③控制力,指自我控制和调节的能力;④意识水平,一般以注意力为客观指标;⑤社会交往力,即人际交往的能力;⑥康复力,指在蒙受精神打击和刺激后心理创伤的复原能力;⑦道德愉快胜于道德痛苦。

结合相关文献对心理健康标准的不同理解,我们从认识、情绪、意志行为、个性、社会适应能力等方面提出心理健康的八条标准。

1. 智力正常

智力是人的一般能力水平,包括观察力、记忆力、思维力、想象力和专业操作能力等方面。智力是保证人们日常工作和生活顺利进行的基本条件,也是判断心理健康的标准之一。智商是用来衡量智力水平的一个指标,在韦克斯勒智力测验中,智商低于70分就是智力缺陷,在70和79分之间为临界智力,80分以上是心理健康的基本条件。

2. 保持良好情绪

良好情绪的第一个指标是要有积极愉快的心境。心境是指微弱的、持久的、长期影响人心理活动的情绪状态。当人们没有什么强烈的情绪反应时均处于心境状态。良好情绪要求人的主导心境是积极的、轻松愉快的。良好情绪的第二个指标是情绪反应与外界刺激在质和量两个方面保持一致。在质的方面,遇到好事情心情就愉快,遇到糟糕的事情,就会出现压抑、紧张等不良情绪。在量的方面,外界刺激的强度大,产生的情绪反应就强烈,反之情绪反应就微弱。另外,良好情绪还表现在出现不良情绪时能够及时调整,较少受不良情绪的影响。

3. 自我悦纳

自我悦纳是指心情愉快地接纳自己。自我悦纳不是盲目乐观,而是基于客观、全面的自我认知,形成良好的自我意识。每个人都有优点和缺点,心理健康的人能够准确地评价自我,欣赏自己的优点和长处,容忍自己的缺点和不足,对自己的总体评价是积极的,同时,能够肯定自己的个性特征和在人际交往中的表现,喜欢自己各方面的特征,对自己感到满意,有自尊、自信、自爱、自强的自我意识。

4.人际关系和谐

人际关系是社会生活的一个重要方面。人际关系和谐是指能够保持良好的人际交往,并形成不同层次的人际圈子。一个人既要有几个知心朋友,也要有关系较好的朋友和关系一般的朋友。不同层面的朋友可以发挥不同的作用,与知心朋友能够深入交往,并有较强的感情依赖;与较好的或者一般的朋友虽然交往深度较浅,但这部分朋友人数多,可以让自己拥有较为广泛的交往面。人际关系和谐的人可以得到来自亲朋好友的支持与鼓励,可以更好地应对自己所面临的各种问题。

5.行为积极有效

意志行为是树立目标,克服困难,努力发现和解决现实问题,最终达成目标的过程。行为积极是指个体行为的目标符合自身及社会发展的需要,做有益于社会和自己的事情。一些大学生迷恋网络游戏,尽管他游戏玩得很好,而且效率很高,但因过度上网对其学习、生活和身体健康造成了不良影响,所以网络成瘾是消极的行为之一。行为有效是指有较高的活动效率,能够在较短的时间里完成各种学习工作任务。大学生的主要任务是学习,不能集中注意力、学习效率下降是一些存在心理问题的学生最主要的困惑。

6.社会适应良好

社会适应就是要了解社会,使自己的言行符合社会规范,满足社会期望。社会适应首先要明确并积极履行社会职责。作为一名大学生,在学校应努力学习,争取更大的自我发展,在家里应孝敬父母,睦邻善友,走向社会以后,既要履行好工作职责,也要尽到家庭义务。其次应遵守社会规范,不违法犯纪,遵守道德规范,做一个好公民。另外,我们在社会生活中还应反应适度,行为反应符合情理,不伤害他人,言行举止能够得到周围人的赞誉。

7.人格健全

人格是一个人具有一定倾向性的心理特征的总和,包括了认知、情绪、行为等方面心理活动的稳定特征。人格在十七八岁形成以后便很难改变,并持续影响着一个人的行为举止。人格健全一方面是指人格特征成熟稳定,另一方面是指人格的各要素,如稳定观念、情绪模式、行为习惯等特征能与他人及社会环境和谐相处,并且能积极有效地促进自我及社会的发展。从年龄上看,大学生的人格应该已经稳定,但部分大学生由于过分专注于课程学习,缺乏社会阅历,其人生观、世界观等还不稳定、不成熟,人格还需进一步健全。

8.心理活动符合年龄特征

人生的不同年龄阶段都有其相应的心理和行为表现,尤其是未成年以前,不同年龄阶段的青少年或儿童心理特征差别很大。个体的心理和行为表现应该与所在年龄阶段的群体一般特征相符合,如果一个人的心理和行为与同龄人差别很大,就可能存在某种心理问题。例如有的大学生毕业后不愿走向社会,不愿工作,成为依赖父母的"啃老族",就是心理不健康的表现。

四、心理健康的意义

如同身体健康一样,心理健康对个体、对社会都有非常重要的意义,主要体现在以下几个方面。

1. 心理健康才能全面健康

根据世界卫生组织全面健康的定义,心理健康是健康的重要组成部分,如果心理不健康,那么与身体不健康一样让人感到痛苦不堪,并且影响人的正常社会功能。例如抑郁症患者,尽管其身体各器官没有疾病,但他们主观感觉痛苦,不能坚持学习、工作,甚至放弃了原有的兴趣爱好,严重的抑郁症患者精神抑制,卧床不起,其影响与躯体疾病没有什么区别。

另外,心理健康也会影响躯体健康。现代医学研究发现,许多躯体疾病的发病、治疗和转归过程都与心理因素有关,这类疾病被称为心身疾病。高血压就是一种心身疾病,每当患者出现紧张、激动、压力大等情绪状态时,血压都会升高。有调查发现,综合医院门诊病人中有三分之一的人在发病前都曾出现消极情绪状态。所以,维护身体健康不仅要加强锻炼、注重营养,而且要关注心理健康,保持平和的心态。

2. 心理健康是事业成功的保障

事业成功是许多人的人生追求,要达到这个目标,不仅要努力学习科学知识,掌握职业技能,培养专业能力,而且要保持健康的心理状态。美国成人教育家戴尔·卡耐基(Dale Carnegie)认为,一个人事业上的成功,只有15%是由于他们的学识和专业技术,而85%是靠良好的心理素质和善于处理人际关系的能力。

首先,心理健康才会有较高的工作学习效率。在心理健康状态下,人的注意力集中,思维敏捷,记忆力良好,能够在较短的时间里完成较多的学习工作任务。而烦躁不安、抑郁悲观等不良情绪会让人心理活动的效率降低。有调查显示,心理问题成为大学生学业失败的主要原因之一。

其次,心理健康有助于建立良好的人际关系。一个心理健康的人在交往中乐观积极,能够体察、理解他人的心态,与他人建立融洽、稳定的人际关系。而出现自卑、孤僻、以自我为中心等情绪或人格问题的人往往在交往中过分敏感,交往的主动性差,容易伤害他人,损害人际关系。

另外,心理健康的人能够很好地适应环境,善于发掘和利用环境中有利于个人发展的资源,能够改造环境以满足个人需求,或者调整个人期望适应环境要求,容易在现有的环境中取得更大的成就。

3. 心理健康才能拥有较高的生活质量

社会的进步使人们对生活质量有更高的追求,但经济的富裕并不代表高品质的生活。有人是拥资万贯的老板,但却为欲求不足而烦恼,为现实压力而焦虑紧张,为人际矛盾而眉头紧皱,整日疲于奔命,难见开心的笑容。心理健康可以让人们客观地看待自己,愉快地接受现实,适度地期望追求,能及时解决面临的困难和问题,轻松地度过每一天。

4. 心理健康有助于家庭幸福

心理健康有助于家庭幸福,每一个家庭成员如果都能心态平稳,积极向上,经常沟通交流,那么家庭气氛自然融洽。而如果有一个家庭成员出现心理问题,其他成员也都会受到影响。有调查显示,导致离婚的主要原因不是感情破裂,而是因家庭琐事不能换位思考,不能及时沟通交流,由小矛盾发展成为大问题,其深层原因与夫妻一方或双方的狭隘、虚弱、自私等不健康心理有关。

5. 个体心理健康有助于社会和谐

社会是由个体组成的,如果每一个人都积极乐观,有良好的人际关系,那么社会就能和谐。党的十六届六中全会通过的《中共中央关于构建社会主义和谐社会若干重大问题的决定》明确指出:"注重促进人的心理和谐,加强人文关怀和心理疏导,引导人们正确对待自己、他人和社会,正确对待困难、挫折和荣誉。加强心理健康教育和保健,健全心理咨询网络,塑造自尊自信、理性平和、积极向上的社会心态。"由此可见,心理和谐是和谐社会的重要组成部分。

讨论议题

· 保持心理健康对于大学生有何具体意义?

第二节　大学生心理健康及影响因素

大学生进入大学之前,以高考为主要目的,学习生活较为单纯,而大学毕业之后就要走向社会,成为一个独立的社会人。因此,大学时期是由学生身份到社会人转变的时期。在这样一个特殊的时期,大学生会面临很多压力和挑战,会出现各种心理问题,心理健康状态也会在不同程度上受到影响。

一、大学生心理健康现状

总体来说,大学生智力水平高,心态平稳,积极进取,能够适应校园生活、适应社会环境。多数大学生在学习、社团活动、日常生活中有良好的表现,而且人际关系融洽,自我感觉良好,有良好的心理状态。但在某些特定条件下,或者面临难以解决的现实问题时,大学生也会出现一些不良情绪和行为,个别学生还存在一定的人格缺陷,在人际交往中表现出孤僻、不合群。

对大学生心理健康状况有许多调查研究。1994 年,当时的国家教委对全国 12.6 万名大学生的调查显示,有 20.23% 的学生有不同程度的心理障碍。2001 年,樊富珉等人对北京市 23 所高校的 5220 名大学生进行心理素质及心理健康状况调查,结果显示有 16.51% 的学生存在中度以上心理问题。张力对 2009 年至 2011 年入学的大学新生调查显示,有 7.27% 的学生存在明显的心理问题,需要重点关注。2013 年某省 32 所高校的 10 万余名大学新生调查显示,有 6.9% 的大学生存在心理问题,需要进一步评估和干预。

不同群体大学生的心理健康水平有所差异。樊富珉等人通过调查认为,女生的心理健康差于男生;低年级差于高年级,其中二年级心理症状最突出;农村学生差于城市学生;独生子女与非独生子女没有明显差异。个性特征方面,北京的大学生具有外向、开放、活泼、自信、富于幻想等特点,但也存在缺乏务实精神,责任心不强,克制力较差,缺乏坚韧不拔、持之以恒的精神等不足。个性特征方面存在男女性别差异。随着年级提高学生的自律性不断提高,但创造能力有所下降。

二、大学生常见心理健康问题

在大学生活的不同阶段会有不同的压力和挑战,大学生也会相应地出现不同的心理问题。大学生心理问题主要集中在以下几个方面。

1. 环境适应问题

环境适应是大一新生最常见的问题。对于绝大多数新生来说,大学是一个完全陌生的环境,离开了长期依赖的父母,离开了熟悉多年的同学、朋友和环境,也远离了习以为常的高中生活,大学里有不同的学习内容和要求,要面临陌生的同学,要适应集体住宿以及不同以往的管理方式。在入校短暂的兴奋之后,一些大学新生可能会出现各种环境适应问题,出现失望、焦虑、恐惧、抑郁、退缩等不良情绪和行为反应。

2. 学业问题

学习是学生的主要任务。在进入大学以前,考试成绩几乎是评价学生的唯一标准。每一位大学生都会非常重视学习成绩,希望名列前茅,希望获得奖学金,但因为大学里的学习内容更加多样,老师对学习的要求和教学方式与高中也不相同,一些大学生不能适应新的学习要求,出现学习困难。个别学生可能在大一就出现考试不及格的情况,如不能及时调节,还可能留级、休学。学业的失败对学生的打击很大,会严重影响其自信心,使其出现自我否定、自责、愧疚、烦躁等情绪反应。

3.人际关系问题

人际关系问题是大学生最常见的问题之一。一些大学生过分自我,在交往中不顾及他人感受,经常伤害他人,导致人际冲突。还有的大学生意识不到人际关系的重要性,加之缺乏交往技能,在交往受挫后便封闭自我,很少与人打交道。室友间的矛盾冲突是影响最大的一种人际问题,因为同住一间宿舍,早晚都要见面,与室友产生矛盾后既不会主动、有效地解决矛盾,也不能回避不见,矛盾双方都感到非常烦恼。

4.自我认同问题

大学生正处于自我意识发展的重要时期。高中以前受高考这一主要任务的影响,许多人对自我、对人生没有太多考虑,那时候唯一有价值的事情就是好好学习,取得好成绩。进入大学以后,学习成绩不再是衡量一个人的唯一标准,大学生开始更多地思考自我,在日常学习生活中不断反思自我、评价自我,并形成各自不同的自我概念。有的人能够自尊自信,认可自我,有的人则非常自卑,不能接纳自己的某些不足,经常为自己的表现烦恼。

5.恋爱问题

大学校园里恋爱现象非常普遍。大学生也处于适合恋爱的年龄。但恋爱并非人们想象得那么美好,那么简单。两个陌生人要成为亲密的恋人关系,不仅需要审慎选择,而且还要掌握恋人间的交往技巧,在交往中不断解决矛盾、培养感情。同时大学生要处理好恋爱与学习的关系,与同学交往的关系,如果处理不好这些关系,就可能出现暗恋、失恋、学业失败等各种问题。

6.专业、职业与就业问题

每一个大学生都有主攻的专业,每一个专业都有相对应的职业。是否喜欢所学专业,是否愿意从事未来的职业是一些大学生面对的问题。有的大学生在填报高考志愿时对所学专业没有充分了解,进入大学后对专业感到失望;有的大学生的专业是父母决定的,自己并不认可。不喜欢所学专业的学生大都会出现学业问题,有的学生甚至以退学来换取一次重新选择的机会。

对于高年级的大学生,就业问题日渐迫切。近年来就业形势非常严峻,是继续深造还是先就业? 就业选怎样的岗位? 做技术还是做管理? 做本专业还是跨专业? 进国企、事业单位还是游离于体制外? 去打工还是去创业? 这些问题都需要大学生认真思考、谨慎抉择。

7.网络成瘾

网络的普及是现代社会的一大技术革命。网络在给人们带来各种便利的同时,也对人们造成了一定的消极影响。特别是网络成瘾对人们工作、学业、生活方面的消极影响很大。大学校园里有方便的上网条件,大学生自由时间多,上网机会多,出现网络成瘾的概率也大。据调查,大学生网络成瘾的现患率在 5% ~

15%,网络成瘾是目前导致大学生休学、退学的第一原因。学会有节制地使用网络,预防网络成瘾是大学生应该格外关注的问题。

8.其他问题

除上述问题之外,大学生中还存在其他一些心理问题。父母矛盾、丧亲等家庭问题对大学生会产生较大影响,如不及时调节,容易引发心理障碍。贫困生家庭经济困难,如果不能正确对待就会产生较大的心理压力,甚至因此产生自卑感。个别大学生在校期间患有某种难以治愈或者对身体功能影响较大的疾病,会在躯体痛苦和对未来担忧的双重压力下产生心理问题。还有个别大学生成长经历坎坷,或者童年遭遇过重大打击或不幸,也会出现与其经历相应的心理问题。

在遭遇重大打击,面临个人能力无法应对的现实事件,或者失去对自己意义重大的人或事物,会让人产生焦虑紧张、极度痛苦的情绪反应,甚至产生轻生的想法或行为,这种现象被称为心理危机。出现心理危机时往往难以自我调节,需要在专业人员的帮助下渡过难关。大学校园里出现心理危机的概率虽然非常低,但由于其可能产生恶劣后果,需要引起足够的重视。

个别大学生还可能在某些条件下出现精神疾病。若患有抑郁症、强迫症、恐惧症等轻度精神疾病,可以在坚持工作学习的情况下接受医院门诊治疗和心理治疗;若突发精神分裂症,言语行为无法理解,不能主动寻求医疗,需要送到医院住院治疗。只要精神疾病能够得到及时治疗,学生在康复后便可以继续完成学业。

以上问题在本书后续各章里都有详细分析,并给出了相应的建议。介绍大学生常见心理问题的解决条件、方法和技巧也是本书的一个主要任务。

三、大学生心理健康的影响因素

有的大学生能够顺利度过大学时光,并且取得良好的学业成绩,培养了较强的工作能力,而有的大学生在校期间却出现了这样或那样的心理问题,小则影响学习和生活,大则出现留级、休学乃至退学。人的心理现象非常复杂,借鉴医学上对疾病影响因素的理解,我们可以从心理健康的保护因素和心理问题促发因素两个方面来理解心理健康的影响因素。

(一)心理健康的保护因素

心理健康的保护因素就是维护心理健康,减少心理问题产生的因素。大学生处于人生的成长和发展时期,要面临各种压力和挑战,在学习和生活中难免会有心理失衡的时候。维护心理健康不是让人不出现任何心理问题,而是在出现问题后及时调节,很快恢复到正常状态。大学生心理健康的保护因素包括以下几个方面。

1.掌握心理健康知识

一些大学生在心理状态不佳时不能及时觉察,没有意识到此时需要自我调节或寻求帮助,以至于小问题累积成大问题,或者出现心理疾病。导致这样结果的原因是缺乏心理健康相关知识。大学生应积极学习心理健康知识,了解心理健康的重要性,关注自己的心理状态,并学习保持良好心态、解决心理困扰的方法和技巧,以便在出现心理问题时能够及时调节。掌握相关知识后还要学以致用,在日常学习生活中发现和解决自己的问题,避免问题恶化。

2. 培养乐观向上的人格

人格特征的稳定性对人的情绪和行为有持续的影响。人格品质中积极的自我意识,客观、准确评价自我和环境的思维习惯,稳定的情绪状态,良好的意志品质,乐观向上的态度等品质对于保持心理健康状态都有积极作用。所以,发现和克服人格特征中的缺陷,形成良好的个性品质是维护心理健康的重要因素。

3. 及时调节情绪和行为

情绪像天气一样,随着自我需求和环境条件的变化而发生变化。当出现压抑、悲观、紧张、焦虑等不良情绪时,应有意识地进行自我调节。可以适度宣泄不良情绪,可以找好朋友倾诉心中的不快,可以到学校心理咨询中心找专业老师寻求帮助。人的行为不一定都中规中矩,在冲动的时候也会有不合适的言行。发现不良行为时应及时调整,一方面学会采用合适的行为,另一方面及时消除不良行为造成的后果。

4. 充足的社会支持

社会支持是指一个人通过社会联系所能获得的他人提供的帮助,这种帮助可以是物质的,也可以是精神的。社会支持的主要来源包括家人、亲戚、朋友、同学、老师等,大学生一般远离父母,同学和朋友的帮助是最主要的社会支持之一。相关研究认为,良好的社会支持有利于心理健康,因为社会支持一方面可以让人感受到来自周围人的关心和温暖,有助于个体保持良好情绪;另一方面,在出现各种现实问题或打击事件时,社会支持可以对个体起到保护作用,让人尽快解决问题,走出困惑。社会支持来自良好的人际关系,也可以说人际关系是心理健康的保护因素之一。

5. 善于寻求心理帮助

当出现心理问题不能自我调整时,就要及时向他人寻求帮助,这样可以减少问题影响自己的时间,更好地保持心理健康状态。寻求帮助的对象可以是自己信赖的同学、朋友或者老师,也可以是自己的家人。有的大学生顾及面子,不愿在他人面前暴露问题,表面上是强者,但内心却要承受较大的痛苦。其实,有问题不是要向所有人求助,而是向自己信得过的亲友求助,在小范围里解决自己的问题。如果亲友还不能解决自己的问题,就应该求助于专业的心理咨询师,目前基本上每个高校都有专门的心理咨询中心免费为学生服务。关于求助的问题本书第十六章有专门介绍。

(二)心理问题的促发因素

心理问题的促发因素也可以叫作破坏心理健康的因素,可以从个体易感素质和环境诱发因素两个方面来理解。个体易感素质是产生心理问题的前提或基础,面临同样的挫折打击,有的人会出现心理问题,有的人就不会,其原因就在于个人素质。环境诱发因素是个体所面临的各种环境条件,包括生活事件、挫折打击、环境变迁等。

1. 个体易感素质:生理因素

与心理健康相关的生理因素包括遗传素质、神经活动类型、大脑病变、躯体健康状况等方面。遗传素质决定了一个人的躯体脏器功能以及大脑的各种心理功能,这是个性差异的物质基础。虽然目前的科学水平还不能准确地区分遗传与心理疾病的关系,但却不能否认遗传在心理健康方面的重要作用。神经活动类型决定了一个人的气质类型,决定了心理活动的速度、强度、稳定性、灵活性等方面的特征,从而影响心理健康。大脑是心理的物质器官,任何大脑的病变都能引起心理功能的异常,表现为某些精神疾病。躯体状况不佳(并没有达到疾病状态)时主观感觉不适,或者感到乏力,活动的主动性和效率受到影响,会让人容易产生烦躁不安等不良情绪反应。

2. 个体易感素质:成长经历及个性因素

个体成长经历不仅可以影响个性特征,而且童年期经验会对成人后的心理和行为产生明显影响,精神分析理论甚至认为童年经验是心理疾病的主要原因之一。尤其是个体童年期的创伤经历,如被虐待、被忽视、被侵犯、被遗弃等经历会给其幼小的心灵留下阴影,成为日后出现心理问题的基础。

良好的个性特征是心理健康的保护因素,而不良个性特征则是心理健康的破坏因素。自我中心、自卑、孤僻、悲观、狭隘、偏执、嫉妒、依赖、易激惹等不良个性特征是许多大学生产生心理问题的个性基础。而解决问题的能力低、对挫折的耐受力低等个性因素也让大学生不能应对现实压力,更容易出现心理困惑。

3. 环境诱发因素:现实压力

学习生活中总会有一些挑战或要求,如重大考试、应聘、竞赛、考核等。由于这些要求与个人的发展或利益相关,如果不能满足要求,就会遭遇损失,所以会期待好的结果,担心差的结果,并因之出现焦虑紧张、烦躁不安等压力反应。适度的压力有利于提高工作学习效率,但如果压力过大,又不能及时调节,就会影响活动效率,出现不良情绪和行为反应,甚至诱发心理问题。例如考试焦虑症就是由现实压力引起的心理问题。

4. 环境诱发因素:挫折打击与生活事件

生活中难免会遇到令人不满意的事件,如考试挂科、同学矛盾、失恋、应聘失败等事件都会让人产生明显的挫折感。有的挫折事件确实给个体的生活带来了较大的消极影响,而有的挫折其实来自个体的主观因素,例如过高的期望会产生较大的失望,让人产生挫折感。人们遭遇挫折打击后会出现自责、悲观、抑郁等不良情绪反应,如不能及时调节,就会发展成为心理问题或心理疾病。

生活事件指生活中出现的各种社会指标的变化,例如生病、考试失利、人际关系紧张、留级、借债等。生活事件不仅包括各种挫折打击事件,而且包括有利于个体的环境条件变化,比如升职、获奖、结婚等事件都是好事,但却因这些事件给个体提出了新的要求,也可能会让个体感到不适应。

5. 环境诱发因素:环境变迁

对于熟悉的环境,个体能够有效应对,并且在个人能力和环境要求间达到平衡。而对于陌生的环境,个体原有的应对方式无效,新的行为方式又没有建立,此时最容易出现心理问题。从高中进入大学需要一段适应期,从大学走向社会也需要一定时间的适应,大学生出现心理问题的环境变迁因素除了入学适应期,还有进入新的社团、留级、转专业、换宿舍等多种情况。

讨论议题

· 有一些调查认为,大学生的心理健康状况比一般人差,你如何看待这个问题?

· 在你的学习生活中,哪些因素让你情绪愉快、心态良好? 哪些因素让你烦恼悲伤、状态变差?

第三节　大学生心理健康教育

现代意义上的学校心理健康教育起源于 20 世纪初的美国。我国的学校心理健康教育虽然在 20 世纪 30 年代就有开展,但从 20 世纪 80 年代中期才开始真正发展和普及。进入 21 世纪后,在教育部的推动下,高校心理健康教育工作蓬勃发展,各高校普遍设立了心理健康教育相关机构,为大学生提供心理健康教育和咨询服务。

一、心理健康教育的含义

心理健康教育是运用心理学相关知识,帮助学生提升心理健康水平和心理素质,以期获得更好的自我发展的教育活动。对于心理健康教育的概念,我们可以从以下两个方面来理解。

(一)从健康教育角度理解

健康教育是培养健康生活方式,消除或减轻影响健康的危险因素,预防疾病,以促进健康为目的的教育活动。健康教育的核心是教育人们树立健康意识,改变不健康的生活方式,自觉地选择有益于健康的生活方式。健康教育学是医学的一个分支学科,在提高群众健康水平,预防疾病方面发挥着重要作用。

心理健康是健康的重要组成部分,因而心理健康教育是健康教育的主要内容。从这个角度来理解,心理健康教育是健康教育的一部分,是以促进心理健康为目的,以传播心理健康知识及预防心理疾病方法为内容的教育活动。心理健康教育既要通过传授心理健康知识提高人们的心理健康意识,培养良好的行为方式,也要教会人们应对现实压力的技巧,调节不良心态的方法,以及寻求心理帮助的途径。

（二）从心理教育角度理解

心理健康教育也是心理教育的一部分。班华认为,心理教育是有目的地培养受教育者良好的心理素质,提高其心理机能,充分发挥其心理潜能,进而促进整体素质提高和个性发展的教育。也有人将心理教育称为"心育",与德育、智育、体育、美育、劳育一起形成一个相互联系而又各自相对独立的体系,该体系中各个部分协同作用,共同帮助学生成长和发展。

从心理教育的角度来理解,心理健康教育更加强调良好心理素质的培养。张大均认为,心理素质是以生理条件为基础,将外在刺激内化成稳定的、基本的、内隐的,具有基础、衍生和发展功能的,并与人的适应行为和创造行为密切联系的心理品质。心理素质是一种稳定的心理品质,而心理健康则是一种积极、良好的心理状态。有良好心理素质的人往往有良好的心理健康状态,同样,有良好心理健康状态的人也常常有良好的心理素质。

提升心理素质有很多条途径,如知识学习、智力开发、技能训练、能力培养等都可以提升心理素质,而心理健康教育则是通过改善自我意识、克服不良情绪、培养有效行为等方式来提高心理素质,是其他途径不能替代的,是能够有效提高心理素质的一个重要途径。

樊富珉等人研究认为,心理健康教育包括良好的心理素质的培养与心理疾病的防治,二者相辅相成。优化学生心理素质的教育内容包括智能发展教育、非智力因素的培养、人际关系和谐教育、环境适应教育、健康人格教育;预防心理疾病的教育内容包括心理卫生知识教育、挫折教育、心理疾病防治教育。提高心理健康水平和提升心理素质可以看作是心理健康教育的两大任务,两者相辅相成,共同促进学生的健康成长和自我发展。

二、大学生心理健康教育的目标

关于大学生心理健康教育的目标,黄希庭、郑涌认为应该包括发展性目标和补救性目标。发展性目标是指优化心理素质,形成健康心理,促进社会适应和健康地成长和发展。补救性目标是指矫治少数学生的心理问题。他们认为心理健康教育目标还可以分为当前目标和长远目标。当前目标是要解决当前存在的各种心理问题。长远目标是要提高心理素质和塑造健全人格。

2011年5月,教育部办公厅印发的《普通高等学校学生心理健康教育课程教学基本要求》提出,高校学生心理健康教育课程的目标是:"使学生明确心理健康的标准及意义,增强自我心理保健意识和心理危机预防意识,掌握并应用心理健康知识,培养自我认知能力、人际沟通能力、自我调节能力,切实提高心理素质,促进学生全面发展。"结合教育部文件精神,我们从以下两个层面来理解大学生心理健康教育的目标。

(一)总体目标

总体目标也可以称作终极目标,是通过一系列教育活动所能达到的理想状态。大学生心理健康教育的总体目标有两个方面:一个方面是维护心理健康,使个体长时间保持良好的心理状态,高效地完成学习工作的各项任务,对自我和现实有较高的认同感和满意感;另一个方面是提升心理素质,使个体在创造力、耐挫力、康复力、适应力、行动力、沟通力、专注力等方面有良好的表现,能够充分发挥自我潜能,在现实生活中获得社会认可和自我满足。

(二)具体目标

以总体目标为指导,结合大学生的现实状况和主观需要,我们从以下四个方面认识大学生心理健康教育的目标。

1. 保持良好心态,预防心理疾病

通过改善自我意识,增进人际关系等心理健康教育活动,大学生可以提高自我认同和他人认同,保持良好的心理状态,使大学生活中多一些维护心理健康的因素,少一些危害心理健康的因素。同时,大学生能及时发现和调节不良心理状态,将问题解决在萌芽状态,可以消除心理疾病的诱发因素,避免出现各种心理疾病。

2. 促进良好适应

从大学入学到毕业走向社会,大学生要适应各种环境要求,如进入新的班级,加入新的社团,首次参加社会实践,第一次交男女朋友等。通过心理健康教育,大学生可提前知道会遇到怎样的要求和挑战,如何正确看待、如何自我调节才可以应对这些要求,适应环境。促进良好适应的内容包括了对大学生各种常见问题的解析与应对技巧,以及通过解决问题提高个人能力的建议。

3. 发展综合能力

掌握心理学基础、心理健康、心理疾病相关知识有助于提高综合能力,这些知识是解决心理相关问题的依据。各种心理素质训练,如素质拓展、创造力训练等可以提高大学生的综合能力,而解决具体问题的过程也可以培养大学生的综合能力。综合能力的培养是一个长期的过程,渗透于大学生心理健康教育的各个

环节。

4.培养健全人格

从年龄看,大学生的人格已经稳定,有了自己独特的价值标准和行为习惯。但由于长期单纯的学习生活,许多大学生对人生、对社会的看法还不够成熟,存在一些人格缺陷。心理健康教育帮助大学生发现自己的人格缺陷,使其纠正自己的缺点和不足,培养适应社会要求的人格品质。学习掌握有关人格的基本知识有助于人格完善,但更重要的是在日常生活中不断反思自我,及时调整自己不良的观念和行为习惯。

三、大学生心理健康教育的内容

有关大学生心理健康教育的内容有很多不同的论述。姚本先在总结了多个研究后认为,大学生心理健康教育主要包括心理健康、自我意识、学习心理、个性心理、人际交往心理、恋爱与性心理、择业心理、网络心理、心理咨询与心理治疗等方面的内容。按照心理健康教育目标和任务的要求,结合大学生学习和生活实际情况,我们认为大学生心理健康教育的内容应该包括以下四个方面。

1.心理学基本知识

经调查,多数大学生以前没有学过心理学,不了解心理学的基本知识,甚至对心理学存在一些误解。学习心理学基本知识能够让大学生更好地理解人的心理现象,以科学的态度看待成长和发展中的各种心理问题,减少因缺乏知识产生的困惑和问题。同时,学习心理学基本知识还可以健全知识结构,增加理解社会、理解人生的视角,促进大学生的自我成熟和发展。

心理学的分支学科很多,有三门学科的内容与大学生学习和生活密切相关。首先是基础心理学,诠释正常成年人的心理现象规律;其次是发展心理学,介绍心理发展的规律以及各个年龄阶段的心理特征;再次是社会心理学,介绍社会生活中的心理现象及其规律。这三部分基本知识对于大学生应对大学生活中的各种心理问题有很大帮助,例如基础心理学中对情绪产生机制的解释可以帮助大学生更好地觉察和控制情绪,发展心理学中对大学生心理特征的介绍可以帮助大学生理解自身的特点,社会心理学中社会知觉的知识可以帮助大学生理解人际交往中误解产生的原因。

2.心理健康与心理障碍相关知识

心理健康知识包括心理健康的概念、标准,心理健康的意义、影响因素等方面。大学生了解心理健康知识可以明确良好心理状态的标准,树立主动维护心理健康的意识,理解导致心理问题的原因。心理障碍也叫心理疾病,这部分知识主要介绍常见心理疾病的表现,可以让大学生在自己或周围人出现心理障碍时及时识别,以便及时寻求心理治疗或者医疗的帮助。

3. 大学生自我与发展相关问题及应对

大学生在学习生活中会遇到一些问题，并由之出现心理困惑。如何看待这些问题，如何顺利解决问题，减少对自我发展的影响，是大学生心理健康教育的主要内容。大学生常见的问题包括：入学适应问题、自我认同问题、学习问题、人际关系问题、婚恋问题、网络依赖问题、人格完善、职业与就业问题等。

4. 解决心理问题的方法和途径

各种问题都会引起人的情绪困扰和行为反应，在出现各种心理问题时，如何进行自我调节或者求助，是大学生心理健康教育的一个主要内容。这部分内容包括情绪调节和行为控制的方法、挫折与应对、心理测评、心理咨询、心理危机的发现与干预、求助技巧等。

四、大学生心理健康教育的途径

心理健康教育并非只有课堂教学的方法，还有户外宣传、专题讲座等多种形式，凡是有利于促进大学生保持心理健康、提升心理素质的活动都可以看作心理健康教育的途径。

（一）发挥课堂作用，系统开设心理健康教育课程

课堂是大学生心理健康教育的主战场。2011年2月教育部办公厅印发了《普通高等学校学生心理健康教育工作基本建设标准（试行）》，其中指出："高校应充分发挥课堂教学在大学生心理健康教育工作中的主渠道作用，根据心理健康教育的需要建立或完善相应的课程体系。学校应开设必修课或必选课，给予相应学分，保证学生在校期间普遍接受心理健康课程教育。"2011年5月教育部办公厅印发了《普通高等学校学生心理健康教育课程教学基本要求》，文件除了对课程内容提出要求，还要求各高校至少开设一门心理健康教育必修课，或者由一门必修课和多门选修课组成课程体系。课堂教学可以传授系统的心理健康知识，并通过形式多样的课堂活动激发学生对心理健康教育的兴趣，培养心理调节能力，进而改善学生的心理健康状况。

（二）多渠道普及心理健康知识

因为许多高校心理健康课程并没有全员覆盖，因而通过多种渠道普及心理学、心理健康知识就成为开展心理健康教育的重要途径。心理健康相关问题专题讲座时间短、针对性强，是传播知识的有效途径。心理剧展演、心理征文、心理知识竞赛、心理游戏等心理健康教育活动趣味性强、参与度高，深受学生欢迎。心理健康周、心理健康月中开展的户外现场咨询、心理知识展板等形式的宣传声势大、影响广，往往能够取得较好的效果。编写印制心理知识宣传册、宣传单等资料，在校内设置宣传板等形式也都可以起到宣传普及的作用。

(三)利用网络开展心理健康教育

当代社会网络日益普及,尤其是智能手机的普遍使用,大学生能够随时随地接入互联网,浏览相关信息。与传统教育方式相比,网络方式更受大学生认可,通过网络传播心理知识、开展相关活动是心理健康教育的一种新形式。学校可以通过网络介绍心理健康相关知识,通过网络进行心理测评,通过网络进行心理咨询和危机预警,当今流行的微博、微信、微电影等新媒体也都可以成为有效开展心理健康教育的平台。

(四)心理咨询与辅导

心理咨询是一对一地帮助求助者解决心理问题的过程。心理咨询可以帮助在日常学习生活中出现一定心理困扰的大学生解决问题、调整情绪和行为,有助于其改善心理状态,提高学习工作效率。心理咨询的目的虽然不是进行心理健康教育,但其中会涉及针对问题的知识介绍和方法指导,因而也可以看作是一种心理健康教育的方式。

(五)校园活动与社会实践

心理素质的提高不仅需要掌握心理学方面知识,而且需要自我体验。丰富多彩的校园活动为大学生提供了表现自我和人际交往的舞台。参与社团、学生会、班级、学院等组织的各种活动时,可能会有困难、有矛盾,会遭遇挫折打击,经历成功失败,这些过程对于大学生认识自我、理解他人、提高能力都有很大帮助。生产实习、暑期社会实践、勤工助学等多种形式的社会实践也会起到同样的作用。

(六)全员参与大学生心理健康教育工作

大学里除心理健康教育与咨询中心等专业机构外,其他人员也可以在心理健康教育中发挥积极作用。各高校普遍建立的学校、学院、班级三级心理健康教育和危机干预机制将部分学校领导及学工系统干部作为心理健康教育的重要力量。一些学校将心理健康教育的内容渗透到其他相关课程中,使部分任课老师也加入进来。理论上说,所有与大学生有接触的教学、行政、后勤人员都可以发挥心理健康教育的作用,但这些人员需要接受心理健康相关培训,并有顺畅参与此项工作的机制。

课堂实践

测一测,你的心理健康状态如何?

下面的症状自评量表可以帮助你了解自己的心理健康状况,请按照要求完成并计算分数,看看自己是否存在心理问题。本量表反映一周内的心理健康状况,可以反复使用,以后在自己心情不好时都可以测一测,如果分数达到"有症状"的标准,就需要寻求心理咨询的帮助。

症状自评量表(SCL-90)

姓名　　　　性别　　　　年龄　　　评定日期　　　第　次评定

注意:以下表格中列出了有些人可能会有的问题,请仔细阅读每一条,然后根据最近一星期以内下述情况影响您的实际感觉,在5个方格中选择一格,画一个"√"。

	没有 1	很轻 2	中等 3	偏重 4	严重 5	
1. 头痛	□	□	□	□	□	1
2. 神经过敏,心中不踏实	□	□	□	□	□	2
3. 头脑中有不必要的想法或字句盘旋	□	□	□	□	□	3
4. 头昏或昏倒	□	□	□	□	□	4
5. 对异性的兴趣减退	□	□	□	□	□	5
6. 对旁人责备求全	□	□	□	□	□	6
7. 感到别人能控制您的思想	□	□	□	□	□	7
8. 责怪别人制造麻烦	□	□	□	□	□	8
9. 忘记性大	□	□	□	□	□	9
10. 担心自己的衣饰整齐及仪态的端正	□	□	□	□	□	10
11. 容易烦恼和激动	□	□	□	□	□	11
12. 胸痛	□	□	□	□	□	12
13. 害怕空旷的场所或街道	□	□	□	□	□	13
14. 感到自己的精力下降,活动减慢	□	□	□	□	□	14
15. 想结束自己的生命	□	□	□	□	□	15
16. 听到旁人听不到的声音	□	□	□	□	□	16
17. 发抖	□	□	□	□	□	17
18. 感到大多数人都不可信任	□	□	□	□	□	18
19. 胃口不好	□	□	□	□	□	19
20. 容易哭泣	□	□	□	□	□	20
21. 同异性相处时感到害羞不自在	□	□	□	□	□	21
22. 感到受骗、中了圈套或有人想抓住您	□	□	□	□	□	22
23. 无缘无故地突然感到害怕	□	□	□	□	□	23
24. 自己不能控制地大发脾气	□	□	□	□	□	24
25. 怕单独出门	□	□	□	□	□	25
26. 经常责怪自己	□	□	□	□	□	26
27. 腰痛	□	□	□	□	□	27
28. 感到难以完成任务	□	□	□	□	□	28
29. 感到孤独	□	□	□	□	□	29
30. 感到苦闷	□	□	□	□	□	30
31. 过分担忧	□	□	□	□	□	31
32. 对事物不感兴趣	□	□	□	□	□	32
33. 感到害怕	□	□	□	□	□	33
34. 我的感情容易受到伤害	□	□	□	□	□	34
35. 旁人能知道您的想法	□	□	□	□	□	35
36. 感到别人不理解	□	□	□	□	□	36
37. 感到人们对您不友好,不喜欢您	□	□	□	□	□	37
38. 做事必须做得很慢以保证做得正确	□	□	□	□	□	38
39. 心跳得很厉害	□	□	□	□	□	39
40. 恶心或胃部不舒服	□	□	□	□	□	40
41. 感到比不上他人	□	□	□	□	□	41
42. 肌肉酸痛	□	□	□	□	□	42
43. 感到有人在监视您,谈论您	□	□	□	□	□	43
44. 难以入睡	□	□	□	□	□	44
45. 做事必须反复检查	□	□	□	□	□	45

	没有	很轻	中等	偏重	严重	
	1	2	3	4	5	
46. 难以作出决定	□	□	□	□	□	46
47. 怕乘电车、公共汽车、地铁或火车	□	□	□	□	□	47
48. 呼吸有困难	□	□	□	□	□	48
49. 一阵阵发冷或发热	□	□	□	□	□	49
50. 因为感到害怕而避开某些东西、场合或活动	□	□	□	□	□	50
51. 脑子变空了	□	□	□	□	□	51
52. 身体发麻或刺痛	□	□	□	□	□	52
53. 喉咙有梗塞感	□	□	□	□	□	53
54. 感到前途没有希望	□	□	□	□	□	54
55. 不能集中注意力	□	□	□	□	□	55
56. 感到身体的某一部分软弱无力	□	□	□	□	□	56
57. 感到紧张或容易紧张	□	□	□	□	□	57
58. 感到手或脚发重	□	□	□	□	□	58
59. 想到死亡的事	□	□	□	□	□	59
60. 吃得太多	□	□	□	□	□	60
61. 当别人看着您或谈论您时感到不自在	□	□	□	□	□	61
62. 有一些不属于您自己的想法	□	□	□	□	□	62
63. 有想打人或伤害他人的冲动	□	□	□	□	□	63
64. 醒得太早	□	□	□	□	□	64
65. 必须反复洗手，数数或触摸某些东西	□	□	□	□	□	65
66. 睡得不稳不深	□	□	□	□	□	66
67. 有想摔坏或破坏东西的冲动	□	□	□	□	□	67
68. 有一些别人没有的想法或念头	□	□	□	□	□	68
69. 感到对别人神经过敏	□	□	□	□	□	69
70. 在商店或电影院等人多的地方感到不自在	□	□	□	□	□	70
71. 感到任何事情都很困难	□	□	□	□	□	71
72. 一阵阵恐惧或惊恐	□	□	□	□	□	72
73. 感到在公共场合吃东西很不舒服	□	□	□	□	□	73
74. 经常与人争论	□	□	□	□	□	74
75. 单独一人时神经很紧张	□	□	□	□	□	75
76. 别人对您的成绩没有做出恰当的评价	□	□	□	□	□	76
77. 即使和别人在一起也感到孤单	□	□	□	□	□	77
78. 感到坐立不安心神不定	□	□	□	□	□	78
79. 感到自己没有什么价值	□	□	□	□	□	79
80. 感到熟悉的东西变成陌生或不像是真的	□	□	□	□	□	80
81. 大叫或摔东西	□	□	□	□	□	81
82. 害怕会在公共场合昏倒	□	□	□	□	□	82
83. 感到别人想占您的便宜	□	□	□	□	□	83
84. 为一些有关"性"的想法而很苦恼	□	□	□	□	□	84
85. 您认为应该因为自己的过错而受到惩罚	□	□	□	□	□	85
86. 感到要赶快把事情做完	□	□	□	□	□	86
87. 感到自己的身体有严重问题	□	□	□	□	□	87
88. 从未感到和其他人很亲近	□	□	□	□	□	88
89. 感到自己有罪	□	□	□	□	□	89
90. 感到自己的脑子有毛病	□	□	□	□	□	90

1. 计分方法

总分:将90个项目的各单项得分相加而得。如某人在90个项目方面,主观感觉均无任何不适,那他SCL-90总分将是90分,而不是0分。

阳性项目数:即得分大于等于2的项目数目,表示个体在多少项目中呈现"有症状"。

因子分:SCL-90有10个因子,是组成该因子各项目总分除以组成该因子的项目数,即组成该因子各项目的平均分。

2. 各因子所包含的项目及解释

(1)躯体化(somatization):包括1、4、12、27、40、42、48、49、52、53、56、58,共12项。

(2)强迫症状(obsessive-compulsive):包括3、9、10、28、38、45、46、51、55、65,共10项。

(3)人际关系敏感(interpersonal sensitivity):包括6、21、34、36、37、41、61、69、73,共9项。

(4)抑郁(depression):包括5、14、15、20、22、26、29、30、31、32、54、71、79,共13项。

(5)焦虑(anxiety):包括2、17、23、33、39、57、72、78、80、86,共10项。

(6)敌对(hostility):包括11、24、63、67、74、81,共6项。

(7)恐怖(phobia anxiety):包括13、25、47、50、70、75、82,共7项。

(8)偏执(paranoid ideation):包括8、18、34、68、76、83,共6项。

(9)精神病性(psychoticism):包括7、16、35、62、77、84、85、87、88、90,共10项。

(10)其他:包括19、44、59、60、64、66及89,共7项。

3. 评判标准

总分超过160分,或者阳性项目数超过43项,或者任一因子分超过2分即为"有症状",需要到学校心理咨询中心做进一步的判断说明并接受咨询。

摘自:郭念峰.心理咨询师(三级)[M].北京:民族出版社,2012.

课后思考

1. 结合自己的实际情况,考虑从现在开始自己应该做点什么,以提高心理健康水平,预防心理疾病。

2. 在大学生活中,自己可以从哪些渠道获得心理健康的相关知识? 可以从哪些渠道获得心理帮助?

3. 心理健康教育是一项全员参与的工作,想想自己今后应该怎样做才能积极参与到此项工作中?

本章相关知识链接

第二章　认识心理现象

···

　　小雨同学刚刚进入大学校园,对未知的一切充满好奇。这是她的一天:早上起来,昨晚似乎没有睡好,又累又困,从宿舍出门,准备去教室上课,秋风习习,天气明显有了变化,小雨感到了丝丝寒意;高数课上,小雨尝试集中注意力听讲,思路却总是被自己脑海中天马行空的想象带走;课堂上,很多同学积极提出问题、讨论问题,小雨不由地羡慕别人活跃的思维;晚上参加社团活动,同学们热情积极的个性感染了她,上午高数课时的沮丧情绪逐渐被开心所取代。小雨决定今后无论在学习方面还是社团互动方面都保持主动的心态,努力尝试,积极参与。

　　心理学与日常生活息息相关。像小雨一样,我们每一天、每时每刻都在体验着心理活动。心理现象是心理活动的表现形式,上述例子中提及的对身体的感觉、对天气的感受、上课时的注意力、想象力、思维、每个人的个性、情绪、对事情的动机等都属于心理现象。心理现象比较复杂,一般来说,心理现象分为两类,即心理过程与个性心理。心理过程是指心理活动的过程,包括认知过程、情绪情感过程和意志过程,其中认知过程又包括感觉、知觉、记忆、思维和想象。个性心理主要是指个性心理特征和个性倾向性两个方面。

··

第一节　心理学概述

　　大家对心理学始终存在很多好奇,人们也对心理学有不少疑问,甚至有时候,心理学也会被加上神秘、玄学的标签。比如心理学可以看透人心吗? 学习心理学可以帮助自己和他人维持更佳的心理状态吗? 那么,心理学究竟是怎样一门科学呢? 心理学是研究心理现象的科学,它以自己特有的研究对象与其他学科区别开来。古往今来,人类一直在探索着有关人的心理的秘密,下面我们就来认识一下人类心理的本质。

一、心理实质

心理的实质是有关人脑的机能。大脑对客观现实产生反应,进而产生了心理现象与活动。心理是神经系统的机能,特别是脑的机能。一个健康发育的神经系统,是各种心理现象发生和发展的物质基础。

(一)人的心理是人脑的机能

心理现象是十分复杂的,正是因为其复杂性,使得人们对心理的认识经历了漫长的过程。古人认为灵魂是住在心脏里的,产生了很多唯心主义和形而上学的认识。如今,人们已经形成了共识:人用大脑思考问题,心理是大脑活动的体现。辩证唯物主义对心理做出了科学的阐释,即人的心理是人脑的机能,是对客观现实的反映。这一论点得到了人们从生活经验、临床事实以及脑解剖和生理过程的科学研究所获得的大量资料的证明。

人类具有思维,能够认识事物的本质和事物之间的内在联系,这是人的心理与动物心理最本质的区别。心理现象的产生与发展是与神经系统的出现与不断完善相联系的。而大脑是神经系统发展的最高产物,所以,神经系统,特别是大脑,是从事心理活动的器官。

1. 神经系统的主要结构与功能

神经系统包括中枢神经系统和周围神经系统两大部分。中枢神经系统指脑和脊髓部分,周围神经系统包括脑神经与支配肢体的周围神经。

脊髓是最底层的运动中枢,是完成躯体运动最基本的反射中枢。它的主要功能是通过神经回路传导最基本的、定型的和反射性运动活动,这个反射活动构成了运动调节的基础。

脑干是位于脊髓和间脑之间的较小部分,由延髓、脑桥和中脑三部分组成。延髓位于脑的最下部,被称为"生命中枢",因为它负责控制人体的呼吸、心跳、吞咽、肠胃、消化、排泄等活动。脑桥位于中脑与延髓之间。中脑位于脑桥之上,是整个脑的中点,是视觉与听觉的反射中枢。

小脑位于脑干背面,主要协助大脑维持人体的平衡与协调。小脑损伤会出现运动失调。除此之外,人们的认知功能也与小脑有关,近年来研究发现小脑的功能缺陷可能导致口吃、阅读困难等。

周围神经系统从中枢神经系统发出,导向人体的各个部分,主要负责与身体各部分的联络工作。

2. 大脑的结构与功能

大脑由左右半球组成,两半球外部是 2~5 毫米的灰质层,人们通常称之为大脑皮层,其含有 140 亿左右的神经细胞。大脑皮层的展开面积很大,可达到2200~2600 平方厘米,其表面有许多皱襞。

比尼安·布罗德曼（Korbinian Brodmann）通过对大脑皮层各区域的研究,将大脑皮层分为不同的机能区。例如,视觉区位于枕叶内,接受在光刺激的作用下由眼睛输入的神经冲动,产生初级形式的视觉。大脑左半球额叶的后下方,有一个言语运动区,人们称之为布罗卡区,这个区域受损将会引发失语症。皮埃尔·保尔·布罗卡（Pierre Paul Broca）是最早发现大脑左半球语言中枢的生理学家,1861年布罗卡通过尸检证明大脑左前叶第三回受损即丧失语言能力,这是第一次明确证明某一特定能力与大脑某一特定控制点之间有联系。以上我们所说的大脑皮层机能定位都是相对的,各中枢并不是彼此孤立地发挥作用,而是在机能上互相配合,形成一个统一的整体。

3. 大脑两半球的单侧优势

正常人的大脑有两个半球,由胼胝体连接沟通构成一个完整的统一体。人体活动是大脑两半球交互工作的结果。大脑两半球在机能上有所区分,左半球感受并控制右半身,右半球感受并控制左半身。左半球负责逻辑理解、记忆、语言、判断、推理、基本感觉（视觉、听觉、触觉、味觉、嗅觉）等,所以左脑常被称为"学术脑""语言脑"。右半球主要负责直觉、情感、身体协调、形象记忆、美术、音乐、想象等。右脑是创造力的源泉,是艺术和经验学习的中枢。许多高级思维都取决于右脑,右脑可以为人们提供无穷的创造才能。所以右脑被称为"创造脑""音乐脑""艺术脑"。综上,我们可以看到,左脑主要负责逻辑思维,右脑主要从事形象思维。对于整个人类以及我们每个人来说,挖掘大脑两半球的智能区非常重要。

4. 高级神经活动的基本过程与基本方式

高级神经活动是大脑皮层的活动,人的思维、语言和实践活动都是高级神经活动的表现。高级神经活动的基本过程是兴奋和抑制,人的心理活动就其神经机制来说,都与大脑皮层的兴奋和抑制有密切关系。兴奋和抑制是两个对立统一的过程,二者性质相反,但又相互依存、相互转化、相互制约。总的来说,神经系统的活动时而兴奋、时而抑制,以实现机体活动的完整和统一。

反射是高级神经活动的基本方式。反射是指机体通过中枢神经系统对体内外的刺激所采取的有规律的应答活动。反射可分为无条件反射和条件反射两大类。无条件反射是不用经过学习的本能,是固定的、先天遗传的反射。比如手碰到烫的东西缩回来,眼睛遇到强光眨眼,都是人体的无条件反射。

与无条件反射相对应的是条件反射,是指在一定条件下外界刺激与有机体反应之间建立起来的暂时神经联系,它是经过后天学习形成的。具体来说,一个无关刺激与一个无条件反射的刺激建立联系,使得每次出现这个无关刺激时,无条件反射就相应出现。

条件反射分为经典条件反射与操作条件反射。俄国生理学家巴甫洛夫（Pavlov）最早进行了经典条件反射的研究。给狗喂食物的时候,狗会分泌唾液,即流口水,这是一种无条件反射。巴甫洛夫在进行研究时加入了一个中性刺激,即每次给狗喂食前都会按蜂鸣器,这样循环往复多次,经过强化,即使不给狗喂食物,只要按蜂鸣器,狗就会分泌唾液,这时狗对蜂鸣器做出的流涎反应就表明其对蜂鸣器的条件反射形成了。这种机体被动强化所得的条件反射即经典条件反射。美国心理学家伯尔赫斯·弗雷德里克·斯金纳(Burrhus Frederic Skinner)在 20 世纪30 年代提出了操作条件反射。心理学理论中著名的斯金纳箱就是由此而来的。斯金纳箱是斯金纳专门设计的一种木箱,箱子里面有一个杠杆装置。斯金纳将小白鼠放入箱内,小白鼠会在箱内随心所欲自由活动,无意中将杠杆压下,继而有食物掉入箱内。这样经过反复几次的误打误撞,小白鼠渐渐知道了这种操作与食物之间的联系,按压杠杆会有食物掉下来。于是,当小白鼠想吃东西时,就会主动按压杠杆。这种通过机体主动活动或操作而得到强化的反射叫作操作条件反射。综上可见,条件反射扩展了机体对外界复杂环境的适应范围,使机体具有更大的灵活性、预见性和适应性。

(二)心理是人脑对客观现实的反映

客观现实作用于人的感觉器官,通过大脑活动将客观事物变成映象,从而产生心理。我们基本的感觉、知觉、思维、情感、记忆等都是客观现实作用于人脑的结果,是大脑对客观现实的反映。

外在现实是客观的、相同的,可每个人的感觉、思维、情感甚至记忆却有很大的差异。原因就是人们对客观事实的反映具有主观性和能动性。每个人的生活经历、个性、态度、经验都会影响其对外界现实的反映。例如老师布置了较多的作业,有些同学觉得很苦闷,有些同学则会觉得很充实;周末班级组织集体出游,有些同学觉得很开心,很憧憬,有些同学则会在心理上比较抵触这种集体活动。能动性则体现在人们心理的反映并不是镜子式的反映,而是积极、能动的过程。一方面,人们对客观现实的反映,不仅反映外部现象,而且反映事物的本质和内在联系;另一方面,人们可以用这种认识指导实践活动,改造客观世界。

心理具有社会性,是自然机能和社会性结合的结果。我们偶尔会看到这样的新闻,人类的小孩出生后没有接触人类社会,而是在动物群体中长大,成为“狼孩”“猪孩”等,这些孩子不会人类语言、不能与人交流,甚至不会直立行走。“狼孩”“猪孩”的存在正是证明了心理具有社会性,脱离人类社会,即使有遗传因素的作用,他们经过后期的训练仍然不能正常交流。所以人类的心理现象与活动脱离人类社会这个重要因素是不能正常产生和作用的。

人类心理的实质是关于人脑的机能,而这种心理现象是人们对客观现实的主观的、能动的、社会化的反映。心理的实质是自然和社会相结合的产物。

二、心理学的研究任务及分支学科

近百年,心理学得到了迅速的发展,心理学的研究内容与实际生活领域产生了更多的交互与结合,由于实际需求的增加,越来越多的心理因素得到重视,也出现了越来越多学科与心理学的交叉研究。那么,心理学研究的基本任务有哪些?这些研究任务与内容又产生了哪些不同的研究领域呢?

(一)心理学的基本任务

心理学的基本任务是探索心理现象的发生、发展和变化规律,主要包括以下几个方面。

1.心理过程

人的心理现象是在时间上展开的,它表现为一定的过程。如认知过程、情绪过程、技能形成过程等。心理过程有时发生的速度很快,但用科学方法还是可以进行研究的心理学就是要分析心理现象的时间进程。

2.心理结构

人的心理现象虽然很复杂,但心理现象之间存在着一定的联系和关系。研究心理结构就是要揭示心理现象之间的联系和关系。

3.心理的脑机制

心理是神经系统的机能,主要是脑的机能。心理学不仅要在行为水平上研究心理现象的规律,而且要深入研究心理的脑机制,揭示心理现象与脑的关系。

4.心理现象的发生发展

脑的发育为心理的发生发展提供了基础,在不同时期和年龄阶段,人的心理活动有着不同的特点。探讨心理现象的发生和发展以及它与脑发育之间的关系,也是心理学的重要任务。

5.心理与环境

人脑是一个开放的系统,与周围环境存在着复杂的交互作用。外界刺激作用于人,由人脑引起各种心理现象,这些心理现象反过来通过人的行为作用于周围环境,进而引起新的心理活动。揭示心理现象和外部环境(自然和社会环境)之间存在的规律性的联系,是心理学研究的另一项重要任务。

(二)心理学的分支学科

心理学的研究贯穿于行为与经验的各个方面,且与其他学科有很多交叉领域,形成了多种心理学分支学科,例如在普通心理学的基础上,形成了教育心理学、临床心理学、工程心理学、心理测量学、咨询心理学、实验心理学、组织心理学、发展心理学、社会心理学、管理心理学、运动心理学等。以下介绍几种主要的心理学分支学科。

1.普通心理学

普通心理学是心理学中最基础、最核心的分支学科,既概括了各心理学分支学科的研究成果,又是其他各分支学科的理论基础。对于热爱心理学的人来说,普通心理学处于最重要的地位,无论想要从事心理学哪一分支领域的研究或者某一种心理学领域的职业,都需从普通心理学学习开始,这样才能为之后的学习与应用打下坚实的基础。普通心理学主要研究心理现象发生和发展的一般规律,研究心理与客观现实的关系、心理现象间的相互联系等。

2. 生理心理学

生理心理学,顾名思义主要研究心理现象的生理机制,是心理现象产生的基础和源头,包括神经系统,特别是脑的机制、感官机制、内分泌腺对行为的调节机制、遗传在行为中的作用等。

3. 发展心理学

发展心理学主要研究心理的种系发展和人的个体发展。种系发展也称作比较心理学,即动物心理与人的心理的比较。个体发展是研究人类个体的毕生发展。毕生发展心理学主要研究人类个体从胚胎期一直到生命结束的发展过程中不同年龄阶段的心理特征以及个体心理从一个阶段发展到另一个阶段的规律。发展心理学的研究有着充分的现实意义,比如关于婴儿早期的心理研究构成了亲子关系、婴幼儿教育的核心理论基础,儿童期、青少年期的心理研究为家长、老师提供了沟通、教育的重要理论依托。老年心理近年来也成为社会关注的重要话题。

4. 教育心理学

教育心理学主要研究教育过程中涉及的心理现象,教育与心理发展的交互关系,知识与技能的掌握,教育者与受教育者的心理品质等,个体在关键成长期均受到教育的影响,因此了解教育心理学对个体的成长发展具有至关重要的作用。教育心理学既关系到个体的成长成才,又与整个社会的人才培养、教育事业发展、社会综合发展息息相关。

5. 社会心理学

社会心理学是研究社会心理与社会行为的科学。相比于个体,社会心理学更偏向于群体的研究,或者社会现象中的心理机制,比如群体中的人际关系、群体的价值定向、社会阶级、社会情绪、民族心理、宗教心理等。社会心理学中有一个重要研究部分是群体心理与社会心理的关系,或者群体对个体的影响,比如常见的从众、服从等。社会心理学与日常生活关系密切,每个个体都存在于社会生活中,都要与他人接触、与群体接触、与社会环境接触,这些互动与交互作用都可以在社会心理学的研究中找到。

第二节　心理过程

心理过程包括认知现象、情绪、情感和意志。认知是人们获得知识、运用知识的过程,也是信息加工的过程,是人类最基本的心理现象。情绪和情感对于每个人来说并不陌生,快乐、悲伤、气愤这些是人们每天都会体验到的,是人们在认识客观事物过程中所表现出的态度体验。意志则是有意识地确定目标、制订计划、采取行动,最终实现预定目标的心理过程。

一、认知

认知是个体认识外界事物的过程,是对作用于人体的感觉器官的外界事物进行信息加工的过程。具体来说,认知过程包括人们是怎样注意并获取来自各方的信息,信息在头脑中是怎样储存和加工的,以及人们是怎样思考、解决问题及产生语言的。

(一)感觉

感觉几乎每时每刻都伴随着我们,但很容易被我们忽视。它是我们认识外在世界,感知除自己个体之外所有的客观对象的体验。我们认识客观对象、外在世界的所有根源都是感觉,最重要的是,感觉提供了内外环境的信息,使机体与环境保持信息的平衡。我们看到蓝天白云、日升日落,听到美妙的歌曲,体察到冬日寒冷、夏日炎炎,感受到身体疼痛不适,均来源于感觉。

对于客观世界里的一切客观物质,人们的头脑首先会接受这些物质可被看到的、听到的、触到的、嗅到的属性,进而加工、认识,这就是感觉,也可以说感觉就是人脑对事物个别属性的认识。一般来说,感觉包括视觉、听觉、触觉、嗅觉、味觉、内脏感觉等,这些都是人们感知外在世界的具体方式,都是由体内、外刺激影响感觉器官引起的。感觉反映的是客观事物的个别属性,而不是事物的整体,它不能把这些属性整合起来进行整体反映,也不知道事物的意义。对客观事物的整体反映以及对其意义的揭示是比感觉更高级的心理过程,一切较高级、较复杂的心理现象都必须在感觉的基础上产生,感觉是人认识客观世界的开端,也是一切知识的来源。

感觉是客观内容和主观形式的统一。从感觉的对象和内容来看,它是客观的,即反映着不依赖于人的意识而独立存在的客观事物。从感觉的形式和表现来看,它又是主观的,即在一定的主体身上形成并表现出来,人的任何感觉,都受到自身知识、经验及身体状况等主体因素的影响。由此可见,感觉是以客观事物为源泉,以主观解释为形式,是主观与客观相联系的重要渠道,是客观事物个别属性的主观映像。

1. 视觉

视觉是人类最重要的一种感觉,主要是由光刺激作用于人眼所产生的,人类获得的外界信息中80%均来自视觉。

视觉的感受器是位于视网膜的视杆细胞和视锥细胞。视杆细胞是夜视器官,主要在昏暗的照明条件下起作用,视锥细胞是昼视器官,主要在中等和强照明条件下起作用,并且感受物体的细节和颜色。视杆细胞和视锥细胞将光线转化成神经冲动,由视神经传达到大脑皮层的枕叶后端,从而产生视觉。

视觉的适宜刺激是波长在380～780纳米之间的电磁波,这个波段的电磁波也叫光波,或可见光。在较强的光线下,人可以区分不同的颜色。颜色包括彩色和非彩色。彩色有色调、明度和饱和度三个特性。色调由光波的波长决定,波长由短到长分别是紫、蓝、绿、黄、橙、红等。明度由光波的物理强度决定,光线越强,明度越大。饱和度由彩色中灰色所占的比例决定,灰的比例越大,饱和度越小。

视觉适应是由于视觉刺激物的持续作用,视分析器的感受性发生变化的现象。视觉适应可以引起感受性的提高,也可以引起感受性的降低。人刚从暗处走到亮处的时候,最初的一瞬间会感到强光耀眼发眩,眼睛睁不开,什么都看不清楚,要过几秒钟才能恢复正常,这就是光适应现象,光适应是视觉器官对强光的感受性下降的过程。人刚从亮处走进暗室的时候,开始什么也看不见,经过相当长时间,视觉才恢复,这就是暗适应的过程。暗适应由于光刺激由强到弱的变化,使眼睛的感受性相应地发生由低到高的变化。

2. 听觉

听觉是人对声音刺激的觉知。听觉的适宜刺激是频率在16～20000赫兹的声波。声音有音调、响度和音色三种特性。音调由声波的频率决定,频率越高,音调就越高。响度由声波的振幅决定,振幅越大,声音越响。音色由声波的波形决定,不同发声体可以产生不同的波形,也就有不同的音色。另外,周期性的声波叫乐音,由不同频率声波组成的无周期性的、不规则的声音叫噪声。

听觉的感受器官是耳,耳由耳廓、外耳道、鼓膜、听小骨和内耳组成。耳廓可以收集声波,外耳道起到共鸣箱的作用,鼓膜将声波转化为振动,并由听小骨传到内耳,内耳中的听觉神经细胞将振动转化为神经冲动,经听神经传导至位于大脑皮层的颞上回,引发听觉。

听觉也有适应现象。在声音的持续作用下,听觉感受性降低的现象叫听觉的适应。声音强度太大或者声音作用时间过长都会引起听觉感受性的降低,这种现象叫听觉疲劳。由于其他声音的干扰使人对某个声音感受性降低的现象叫声音的掩蔽。

3. 嗅觉

嗅觉是对空气中弥散的、有气味的物质的感觉。嗅觉的感受器是位于鼻腔上部黏膜上的嗅细胞。嗅细胞可以将有气味的物质刺激转化为神经冲动,经嗅神经传导到中央后回,产生嗅觉。

嗅觉的感受性受到刺激的气味、温度、湿度、鼻腔健康状况等多方面因素的影响。持续较长时间接触某种气味,就会产生嗅觉的适应,"入芝兰之室,久而不闻其香""入鲍鱼之肆,久而不闻其臭",说的就是嗅觉的适应现象。

4. 味觉

味觉是对能溶于水的、有味道的物质的感受。味觉的感受器官是位于舌面的味蕾。当溶于水的化学物质刺激到味蕾时,味蕾就会产生特定的神经冲动,经舌咽神经传导至中央后回,引起味觉。

人有四种基本的味觉:甜、酸、苦、咸。舌面的不同部位对这四种味觉的感受性是不同的,舌尖对甜味最敏感,舌两边前部对咸味敏感,舌两边后部对酸味敏感,舌后部对苦味敏感。人们日常吃的东西的味道,一般都是多种味道的混合味,如酸辣味、酸甜味等。

味觉感受性受多种因素影响。温度对味觉有影响,在 37 摄氏度时,人们对甜味最敏感。饥饿时人们对甜和咸的感受性比较高,对酸和苦的感受性比较低,吃饱后则相反。如果持续感受某种味道,感受性也会降低,这就是厨师做菜会越做越咸的原因。味觉还受嗅觉的影响,如果感冒鼻塞嗅觉缺失时,吃东西也就没有什么味道。

5. 皮肤感觉

外界刺激作用于皮肤产生的感觉就是皮肤感觉。皮肤感觉包括触压觉、冷觉、温觉和痛觉。外界物体接触皮肤,但未引起皮肤形变时产生触觉,引起皮肤发生形变时便产生压觉。皮肤表面的温度叫生理零度,高于生理零度的温度刺激会引起温觉,低于生理零度的刺激会引起冷觉。引起痛觉的刺激物很多,凡是能够对机体造成破坏或损伤的刺激均能引起痛觉,痛觉具有保护机体免受伤害的作用。

皮肤感觉的感受器在皮肤上呈点状分布,称为触点、冷点、温点和痛点。身体的部位不同,各种感觉点的分布不同,相应的感受性也有差别。一般来说,手指、面部的触觉感受性高,背部等躯体皮肤的感受性低。皮肤对冷觉和温觉容易适应,对痛觉则难以适应。

6. 平衡觉

平衡觉是对身体姿势以及人与地心引力的关系的感觉。人闭上眼睛时可以分辨出自己在做直线加速、减速或者曲线运动。平衡觉的感受器是位于内耳的前庭器官,包括前庭和半规管。前庭是反映直线加速或减速的器官,半规管是反映身体旋转运动的器官。

平衡觉与视觉、内脏感觉都有关系。当前庭器官兴奋时,视野中的物体似乎在移动,还会引发恶心、呕吐等生理现象。晕车、晕船就是由前庭器官过于敏感导致的。

7. 运动觉

运动觉是对身体运动状态的感觉。运动觉感受器位于肌肉、筋腱和关节中,反映身体各个部位的位置、运动状态及肌肉的紧张程度。身体运动时,运动觉感受器产生神经冲动,经感觉神经传导至丘脑,再传至大脑皮层的中央后回,产生运动觉。

运动觉是身体各种运动的基础。人在运动时,运动觉将身体各部分肌肉活动的强度、紧张度等信息传回大脑,大脑皮层经过分析综合之后,对各部分肌肉进行有效控制,人的动作才能协调。

8.内脏感觉

内脏感觉是对内脏状态的感觉,包括饥饿感、饱胀感、渴感、疲劳感、窒息感、便意、恶心、痛感等。内脏感觉的感受器位于内脏壁上。内脏感觉比较模糊,在脏器正常工作状态下一般不会引起内脏感觉,只有在内脏器官出现异常或病变时,才会引起明显的内脏感觉。

(二)知觉

当人们看到一件衣服时,看到它的样子、颜色,触摸到它的质地,这些都是感觉,那么更进一步,人们会认识到衣服的整体风格,也许穿上它会让自己变得更好看,这就是知觉。知觉指的是人体通过感官得到了外在世界的信息,大脑经过对这些信息的加工,产生对事物的整体认识,并且了解到它的意义。

人们认识一个客观物质的意义,一定是以其个别属性为基础的,即知觉是建立在感觉之上的,但是它并不是感觉的简单总和,而是按一定方式对个别感觉信息进行整合,形成综合性的感受。通常,知觉是通过觉察、分辨和确认来实现的。而这种知觉的实现,一方面依赖于客观存在作用于人们感官的刺激物,另一方面还依赖于感知的主体,即每一个个体。个体的需要、兴趣、知识经验等都会影响到对事物知觉的过程和结果。因为受到这些因素的影响,人们对于事物的认识和看法千姿百态,正如莎士比亚所言:一千个读者心中有一千个哈姆雷特。

人对于客观事物能够迅速获得清晰的认识,与知觉所具有的基本特性是分不开的。知觉具有以下四种特性。

1.选择性

在知觉过程中,人总是选择一部分事物作为知觉的对象,而把其他部分作为背景的现象,这就是知觉的选择性。对作为知觉对象的事物认识格外清晰,而对其他部分的知觉则比较模糊。同时作为知觉对象的事物不是固定不变的,而是随着条件的变化发生改变。

知觉的选择性与个人特征及刺激物特征有关。个人的兴趣、态度、需要以及个体的知识经验和当时的心理状态会影响人对知觉对象的选择。具有强度大、对比明显等特征的刺激容易被作为知觉对象。

2.理解性

知觉的理解性表现为人在感知事物时,总是根据过去的知识经验来解释和判断它,并将当前感知的事物与已有知识经验相联系,使其纳入一定的系统之中,从而能够对其形成更深刻的认识。

知觉的理解性与个体已有知识经验有关。同样用望远镜观察月球,具备天文学知识的人能看到月球上的山川、平地等地貌,而没有天文学知识的人只是看到一些明的、暗的图案。

3. 整体性

知觉对象是由许多部分组成的,各部分具有不同的特征,但是人们并不把对象感知为许多个别的、孤立的部分,而是将其视为一个统一的整体,这就是知觉的整体性。知觉的整体性提高了人们感知事物的效率,可以使人忽视细节而根据整体做出反应。被感知为整体的对象与刺激物的空间结构有关,相似的、连续的、接近的事物容易被当作一个整体去感知。人们对不完整的图形知觉时会弥补缺失的部分,将它当作完整图形去认知。

4. 恒常性

当知觉的条件在一定范围内发生改变时,知觉的映象仍然保持相对不变,这种现象叫知觉的恒常性。当人们看一扇门时,在门全开、半开和全闭的情况下所看到的视像是不同的,但人们并不会认为门的形状发生了改变。根据近大远小的原理,在不同距离看一个人时,尽管视像发生了变化,但人们也不会认为这个人的身高发生改变。知觉的恒常性可以使人们在不同情况下,按照事物的实际面貌反映事物,从而能够根据对象的实际意义去适应环境。

(三)记忆

虽说花落无声、风过无痕,但花朵凋零会飘落在地上、微风吹过会引起树叶摇晃,大自然中的现象几乎都会留下痕迹。人体也不例外,经历过的事情总会在大脑中留下记忆。记忆就是大脑积累和保存个体经验的过程。用心理学中信息加工的观点来阐释,记忆就是指人脑对外界输入的信息进行编码、存储和提取的全过程。记忆不仅包括人们从事过的活动、经历过的事情,还包括人们思考过的问题、体验过的情感等,这些都会在头脑中留下或深或浅的印象,从而成为经验,保留或长或短的时间。

表面看起来,记忆是存在于每一个人头脑中的潜在的现象,然而它却对每一个个体甚至整个人类社会有着非常积极和重要的作用。人们从小发展的语言、动作、技能等,都是通过记忆才进行了经验的积累,例如我们对课本知识的学习,对日常生活中游泳、骑自行车、做饭等技能的掌握,都是建立在记忆的基础上。人们对客观物质的知觉、对问题的解决,也都得益于记忆提供的重要经验。

识记、保持、回忆和再认是记忆的基本过程。这三部分分别是记忆信息的输入、储存和提取过程。

1. 识记

识记是人识别事物并留下一定印象的过程,是记忆的起始环节,是获得事物映象和经验的首要过程。识记按照是否有目的性可以分为无意识记和有意识记，前者是没有预定目的也不需要意志努力的识记，后者是有预定目的并且经过意志努力的识记。识记按照识记过程是否有理解性可分为机械识记和意义识记，前者是在没有理解的参与仅凭机械重复进行的识记，后者是建立在理解基础上的识记。

2. 保持

保持是识记过的知识经验在头脑中的积累、储存和巩固的过程，是记忆过程的中心环节，是进行回忆的必要前提。大脑将感知过的事物、体验过的情绪、做过的动作、思考过的问题以一定的形式保留下来，以便需要的时候提取。保持过程并非将识记的材料原封不动地保留，而是一个不断变化的动态过程。

遗忘是与保持相反的过程，是识记过的材料不能再认和回忆，或者发生错误的再认和回忆。遗忘可以分为暂时性遗忘和永久性遗忘，暂时性遗忘的内容在一定条件下还可以被唤起，而永久性遗忘的材料就再也不能被提取了。

3. 回忆和再认

再认是指过去经历过的事物再次出现时能够被识别出来。例如考试中的选择题和判断正误题就是考察再认水平。再认是一种比较简单的心理过程，不同的人对不同材料的再认速度和正确程度有一定的差异，这与影响再认的因素有关。

回忆也叫再现，是指在一定诱因的作用下，过去经历的事物不在面前时也能重新在头脑中呈现出来。例如在闭卷考试中的问答题就是要回忆学习过的内容。回忆比再认难度大，回忆需要建立在对信息有准确的识记和保持的基础上。再认和回忆都是对保持的信息进行提取的过程。

按照信息的编码方式以及信息存储的时间长短的不同，记忆被分为瞬时记忆、短时记忆及长时记忆。瞬时记忆又叫感觉记忆或感觉登记，是指外界刺激以极短的时间一次呈现后，信息在感觉通道内迅速被登记并保留一瞬间的记忆。瞬时记忆是记忆的开始阶段，信息保持的时间大约为 0.25 秒至 2 秒。瞬时记忆中的信息是未经任何加工的，是按照刺激物原有的物理特征进行编码，具有较强的形象性。短时记忆是感觉记忆和长时记忆的中间阶段，保持时间大约为 5 秒至 2 分钟。短时记忆的容量有限，一般为 7 ± 2 个组块，即 $5 \sim 9$ 个项目，这也就是平常我们所说的记忆广度。长时记忆是指信息经过充分的和有一定深度的加工后，在头脑中长时间保留下来。这是一种永久性的信息存贮。它的保存时间长，从 1 分钟以上到许多年甚至终身。长时记忆中存储的信息不能被人所意识到，除非经过回忆，将信息提取到短时记忆中，只有短时记忆的信息才能被人们意识到。

（四）思维

相比于感觉、知觉、记忆，思维是一种更高级、更复杂的认知活动，它以感知为基础，但又超越感知的界限，是对外界输入的刺激进行更深层次的加工。概括来说,思维是借助于语言、表象对客观事物的概括和间接的反应过程。例如,我们在书中阐释的"心理的实质是大脑对于外界事物的反映"就是思维的结果。思维除了上述概念中所描述的概括性和间接性,还包括对于头脑中已有知识经验的重建、改组和更新,即不是对外界刺激的单纯反映。例如,学生们在写学术论文时,需要思考研究课题的背景和目的,以及根据这种目的所进行的具体研究设计方案,这些都是思维的过程,而不是简单的经验再现。

思维活动具有概括性和间接性两个特征。概括性是指思维将同一类事物的共同特征和本质特征抽取出来加以概括,并将多个感知到的事物之间的联系和关系加以概括,得出有关事物之间的内在联系的结论。间接性是指思维要凭借知识、经验或其他事物的媒介,理解或把握那些没有直接感知过的,或根本不可能感知到的事物,以推测事物过去的进程,认识事物现实的本质,推知事物未来的发展。

(五)想象

想象是一种特殊的思维方式,它与思维有着密切的联系,都是高级的认知过程。用心理学的语言描述:想象就是人脑在思维的参与下,对表象进行加工、改造而创造出新事物形象的心理过程。想象来源于客观事物、现实生活,却又超越现实,它是人类所特有的一种对客观现实的反映方式,能够突破时间和空间的限制。想象分无意想象和有意想象两种。无意想象,顾名思义,就是没有既定的目的,由刺激对象所引发的不由自主的想象。例如我们看到城堡可能会不由自主地想到童话故事,看到形状各异的山峰想到相像的小动物。有意想象指的是人们有目的地主动地进行想象活动。例如,小时候我们会有命题的想象作文;开发新产品,我们需要进行创造性的想象;对于未来,我们每个人也会进行与生活愿望相结合的想象。想象对于人们的生活有着重要的作用,它可以为丰富的情感提供表达途径,还可以让人们驰骋于过去与未来。

二、情绪、情感

情绪和情感与每个人的生活息息相关,是人们最直接的心理感受,也是日常生活中谈论最多的个人体验。情绪与情感最能表达人们的内心状态,这些体验是伴随着个体心理活动过程产生的,同时也对个体意义重大,关乎人们的生存、发展,关系到人们的学习、工作、人际等。

(一)情绪与情感的概念

人们每天的生活都伴随着复杂又多变的情绪与情感,时而开心,时而悲伤,时而期待,时而恐惧。情绪与情感在生活中扮演着非常重要的角色,体现着现实生活是否满足了人们的需要,以及对这一过程的评价与体验。情绪与情感是特殊的心理现象,不同于上述的认知过程,其主要描述的是一种主观感受或内心体验。

情绪指的是以个体的愿望和需要为中介的一种心理活动,是伴随着认知过程产生的对外界事物态度的体验。情感与情绪相类似,是态度在心理上的一种较复杂而又稳定的评价和体验。幸福、爱情、美感等,这些都是情感的表现形式。

(二)情绪与情感的功能

1.适应功能

人们凭借各种情绪、情感,了解自身或他人的处境与状况是否适应社会的需要,从而求得更好的生存和发展。

2.动机功能

情绪和情感是动机的源泉之一,是动机系统的一个基本成分。它能够激励人的活动,提高人的效率。

3.组织功能

情绪对其他心理活动具有组织的作用,这种作用表现为积极情绪的协调作用和消极情绪的破坏、瓦解作用。

4.信号功能

情绪和情感在人际间具有传递信息、沟通思想的功能。这种功能是通过情绪的外部表现即表情来实现的。

(三)情绪与情感的比较

情绪与情感经常被作为一个统一的心理过程来讨论。两者作为主体的主观感受,都是对客观事物的态度的体验,是人脑对客观外界事物与主体需要之间关系的反映。实际上,情绪与情感描述的是同一过程和同一现象,只是分别强调了同一心理现象的两个不同方面。两者的不同体现在以下几个方面:首先,情绪主要强调感情反映的过程即脑的活动的过程,多与生理性的需要相联系,而情感则更为社会化,常被用来描述具有社会意义的感情,如快乐、惊讶、恐惧这些都是指情绪,而情感则包括理智感、道德感和美感。其次,情绪具有暂时性和情境性,每个人的情绪状态都可能会随时波动,而情感则更加深刻和稳定,是个体在情绪的基础上逐渐形成的稳定的态度体验。最后,情绪比较外显,即对于一般人来说,人们很容易判断出他今天是开心还是郁闷,判断出他当下是平静还是愤怒,而情感则具有内隐性,人们一般很难从一时的表面现象判断出一个人的情感状态。

三、意志

意志是一种人的思维见之于行动的心理过程,即有意识地确立目的,调节和支配行动,并通过克服困难和挫折,实现目的的心理过程,强调目的性以及有信念的坚持。例如高中生为了考上理想的大学,放弃很多娱乐的机会,坚持刻苦学习,这是意志的表现;马拉松选手们克服身体的疲惫,凭着坚定的信念坚持到底,这也是意志的表现。

意志行动包括两个阶段,一是意志准备阶段,二是执行决定阶段。在准备阶段里,需要在思想上确立行动的目的,选择行动的方案并做出决策。在确定目的的过程中,往往会遇到动机的冲突。这些冲突可划分为双趋式冲突、双避式冲突、趋避式冲突、双重趋避式冲突。双趋式冲突是两个目标同样具有吸引力,两个动机同样强烈,但却不能同时获得,"鱼和熊掌不可兼得"。双避式冲突是两个目标都想避开,但实际上只能规避一个目标,这时人们通常通过权衡去选择对自己损害更小的目标。趋避式冲突是想要获得一个目标,对自己既有利又有害,于是就产生了矛盾的心理,比如遇到美食非常想吃,想要去享受美食带来的快乐,但是自己又在减肥。双重趋避式冲突是有多个目标,每个目标都有利有弊,人们陷入矛盾之中,需要反复权衡。

第三节　个性心理

所有事物都是由共性和个性组成的,人类也不例外。在日常生活中,人们会发现自己与身边的人有许多相似的地方,人们遇到开心的事情会笑,看到感动的电影内心会触动,然而也会发现身边每一个人又有很大的差异,有些人热情,有些人冷静,有些人果敢坚毅,有些人优柔寡断。所以,每一个个体既拥有人类所共有的特征,也具有个性特征。而体现个体差异的个性心理现象是由个性心理特征和个性倾向性组成的。

一、个性心理特征

个性心理特征是个体所表现出来的具有个人特色的比较稳定的、本质的心理特点,一般分为能力、气质和性格。

(一)能力

人们在日常学习与工作中,会经常谈论到能力,例如会说某人的能力很强,也会说某人的领导力很强,而其他的能力却欠佳。那么能力到底指什么？能力是一种心理特征,具体来说,是顺利、有效地完成某种活动所必须具备的心理条件。能力是体现在具体活动中的,每个人在不同的活动中会表现出不同的能力。比如,有些同学在社团活动中体现出了领导能力,有些同学在艺术节上体现出了表演能力,有些同学则在辩论赛中展示了语言组织能力。人们从事的活动多种多样,所需要的能力也就多种多样,一般可以从以下三个方面来划分能力。

1. 根据能力的倾向性划分

根据能力的倾向性可以将能力划分为一般能力和特殊能力。一般能力指在不同种类的活动中均表现出来的能力,或者说与各种活动都有关系的能力。一般能力包括观察力、记忆力、想象力、思维能力、创造力等,智力也是一般能力。特殊能力是指在某种特殊活动中表现出来的能力,是完成特殊活动所必需的心理条件。例如从事美术工作的人具备的区分不同色彩并以之表达思想感情的能力等。

2. 按照能力在活动中产生的结果与原有知识经验的关系划分

按照此类标准,能力可分为再造能力和创造能力。再造能力也称模仿能力,是在观察别人的行为或活动之后,模仿其行为并完成活动任务的能力。例如演员就需要有较强的模仿能力,学生的学习过程也需要模仿能力。创造能力是创造性地完成活动,并产生新思想、新产品、新方法的能力。科学研究、建筑设计、文学作品创作等活动中需要较强的创造能力。创造能力需要打破常规,突破定势,另辟蹊径地解决问题。

3. 按照能力所发挥的作用划分

按照此类标准,能力可分为认知能力,操作能力和交往能力。认知能力是人脑加工、储存和提取信息的能力,人类认识客观世界的过程,获得各种知识经验的能力就是认知能力。操作能力是人们操作自己的肢体完成各种活动的能力,体育运动、艺术表演、实验操作等都属于操作能力。交往能力是在社会交往活动中表现出的能力,包括组织管理能力、判断决策能力、处理人际关系的能力等。

(二)气质

气质是一种表现在心理活动的强度、速度、灵活性和指向性等方面的稳定的心理特征,即我们平常所说的脾气、秉性或性情。比如,有些人脾气暴躁,有些人则性情温和。每个人都属于不同的气质类型,然而这些气质类型并无好坏之分,每种气质类型都有其积极一面,也有其消极一面。气质主要由先天因素决定,受神经系统类型的影响,后天的因素只占少部分。总的来说,气质具有比较强的稳定性,比较难改变,但并不意味其完全不会发生变化,在外部环境的影响下,气质也具有一定的可塑性。

(三)性格

性格是个体在对现实的稳定的态度和习惯化了的行为方式中所表现出来的人格特征。比如,有些人乐于助人、礼貌、诚恳,有些人却自私自利、不负责任。性格是每个人稳定的、独特的个性心理,是个性特征中最具有核心意义的心理特征,即体现了人与人之间最核心的人格差异。如果说气质更多地体现了人格的生物属性,那么性格则体现了人格的社会属性,性格是在后天的环境中逐渐形成的,并且也包含了许多社会道德含义。虽然性格更多地受后天环境的影响,但是生物学因素也在性格形成中起到了一定的作用。

二、个性倾向性

在日常生活中,人们很少提到"个性倾向性"这个词,但是个性倾向性所包含的概念则是人们经常谈论的,例如需要、动机、兴趣、理想、信念、世界观、价值观、人生观等。综合这些概念来看,个性倾向性指的是个体所具有的意识倾向,也就是对客观事物的稳定的态度。需要、动机、兴趣、信念等都表达了人们对客观事物、客观现象的态度和倾向,并且在人群中的差异也体现得非常明显。需要与动机是两个非常重要的概念,影响着个体实际生活中很多重要行为的实施。

(一)需要

需要是有机体内部的一种不平衡状态,表现为有机体对内外环境条件的欲求。通俗来讲,每个人生活在世界上,要维持和发展自己的生命,都需要一定的客观条件来保证,例如吃饭、喝水、休息。人们除了是自然人,还是社会人,所以在社会中生存发展也需要工作、人际关系等。如果缺少了,人们会进入一种不平衡状态,这种不平衡会反映到大脑中,进而产生需要。

1. 自然需要与社会需要

自然需要和社会需要是从需要产生的角度进行划分的。自然需要是人们的生理需要或生物性需要,主要由生理的不平衡引起,如饮食、休息等。社会需要则反映社会需求。人们生活在社会中,想要在社会中生存发展,必然需要获得某些条件才能得以实现。成就、交往,这些都是人的社会需要。

2. 物质需要与精神需要

物质需要是对物质产品的需要,是为了满足生活条件、工作条件。精神需要是精神层面的需要,例如对科学知识的需要、对文化的需要、对美的需要等。

(二)动机

动机是激发个体朝着一定目标活动,并维持这种活动的内在心理活动或内部动力。动机是在需要的基础上产生的,当个体感到缺乏某种东西的时候,会引起机体内部的紧张状态,此时就需要以意向愿望的形式指向某种对象,并激发起人的行为、活动,需要即转化成了人的行为、活动的动机。动机与行为直接相关。动机是行为背后的原因,动机推动着行为的产生。同一个行为可以由不同的动机引起,不同的行为也可能是由相同的动机产生的。一个人行为背后的动机可能是多种的,有些起主要作用,有些则是辅助性作用。

1. 生理性动机与社会性动机

有机体的生理需要产生的动机称为生理性动机,如吃饭、睡觉等。以人类的社会文化需要为基础而产生的动机属于社会性动机,如交往动机、成就动机、权利动机等。

兴趣是社会性动机的一种,是推动个体认识事物、探索真理的重要动机。兴趣是个体认识事物或从事某种活动的心理倾向。

2. 有意识动机与无意识动机

有意识动机可以意识到自己的行为活动的目的,而没有意识到或没有清楚地意识到活动目的的动机叫作无意识动机。

3. 内在动机与外在动机

内在动机是由个体内在需要引起的,而外部环境影响下产生的动机称作外在动机。内在动机与外在动机对于推动个体的行为都起着重要作用。但相对来说,个体的内在动机在实现个体行为与互动中发挥着更为核心的作用。

课后思考

1. 记录你一天的日常生活,分析自己从早到晚都经历了哪些具体的心理现象。

2. 根据对记忆的学习,你有哪些改善记忆力的小妙招呢?

本章相关知识链接

第三章　心理发展历程

　　大四的小C与男朋友交往两年多了,临近毕业,两人常常谈起未来的婚姻和家庭,既有憧憬,也有困惑。寒假回家,妈妈又唠叨起家中往事,不过这次小C没有厌烦,反而好奇地问起父母的恋爱和婚姻。妈妈翻出老相册,讲起与小C爸爸的相识、相恋,讲起结婚初的拮据和矛盾,讲起有了宝宝后的兴奋与辛劳,讲起工作的压力和养育子女的艰辛……

　　看着相册里的自己,由摇篮里那个瞪着大眼睛的小宝宝,到爸妈牵手送进小学的黄毛丫头,再到青春期的青涩小姑娘,再到成熟的大学生……小C不禁感慨万千,生命的历程是如此神奇,在不同的阶段有如此不同的长相和心理特点,而今自己也将踏进婚姻的殿堂,将来也会有自己的小宝宝,自己未来的人生发展会是怎样的呢?

　　我们每一个人都从童年一天天长大,你是否与小C有同样的感慨呢?你是否好奇婴儿生下来时就拥有了完备的器官,知道进食、睡觉、打嗝、排泄?你是否质疑婴儿到底是不是外星球来的,为什么无法交流?你是否惊讶那个曾经还躺在妈妈怀里的宝宝怎么就走进了大学的校园?你是否发现有一天曾经无所不能的父母忽然老去?你是否想象未来的一天你也将结婚、生子,重复父辈曾经走过的路?你是否好奇这中间的一切都是怎么发生的,心理现象是怎么出现的,又受到什么样的影响?为什么我们厌烦父母的唠叨,却又慢慢变成唠叨的父母?你也许遇到或者没有遇到类似的情况,但这些却是你即将要面对的。教育要走在发展的前面,知识要提前储备,才能在遇到问题的时候发挥作用。这一章将解释、探讨生命历程中不同阶段的心理现象,特别是青年期个体的心理发展特点。

第一节　心理发展及影响因素

　　每天夜里人类都要睡觉,补充体力恢复精力。睡觉时一般都会做梦,梦里的情境总是会发生一些不可思议的改变,在梦里人们会产生相应的情绪反应,直到醒来才发现那只是一个梦。每天我们都会产生成千上万的心理体验和感受,但你是否知道以下这些问题的答案:婴儿出生的时候是否有心理? 心理现象是怎样产生的? 在人的一生中心理现象受到什么样的影响? 又会发生怎么样的变化? 不同时期,相同年龄段的人们的心理现象一样吗? 相同时期、不同年龄段的人又会有什么样的心理现象呢? 父母的遗传和后天环境哪个对孩子性格的影响大? 心理是人类特有的吗?

一、心理的产生与发展

心理是人脑对客观现实的反映,心理的产生离不开健康的大脑和客观现实。心理的发展是一种由简单到复杂、由低级到高级、连续不断的量变与质变的变化趋势,是有一定的规律可循的。

(一)心理的产生

19 世纪 20 年代,印度出现了两个用四肢走路的像人的“怪物”,后来在狼窝里发现了“怪物”,原来是两个裸体的女孩。人们把这两个跟着狼长大的孩子称为“狼孩”。刚被发现时,“狼孩”用四肢走路,喜欢单独活动,白天睡觉,晚上起来活动,不吃蔬菜只吃肉,午夜会像狼似的长嚎。七八岁的“狼孩”只有六个月婴儿的智力,没有感情,饿时觅食,饱时休息,两年后才能够直立行走,四年学会了六个词、听懂几句简单的话,16 岁时只有三四岁孩子的智力。

这个事例让我们发现人类心理的产生并非生来就有的,而是社会实践的产物。人类的社会环境和集体生活为人类心理的产生提供了有利的条件,大脑才能得以发育。个体脱离了人类的社会环境则无法产生意识形态、人类的行为习惯,无法达到正常人的语言和智力发展水平。人在现实生活中与周围环境的人或事发生交互作用,就会出现主观感受和相关的行为表现,这就是心理的产生。

动物在长期进化的过程中产生了一些心理现象,动物的心理是人类心理产生与发展的基础和前提。人类的身体构造和大脑结构使得“狼孩”在回归了人类社会后能够学会人类的部分行为习惯和语言,这是人类饲养的家禽和家畜所无法比拟的。动物进化导致神经系统的出现,从而出现了对刺激的感应、感觉和知觉,直到类人猿逐渐出现思维的萌芽。但这仅为人类心理的发展提供了生物学的准备和前提。人类发展受社会规律的支配,随着共同生活产生习惯、心理、民俗和文化,进而发展到现代社会的人。

人类心理主要有以下三个特点:①人类心理是有意识的,能够分清意识客体和自我,活动具有目的性、计划性和组织性,并能够调节自身的行为,具有自觉能动性;②心理具有社会性,受到社会历史的制约,不同时期、不同社会、不同民族的人们有不同的心理特点;③语言的出现使人类积累和继承了在不同历史时期社会实践中所形成的知识,并在此基础上得以交流,使得人类更容易认识周围事物,也为知识的进一步发展起到了关键作用。

心理的发展存在着关键期或叫最佳发展期。个体每一种技能的出现都有相对应的时间,例如"狼孩"在生命的最初几年,没有在人类社会生活,无法提供大脑发展所需要的客观环境、心理发展所需要的社会环境,错过了智力发展的关键期,所以当"狼孩"回到人类社会后,虽然得到精心的照顾,但依然无法取得与同龄正常人一样的智力和行为水平。而在人类社会生活的正常孩子,时间的积累使他们在生理和心理成熟的过程中学习基本的生活技能,与外界交流,参与社会活动形成人际交流圈,适应社会角色,学会共同生活,掌握社会认可的行为方式,形成适应社会的人格特点。

(二)心理的发展

20 世纪初,格兰维尔·斯坦利·霍尔(Granville Stanley Hall)接受生物进化论和复演说的观点,提出个体的心理发展复演了种族的进化过程,个体从婴幼儿、童年、青少年、青年期的过程相应重复了人类原始时代、狩猎时代、蒙昧时代、浪漫主义时代的进化过程。人类进化史上出现的活动在个体早期的行为特征中表现出来,而高级的、蕴含意志力的活动则在年龄较大的时候才出现。霍尔认为这种特征可称为"儿童乃成人之父"。早期出现的行为特征比后来的古老,但没有后来的行为稳定,个体的行为符合社会和环境的要求,但这是如何出现的呢? 关于人类心理发展的问题,各种心理学流派的观点存在争论,目前的研究结果主要有以下三个方面。

1. 遗传与环境

子女与父母之间不仅外貌相似,而且举止言谈都有种神似——基因的传递使得个体获得亲代的特征,肤色、长相、身形、长期共同生活导致父母与孩子的气质秉性等心理特征相似。心理学家们普遍认为先天的遗传基因给心理发展提供了物质基础,而后天的环境则提供现实依据。就像播撒了若干种子一样,但哪颗种子发芽,后来的长势如何就要受到后天的影响。基因来自父母,但从受精卵形成的那一刻起,母体的内在环境以及所处的外在环境就会对胎儿的发育产生影响。婴儿出生后受到抚养者的看管和照顾,与亲人建立人际互动,并逐渐模仿家人的行为方式。随着年龄的增长与活动范围的增大,个体受到学校教育和社会环境的影响,并逐渐形成稳定而统一的心理特点与模式。

2. 内因与外因

内因是指事物变化发展的内在根据,在心理学中是指个体的内在心理动机。外因是指事物存在和发展的外部条件,在心理学中是指促进个体改变的外在因素。一般来说,内因是事物发展的动力与源泉,影响着事物发展的基本方向;外因改变事物的发展速度,但不能改变事物的基本性质。人类的身心发展是主动的,外在因素可以影响心理的发展,外在条件的改变会影响心理状态的变化,但不能决定心理发展的方向。所以心理的发展不仅受到个人兴趣、动机的影响,也受到他人期待、同伴竞争等因素的影响。

3.量变与质变

量变积累到一定程度才能引起质变,质变为量变提供了新的发展。人的心理是一个不断发展的过程,从出生开始一直到生命的结束。心理发展也具有阶段性,人类在相同的年龄经历相似的心理发展过程,这与生命的本质发展有关,由生理发育决定,也与社会文化有关,由个体的社会角色、需要承担的责任与义务决定。

二、心理发展的阶段性

心理发展是一个连续的过程,与年龄有着密切的关系。每个人在成长过程中,普遍遵循生理的、社会的发展顺序,按一定的成熟程度分阶段地向前发展。

(一)婴儿期

婴儿期为0~2岁。婴儿出生后心理发展的主要任务是满足生理的需要,建立信任感,克服不信任感,体验希望得以满足和实现的感觉。婴儿在出生后与主要抚养人(一般是母亲)在相互接触中建立依恋关系,通常表现为婴儿对母亲产生更多的情感,如微笑、哭闹、注视、拥抱、追踪等,喜欢母亲的接近与安慰,母亲在身边就表现出愉快的情绪,母亲离开就会哭闹。遇到陌生环境时,母亲的陪伴可以减少婴儿的焦虑和恐惧,使他们感到安全。婴儿饥饿、寒冷、疲倦、厌烦时往往需要得到母亲的照顾才能停止不良的情绪表现。婴儿从母亲的照顾中得到生理上的满足,体验安全的情感,对周围的环境产生基本的信任感。如果婴儿无法获得满足,则会对他人感到害怕和担忧,对外界充满怀疑。这种感觉甚至会持续到成年期,并对其成年的人际关系产生影响。

(二)儿童早期

儿童早期为2~4岁。这个阶段的儿童主要是获得自主的感觉,克服羞怯和疑惑感,体验自我意志对周围事物的影响。儿童已经基本掌握了成年的语言和语法规则,能够顺利表达自己的想法与意愿,并按照自己的理解使用词语,学会自己控制大小便,但已经不再满足于停留在狭小的空间里,而是希望探索外面的新世界。如果探索得到鼓励就会感到自我满足,否则会怀疑自己,缺乏独立性。这种心理特点对个体成年后对社会组织和社会理想的态度会产生重要而深刻的影响,此时心理发展任务的完成使得个体能够遵守社会秩序,服从法律的制约。

(三)学龄前期

学龄前期为或叫游戏期,4~7岁。在幼儿园期间的儿童的主要发展任务是获得主动感,克服内疚感,体验目标的制定与实现。游戏适合这一年龄段的孩子,孩子在解决各种矛盾中体验自我治疗和自我教育的作用。儿童在与成人的接触中受到影响,希望参与成人的活动,但受到身心发展水平的限制,便采用假想的情景从事自己向往的过家家、打针等活动,真实再现和体验成人生活中的人际关系,认识周围的事物。这些活动是儿童主动发起并参与、自行编排的,有愉快的体验,并能够使儿童练习各种基本动作,发展社会交往能力,学会表达和控制情绪。成人也可以在游戏中发现儿童的所思所想,并进行适时的教育与引导。个体未来在工作和经济上取得的成就都与这个阶段心理发展任务的完成有关。

(四)学龄期

学龄期为7~12岁。上学后个体的主要发展任务是获得勤奋感,克服自卑感,体验能力的锻炼和实现。学龄期是儿童心理发展的一个重要的转折时期,孩子正式进入学校完成有组织、有计划的学习任务,活动的范围进一步扩大,重心也由家庭转移到学校等社会机构,同伴关系也从玩伴发展出稳定的友情。这个时候孩子勤奋的付出则可以取得优秀的成绩,得到父母、老师等成人的肯定与赞扬,发展出胜任的意识,强化孩子的良好意识和品质,形成对学习、学校、教师的态度,否则会没有控制感,产生自卑心态,并将影响个体以后对学习和工作的兴趣和习惯。

(五)青春期

青春期为12~18岁。中学时期个体的发展任务是建立同一感,防止角色混乱,体验忠诚的实现。个体进入生长发育的第二个高峰,身体迅速发育并逐渐达到成熟,第二性特征的出现使得个体羞涩却充满好奇,心理的发育相对滞后,并造成一系列的心理危机,使得个体处于各种心理冲突和压力中。这个时期的个体出现了明显的自我中心思维,总觉得自己非常独特,与他人不一样,重视别人对自己的评价,制造出"假想的观众",感觉别人总是在注意和关注着自己;自我意识高涨,内心世界越发丰富,内省增加,逐渐认识自己的社会角色,但主观偏执,对于自己的私人空间要求更高,独立意识增强,对一切外在的力量排斥和反抗;"心理上的断乳"带来孤独感,觉得父母不能理解自己的想法,朋友和同伴在生活中的重要性增强,对异性充满兴趣,但表面上排斥。

(六)成年早期

成年早期为18~30岁。大学以后个体需要发展的一个主要任务就是获得亲密感,避免孤独感,体验着爱情的实现。个体从青年走向成年的时期,青年男女学习专业技能,建立稳定的价值观和世界观,逐渐进入社会,具备结婚的能力和心理准备,并成家立业。个体在"自我同一性"建立的基础上发展出"共享的同一性",能够与某个异性建立亲密的关系,分享自己的心理感受,获得美满的婚姻,得到亲密感。朋友的数量减少,但交往的深度增加,逐渐形成亲密友谊,获得稳定的朋友关系。

爱利克·霍姆伯格·埃里克森(Erik Homburger Erikson)认为在青春期时个体出现"合法延缓期"——青年内心觉得没有能力持久地承担义务和责任,而对于工作、婚姻等人生重大课题的抉择太多太重,在需要做出决定之前进入一种暂停状态,并千方百计采用求学、实习、提升等社会和父辈理解并支持的手段延缓承担的责任,使之变得合理。随着全民素质的提高,更多的学生进入高校接受高等教育,并不断提升学历,个体继续学习专业知识和技能,而将成家立业的时间向后推延。

(七)中年期

中年期为 30~60 岁。个体工作期间的主要任务是获得繁衍感,避免停滞感,体验关怀的实现。这个时期是个体对社会产生最大生产力的时期,也是社会要求个体承担最多责任和义务的时期。个体发展到这个时期一般都建立了家庭,这时的兴趣拓展到繁衍孕育下一代,即使没有自己的孩子,也会关心和指导下一代的发展,中年人乐于充当年轻人的"导师",将自己拥有的知识传授给他人。当个体感到自己不再像以往那样具有竞争力和创造性时,就逐渐进入停滞状态,轻视自己的人生意义和价值。

(八)老年期

老年期为 60 岁以后。个体退休后的主要任务是获得完善感,避免失望和厌倦感,体验智慧的实现。对于个体来说,这个时期进入最后的阶段,对自己的生命进行回顾和总结,感到生命中的成就和谐统一,产生完善感,并总结出人生哲理。老年人的情感体验较为深刻,一生中经验的积累使得老年人充满了智慧。而对于人生的不满足和不认可会使得个体对自己的人生充满厌倦和失望,对生命中失去的机会感到悔恨,并对死亡充满恐惧。

📖 课堂实践

我的"时间轴"

1. 回顾自己的生活经历,为自己制作"时间轴",记录对自己有重大影响或重要意义的人生事件。

2. 制作未来人生规划"时间轴",对自己未来的人生发展进行规划。

如下图,请根据自己的规划标出具体的时间。

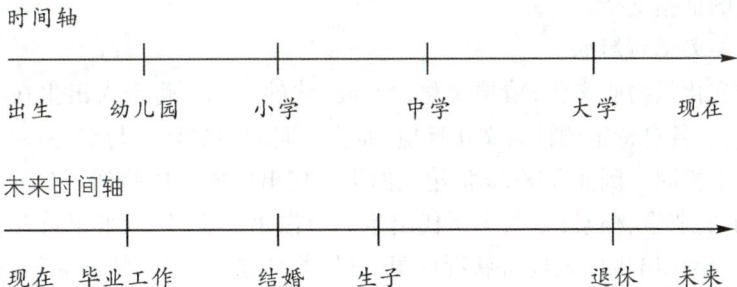

时间轴

出生　　幼儿园　　小学　　中学　　大学　　现在

未来时间轴

现在　毕业工作　　结婚　　生子　　退休　　未来

三、心理发展的影响因素

一对孪生姐妹取得了完全一样的高考总分,几个科目也仅是一两分之差。考完对答案的时候发现,她们错的题有一半以上雷同,最有趣的是她们在一道题目上开始都选了正确答案,结果都是在临交卷的时候改成了同一个错误的答案。这是一个真实的故事,双胞胎表现出来的这些特点使得心理学家发现个体的心理发展是天性与教养、自然与社会相互作用的结果。

(一)生理因素的影响

受精卵结合的那一刻起,来自父亲和母亲的基因就决定了个体的心跳速度、皮肤颜色、肌肉力量等。异卵双胞胎是由两个不同的卵子和精子结合,他们的基因差异性与同父同母的兄弟姐妹一样。由于出生的时间相同,在一个家庭成长的环境、社会文化相同,造成他们的差异性主要归因于生理因素。这些因素将对心理产生影响。

1.智力水平

随着时间的推移,异卵双胞胎的智力差异越来越大,而同卵双胞胎的智力差异却变得越来越相似,这说明智力主要受到生理遗传的影响。

2.人格

不同环境下长大的同卵双胞胎在人格特征上具有高相似性,说明个体的基本人格特质具有遗传基础。个体的兴趣、爱好、价值观、成就动机等都会影响个体的主观能动性,进而阻碍或促进个体的心理发展。

3.肥胖

关于肥胖的研究发现,遗传起到了至关重要的作用。肥胖可能使个体产生低自尊水平,进而影响个体的人际关系、性格等。

(二)社会环境的影响

同卵双胞胎的先天基因完全相同,他们心理发展的差异则归因于社会环境因素。孩子先天的气质类型有容易型、困难型、复杂型的差异,但对于基数如此之大的人类群体来说,个体差异性还主要来自后天的培养。毫无疑问,社会环境的简单与否对个体的成长会产生影响,虽然这种影响是否具有科学意义上的差异性还没有有效的证据支持。

1.社会文化的影响

社会文化是物质文化、精神文化、行为文化的总和。每个人出生在不同的时空背景下,有各自特定的社会文化环境,面临不同的历史环境与事件,对心理发展的影响也不相同。例如我国20世纪三四十年代出生的人体验到更多的苦难和艰辛,所以他们节俭、朴素;五六十年代出生的人白手起家,所以艰苦奋斗,勤劳、勇敢;七八十年代出生的人经济状况明显好转,物质条件充沛,朝气蓬勃,有创新精神;九十年代以后出生的人受到网络时代的影响,容易接受新鲜事物,思想开放。

2.家庭环境的影响

父母是孩子的第一任老师,孩子出生后就不断接受家庭环境潜移默化的教养。家庭不仅给个体提供了物质基础,也提供了精神上的支持,让个体习得良好的人际关系能力和生活实践能力,成长为成熟的个体并履行社会责任。父母工作的性质、经济条件决定了他们的社会交际圈、行为方式和态度,以及对孩子的要求,这些都会影响对子女的教育。家庭的教养方式不同,造就了个体不同的心理特点和人格特征,如拒绝和接纳的教养态度会影响孩子的自信心,以及人际关系。

3. 学校环境的影响

学校是专门的社会教育机构,学生在学校里接受系统的、有目的的、有计划的科学知识。学校按照个体的年龄发展和心理成熟程度制定适宜的教学内容和目标,发挥个体的智力和潜能,帮助个体最大限度地了解现有的科学技术水平,塑造健全的人格特征,为其进入社会奠定良好的基础。不同的教学环境不仅包括校舍等硬件资源,也包括学风、校风等人文环境,其中人的因素——教师起到了举足轻重的作用。心理学家罗伯特·罗森塔尔(Robert Rosenthal)早在 1968 年就发现教师的积极期待能够对学生的行为产生重要的作用,普通的学生因为教师的关注和暗示变得更加优秀,而看不到学生长处的教师会使得学生自暴自弃,形成恶性循环。

4. 同伴关系的影响

同伴群体是由年龄相仿、地位相同、价值观取向相似的人组成的关系较为亲密的团体。与同伴关系融洽,被群体接受和支持的个体会形成高自尊、高自我评价,与同伴关系疏离则容易引发个体的心理问题和危机。个体在成长的过程中一般会有几个关系亲密的朋友,在遇到困扰和问题的时候相互交流思想,商量对策,提供帮助,反馈信息。同伴的存在给予个体家庭支持以外的情感交流和精神、物质支持,朋友之间交流信息和思路,同伴的意见在很大程度上影响着个体的思考与决断。

(三)自然环境的影响

个体长期在某种自然环境下生活就会受其影响,并形成相对应的性格特征。自然环境包括季节和气候的变迁、天气的变化、日照光线、地形地貌、国土疆域等气象变化和地理条件以及色彩、声音、空气、景观等,这些都会对人的性格特质等心理状况产生影响。例如北欧人冷静,亚洲人含蓄,美洲人热情,这与自然环境因素有一定关系。

(四)重大生活事件的影响

个体在正常的成长环境中遭遇的重大生活事件会引发个体短时间的心理功能失衡和混乱,成为影响个体心理健康的危机事件,如自然灾害、车祸、亲人丧生、考学失利、恋爱受挫等,但危机事件的出现对个体不仅是一种影响与刺激,在某种程度上来说也是机会和挑战,个体顺利度过重大事件,能促进个体心理的成熟与发展。各种重大生活事件对个体的心理发展起到里程碑式的意义和作用。

第二节　青年期的心理特点

生命的发展是一个连续的过程,一个阶段过渡到另一个阶段并没有严格、清晰、准确的界限,而且还存在较大的个体差异。青年期主要指14～28岁这一段时间,是个体经历生理、心理和社会的成熟的重要时期。其中,14～18岁是青年早期;19～22岁是青年中期;23～28岁是青年晚期。青年早期与青春期相对应,青年中期的主要任务是接受高等教育、专业教育、高等职业教育,青年晚期个体则在各方面趋于成熟,陆续开始职业生涯,步入婚姻生活,并逐渐进入成年期。18岁左右个体生理发育基本完成,身体器官继续发育但速度减缓,个体的身体状况在25岁达到高峰时期。经历各种心理体验后,个体在二十四五岁心理基本成熟,情绪基本稳定,进入社会承担责任与义务。

一、青年期的认知发展

认知是个体对客观世界的认识,是在出生后发生和发展起来的,主要包括高级思维能力,如智力、思维、想象、创造力、推理能力、抽象概念化,制订计划和策略,解决问题等。大脑是认知发展的物质基础,认知的发展水平代表着生理发育的成熟程度。

(一)青年期的智力发展

智力是指人们在获得并应用知识解决实际问题时心理能力的总和。个体在青年期智力结构已经基本成熟,在稳定的基础上缓慢发展,表现出高于其他发展阶段的特点。心理学家编制了多种标准化智力测验来评估个体的智力水平,设定不同年龄的常模,结果发现智力的发展速度呈负加速的特点,即刚出生增长的速度很快,以后逐渐减慢,高峰期在22～25岁,衰退的速度随年龄的增长递增。心理学家对不同的智力成分进行了更细致的研究,发现不同的智力成分发展的速度和程度不同,其中观察力的高峰在10～17岁,记忆力的高峰在18～29岁。

美国心理学家雷蒙德·伯纳德·卡特尔(Raymond Bernard Cattell)将人的智力分为流体智力和晶体智力。流体智力是指人生来就能进行的智力活动,与先天因素有关,随神经系统的成熟而提高,如知觉速度、机械记忆、运算能力、推理能力等。晶体智力是通过掌握社会文化经验而获得的智力,主要指学会的技能、语言文字能力、判断力、联想能力。一般来说,流体智力在25岁时达到顶峰,晶体智力则在人的一生中不断增长,25岁以后发展缓慢。例如记忆力是一种基本的心理活动能力,青年期的机械记忆能力有所下降,但有意记忆、理解记忆能力较强,且由于生活经验的增加,工作记忆能力进一步发展,有效扩展了记忆容量。

美国心理学家罗伯特·J.斯滕伯格（Robert J. Sternberg）认为智力（IQ）分数与学业成绩关系密切，但事业上的成功则主要跟实践智力相关。这是一种通过观察和模仿他人成功行为而获得的能力，能够有效理解并处理新情境，洞察人与环境的现象。

关于智力发展的研究尚存在争论性。现代心理学家倾向于认为那些简单的智力发展较快，但衰退也较快，如机械记忆能力；越是复杂的智力发展速度就越缓慢，到达顶峰的时间就越晚，如逻辑推理能力。一般来说，教材难度的设计遵循人类的智力发展水平，所以接受高等教育的个体智力的开发水平较高。当然，这只是一般情况，个体间存在差异性。

（二）青年期思维的发展

1.思维方式的发展

个体在18岁以前主要是学习本国的各种文化知识及社会道德规范。青年期学习知识的目标不仅仅是知识的获得，而且还要学习如何运用知识解决现实生活中所面临的问题和矛盾，创造新的事物，并向他人和下一代传递社会文化。

发展心理学家吉塞拉·拉博维奇·菲夫（Giesela Labouvie-Vief）认为青年人的思维方式为后形式思维，这不仅涵括了辩证思维，还需要通过实际经验、道德判断和价值观对所有方面进行权衡，才能处理成年人面对的模糊情境。虽然每件事情都会有一个符合逻辑的结论，但现实情境错综复杂时，真实事件背后的原因并不是非黑即白，而是灰色的，如果考虑现实世界中每个人的需要和压力，那么事情就可能出现很多不同的解释。这一说法强调了以现实为导向的实用性，根据现实情况进行具体、实用的分析和思考。这种思维与个体的生活经历、现实环境有关，出现于大学生阶段，并逐渐固定下来，成为成年期认知活动的主要形式。

K.华纳·沙耶（K. Warner Schaie）认为个体在青年期认知发展的任务主要是知识的获得，其根本目的是为未来做储备，运用知识和能力实现家庭、事业的发展目标，面对并解决人生中的一些重要问题，这些决定将影响成年期以后的生活。

2.创造性思维的发展

创造性思维是一种具有开创性、新颖性及社会价值的思维活动，以感知、记忆、理解、联想、思考为基础，以发散思维、想象、假设、推理、直觉为依托，开拓认识的新领域，是能够创造新成果的高级思维活动。

青年期是创造力水平较高的时期。一般认为，青年期是创造性思维能力发展的活跃期和重要期，因为青年人受到传统的束缚较少，创新意识强，敢于标新立异，思维活跃，灵感丰富，并对创造充满了渴望和憧憬。综观历史，年轻人有不少划时代的新发明和新创造，例如伽利略17岁发现了钟摆原理，牛顿23岁创立了微积分，爱因斯坦26岁提出了光量子说，并建立了狭义相对论。但不同领域创造能力的发展高峰不同，例如自然科学家的创造力在50岁开始下降，但人文学者则在

70 岁时还保持与 40 岁相同的创造性。

国内外的研究均发现大学生的创造性思维的主要形式——发散思维有了一定程度的发展,表现在思维的流畅性发展最好,但变通性和独立性一般。大学生实践经验有限,想象力虽然丰富,但脱离实际;思维敏捷,但易钻牛角尖,不善于捕捉有价值的灵感,所以青年期还处于创造性思维的重要准备和培养阶段,个体要有意识地锻炼自己这一能力,以弥补知识结构不完善、社会经验缺失的不足,为自己的人生和事业发展奠定良好的基础。

二、青年期的情感发展

情感是个体对客观事物是否满足自己需要的一种态度,是对事物喜好或厌恶的倾向,由社会性需要引起的是高级情感,包括道德感、理智感和美感。情感比情绪更具深刻性和稳定性,是在多次情绪体验基础上形成的稳定的态度体验,是个性和道德品质的重要方面。

随着知识水平的提高,生活范围的扩大,接触的人际关系和社会范围增大,青年的情感体验内容也变得更加丰富多彩,复杂多样。青年人常常为学习成绩而欣喜,为生活中的挫折而痛苦,关心社会发展和国家大事,关注国际潮流,积极思考和探索人生的意义和个人的前途命运,结交朋友交换思想等。各种情感交织在一起,组成青年人丰富多彩、激烈而不稳定的情感特征,表现出年轻人特有的热情奔放,但也容易遇事冲动、不理智。青年人作为社会中最有活力的一个群体,具有一定的自控能力,克制自我,由于自尊心的影响和限制,有时情感的内心体验与外在表现不一致,甚至相反,例如对自己没有兴趣的事情表现出积极的热情,对喜欢的人或事却不动声色。

随着知识经验水平的提高,青年人的情感水平日益提高,并稳定成为个体的个性特征。在道德感方面,青年人的道德水平不断提高,符合社会道德标准的行为和表现逐渐增多,产生幸福感和自豪感,对祖国具有高度的责任感和使命感,期望社会上存在真正的平等,对社会上的不正之风深恶痛绝。这些道德感使青年人产生与之相对应的行为标准,对其行为产生控制和调节作用。在理智感方面,青年人的好奇心和求知欲强,对事物的认识日益深刻,不断对自己进行内省和反思,自信心增强,并将这种情感带到学习、生活中。在美感方面,美感与道德感有密切的关系,青年人对符合道德标准和社会规范的事物产生美感,对生活中和谐的社会风气和人间的真情感到欣喜,热爱美好的自然景观,并成为展示美好行为、创造美好事物的动力。

爱情是青年人情感体验的一个重要组成部分。青年人的生理发育日益成熟,产生异性交往的心理需要。在出现明显的性别意识后,个体开始逐渐意识到两性关系。对于青年人来说,最感兴趣的莫过于情感问题了。发展亲密关系是青年人幸福的核心,也是他们能否满意进入社会的重要条件。

三、青年期的人格发展

人格是一个人区别于他人的稳定而统一的心理品质,是人的整个精神面貌,包括外在的表现和内在的心理特质。青年时期是个体人格塑造和养成的一个重要阶段,这一阶段的年轻人的人格发生积极的变化,从不成熟到成熟,从不健全到健全,从不完整到完整。

人格是由多层次、多侧面的心理特征组成:①能力,指完成某种活动的潜在的可能性特征;②气质,指心理活动的动力特征;③性格,对现实的稳定态度和习惯化的行为方式;④动机、兴趣、理想、信念等活动的倾向。随着年龄的增长,青年人的活动范围扩大,社会交往频繁,作为一个有生命的有机体,人格的发展是在个体与外在环境的交互作用下形成的,个体在自主意识下选择环境、改变环境、创造环境,环境反过来影响人、改变人、塑造人。个体决定实践的方向和范围,决定自身可塑性的可能形式。人格在同化和顺应的动态平衡过程中建立和发展。

(一)自我意识对青年期人格发展的影响

青年期的人格发展是儿童的人格生成到成熟人格形成的过程,自我意识的发展状况和程度是人格发展的内在动力,在人格发展的过程中发挥着组织者和推动者的作用,影响着人格结构各要素之间的相互关系,制约着个体的行为方式。自我意识是个体对自己与自然、社会、他人关系的认识,包括自我概念、自我评价和自我理想。人的发展以自我意识为基础,自我意识是其发展的内在因素,决定个体对经验的认识和解释,从而影响个体的行为方式。

人格学家高尔顿·乌伊拉德·奥尔波特(Gordon Willrnd Allport)认为人格的生成是一个连续、稳定而统一的过程。人格的生成过程按照自我意识的发展可以分为:对生理我的意识、对自我同一性的意识、对自我尊重的意识、自我的扩展、自我意象的形成、理性运用者的自我形成、同我追求的形成、作为理解者的自我的形成,经过这八个阶段最终获得成熟的人格。青年期是自我发展的第二次飞跃,个体的自主意识增强,逐渐走出家庭,进入社会,发挥自身的能动性选择,独自解决人生课题。青年期人格的发展既是儿童期形成人格的延续,也是人格逐渐发展和成熟的过程,已达到成年期的稳定人格。

(二)青年期人格发展的特点

埃里克森把人格的发展过程看作是自我同一性的形成过程,青年期的个体需要依靠社会和周围人的反馈形成稳定和统一的自我。总的来说,青年期的人格发展是一个形成的过程,主要包括以下特点。

1.独特性

个体之间的心理和行为是不同的,每个人都有自己的特点,但青年人作为一个群体具有相似的人格特征。青年期的个体逐渐摆脱了儿童期直观、肤浅、表面的认识，而将注意力放在发现自我和外在社会的关系上，他们把注意力从外界转回自身，有更多的时间审视自我，有更多的机会进行实践活动，并表现出独立的倾向性。他们观察外在环境，分析、思考遇到的问题，解决面临的矛盾冲突，用自己的眼光看待周围的世界，并进行合理化的解释。在成年人看来，他们的做法往往标新立异，不切合实际，但青年人已经开始意识到自己的价值，行为受到内驱力的影响，并愿意承担自己的社会责任。

2. 矛盾性

青年期(adolescence)一词来自拉丁文"adolescere"，表示"成长"或"达到成熟"的意思。青年期在前一个阶段的基础上，生理迅速发育，思维继续发展，并形成新的自我概念。但青年人的知识经验有限，无法很好地整合所有的信息与资源，有时候觉得自己能力无穷，无所不能，有时候又觉得自己能力有限，非常渺小；有时候待人热情开朗，有时候又将自己封闭起来。这种矛盾性是青年人对自我意识的认识，他们通过这种方式试探，从周围人对他们的反馈中逐渐完善行为方式，形成稳定而统一的人格特征。当今社会，经济迅速发展，很多青年人进入大学接受高等教育，这就为青年人的人格塑造提供了有利条件。学校的系统教育为青年人提供了自我成长的机会，帮助青年人形成稳定和统一的人格。

3. 可塑性

一个人的人格发展要经历适应、个性化和整合三个阶段。适应是指掌握群体的行为准则，学会相应的活动方式和手段。个性化是指在群体中发展出自己与他人不同的人格特征。整合就是把个人表现出来的、被群体认可和支持的部分统和起来。心理学认为个体出生后，受到各种因素的交互作用，逐渐形成稳定的行为动机、理想、信念等，这些因素对人的行为方式的影响是一贯的，在不同时间上表现出持续性，在不同环境中表现出一致性。"江山易改，本性难移"，但这并不意味着人格是一成不变的。青年期是一个人世界观、人生观、价值观形成的重要时期，青年人的人格会受到客观环境的影响而发生改变。

4. 社会性

列夫·维果茨基(Lev Vygotsky)认为人格是一种社会历史现象，是与高级的心理机能同步发展起来的，起源于社会。人格是适应环境的产物，其形态与社会有密切的关系。人格理想是指个体对希望自己成为一个什么样的人的一种整体性设想，反映出个体对某些个人特质或人格类型的偏好与追求。夏凌翔等经过调查发现，青年人主要看重外向张扬、温敦纯真、自立自强、道德高尚、睿智理性、低调淡薄等人格品质。20世纪90年代的积极心理学强调重视和理解人的积极品质和力量，个人在与他人的交往中掌握社会经验和行为规范。青年人归根结底是社会的人，在社会化的过程中习得与文化传统、社会制度、种族、民族、家庭等相适宜的健康人格。

课堂实践

价值观澄清练习

价值观澄清法是一种帮助个体理解价值评价过程并认识自己的价值观,了解他人价值观的科学方法。由于价值观受到社会因素、家庭因素、外来文化的冲击等多种因素的影响,青年人常会存在价值观含混不清的现象。

下面这个练习帮助大家澄清自己的价值观,权衡利弊并学会思考问题。这个练习没有正确答案,每个人的答案可能都不尽相同。

你是一位船长,带领9个人航海旅行。由于暴风雨的袭击,船体受到了损坏,丢失了很多行李和食物。船行驶到一座小岛上整顿后发现现有的食物和水源只够5个人返回,其他人需要继续待在小岛上等待时间未知的救援部队。你会做出怎样的选择?

1. 一位医术非常好但长相奇丑的医生
2. 一位低智商的美女
3. 一位只关注自己学术的教授,曾做出很多重要的研究著作
4. 一位成绩优异的初中生
5. 一位身残志坚的中年男人
6. 一位70多岁的老太太,身体状况良好
7. 一位身居要位的政府官员
8. 一位正在服用药物治疗的抑郁症患者,曾有过自杀史
9. 一位辍学在家不工作的年轻人,每天跟社会青年混在一起

解读:每个人的价值观不同,做出的选择也不同。你可能遵循"有用性"原则,选择医生、中年男性;遵循"妇女优先"原则,选择女性;遵循"尊老爱幼"原则,选择年龄偏小和偏大的人;遵循"社会价值"原则,选择教授、官员;遵循"现实"原则,选择身体健康状况最佳、最有可能获救者。

第三节　毕生发展心理学

孔子曾曰:"吾十有五而志于学,三十而立,四十而不惑,五十而知天命,六十而耳顺,七十而从心所欲,不逾矩。"直到现在人们仍以此来对照和概括自己人生中几个阶段的特点。20世纪60年代后期开始,心理学家逐渐发现心理的发展并不止于成年期,而是在生命的全程都有所变化和发展,因此开始将人的毕生发展作为研究的主题。一生中的每个阶段都对个体发展有重要的意义,每个阶段都有

发展的任务与主题,而且不同的生理机能和心理状态在每个时期的发展速度不同。

17世纪前,儿童被认为是微缩版的成人,没有任何的保护和特权。随着时代的改变,人们对儿童的看法越来越细致,开始用适当的方式要求和教育。"三岁看大,五岁看老"的观点现在依然在社会上存在,并深得人心。人们倾向于认为个体一生中在心理和人格上不会发生大的改变。研究毕生发展心理学的专家学者们却有一些不同的观点。

毕生发展是指个体的发展贯彻个体一生,是从受孕开始一直持续到生命结束的连续过程。毕生发展观同时涉及获得和丧失,随着个体年龄的增长,一些能力变得更加精细、深入,而一些能力则开始慢慢消退。学者们采用科学方法研究个体一生中行为的稳定性和变化性,在什么领域、阶段,人们会出现变化和发展,探讨在什么情况下人们的行为保持一致、稳定和连续,现在主要存在以下几种观点。

1. 心理动力学观点

该观点认为人的很多行为是由无意识领域中的记忆、内驱力和矛盾冲突形成的,包括婴儿期的希望和需求,个人在五六岁时从重要他人那里获得的判断是非的能力;社会和文化影响了人们之间的相互了解及对自我的认识和理解,并塑造了个体。

2. 行为观点

该观点认为人们观察模仿他人的行为,包括攻击行为和亲社会行为,行为的出现是自发的,由于给社会带来正性或负性的后果而得以加强或削弱。

3. 认知观点

该观点认为人们以固定的认识能力和顺序发展,每个阶段信息的数量增长、理解的质量都在发生改变。

4. 人本主义观点

该观点认为人们具有先天的能力和动机来控制自己的行为,以取得更高的水平和能力,人们希望实现自己的全部潜能,以达到自我实现。

5. 文化—历史发展理论

该理论认为人类的发展受到社会历史规律的制约,认知的发展是成员之间社会互动的结果。最佳期限也就是关键期,在毕生发展观中有重要影响。关键期是指个体在发展的过程中获得某种能力的一个最佳时期,具有成熟和发育的前提,适时和适当的教育可以有效促进智力的发育,人们早期的缺失可以在日后发展。

6. 生态环境与人生历程观点

该观点认为除了儿童直接接触的微系统环境外,系统内部各环境之间的相互作用,以及父母因素、社会文化及时间因素均对个体产生影响。环境背景对人生历程的作用、不同的历史背景、对生活或社会性时间的安排及对人生的各种选择会影响一个人要承担的社会角色,影响个体的心理发展水平及其所能达到的高度。

7.生物和文化共同进化的观点

该观点认为人的行为是生理基因和社会文化共同建构的结果,进化选择的基因优势随着年龄的增长而衰退,对于文化的需求随着年龄的增长而增加。在青少年期以前,个体的资源主要用于成长,成年期的资源则用于当前功能水平的维持,老年期的资源主要用于因丧失而出现的调整。

总的来说,毕生发展观否认了心理发展是单向、不可逆转的,老年期是不断老化和丧失的观点,对人的发展持有积极乐观的态度,认为人的发展是生物遗传和社会文化共同作用的结果,发展贯穿于人的一生中,在不同的阶段发展的侧重不同,个体通过选择和补偿来优化自身的发展。

课后思考

1.学习人生各阶段的发展任务对自己有什么启示?

2.分析自己现在的心理状况,并采用毕生发展观进行指导和调节。

本章相关知识链接

第四章　社会心理解读

情 景 导 入 ••

　　小 D 稀里糊涂地进了趟派出所。回想起那段经历，小 D 觉得既不可思议，又似乎在情理之中。几天前，小 D 与同学一起逛街，遇到大街上有人游行，高喊着爱国口号，对某国篡改历史、侵犯我国主权的行为表示愤慨。小 D 也是一腔热血，加入游行队伍中。在路过一家商店时，有人喊这是某国人开的，就有人上去打砸。小 D 也被簇拥着进了商店，虽然他没有做出过激行为，但还是被派出所叫去谈话。后来小 D 了解到，那帮打砸的人中，有些就是游手好闲的坏分子，而个别参与打砸的学生也受到处分。好在小 D 没有动手，要不然就麻烦了。

　　小 D 所看到的参与打砸的大学生，如果让他们单独去，他们绝对不会做出这种不理智的打砸行为。但是在那种特定的环境下，在周围人的影响下，他们却做了本不该做的事情。这件事告诉我们，社会生活中人的心理活动不仅受到自身个性特征的影响，而且受到周围环境特别是社会环境的影响。研究社会环境对人的行为和思想的影响，揭示社会行为背后的心理奥秘，恰恰正是社会心理学家所关注和感兴趣的课题。

第一节　社会化与社会认知

　　马克思曾经说过，人就其本质来说是社会关系的总和。人是社会的动物，但刚刚出生的婴儿并不具备各种社会行为。社会行为需要在长期的成长过程中经过与社会的反复互动逐渐培养，这就是社会化的过程。

一、社会化

　　人一出生来到这个世界上，就开始了社会化历程，随着社会化程度的加深，对社会就会越来越适应。下面我们就社会化的概念、社会化的内容及影响社会化的因素进行阐述。

(一)社会化的概念

在特定的社会与文化环境中,个体形成适应于该社会与文化的人格,掌握该社会所公认的行为方式,就叫作社会化(socialization)。个体的社会化是一个动态的过程,是通过个体与社会环境的相互作用而实现的。

无论是从个体生存与发展还是从人类社会生存与发展的意义来看,社会化显然都是必要的。个体先天具有的自然界发展水平最高也最为完善的信息加工系统——大脑,使得社会化成为可能,任何不具备人类素质的其他动物虽然同样具有适应环境的倾向,但永远无法成为具有人类意识和能动性的主体。

从个体的角度看,社会化是个体学习社会角色和道德规范的过程。人们通过扮演他人所预期的、若干种社会性行为模式中的一种,学习自己应该做什么、怎么做,以及什么时候做,懂得如何做是正确的,如何做是错误的,从而融入新的群体,成为群体中遵守社会规范的一员。而缺乏社会化的个体,如"狼孩""熊孩"等,则很难在人类社会中正常生活。

从社会的角度看,社会化则是社会发展和文化延续的手段,是通过道德、法律等多种形式的社会控制诱导社会成员遵守社会规范、适应个体所处的社会或群体,从而保证社会的正常运转。在这一过程中,社会经验被不断传递,社会通过社会化培养社会文化的继承者并使社会不断进步和发展。

(二)社会化的内容

社会化的内容非常广泛,凡是与社会生活有关的内容,如知识、态度、情感、行为方式等,都属于社会化的范畴。总的来说,无论任何国家、民族、地域的人群都应在社会化中完成以下基本内容:掌握生活与生产的基本知识与技能;遵守社会规范;树立生活目标,确定人生理想;培养社会角色。具体来说,社会化的内容主要包含以下几个方面。

1. 政治社会化(political socialization)

政治社会化是指个体形成某一特定社会所要求的政治信仰、态度和行为的过程。政治社会化了的个体会选择支持或反对某一政治制度,因此每个国家都十分重视自己公民的政治社会化,其主要目的是培养公民忠于自己的社会制度。

2. 民族社会化(socialization to national identity)

民族社会化是指个体形成本民族大多数人共有的特性,使自己具有所属民族的民族性的过程。民族成员通过民族社会化形成本民族共同的民族文化、心理特征和生活方式,保有自己民族的风俗和传统,产生民族自豪感。

3. 法律社会化(legal socialization)

法律社会化是指个体形成某一特定社会要求的法律观念和遵守法律行为的过程。法律社会化是促使个体遵守社会规范的重要手段。通过法律社会化,个体形成符合不同社会制度和阶级的法治观念和行为,自觉按照法律规范约束自己的行为。

4.道德社会化(moral socialization)

道德社会化是指个体形成某一特定社会的道德标准和与之相符的行为的过程。个体为了获得社会舆论的赞许,遵守该社会的道德标准,按照该社会的道德标准支配自己的行为,即可视为实现了道德社会化。

5.性别角色社会化(socialization into gender role)

性别角色社会化是指个体形成社会对不同性别的期望、规范和与之相符的行为的过程。由于性别之间存在的固有差异,社会对男女性别的社会规范提出了不同的要求,按照这一要求从事社会行为,即为性别角色社会化。

(三)影响社会化的因素

如前所述,社会化是外部环境和内在引导共同作用的结果,因此影响社会化的因素既包括外部环境因素,又包括内部因素。

1.社会文化的影响

社会文化是影响社会化的宏观因素,广义上的文化是指人类社会历史实践过程中人类所创造的物质财富和精神财富的总和,狭义上的文化是指社会的意识形态以及与其相适应的文化制度和组织机构。每个社会都有和自己社会形态相适应的社会文化,并随着社会物质生产的发展变化而不断演变。社会文化熏陶着每一位社会成员,使他们的思想、观念、心理、行为与生活实践符合该社会文化的要求与准则,并积淀于民族心理意识之中,世代相传,在实际生活中发挥程度不同、功能不一的社会效应。上至政治信仰,下至饮食习惯,社会文化处处显示出它在个体社会化中的作用。

2.家庭的影响

社会化的传统概念一直强调父母和学校教育孩子遵从社会规范的责任,虽然社会化的概念在发生变化,但是家庭和学校在社会化中的作用仍然巨大。家庭的影响来自家庭的各个方面,如家庭环境、父母素养等。

(1)家庭环境。家庭是个体一生中生活的重要环境,儿童生活时间的三分之二都是在家庭中度过的。因此在童年期,家庭是儿童社会化的重要影响因素。家庭的生活条件通过父母和子女的互动而影响童年期最早阶段的社会化。

(2)父母文化素养。父母的文化素养不同,其理想、价值观、家庭关系、生活方式以及对子女的教育方式就会有所不同,进而影响到孩子的社会化过程。研究发现父母教育程度对孩子在校学习成绩有一定影响。

(3)父母教养方式。心理学家研究发现,不同的教养方式会塑造儿童不同的人格,影响儿童的社会化发展。例如民主型教养方式培养的孩子比专制型教养方式培养的孩子更活泼外向,更富有创造性和建设性。

（4）父母之间的冲突。许多研究表明，父母冲突会使孩子的心理机能恶化，在以后的生活中容易出现心理病理症状。如果父母常年发生冲突，儿童内心就会产生严重的焦虑与不安，导致心理变态和犯罪，出现不良的社会化结果。

3.学校的影响

学校是继家庭之后影响个体社会化的又一个重要因素，在这里进行的长期的系统教育对儿童的行为方式起到了无可替代的作用。个体不仅在学校接受知识，同时接受学校作为社会雏形的影响，与他人产生各种形式的社会互动。其中对儿童社会化影响较大的因素有以下几个。

（1）教师威信。教师有威信，学生就会信任教师，从而接受教师的教育和指导，积极实现教师提出的希望和要求，并对有威信的教师予以认同和效仿，从而实现其社会化。

（2）教师期待。美国心理学家罗森塔尔研究了教师对学生学习成绩期待的作用，结果发现被教师期待的学生学习成绩都优于未被教师期待的学生。因此，教师期待在学生社会化过程中会产生很大作用，对学生的学习动机、成功的期望以及自我评价都会产生影响。

（3）开放性教育。开放性教育的核心是让学生自己选择活动，为学生提供个别化和小组教学，鼓励学生主动学习，把教师看作是学习的促进者等。默森总结了美国开放性教育的结果，认为虽然与传统教育相比，学生的学习成绩近于相等，但开放性教育的学生对学校的态度更积极、更有独立性，比较富有创造性和智力上的好奇心，善于合作，具有更好的社会化结果。

4.同辈群体的影响

由于青少年正处于心理上的"断乳期"，因此更喜欢和同龄人交往而不是依附父母。遇到问题，他们首先找朋友商量，认为朋友比老师、父母更值得信赖。对他们来说，同辈群体所给予的社会化影响与父母或教师所给予的是完全不同的。心理学家在康奈尔大学调查发现，大多数青少年都会在同龄人面前表现出不同于家庭中的行为。同龄群体对个体的社会化具有以下特点。

（1）无计划性。同辈群体的社会化一般都是在自然条件下进行，不会事先规划和安排，因此个体在接受时也没有明显的意识，往往在不知不觉中就接受影响。

（2）平等性。个体在同辈群体中具有平等的社会身份和地位，不存在与成年人之间的辈分差异，可以自由选择同伴，因此更容易建立友谊，发展亲密关系。

（3）满足个人需要。同辈群体可以根据自己的兴趣爱好来组织各项活动，并能自由决定是否参加活动，活动内容也符合自己的需要，不会产生被强迫的心理。

（4）开放性。同辈群体可以自由讨论他们认为不能和父母、教师讨论的神秘问题，不会因为身份和地位差异产生代沟而影响沟通，更不会被强迫接受某种观念和思想。

（5）区别性的价值观。同辈群体有自己独特的价值标准，这些标准可能与社会普遍的价值标准相同，也可能不同，个体可以在这里自由地展示自己的价值观而不用担心被轻视排斥，更不会因为价值观不同而被长辈教育或训斥。

（6）满足社会性的需要。同辈群体可以满足个体的社交、安全以及自尊等需要，个体可以自由地发展友谊，抒发情感，获得社会支持和社会认同，产生群体归属感和自豪感。

同辈群体的上述特点吸引青少年加入其中，进而影响到个体的社会化发展。研究发现，被同辈排斥的孩子比受欢迎的孩子表现出更多的不良行为。

5. 大众传媒

大众传媒是对以大规模的方式运作，在或多或少的程度上能够触及并影响社会中每一个人的传播方式的简称。它能够传播文化，监督社会，为个体提供社会信息和文化环境，影响个体的社会化发展，例如青少年观看过多的影视暴力会增加青少年的侵犯行为。

除以上因素外，个体的社会化还受到宗教、民族、政治等因素的影响，这些因素在个体社会化的过程中相互独立或并存，在不同时期、不同环境下产生不同的作用，使社会化成为一个漫长而复杂的过程。

二、社会知觉

古人云，"知人者智，自知者明"，生活在社会群体中的个体，既要认识、了解自己，又要观察、认识他人，既会对他人形成印象，同时会有意无意地管理自己留给他人的印象，这一过程就涉及社会认知问题。

社会知觉是人们解释、分析和回忆关于自己、他人以及群体社会行为信息的方式，是个人对他人的心理状态、行为动机和意向做出推测与判断的过程。一般将对非社会性信息所形成的知觉称为物知觉，即一般知觉，而对社会性信息所形成的知觉称为社会知觉。社会知觉依赖于个体的过去经验、思维活动以及情境线索，个体通过社会知觉对自己或他人的行为做出判断，例如学生根据老师的特征、同学的反应、自己的心理反应对老师的教学效果做出判断。最早提出社会知觉概念的是杰罗姆·布鲁纳（Jerome Bruner）。布鲁纳曾经做过一个非常著名的货币实验，实验材料是一套硬币，有 1 分、5 分、10 分、25 分、50 分等各种大小不一的圆形硬币，另一套是与硬币大小形状相同的硬纸片。实验对象是 30 个来自家庭贫富不同的 10 岁的孩子。实验程序是把两套材料先后投射在银幕上，让被试观看，然后移去材料，让被试画出刚才看到的硬币与圆形纸片。结果发现，被试画出的圆形纸片的大小与实际的硬纸片的大小比较一致，而所画的圆形硬币的大小却远远超过他们看到的真正硬币的大小，尤其是家庭贫困的孩子所画的硬币更大。这一实验说明社会知觉会受主客观因素的影响而出现不同的认知结果。

三、印象形成与印象管理

在生活中个体会形成对他人各种各样的印象,尽管这些印象往往建立在很有限的信息资料基础上,但是依然会对个体的知觉产生强烈而持久的影响。自己会对他人形成印象,他人也会对自己形成印象,个体影响他人对自己印象的过程就是印象管理。

(一)印象形成

印象是个体头脑中有关其他人或事的形象。个体接触新的社会情境时,一般会按照自己以往的经验对情境中的人或事进行归类,明确其对自己的意义,使自己的行为获得明确的定向,这一过程叫印象形成。

(二)影响印象形成的因素

影响印象形成的因素包括以下几个方面。

1. 第一印象

第一印象是指两个素不相识的人第一次见面所形成的印象。第一印象一般是通过对方的表情、姿态、仪表等获得,一经形成会影响后续印象的发展,如学生对教师的第一印象,职业招聘中主管对面试者的第一印象等。

第一印象也称首因效应,社会心理学家 A. S. 洛钦斯(A. S. Lochins)对这一现象进行了经典研究。洛钦斯通过两段材料巧妙地将材料中的主人公吉姆塑造成完全相反的两种性格,一段内容把他塑造成热情外向的,另一段内容把他塑造成冷淡内向的。材料的内容分别如下:

材料 A 吉姆出门买文具,和两个朋友一起走在充满阳光的马路上,一边走一边晒太阳。吉姆走进一家文具店,店里挤满了人,他一边等待一边和熟人聊天。买好文具向外走的途中遇到了熟人,他停下来和他们打招呼,后来告别,走向学校。吉姆在路上遇到前天晚上刚认识的女孩子,说了几句话后就分手各自回家了。

材料 B 吉姆放学后独自离开教室出了校门,走在回家的路上,阳光非常耀眼。他走在阴凉的一边,看见路上迎面而来的是前天晚上遇到的漂亮女孩。他穿过马路进了一家饮食店。吉姆注意到几张熟悉的面孔,他安静地等待,直到引起服务员注意后买了饮料。他坐在一张靠墙边的椅子上喝饮料,喝完后就回家了。

洛钦斯将被试分为四组,然后以不同的顺序给被试呈现材料,结果如下:

①先看材料 A 后看材料 B 的被试中有 70% ~80% 的人认为吉姆热情外向;

②先看材料 B 后看材料 A 的被试中有 18% 的人认为吉姆热情外向;

③只看材料 A 的被试中有 95% 的人认为吉姆热情外向;

④只看材料 B 的被试中有 3% 的人认为吉姆热情外向。

这一研究证明,第一印象对社会认知有重要作用,虽然这种印象可能并不全面、正确,但是会影响后续的印象。因此,为了给他人留下好印象,个体必须注意自己的外貌仪表和言谈举止。当然,仅凭第一印象作为交往的基础是不牢固的,随着时间的推移和交往的增加,第一印象有可能受到后续印象的影响而发生改变。

2. 中心特质与边缘特质

社会心理学家所罗门·阿施(Solomon Asch)进行了许多关于印象形成的早期研究,由于受到格式塔心理学的影响,他认为人们并不是把他人身上的所有特质简单相加来形成第一印象,而是以相互联系的方式知觉这些特质,即特质不是单独存在的,而是整合的、动态的整体的一部分。为了检验这一观点,阿施设计了一个实验,他交给被试一张写有各种特质的词表,假定一个陌生人具有这些特质,然后要求被试对这个陌生人进行简单描述,并在另一张对照表上寻找更多适合的词语描述对这个人的总体印象。两组被试拿到的词表基本相同,但是有一个词不一样,一组的词表中有"热情",而另一组的词表中的"热情"被替换为"冷漠"。如果人们是按照将特质相加的方式来形成第一印象,那么人们对两张词表形成的印象应该差异不大,但事实上拿到包含"热情"词表的被试比拿到包含"冷漠"词表的人更倾向于认为这个陌生人慷慨、快乐、本性好、好交际、受人欢迎、利他。如果将"热情"换为"礼貌","冷漠"换为"粗鲁",则不会影响两张词表所形成的印象的一致性。据此,阿施断定,人们在印象形成过程中存在着中心特质,即对形成印象起主要作用并使其他词染上同样色彩的特质,而那些不会特别影响印象形成的特质即为边缘特质。

"语意分化"是在阿施之后发展出来的一种方法,可以帮助人们观察与其他特征相反的某些特征的中心性。查尔斯·埃杰顿·奥斯古德(Charles Egerton Osgood)等人发现大部分词的含意可以用三个基本向量表示:评价向量(好—坏)、潜能向量(强—弱)、活动向量(主动—被动)。这三个基本向量创造了一个"语义空间",而评价向量由于带有感情色彩,因此对印象形成的影响比潜能向量和活动向量更大,一旦人们在这一向量上确定了,其他两个向量的作用就不是那么明显了。在前面阿施的实验中,"热情"和"冷漠"就属于评价向量,因此左右了人们印象的形成。当人们对他人的认知判断主要根据个人好恶得出,然后再从这个判断推论出认知对象其他的品质时,我们就将其称为晕轮效应,如一好百好的现象。

3. 社会刻板印象

社会刻板印象是指社会上对于某一类事物产生的一种比较固定的看法,也是一种概括而笼统的看法。

一般来说,生活在同一地域或同一社会文化背景中的人,在心理和行为方面总会有一些相似性;同一职业或同一年龄段的人,他们的观念、社会态度和行为也可能比较接近。例如在职业方面,人们会自然想到教师的文质彬彬、医生的严谨等;在年龄方面,老年人比青年人更喜欢守旧等。人们在认识社会时,会自然地概括这些特征,并把这些特征固定化,这样便产生了社会刻板印象。

刻板印象也是一种心理图式,由于它本身包含了一定的社会真实,或多或少地反映了这类人群的实际情况,所以,利用刻板印象可以简化人们的认识过程,使人们能迅速地适应某种环境。特别是面对陌生人时,刻板印象几乎是必需的。但刻板印象也有消极的一面,由于很多刻板印象本身就是错误的,因而常常成为错误的社会认知的根源,导致人们对某个个体或某类群体产生偏见。

伊莱体·卡茨(Elihu Katz)调查了美国普林斯顿大学的学生对于各个国家、各个种族的成员所具有的刻板印象,结果发现大学生对各国国民和民族的看法颇为一致,这说明刻板印象确实存在。但是刻板印象并非一成不变,随着人们文化水平的提高,以及对刻板印象性质的进一步了解,人们对刻板印象很有可能发生改变。丹尼尔·吉尔伯特(Daniel Gilbert)曾重复卡茨等人的研究,结果发现大学生的态度发生了一些变化,而这些变化被认为是由于他们对刻板印象的性质有了越来越多的了解而引起的。

(二)印象管理

每个人在与他人交往时都希望给对方留下好印象,因此社会心理学家用印象管理来描述给人留下好印象的努力,将试图控制别人对自己形成某种印象的过程称为印象管理。研究结果表明,恰当的印象管理可以增进人际交往,成功地进行印象管理的人确实经常在许多情况下能获得重要的优势。尽管每个人使用的印象管理策略不同,但是大致都可以分为两类:自我美化和他人美化。

1. 自我美化

自我美化包括美化外表和自我肯定,例如戴眼镜可以增强聪明的感觉,或者用肯定的评语描述自己,叙述自己如何克服困难,如何振作面对挑战,甚至以此来增加自己对约会对象的吸引力。

2. 他人美化

人们使用许多策略来引发他人积极的心情和反应,这就是他人美化。例如奉承、赞扬对方,对他人观点表示赞同,对他人感兴趣,施以小恩小惠,询问意见并反馈等,或通过非口头的形式表达喜爱等。

许多研究表明,如果印象管理策略使用得当,就能够成功地提高个人魅力,但如果使用不当或使用过度,则会使他人对个体产生否定的认知,例如一个想象诱发研究就发现"媚上欺下"的人给人留下的印象非常差。除此之外,保持印象的一致性,恰当地自我表露也是提升印象的重要因素。虽然不同的文化之下,印象管理的策略会有所不同,但是任何文化下个体进行印象管理的愿望都是强烈的,也是必需的。

四、归因

归因是指个体根据观察到的自己或者他人的行为,对行为者内部原因(如个性倾向)或者外部原因(如情境因素)做出推论的过程。例如学生分析自己考试失利的原因,其归因倾向可能会影响其之后的成绩和发展。

(一)归因理论

归因理论最早是由美国心理学家弗里茨·海德(Fritz Heider)提出的,其主要思想是人们为了满足理解、预测和控制周围环境的需要,会根据各种线索对已经发生的行为和事件解释原因,例如果将原因归结为个体自身的原因,称为内部归因,将原因归结为个体所处的情境,称为外部归因。内外归因在生活中非常重要,如成绩优异的学生和成绩较差的学生在归因上有很大的差别,前者对自己的成功更倾向于做内部归因,而后者对自己的失败更容易做外部归因。虽然海德并没有对内外归因做更进一步深入的探讨和说明,但是他的理论是一个开创性的工作,影响了后续对归因的研究。

E. F. 琼斯(E. F. Jones)和 K. E. 戴维斯(K. E. Davis)在海德理论的基础上提出了相应推断理论,即个体做出个性倾向性归因时应考虑社会赞许性、非共同性效应以及选择自由性等因素。哈罗德·凯利(Harold Kelley)的三度归因理论提出人们在归因中总是会利用三个因素:①客观刺激物;②行动者;③所处关系或情境,而对这三个因素的归因取决于区别性、一贯性、一致性三个变量。伯纳德·韦纳(Bernard Weiner)的成败归因理论则认为控制点、稳定性和可控性三个维度决定了人们对失败或成功做出的归因类型。如果把成功归因于内在因素,人们就容易产生满意和自豪感,如果把失败归因于内在因素,那么人们容易感到内疚和无助等。这些理论都是对海德理论的扩充和发展,虽然观点不同,但都对归因研究做出了较大贡献。

(二)归因偏差

人们在归因时并不总是合情合理,因此会产生归因偏差。

1.基本归因错误

人们在归因时往往将行为归因于个体内部稳定的性格因素,而忽视引发行为的外部客观因素,社会心理学家把这一现象称为基本归因错误,也称对应偏见。这种偏见因何存在,社会心理学家做了大量研究来进行分析,但结果并不明确。可能的原因是:第一,当观察他人行为时,人们更倾向于注意行动者的行动本身,而忽视周围的情境和影响行为的潜在情境因素;第二,人们虽然注意到情境因素,但在归因过程中并没有对这些因素给予足够的重视;第三,当人们关注他人行为时,倾向于假定个体的行为反映了他们隐藏的性格,然后试图纠正外因对行为的可能作用。基本归因错误在强调个人主义文化的国家中比强调集体主义文化的国家中表现得更加普遍和明显。

2. 行动者—观察者效应

这种归因偏差是指人们将自己的行为归因于情境,而将他人的行为归因于性格的现象。比如人们看到别人学习时遇到困难,可能会认为他不够聪明,而自己遇到时则认为是学习内容太难。产生这一偏差的原因,一是由于行为者注意情境,而观察者更注意行动者;二是由于观察者对行动者了解较少,而行动者对自身情况了解较多。最新的研究还表明,人们对他人行为进行归因时,往往对其做出内部(性格特征)归因,并且这一过程常常是无意识的、自发的和自动的,除非有非常明显的证据,否则人们很难改变最初做出的内部归因。

3. 自我服务归因偏差

将肯定的结果归因于自己的内部原因,而将否定的结果归因于外部原因的倾向称为自我服务归因偏差。产生这种偏差的原因可能与认知和动机有关,认知模式认为人们期望成功,所以将肯定结果归因于内因,将否定结果归因于外因;而动机模式则认为这种偏见源于个体保护和提高自尊的需要,或在他人面前表现好形象的愿望。这一偏差同样受到了文化的影响,个人主义文化下的个体比集体主义文化下的个体更容易产生自我服务归因偏差。

讨论议题

· 如何有效地管理他人对自己的印象?

第二节　态度与态度转变

态度一旦形成不易改变,虽然这是社会心理学家关注态度的原因之一,但是更多的是由于态度强烈地影响人们的社会思想,是社会思想形成的重要和最初的基石,并且经常影响人们的社会行为,因此态度从诞生之日起就成为社会心理学的核心概念。

一、态度的概念

态度对人们的日常生活、社会思想都有很大的影响,因此受到社会心理学家的关注。

(一)态度的定义

态度是指个人对特定对象以一定方式做出反应时所持的评价性的、较稳定的内部心理倾向。

(二)态度的构成

态度的构成主要涉及三个要素:认知成分(cognition)、情感成分(affect)以及行为倾向(behavior intention)。

1. 认知成分

认知成分即态度的信念、认知部分,它规定了态度的对象,这个对象可以是人、物、群体、事件,也可以是代表事物本质特征的抽象概念。认知成分包含好坏评价与意义叙述的成分,由个体对某个事物的各个属性的信念所构成。

2. 情感成分

情感成分是个人对某个对象持有的好恶情感,即个体对态度对象的内心体验。这种体验可能是建立在充分评价的基础上,有时也可能是在缺乏认知信息的状态下产生的一种模糊、大概的感觉。情感有时比认知更重要,例如虽然很多人知道吸烟有害,但是对吸烟的情感依赖使个体不愿戒烟。

3. 行为倾向

行为倾向是个人对某个对象的反应倾向,即行为的准备状态,是行为发生之前的准备倾向。行为倾向是预测行为发生的重要指标,但是行为倾向并不一定导致行为的发生。

二、态度形成

对于态度的形成,社会心理学家们持有较为一致的观点,即态度是个体在后天的社会生活环境中通过学习而来,也有证据表明态度可能受到遗传的影响。

(一)社会学习

社会学习是态度形成的一个重要来源。社会心理学家认为,人的态度主要是通过联想、强化和模仿而产生的,而联想、强化和模仿正是学习的三个主要机制。阿尔伯特·班杜拉(Albert Bandura)通过大量实验研究发现,外在的奖惩直接施加在态度主体身上会对个体原有的认知和行为起到强化作用,从而加固了态度主体的原有态度。同时,如果这些奖惩施加在其他人,特别是具有相似特征的个体(如同辈)身上,其作用过程或后果被态度主体观察到后同样也具有替代性的奖惩作用,从而引起态度主体的认知和行为改变,影响态度的形成与发展过程。例如,努力学习的行为被赞扬和表彰后,无论是被奖励的人还是观察到这一结果的人都形成了勤奋努力的学习态度。

(二)遗传因素

有证据表明遗传因素会对态度形成产生影响,即使这种影响非常微小。研究发现,同卵双生子之间的态度比异卵双生子之间的态度存在更高的相关,甚至当同卵双生子被分开抚养时,这种高相关依然存在,特别是内体偏好态度(如对食物的偏好)比本质上认知性更强的态度更多地受到遗传因素的影响,且遗传性高的态度比不具遗传性的态度更难改变,对行为的影响更大。

三、态度转变

在生活中人们试图说服他人改变态度,同时也在被他人说服改变态度,但是态度一经形成不易改变,因此研究影响态度转变的信息和知识对每一个人都有非常重要的意义。

(一)说服

说服是一种通过信息改变个体态度的行为,心理学家们对这种行为进行了长达数十年的研究,对其有了较为深入的了解。在大多数情况下,说服包括以下几个因素:信息源、信息、渠道、听众和情境,这些因素会影响态度的转变。

1. 信息源

研究发现信息源是影响态度的重要因素,但可信性、可靠性、有吸引力的外表、与被说服者的相似性等都会影响信息的传递。信息可信性的高低对信息传递有影响,保持时间也会影响个体对信息的接收。H. C. 凯尔曼(H. C. Kelman)等进行的"传达者在看法改变延迟测量中的恢复正常"实验发现,信息的可信性的影响存在睡眠者效应。研究者首先让两组中学生听读一篇"司法制度应从宽处理少年违法者"的读者来信,有所区别的是甲组的阅读者是一位高可信者,乙组的阅读者是一位低可信者,然后让被试表达对来信的赞同程度,结果甲组均分为50,乙组为46。三周后再次询问被试的态度,并让两组中各一半被试回忆阅读者,其余一半不再提及阅读者。结果发现,回忆阅读者的被试赞同程度都有所下降,但高可信者和低可信者的赞同程度仍有差别。不回忆阅读者的被试甲组赞同程度下降,而乙组上升。由此研究者得出结论,不论信息源的可信性高低,对接收者的影响三周后就消失了,心理学家称之为"睡眠者效应"。这一效应说明,信息源的可信性固然重要,但是信息本身的价值更重要。

2. 信息

事物都有两面性,因此对于接收信息的个体,人们可以使用信息的正反两面进行传递。霍夫兰德(Hovland)通过实验得出结论:对于文化程度较低或本身态度与说服者一致的个体,单方面说服即可有效;而对于文化程度较高或本身态度与说服者不一致的个体,双方面说服才会有效果。研究者还发现,信息的传递还必须引起个体的心理压力与威胁感,态度才会被改变。特别是对于急需改变的态度,信息必须引起足够的心理恐惧,激发人们迅速改变态度,而对于可延长时间改变的态度,就要考虑睡眠者效应的作用,采用较为温和的信息进行传递。

3. 渠道

信息传递的渠道可以分为个体与个体之间面对面的传递和大众传媒两种。面对面传递的效果通常都很好,大众传媒则具有可大量传递的优点,尤其是对于较为复杂的信息。

4. 听众

在霍夫兰德的上述实验中,研究者还探讨了听众变量对说服的影响,结果发现,听众的智力、认知需要、人格特质、性别等都会影响态度转变。但是这些研究结果相当复杂和不稳定,可能与各因素在态度转变不同阶段的作用不同有关。例如智力水平高有助于对信息的理解,但同时会降低个体对信息的接受程度,研究表明,高智商者较低智商者对复杂合理的信息更能接受,而对简单信息则不能接受。

5. 情境

研究发现预先警告、令人分心的情境以及信息重复都会影响信息接收。预先警告是指在说服个体时预先有人透露说服的企图,这一企图可能会产生双重作用,一是预先坚定或动摇听众与其一致或相反的信念,使对方更敏感地接受影响;二是预设发展反对论点的机会,使听众极大地增强对说服的防御性。分心是指由于额外的内外刺激干扰而分散注意的现象,早期的观点认为分心会使人们无法正确地接受信息,而后期的研究结果恰恰相反:在分心的情境下,人们可能更容易被说服。重复可以产生累加效应,提升信息的吸引力使个体增加对信息的熟悉性进而引发好感,但是信息的重复超限,会引起防御性的反抗。

(二)认知方式

人们面对信息时采用的认知加工方式会影响态度的转变。第一种加工方式称为系统加工或中央回路,即仔细考虑信息的内容及其所包含的观点、合理性等,通过系统分析进行思考。第二种加工方式称为启发式加工或外周回路,即用简单的规则和心理捷径来接受信息。当个体认为加工信息的条件很充分,或者需要加工的信息很重要时,精细加工可能性模型就会启动,而当个体不能对信息精细加工,或者个体认为信息不重要时,启发式－系统式模型就会启动。研究表明,通过中央回路比通过外周回路改变态度对行为的预测更准确,且态度改变更持久。

(三)对说服的抵制

个体并不总是会被说服而改变态度,有时甚至会拒绝改变态度,并接受相反的观点,导致这一结果的原因通常有以下几个。

1. 心理抗拒

社会心理学家杰克·布雷姆(Jack Brehm)等人研究发现,当个体被迫按照他人意愿行事而导致个人自由受限时,个体会产生对抗心理,即接受与说服者相反的态度,这种现象称为态度的反向改变。个体对自由的期望越高、对自由被剥夺的感受越强烈、自由对个体的重要程度越高,以及自由剥夺引起的连带剥夺越多,个体的对抗心理越强。例如恋爱中的男女越是被禁止,关系就越紧密。

2. 预先警告

如前所述,预先警告有可能增加个体对说服的防御性。

3.选择性回避

社会心理学家提出,个体具有忽略或回避与自己态度相矛盾的信息,获取与自己态度相一致的信息的倾向,即选择性接触。因此,当遇到与自己态度不符的信息时,个体就会出现选择性地回避加以抵触。

4.主动防御

除了选择性回避,个体还会通过主动提出证明与自己态度不符的观点、不正确的证据来抵制说服。

5.偏性同化与态度极化

偏性同化是指个体倾向于把与自己态度不一致的信息视为更不可靠和更不可信,而态度极化是指个体把混合证据和混合信息视为对自身观点的强化,使态度更极端。这两个过程都会对态度转变产生抵制。

以上内容说明,态度转变是复杂而困难的,要根据个体的具体情况选择适当的方法来施加影响,否则将会遭遇失败。

课堂实践

小游戏:猜一猜

心理学家费尼·贝克做过这样一个实验:

在男洗手间里挂上禁止涂鸦的牌子。其中一块警告:"严禁胡乱涂写";另一块以相对柔和的语气声明:"请不要胡乱涂写"。然后调查挂牌子的洗手间里被涂写的数量。请你猜一猜,哪种情况涂写更多?

结果是挂"严禁胡乱涂写"牌子的洗手间被涂写的情况更加严重。

讨论议题

1.你的生活中是否存在认知失调的影响,你应当如何看待它?
2.如果需要说服他人接受你的观点,那么你应该怎么做?

第三节　社会互动

著名的社会心理学家古斯塔夫·勒庞(Gustave Le Bon)在其大众心理研究的经典之作——《乌合之众》中提出:"群众有一种集体的心理,这种心理使得参与者的感觉、思维和行动方式与他们在单独一个人时的感觉、思维和行动方式极为不同。"研究群体中的个体不仅是有趣的工作,也是具有社会意义的重要课题。

一、从众

从众是一种非常常见的社会心理现象,下面我们对从众的定义、从众研究及从众的影响因素几个方面进行论述。

（一）定义

从众指的是个体在群体中常常会不知不觉地受到群体的压力，而在知觉、判断、信仰及行为上表现出与群体中多数人一致的行为倾向。

从众的压力来自群体中成文或者不成文的行为规范，即对人们的行为产生重要影响的社会规范。有些社会规范是非常明确的，如法律，而有些社会规范则是不成文或不明确的，例如父母要对孩子调皮捣蛋的行为负责。不论是明确的还是不明确的社会规范，对个体的影响都是非常明显的，这种影响所产生的直接结果就是从众。从众的现象非常普遍，而从众带来的压力在各种社会环境中都可以发现，但是这种普遍的社会现象一直到20世纪50年代才引起社会心理学家的注意，他们进而进行了大量的研究。

（二）从众研究

阿施设计了一些非常简单和明确的知觉问题，如图4-1所示，A、B为两张卡片，卡片A上有一条线段，而卡片B上有三条线段，被试的任务是指出卡片B上的三条线段中的哪一条线段与卡片A上的标准线段等长。参加实验的被试一般是6~8人，但是只有一人是真正的被试。实验过程是要求被试按照座位的顺序大声报告自己的判断，真被试总是被安排在倒数第二个回答。18套卡片共呈现18次，假被试一般有12次会给出明显错误的答案，此时真被试面临两难情境，是相信多数人的判断，还是相信自己的判断？在确信多数人做了错误判断时，能否坚持自己的独立性？

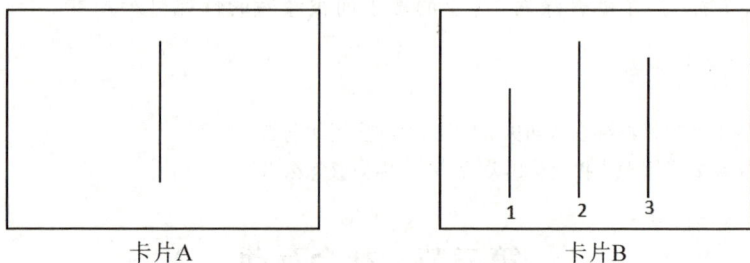

图4-1 阿施从众实验使用的卡片（采自阿施，1951）

实验者记录被试的每一次选择，然后加以统计分析。阿施在1951年开始实施这一实验，在1956年、1958年又重复了这项实验，结果发现：①当被试只有一人（没有同谋者）时，错误概率小于1%；②当被试在众人都选择错误答案时，有76%的被试至少有一次是根据群体的错误答案来选的，而平均有37%的被试每次都选择了群体的错误答案。当然，被试之间也存在个体差异，大约有25%的被试在实验中没有出现从众。

实验结束后，实验者询问被试发生错误选择的原因，发现有些被试是由于对自己的判断缺乏信心，认为大家是对的自己是错的，而有些被试明知道其他被试是错误的,却依然选择和他人保持一致。

应当指出的是,阿施所设计的判断任务相当简单清晰,绝大多数被试对正确答案都非常确信,而不像人们常常认为的那样——被试对于正确的答案不明确而倒向了大多数的一面。这就证明了在清晰的情境下,被试因为群体压力而被迫做出错误的选择,出现了从众的现象。

(三)影响从众的因素

阿施以及后来的诸多研究者表明,从众对个人行为会产生巨大影响,但是在不同条件下,影响的程度是不同的,这是由于许多因素在起作用。

1. 群体因素

(1)群体规模。阿施和其他一些早期研究者认为,从众倾向会随群体规模的增大而增强,但并不是越大越强。阿施在实验中将群体规模进行了改变,从 2 人到 12 人。他发现 2 人比 1 人压力大,3 人比 2 人压力大,4 人与 3 人大致相似。令人惊奇的是,人数增加到 4 人以上时并不能显著增加从众行为。于是阿施提出,在实验条件下,假被试在 3 人或 4 人时,被试从众效果最好。上述实验都是在人为条件下由假被试故意做出错误判断而诱导被试发生从众行为,因此如果假被试人数过多,反而容易露出破绽,并不能增强实验效果。而在真实的社会生活中,如果赞成某一观点的人越多,或采取某一行动的人越多,社会压力就越大,越容易使人们发生从众行为。

有学者研究了耶路撒冷汽车站的排队现象,得出了类似的结果。研究发现当 2 人或 4 人排队时,新来的乘客很少去排队;当有 6 人以上排队,新来的乘客一般也会跟着去排队;排队的人越多,则其他人越倾向于排队。

(2)群体凝聚力。群体凝聚力是指使群体成员留在群体内而对他们施加影响的全部力量的总和。研究结果显示,凝聚力在从众中有着重要影响。高凝聚力会使群体成员相信自己所处的群体正在完成一项重要的目标,感觉群体成员之间可以很好地合作,并且希望可以从这个群体中得到回报。这样的群体比那些低凝聚力群体更容易受到从众压力的影响。

(3)群体的一致性。如前所述,当阿施在实验中破坏群体的一致性,给真被试提供一个"反从众者"时,个体抗拒群体压力的信心明显增强,因而减少从众。

(4)文化差异。尽管阿施实验在世界各地都被重复验证,大多数国家和地区都有相近的从众比例,但是文化的差异依然有所显现。例如斯坦利·米尔格拉姆(Stanley Milgram)研究发现,挪威学生比法国学生更从众,人们认为可能是由于法国社会传统上强调个人,而挪威社会则重视社会责任。此外,文化是个动态的且发生变化的概念。例如在巴西、加拿大以及美国,阿施实验被多次重复,结果发现从众的比例比 20 年前有所降低。

2. 情境因素

情境因素主要从以下几个方面影响从众。

（1）信息的模糊性。穆扎弗·谢里夫（Muzafer Sherif）的实验证实，被试观察到的信息越模糊、任务越困难，越容易发生从众。理查德·S.克拉奇菲尔德（Richard S. Crutchfield）在实验中使用了性质不同的、模糊性程度不等的五种刺激系列，当信息简单明了时，从众行为为30%，而信息模糊难辨时，从众行为升高为46%。

（2）从众行为的公开性。虽然在很多情况下，人们都认为自己的判断是正确的，群体的判断是错误的，但是一旦要求他们公开表态，他们就会给出和他人一样的错误答案。莫顿·多伊奇（Morton Deutsch）通过实验发现，在公开场合下被试的从众为30%，而在匿名的情境中被试的从众仅为25%。由此可见，匿名情境降低了群体压力，削弱了被试的孤立感。除了观察被试在当众和私下两种情境下的从众行为，多伊奇还以被试自己的意见表达的明确度为指标，控制了四种不同情境的实验条件：在请被试比较卡片上线段长短之前，要求A组被试不做明确表述，B组被试稍做表述，C组被试较明确表述，D组被试明确表述。结果显示，被试预先表达个人意见极为有力地降低了从众行为，个人事先独立性意见说得越明确，从众行为越少。

（3）权威人士的影响力。权威人士的行为对于从众的发生有很大的影响。研究发现人们更容易听从权威者的意见，而忽视一般成员的观点。高地位者之所以能影响低地位者，使之屈服于群体规范，乃是因为他被认为有权力和能力酬赏从众者而处罚歧义者。此外高地位者比低地位者显得较自信能干，经验丰富，能得到较多的信息，这样，就赢得了低地位者的信赖。这些因素综合在一起，使高地位者成为权威人物，而低地位者相对受人轻视，不得不表现出从众行为。

3. 个人因素

人们为什么会选择已有的社会规范而不去抵制它们呢？心理学家认为其中包含了两种动机：一是为了获得对世界的准确认识，二是为了被喜欢。因此，当人们认为群体成员是正确的并且希望被群体所喜欢和接受时，人们就会倾向于从众。

（1）渴望正确：信息性社会影响。对于无法用仪器来回答的问题，个体倾向于用他人的观点和行为来指导自己，这种把其他人的行为和观点作为自己从众的基础的现象，就是信息性社会影响。信息性社会影响是引发从众的重要来源，当个体对自己的判断缺乏信心时，这种影响就较为强烈，而当个体对自己的判断有较大自信时，这种影响就会变弱。罗伯特A.巴伦（Robert A. Baron）等人在阿施实验的基础上进行了重新设计，他们给被试看一个人像，然后要求被试从一组相似人像中选出这个人像，困难任务的时间为每个人像呈现0.5秒钟，容易任务则以5秒的时间呈现。一半被试被告知实验结果不重要，而另一半被试被告知结果很重要，并且在作出判断之前会目睹假被试的错误判断。实验目的是观察被试的判断是否受假被试的影响。研究假设，当实验结果被描述为很重要时，被试在困难任务下比在容易任务上更容易发生从众，而在实验结果被描述为不重要时，任务难度不影响从众行为。这说明,在特定情境下,当个体不能确定信息的正确性时,个体对正确性信息的渴望会成为从众的重要来源。

(2)渴望被喜欢:规范性影响。从众的另一个重要理由是人们觉得从众能够让自己更好地获得渴望的支持和接受,这就是所谓的规范性影响,它包含了人们为了获得社会的接纳而改变自己的行为。威廉·詹姆斯(William James)和曼瑟尔·奥尔森(Mancur Olson)提出了嘲讽压力这个术语(或同伴压力)来描述规范性影响,发现人们在害怕被拒绝时确实表现出相当强的从众倾向。

4.人格因素

(1)人格特征。个人的智力、自信心、自尊心以及社会赞誉需要等个人心理特征与从众行为也密切相关。相对于场独立型人格的个体,场依存型人格的个体更容易发生从众行为。有较高社会赞誉需要的人,比较重视社会对他的评价,希望得到他人的赞许,也容易表现出从众倾向。还有学者比较了在焦虑量表测验上得分高低的情况,发现高焦虑者从众性较强。

(2)性别差异。早期的从众实验发现女性要比男性更容易从众,这一发现多年来一直或多或少地被人们作为一种生活中的事实而普遍接受。然而,近期的研究发现,过去的实验研究之所以得出女性比男性更容易从众的结论,是因为实验材料多为男子所熟悉而为女子所生疏的,如果选择了对男女均适用的材料,则男女在各自不熟悉的材料上均表现出较高的从众倾向,而在熟悉的实验材料上表现出低的从众倾向。

二、社会感染

19世纪法国心理学家勒庞认为在一群暴徒中,一个人的情绪会扩散到整个群体,他将其称为社会传染,也就是人们所说的集群行为和去个性化。

(一)集群行为

1.概述

所谓集群行为就是指一种在人们激烈互动中自发的无指导、无明确目的的、不受正常社会规范约束的众多人的狂热行为。这一行为与群众运动和群众活动不同,是一种具有自发性、狂热性、非常规性和短暂性的行为。这种行为往往会损害个人或集体利益,后果严重,威胁社会安定,因此引起了社会心理学家的高度重视。

2.集群行为的机制:模仿和感染

模仿是有意或无意地对某种刺激做出类似反应的行为方式。模仿的内容非常广泛,不仅限于行为举止,也包括思维方式、情感取向、风俗习惯以及个人性格等。由于情绪和行为的交互感染,人们在失去行为指导时产生的模仿,就使得个人行为演变成了集群行为。

感染是群众性的模仿。这个概念的意思是感情或者行为从一群人中的一个参加者蔓延到另一个参加者。感染包括情绪感染和行为感染。情绪感染指的是把一群人的情感统一起来,使个人放弃平常抑制其行为的社会准则,情绪会发动个人行为。而当所有参与者的注意力都被固定在一个特定的人或事物上面时,情绪感染便加剧了。情绪感染最重要的手段就是循环反应,即一个由别人的情绪在自己身上引起同样的情绪的过程,它转过来又加剧别人的情绪。一旦出现循环反应,情绪最终都将狂热化。

行为感染则是指行动从个人传向个人。研究者认为导致行为感染的原因是个体在集体的压力情境下不知如何行动,缺乏明确的行为指导规范,所以将他人的行为规范视为指导自己的行为规范。

模仿和感染在集群行为的发生中具有非常重要的作用,因为模仿,群体才会产生共同行为,而有了感染,群体情绪才会被激发,因此二者缺一不可。

(二)去个性化

在集群行为的发生过程中,有一种所谓去个性化的现象发生。该现象是指在群体的保护下,个体甚至违反在正常社会情境下的社会准则,做出事后感到惭愧和后怕的事情。

1.费斯汀格的研究

去个性化首先是由利昂·费斯汀格(Leon Festinger)、奥尔波特和西奥多·纽科姆(Theodore Mead Newcomb)于1952年进行研究的。他们提出两个假设:一是去个性化现象是随着群体成员之间约束力的减弱而产生的;二是群体成员约束力弱化了的群体比没有去个性化的群体更富有吸引力。为了检验这个假设,研究人员召集了23组大学生批评自己的父母。其中一组具有高辨认性,他们在课堂上进行这种行为,而另一组具有低辨认性,他们在一间昏暗的教室里进行这种活动,并且每个人都套上一件布袋装,把自己掩盖起来,使他人无法辨认。研究人员认为,小组成员越是难于辨认,去个性化程度就会越高。实验结果证实了这一点:低辨认组被试对自己的父母批评较多,而高辨认组被试对父母批评较少,且不激烈。

2.金巴尔多的研究

菲利普·乔治·津巴多(Philip George Zimbardo)认为,去个性化是一种过程,在这种过程中,一系列先前的社会条件在人们对自我和他人的知觉中变化,使正常情况下受约束行为的控制降低,从而表现出平常被压抑的行为。他设计了一系列实验来验证他的假设。

实验1。以女大学生为研究对象,观察她们在不同情境下电击陌生人的行为。在实验过程中,被试被分成四人一组,一部分为可辨认组,彼此知道对方的样貌,被实验者称呼名字;另一部分为去个性化组,彼此身份无法辨识。被试在进行实验前要先听一段录音,其中的内容是实验者与将要被电击的两位女性的谈话录音,一位听起来是受人欢迎的女性,另一个听起来是令人讨厌的,以自我为中心的女性,并且她还表示她特别讨厌这些学生。实验过程中,每个被试可以通过单面镜观察到实验目标。当然电击并没有真正发生,被电击者只是按照事先规定的场景表演。实验结果发现,两组被试都会顺从实验者的指示电击目标,但去个性化组的成员对目标的电击时间几乎是可辨认组的两倍,可辨认组对那位受人欢迎的目标电击时间比那个令人讨厌的目标短,而在去个性化的环境下,不管目标任务是谁,被试给予的电击都持续地增加了。

实验2。为了进一步研究去个性化现象,金巴尔多在纽约大学的一个热闹区段,放置了一辆看起来废弃的汽车,拿走贴在玻璃窗上的行车执照,打开汽车引擎盖子。26小时后这部汽车上凡是可以拿走的汽车零件,如电瓶、冷却器、空气清洁器、收音机、扫雨器、汽油桶、轮胎等都被拆卸掉了。研究者用望远镜在远处观察,发现偷汽车零件的人往往衣冠整洁,有的甚至是全家出动,母亲望风,父亲与儿子一起偷拆零件。虽然会有过路人停下来观望,但是并没有人上前询问和干涉。但在人口稀少的城市,汽车则依然保持完整的状态。

上述实验证明,不论是在实验室中,还是在现实环境中,如果个体处于去个性化的情境中,就会变得"胆大妄为",完全失去正常的社会规范的约束,做出有违常规损害公众利益的事情来。

长期以来,去个性化一直被视为群体暴动的首要原因,在群体中的个体因为去个性化而"忘记了自己",丧失责任感,偏离社会规范和法律,做出伤害他人或破坏公共财物等可怕的行为。因此,研究群体的集群行为和去个性化现象对于把握群体活动,防范群体的破坏行为意义重大,这些研究至今仍在进行中,科学家们希望最终能够找到最佳的控制和减少这些行为的方法。

三、社会助长

一直以来,任何一位体育专家都无法否认主场优势的存在,不论是日本棒球,巴西足球,还是美国篮球,主场效应几乎覆盖所有体育项目。在美国职业篮球联赛的整个联盟历史上,98.6%的球队主场战绩优于客场。对这一现象的社会心理学研究表明,在竞争性比赛中,运动团体在主场比客场发挥得好。但是,罗伊·F.鲍迈斯特(Roy F. Baumeister)等发现了与主场优势相反的现象。他们统计了美国职业篮球联赛的记录。结果发现,在赛季的前半段主场优势确实存在,但在赛季的后半段球队在主场上的表现反而很糟糕。虽然有人认为主客场效应的存在与裁判对主队的偏袒有关,但是并不能否认主客场令运动员产生的兴奋和压力。毫无疑问,群体有时能够激发人们更加努力,有时却会使人们松懈,减少努力。针对这些个体在群体情境下的可能反应,社会心理学家进行了有趣的研究。

(一)社会助长的定义

所谓社会助长是指许多人一起工作,可以促进个人活动的效率。

20 世纪 20 年代,弗劳德·奥尔波特(Floyd Allport)进行了社会助长的研究。他让被试做如下工作:把报纸上的词取消元音;编排词的联想表;演算简单的乘法算术题;批驳复杂的哲学论据。这些工作难度由小到大排列,但是都无须合作,可以独立完成。研究发现,被试在完成这些工作时,如果房间里有从事同样工作的人在场,他们的成绩要比独自一人时要好。

但是,有些学者对此持反对意见。有学者发现,如果要求大学生学习一些毫无意义的音节,他们在观众面前学会这些音节要比独自学习花费的时间多。这种与社会助长完全相反的现象称为社会抑制。即使是在弗劳德·奥尔波特的早期研究中,人们也发现在群体情境下个体虽然能够写出更多的逻辑反驳论点,但工作质量却比个体情境下差。这些相互矛盾的结论,挫伤了研究者继续研究的勇气和热情。一直到 20 世纪 60 年代罗伯特·扎伊翁茨(Rober Zajonc)才提出了一个具有说服力的理论,即他人在场会增加个体的驱力或动机,这种驱力或动机有助于简单工作的顺利进行,但妨碍困难的或不熟悉的工作的进行。

扎伊翁茨认为,当一个人学会了一种技能后,正确的反应会成为优势反应,而他人在场会激发优势反应。扎伊翁茨总结了他的观点:第一,如果对材料掌握得极好,则在具有激励性的群体状态下完成得更好,发生社会助长作用;第二,如果对材料并不熟悉,则在激励性较小的独处状态下完成得更好,否则会产生社会干扰。研究者通过观察大学生玩台球的行为来证明这种效应的存在。研究者根据球员的水平和暗中记录的成绩,将这些玩台球的人分为高于平均水平和低于平均水平两组。然后指派 4 个实验助手近距离观看他们的比赛。结果与假设完全一致,当有 4 个观众观看比赛时,技术好的选手的准确率提高到了 71%～80%,而技术差的选手的准确率则下降到了 25%～36%。

(二)社会助长的机制

对于他人在场为何会激发个体产生驱力而产生社会助长,第一种解释是他人在场产生唤醒是一个十分简单、天生的倾向;第二种解释是由于个体在意他人评价,因此他人在场会令人产生评估焦虑,任务简单时会激发潜能,而任务困难时反而会成为降低绩效的压力;第三种解释认为他人的存在是对个体注意力的一种干扰,对于不需要集中全部注意力的简单任务,不仅不会降低绩效,反而会使个体为了补偿干扰而更加专心、更加努力,从而产生更好的绩效。但是,对需要高度集中注意力的复杂任务,他人在场就成为确实存在的干扰,降低了活动绩效。

毫无疑问,他人在场会影响个人动机的觉醒水平,但是是否只要他人在场,社会助长就一定发生呢?卡特莱尔的研究发现,情况并非如此。卡特莱尔进行的另一项实验是让被试分别在三种不同的情境下完成一项熟练工作:第一种情境为独立工作,第二种情境为面对两个有兴趣的观众完成工作,第三种情境是面对两个被蒙住双眼的观众完成工作。研究发现,第一种情境和第三种情境下被试的成绩并无差别,只有感兴趣的观众在场时,社会助长才会发生。因此,唤醒驱力的并不是简单的他人在场,而是会对个体进行评价的他人在场,并且依赖于个体知觉到他的操作正在被他人评价的程度。之后的研究证实了同样的观点。

(三)社会懈怠

与社会助长相反,当一个人参加集体活动,但不能被单独评估时,往往比单独一个人完成任务时努力程度小些,这种效应就是社会懈怠。19世纪80年代后期,法国的农业工程师马克斯·林格尔曼(Max Ringelmann)在一个研究工作效率的实验中,要求学生志愿者分别在单独的和与不同人数的群体一起的情境下用力拉一根绳子,并用一个张力测量工具测量被试们的努力程度。按照前文介绍的社会助长理论,群体工作效率应当优于个人工作效率。但是事实恰恰相反,个体单独工作时的工作量是平均每个人拉动63千克,群体工作时的工作量则是平均每个人只拉动了53.5千克,当群体规模增加到8个人时,平均每个人的工作量减少到31千克,如图4-2所示。

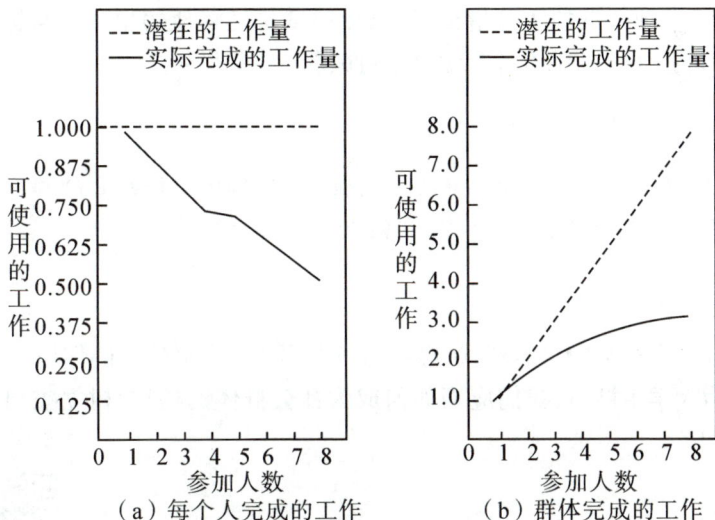

图4-2 拉力实验结果(引自时蓉华,《社会心理学》)

许多研究结果都与之相似。在一项研究中,研究者让大学生被试用欢呼或鼓掌尽可能大地制造噪声。实验情境分别为1人、2人、4人、6人。结果显示,随着团体规模的变大,每个被试发出的声音变小了。除了这种体力懈怠的表现,研究表明在智力活动中也会出现社会懈怠。

社会懈怠的原因非常复杂。斯蒂文·卡劳(Steven Karau)等研究分析基础上提出"集体努力模型",即在群体任务中,个体的努力程度主要取决于两个因素:①认为自己的努力对成功完成群体任务的重要性或必要性的大小。个体在群体环境中工作时,积极性和动机可能都不如单独工作时强烈。群体人数越多,各成员动机越有可能降低。②个体认为群体成功的价值大小。由于个体在群体中的贡献不易被识别,导致个体变成了一个个不负责的自由骑士,增加社会懈怠的发生。因此,群体规模越大,社会懈怠程度就会越高。除了集体努力模型,社会懈怠的产生也可能出于对公平性的考虑。根据公平理论,如果群体中的成员认为其他成员可能偷懒,那么他们自己也会开始偷懒。此外,对团体绩效进行奖励也会降低社会懈怠。在一项研究中,一些学生被告知如果他们所在的群体针对某问题能够想出的解决方案越多,就可以越早离开。而另外一些学生要求完成同样的任务,但没有任何奖励。结果显示,回报抵消了社会懈怠。除了个体的认知因素,任务本身的性质也会影响社会懈怠。社会懈怠在任务有意义、复杂或有趣以及困难或有挑战性时,都不易发生。

社会懈怠并不只是实验室里的现象,在日常生活中也很普遍。例如在苏联集体农庄里,只占农用土地1%的农民私有土地,产量却占当时农业总产量的27%。

社会懈怠在个人贡献不能被评价、群体绩效与个人关系不大的情况下最易发生,因此定期、公开地评定每个个体的工作绩效,是减少社会懈怠的最直接的方法。事实上,一项较近的实验指出,如果让被试自己将他的生产量与标准水平进行比较(即自我评价),那么社会懈怠就可减弱。

讨论议题

· 社会上有哪些事件可以归类于集群行为,你认为应该如何减少集群行为带来的危害?

· 社会助长的产生有哪些条件? 如何才能减少社会懈怠?

课后思考

1. 结合当今社会的发展现状,思考如何发挥个体在群体中的作用。

2. 作为大学生群体,我们应当如何成为社会群体的榜样,树立杰出人才的群体形象?

本章相关知识链接

第五章 校园适应

情 景 导 入

　　丽丽是一个来自北方城市的独生女,从小到大都是父母的"心肝宝贝"。从早上起床刷牙洗脸到学习的安排、朋友的结交和晚上睡觉时间等生活细节都是由父母全权负责。高考时,渴望自由、极想摆脱父母约束的她,填报了离家很远的南方一所高校。初次远离父母,刚开始她还觉得很兴奋,可越到后来,她就越想家。在学校,她根本不知道应该结交什么样的朋友,不知道怎么支配生活费,也不知道如何安排课余时间,更让她感到脸红的是还要室友教她如何洗衣服。因为受不了室友的一些生活习惯,她经常与室友闹矛盾,觉得室友不理解她,不关心她,身边也没有什么朋友,感到人情悲凉,她觉得大学生活太不如意了。加之南方总是阴雨绵绵,她情绪低落,经常无缘无故地发脾气。

　　她的故事对于很多大学新生并不陌生。经过紧张的拼搏和激烈的竞争,在师长的夸奖、父母的欣慰、同窗的羡慕中,大学新生面带微笑,跨进了他们梦寐以求的大学校园,这是他们人生中一个重大的转折点。他们对大学有着美好的憧憬:鸟语花香的优美校园环境,欢声笑语的和谐校园氛围,大学是理想和自由的天堂,是张扬个性的大舞台……但慢慢地他们发现:大学并不是自己心中梦想的完美乐园,陌生的校园环境、复杂的人际关系、新型的管理模式和全新的学习模式等一系列问题使他们面临多方面的变化和挑战。在新的环境还没有完全适应之前,他们心理上的迷惘、困惑、无助、无奈和无聊等不良情绪便会不时涌现出来。这种不适应感会对大学新生的校园生活产生不良影响,甚至会影响他们以后的生活和发展。作为大学新生,走进校园后的重要一课就是正确认识校园,努力适应这些新的变化。

第一节　挑战与适应

　　从中学时代到大学时代,每一个大学新生所面临的都是一个全新的世界,来自学习、生活、人际关系和角色期待等方面的变化给他们的大学生活带来了巨大挑战。在新的变化和挑战之下,大学生容易产生各种心理矛盾,出现各种心理反应。

一、新环境,新挑战

大学生活与中学生活有很大的变化,这些变化对学生提出了新挑战和要求,会使大学新生的思想和心理产生一系列的反应。大学新生对此需要有清醒的认识。

(一)生活环境的变化

生活环境的变化体现在生活方式、生活范围等方面。

从生活方式看,中学生大多住在家里,不少人拥有自己的独立生活空间,除学习以外,其余一切事情都有父母安排。大学生活是集体生活,吃饭在食堂,住宿是4~8个人的宿舍,没有了父母的悉心照料,真正的独立生活开始了,凡事都要靠自己处理。例如有的同学说:"在大学,我最不适应的就是过集体生活。我在家有自己的房间,一切都收拾得很整洁,可大学宿舍里好几个人,每个人就那么点地方,本来就拥挤,可有的人还不自觉。"这是许多大学新生进校不久的普遍感受。

从生活范围看,中学生生活领域狭窄,学习是生活中最为重要的内容,每天的生活就是从家里到学校,课余时间很少。大学生活是丰富多彩的,学生的生活领域大大拓宽,课余时间大大增多,讲座、报告会很多,还要开展社会实践活动以体验生活,了解社会,丰富阅历。一些大学新生对业余生活如何安排,心中无谱。

(二)学习生活的变化

学习生活的变化主要体现在学习内容、学习方式等方面。

从学习内容看,中学的学习任务是普通科学知识的学习,而大学是培养高级专门人才的场所,大学生既要学习基础知识,又要学习专业理论,既要学习一般科学理论知识,又要掌握本学科的前沿知识,学习的广度和深度大大增加。

从学习方式看,中学是以教师为主导的教学模式,学生从教师的教学中寻求答案,学生更多地依赖老师的讲授;学生巩固知识的主要方式是做题;老师会具体安排各个教学环节,并严格地检查督促;学生对老师依赖性强。大学则是以学生为主导的自学模式,学生的学习具有更多的主动性、独立性和创造性;教师讲授时间相对少,学生不仅要消化理解课堂上学的内容,而且要自主阅读大量相关资料。

学习方面的变化会带来学生适应不良,大学新生应尽快从旧的学习方法向新的学习方法过渡,从中学的封闭式学习向大学的开放式学习过渡,以适应大学学习的客观要求,促进学业成绩的提高。

(三)人际关系的变化

人际关系的变化主要体现在人际关系的类型、交往方式等方面。

学生进入大学以后,远离父母,得不到他们悉心的照顾。师生关系也不像中学时那么密切。不同地域、生活习惯、性格的同学汇集在大学校园,尤其是同住一个宿舍的同学因为朝夕相处,更需要互相体谅,相互协调。大学生不仅要与自己喜欢交往的人保持良好的关系,而且要学会与不喜欢交往的人保持良好的关系,即超越好恶心理,和同学友好相处,这是大学生活对每一个大学生提出的客观要求,也是大学生社会化的重要标志之一。差异是客观存在的,每个大学新生都必须面对它,接受它。

(四)管理制度的变化

管理制度的变化主要体现在教学管理、管理方式方面。

从教学管理看,中学实行学年制,学生在规定的学年修完所有的课程,考试合格才能毕业;大学实行学分制,学生不受学年的限制,修满学分可提前毕业,也可以根据自己的实际情况,延长学习时间。

从管理方式看,中学时代,老师尤其是班主任直接实施管理,事事由老师安排;大学更多地强调间接管理,通过学校的规章制度对大学生的行为施加影响,进行规范,老师与学生的直接接触远不如中学那么频繁,学生多为自我管理、自我教育、自我服务,许多活动由学生自己组织。

二、适应

适应是心理健康的标志之一,是有机体与环境的一种平衡状态。朱智贤主编的《心理学大辞典》中对适应的定义是:"适应是来源于生物学的一个名词,用来表示能增加有机体生存机会的那些身体上和行为上的改变。心理学中用来表示对环境变化做出的反应。"让·皮亚杰(Jean Piaget)认为,智慧的本质就是适应。每一次的适应都是对个人的一个挑战,也是自我成长的机会。从高中升入大学同样需要适应,面对环境、学习和人际等多方面的变化,大学新生需要在这些适应变化中学会生活、学会做人。

(一)适应的概念

适应是一个人通过不断调整自身,使个人需要能够在环境中得到满足的过程,它是个体与各种环境因素连续而不断改变的相互作用过程。人一生会不断面临新的情境,例如外出求学、选择职业、社会交际、恋爱等,人的适应是一个毕生的过程。以前心理学认为适应就是个体改变自己以适合环境,强调个体的改变,现在许多心理学家也认为适应不仅包括个体改变自己以适应环境,还包括个体改变环境使之适合自己的需要。

适应有三个组成部分:①个体。个体是社会适应过程的主体;②情境。个体相互作用的对象,不仅对个体提出了自然或社会的要求,而且是个体实现自己需要的来源;③改变。改变是社会适应的中心环节。

适应会导致个体产生三种状态：①不适应。个体无法调控或改变环境，无法顺应环境，于是处于与环境相互排斥、相互孤立的状态；②顺应。个体虽然不能调控或改变环境，但能够改变自己，顺应环境，从而保持和谐；③控制。个体凭借自己的能力优势和人格潜能，比较恰当地调控或改变环境，自由地选择自己的活动，追求自己的目标。

（二）适应的方式

个体在遇到新情境时，一般有两种基本的适应方式：积极适应和消极适应。

1. 积极适应

（1）认同（identification）。当一个人在没有获得成功与满足而遭遇挫折时，将自己想象为某一成功者，效仿其优良品质及其获得成功的经验、方法，从而使自己的思想、信仰、目标和言行更适应环境和社会的要求，增强自信心，减少挫折感。例如，一位物理系学生留了胡子，是因为他十分仰慕系中一位名教授，而该教授的"注册商标"就是他很有性格的胡子。该学生以留胡子的方式向教授表示认同，并用留胡子的方式来表达自己努力学习的信心，希望自己能够像那位教授一样能够在物理专业上取得成功。再如"狐假虎威""东施效颦"也是认同的例子。

（2）补偿（compensation）。当个体行为受挫时，或因个人某方面的缺陷而使目标无法实现时，个体往往以新的目标代替原有目标，以其他方面的成功来补偿因失败而丧失的自尊与自信。这就是人们常说的"失之东隅，收之桑榆"。例如某大学生没有当上班干部，无机会表现自己的能力，于是便努力使自己的成绩名列前茅。再如，某大学生恋爱失败了，便积极参加文体活动，用在文体活动中获得的成功来补偿失恋的痛苦。

（3）升华（sublimation）。升华一词是西格蒙德·弗洛伊德（Sigmund Freud）最早使用的。他认为将一些本能的行动如饥饿或攻击的内驱力转移到自己或社会所接纳的范围时，就是"升华"，升华是一种很有建设性的心理作用。例如有打人冲动的人，借锻炼拳击或摔跤等方式来满足自己。西汉史学家司马迁在狱中撰写了《史记》；歌德的失恋导致他创作了《少年维特之烦恼》，通过将自己的"忧情"升华，他们最终实现了人生的辉煌。

2. 消极适应

（1）压抑（repression）。个体把不能被意识接受的思想、感情、意向和经验，在不知不觉中抑制到无意识中去。这是最基本的自我防御方式。

（2）投射（projection）。个体把自己不喜欢，或者不能接受的属于自己的东西转移到他人身上。

（3）否认（denial）。个体把已发生的痛苦与不快的事当作从未发生过，并采取视而不见、听而不闻的方式，竭力回避，以保持其心理平衡。

（4）曲解（idealization）。个体把现实世界曲解变化，以符合内心的需要，一般常用夸大性的妄想或幻觉来解除心理的挫折与不安,以消除自卑与痛苦。

(5)退行(regression)。个体遇到挫折时,放弃已学会的成人方式,恢复使用早期幼稚的方式应付事变,以得到他人的同情和照顾,躲避所面临的现实问题,减少痛苦。

(6)幻想(fantasy)。个体面对自己无法解决的现实困难,使用幻想的方法使自己与现实脱离,在想象的世界中处理心理上的纷扰,获得心理上的满足。

(7)反向(reaction formation)。个体有一些不能被自己的理智或社会所接受的欲望与行动,虽然被压抑而潜伏到无意识中去,但仍具有强大的动机作用,有时会改换面目,以相反方向表现出来。

(三)适应的意义

适应对个人的发展和成长有着重要的意义。首先,适应是个体保持心理健康的重要途径。当一个人进入新的环境后,一般都会产生一定的心理波动,有可能出现生理、心理和行为方面的不适,例如失眠、孤独感进而表现出一定程度的心理健康问题,这时积极的适应方式能够让个体尽快恢复心理平衡。因此,环境适应能力也是心理健康的标准之一。其次,适应可以促进个体不断发展和成熟。一个人从婴儿开始发展变化,在成长过程中,从家庭到学校,从学校到社会,从社会到建立新的家庭,由于生活范围不断扩大,环境对他的要求不断提高。通过一步一步面对这些繁杂的问题,个体的社会化水平会不断提高,他的思维、人格和行为会更加全面、稳定、成熟,通过不断对环境的适应,最终实现自己的人生目标。例如有的同学经过大学四年的学习和生活,父母感到他不像高中那样容易情绪化,待人更加有礼貌,遇到问题更加主动、乐观,这就是大学环境的适应对他的积极影响。

讨论议题

· 进入大学后,你对新环境适应吗?你有没有感觉到压力呢?

第二节 大学入学适应问题及对策

经历"十年寒窗"苦读,熬过"黑色六月"炼狱之后,高中生终于走进全新的大学。这种从中学到大学的转变,表面上是从一种生活环境进入另一种生活环境,实质上是一种适应过程。面对来自学习、生活、人际关系和角色期待等多方面的变化所带来的挑战,大学新生可能会在不同程度上出现校园适应问题。

一、校园生活适应

高中生基本没有脱离父母的怀抱,除了有父母的照料,还有班主任和各种老师的管理。高考前的学习负担过重,几乎所有家务都由父母做,不少学生独立生活能力较差,有的连衣服也不会洗。大学生活和中学生活相比,最大的特点是要求学生必须独立自主,生活适应问题是首要问题。

(一)常见的校园生活适应问题

校园生活适应问题主要有以下几个方面。

1. 个体独立生活适应困难

迫于高考的压力,学生在中学时代大部分时间和精力都集中在学习上,而家长为了给子女节省出更多的学习时间,对子女的生活全权负责,将子女的大小事情悉数安排好。另外,现在的大学生多为独生子女,父母尽可能不让自己的子女受到一丝丝的委屈,一点点的辛苦,更舍不得让子女做一些基本的家务,这导致中学时代的学生在生活上对父母有了较强的依赖心理,缺乏独立生活的能力。然而上大学后,没有了父母的悉心照料,真正独立的生活开始了,部分大学新生便出现生活不能自理的问题,例如不会收拾宿舍、不会叠被子、不会洗衣服等。

2. 钱物管理混乱

中学时代的生活主要由父母负责管理,所以除了交学费买学习用品,一般大学新生没有太多"理财"的经验。大部分家长每月或几个月给学生一次生活、学习费用,大学生就要尝试计划如何支配自己的生活费,这时就出现大学生不会理财的现象:计划不当,有的学生常常在月初就把后面的伙食费提前花掉了,导致个人"经济危机"的出现;有的学生在同学面前赶时髦、讲排场,"超支"现象严重。

3. 集体住宿不适应

许多学生在中学时代没有住过集体宿舍,缺乏集体生活的经验。进入大学后,一个宿舍住 4～8 个人,同时打水和洗衣服,轮流值日打扫卫生等原本从不需要考虑的事情就成了生活中必不可少的一部分,曾不是问题的事也成了问题。同学之间卫生习惯与作息时间不同,有的人爱清洁,有的人不主动打扫卫生,东西到处乱扔;有的人早睡早起,有的人晚上不睡早上不起。这样一来,晚上看书的人影响早睡的人休息,爱清洁的人被不爱清洁的人搞得烦躁,而每个人的生活习惯又一时难以改变,所以,有一部分学生因生活习惯相差太多而要求调整宿舍。

4. 缺乏良好生活习惯

在中学时代,有学校的统一管理和安排,学生的上课和休息时间基本相同,作息时间规律没有太大的差异。而在大学,由于课程安排差异性和自由支配时间的增多,部分自制力较差的学生就会放纵自己,随心生活。有的学生"晚上一条龙,白天一条虫",晚上非常活跃,在宿舍玩到很晚,即使熄灯,还要再开"卧谈会",而白天精神不好,昏昏欲睡,影响学习生活。有的学生晚上通宵熬夜上网娱乐,白天没课就窝在宿舍睡觉,饿了也懒得外出买饭,要么叫外卖,要么让同学带饭。有的学生早上睡懒觉,匆忙上课而没有时间吃早点,平时用餐不规律,经常暴饮暴食或者为减肥而节食。还有一些学生缺乏体育锻炼,一有时间就坐在电脑前上网打游戏、看视频等,离开了电脑又拿着手机玩个不停,每个月打电话花不了多少钱,而上网的流量费就花掉几十甚至近百元钱。这些不良生活习惯严重影响了大学生的身心健康。

(二)校园生活适应问题对策

大学生正处于长身体、长知识的重要阶段,身心健康是确保其顺利、成功度过大学阶段的重要基础。为了达到身心健康的目的,大学生从进入大学起,就应该切实重视这些校园生活的不适应问题,并寻找途径加以克服,培养良好的生活习惯。

1.培养生活自理能力

离开父母,走进大学校园,大学新生需要学着自己料理生活。在生活、学习上遇到麻烦,可以积极尝试寻找解决问题的办法,而不是将所有麻烦抛向父母,让父母负责。例如自己的衣物应自己洗,自己的宿舍应自己负责打扫等。要学会管理自己的钱和物品。花钱时要根据家庭的经济承受能力等现实条件有计划、有限度地控制消费。要考虑生活中哪些开支是必需的,哪些是可有可无的,要保证基本生活、学习支出,确定切实可行的"花钱计划"。还要学会管理自己的个人财物,不同的物品要分类保管,科学合理地利用,做到井然有序,物尽其用。

2.培养良好生活习惯

生活习惯代表着个人的生活方式,它不仅影响着个人的身心健康,而且影响着个人未来的发展。大学新生应该从进入大学起,就注意培养良好的生活习惯。首先,坚持锻炼身体。"身体是革命的本钱",如果没有健康的身体,纵然有满腹才华,也是枉然。其次,要有良好的饮食习惯。有的学生起床晚了,就不吃早餐,将早餐和中餐并为一餐吃;有的同学特别是女生,为了身材苗条,不按时吃饭,或一日三餐吃点水果;还有个别同学有饮酒的习惯,这些都是对健康不利的。

3.自觉遵守作息制度

生活的规律性就是在大脑建立一个合理的动力定型。动力定型就是在一定条件下形成的按先后顺序和空间位置构成的神经联系,也就是人们通常所说的习惯。从另一个角度来说,如果一个人每天的各项活动都能经常以相同的顺序和固定的时间出现,大脑皮层就会把一系列活动联系起来,形成一个内部神经过程的系统,即形成一个皮层动力定型。脑的活动遵循"节约原则",动力定型的形成,使脑神经细胞的兴奋与抑制保持平衡、协调,能更好地发挥脑细胞的机能,能使个体在脑细胞消耗少的情况下完成最大量的工作,达到事半功倍的效果。因此,大学生要自觉遵守作息制度,养成一套良好的生活习惯。

二、学习适应

学习是大学生的主要任务,也是其生活的重要组成部分。大学的教学体制、教学方法与中学有着明显的不同。对于大学新生来说，能否尽快适应全新的大学学习生活，直接影响到他们四年的学业，并间接影响其以后的工作、生活。因此，学习适应对大学生的成长与发展有着非同寻常的意义。

（一）常见的学习适应问题

入学新生的学习适应问题主要表现在学习动力和学习方法等方面。

学习动力方面的问题主要表现为学习动力不足。进入大学后，部分学生因从小到大设立的目标就是考大学，进入大学后这一目标已经达到，他们失去了奋斗的目标，出现茫然的状态，不知为什么而学习。部分学生则会产生松懈心理，认为考研和就业都还远，未能及时树立学习目标。自控能力和独立自主意识较差的学生，容易受到外界不良因素的影响，出现盲目跟从和厌学现象，导致学习动力不足。

学习方法方面的问题主要表现为方法不当。由于大学教学课时少、进度快、容量大、难度高，课堂教学以提纲挈领为主，教师课堂讲解主要围绕难点、疑点和重点展开，这就需要学生自己查阅资料，变被动听讲为主动研究，变机械练习为积极思考和探索，在接受课堂教学内容的同时充分发挥主观能动性，进行自主学习。而很多学生没有掌握大学学习特点，没有选择合适的学习方法，不懂得利用图书馆和网络资源进行自主学习，而导致学习成绩不理想。

（二）学习适应问题对策

大学新生可以从以下几个方面积极调节，改善学习状态，提高学习效率。

1. 正确看待学习成绩和竞争

学习成绩并不是衡量大学生能力的唯一标准，大学生的能力还包括知识面是否宽广，社交能力是否具备，遭遇挫折能否及时调整状态等。学习基础因人而异，所以同学间的学习成绩存在差距也就是自然而然的事了。只要自己尽力而为，并且在自己原有的基础上不断进步就可以了。大学的竞争不仅仅在学习方面，还包括个人素质和综合能力。其实，看似轻松自由的校园学习氛围中同样充满了激烈的竞争。大学新生应该正确看待这种校园竞争，在竞争的氛围里不断激励自己。

2. 处理好学习与其他活动的关系

大学生活比高中更加丰富多彩，学习是一项主要内容，但不是唯一活动。在大学，除了教学活动，还有各种社团活动、文艺会演、学术报告等活动。这些让大学新生目不暇接的活动对他们的学习计划和安排造成了一定的冲击。有些学生不参加任何活动，还像高中那样一心一意搞好学习，而有些同学过多投入到各种活动中，对学习造成了明显的负面影响。因此大学新生需要处理好学习与其他活动的关系，适度参加学习之外的其他活动，不能因为过多地参加活动而影响正常学习。

3. 改进学习方法

学习方法对学习结果的影响是不言而喻的。大学要求学生有较强的自主学习能力,因而自学能力的高低成了影响学业成绩的重要因素。自学能力包括确定学习目标,对教师所讲内容提出质疑,查询有关文献,确定自修内容,将自修内容与人探讨,写学习心得和学术论文等。

在高校心理咨询中心,常会有一些学生向老师倾诉大学学习上的问题。特别是中学时成绩很优异的学生,更是无法接受进入大学后自己成绩的滑坡或停滞不前,这种挫折使得他们自信心丧失。所以学校在新生入学时应有学习方法上的辅导,新生自身更要做有心人,在学习方法上多观察、思考,尽快从旧的学习方法向新的学习方法转变,以应付可能出现的学习危机。

4. 拓展学习渠道

图书馆是大学里最重要的资料、信息密集地。图书馆有着丰富的书籍、报刊以及先进的电子网络资源等。大学新生不能仅仅把自己的视野局限在课堂教学范围内,而是要勤进图书馆,学会利用图书馆开阔视野、启发思维。视野的扩大会使大学新生心胸开阔,内心的矛盾也会自然解除。大学图书馆的电子资源是开放的、快捷的、立体的,大学新生在图书馆可以了解新的学术动态和新的科研成果,培养更为广泛的学习兴趣和从事各种学术探讨、科学研究的兴趣,增强学术意识,培养敏锐的观察力、丰富的想象力、高超的判断力和鉴识力,培养大胆创新、敢想、敢说、敢干的探索精神和严谨的科学态度,并在此基础上学会开展科研和创新。另外,学校还有各种实验室、资料室、电教室等机构或设施,大学生可以充分利用大学的学习资源,通过各种渠道掌握知识,使个人潜能得到最大限度地促进与提高。

三、人际适应

中学时期,学习是生活的最主要内容,人际关系较为简单,而进入大学后人际交往对象、范围和要求发生变化,大学生要面临一些人际适应问题。

(一)常见的人际适应问题

1. 自我认知偏差

自我认知是人们对自己的认识和自我评价。大学生在自我认知上一般存在两种偏差,影响其正常的人际交往,即自我评价过高和自我评价过低。自我评价过高的学生,过分相信自己的聪明才智从而妄自尊大,常会以己之长量他人之短,对不如己者不屑一顾;自我评价过低的学生,由于看不到自身的价值,对自己没有信心,常常自我贬低。

2. 人际期望过高

进入大学后,中学时代所建立的人际关系,因为距离和时间等实际情况而有所疏远。曾经形影不离的好朋友、相熟相知的同学都在不同的新环境忙着自己的事情,来自他们的问候不再频繁。大学新生要开始面对不认识的新同学,大家来自不同地域、有不同的成长经历和背景,彼此的距离感较强,交往程度也不够深,交往时会遇到许多问题。由于新的人际关系还未建立,大学新生很容易处在人际交往的一个"真空"地带,产生孤单寂寞的情绪反应。因此,许多大一新生在这个阶段都会对大学的人际交往失望,甚至认为自己上大学后不会与人交往了。

3. 不善于语言表达

语言是人际交往中最常使用和最基本的交往手段。由于中学时代一直埋头苦学,人际交往的经历少,到了大学后,突然面对较复杂的人际交往情况,一些性格内向的同学就会不知所措。因为害羞少言,不善言谈,他们不知道该怎么与同学交往,在交往中也不知如何和别人更好地交流沟通;还有的同学因为没有掌握交往技巧,交往中常有挫败感,所以索性少交往。可以说不善言谈是大学新生人际交往的一大障碍。

4. 不善于解决人际矛盾

虽然融洽和谐的人际关系人人向往,但因不善沟通交流、缺乏理解、不能容忍他人等原因,人际交往中必然会出现各种矛盾。由于中学时代忙于学习、活动范围有限,参与人际交往的时间较少,人际矛盾很少。但来到大学,来到陌生的新环境,面对复杂多样的人际关系,大学新生常会因为不善于解决人际矛盾,被同学误解,想给同学解释,但又不知怎么解释,担心同学不相信他的解释,就对矛盾听之任之,逃避解决矛盾的场景,结果同学关系越来越糟。生活在集体宿舍,生活习惯、处世方式、理想目标等方面的不同都会在室友间产生碰撞,宿舍里小范围人际交往也常会因此而出现各种各样或大或小的矛盾。

(二)人际适应问题对策

1. 提高自我认知

对于大学生来讲,认识自我就要"丢掉包袱",减少盲目性,增加自觉性,减少被动性,增加主动性。要想全面客观认识自我,必须自觉主动进行社会交往,充分表现自我,留意他人对自己的态度和评价,留意来自父母、老师、同学、朋友多方面的信息,并对这些信息自觉进行真实性和价值性的判断加工,发现自己的优点和不足,吸取对自我成长有利的部分,这样就能够逐步形成对自我的全面客观的认识。

2. 正确看待大学人际关系

大学新生要想在短时间里形成较为紧密的人际关系是有困难的,因为同学间的人际交往是需要一个逐渐认识、了解的过程。所以大学新生起初不要对大学人际交往期望太高,可以先以建立一般同学的关系与周围同学交流沟通,在共同的学习生活中逐渐了解、熟悉,并在时间的见证下,逐渐交到属于自己的朋友,建立属于自己的人际关系。此外,大学新生不要企图与每一位同学都成为关系亲密的朋友,并不是所有身边的人都可以和自己建立朋友关系。

3. 积极参与各种集体活动

比起中学,大学有更多课外时间供学生自由支配。为了提高学生的社会实践能力和综合素质,大学的课外活动内容相当丰富,学校和院系的团委、学生会和各班级会组织各种体育活动、文艺演出、团日活动、演讲、竞赛等。大学新生可以通过积极参加这些活动,在完成共同任务,彼此协作配合的过程中加强了解,增进感情,为建立良好的人际关系打基础。参加活动不仅仅是要表现自己,而且是一种很好的人际交往形式,哪怕没有什么可以展示的特长,也可以在活动中做一些基本的后勤工作,如为表演者送水、拿衣服等,这些都是在积极参加集体活动。

4.通过各种途径拓展交往面

面对和中学时代不同的多样化的人际交往圈,大学新生可以以不同的途径认识更多的同学,形成各种层次的人际关系,有较宽的交往面,是良好人际关系的表现之一。大学新生可以通过先与在校同乡学生交流,因为以前在共同的地域生活,会有更多可以交流的话题,这样可以缩短人际关系建立的时间。有突出兴趣爱好的学生可以通过参加相关的社团或某些校园活动,进入有相同爱好的学生圈子,找到更多有相同爱好的学生,因为大家有共同的兴趣爱好,这样沟通交流起来会更容易,例如通过参加社团活动、英语角、郊游等,认识更多的朋友。

5.在不断的交往中提高交往能力

人际交往的能力和技巧是在人际交往的实践中不断积累得到的。因为以前缺乏交往的经验,所以新生面对复杂多样的人际交往环境,就会产生各种困惑和矛盾。面对这些人际交往中所产生的困惑和矛盾,大学新生要有心理准备,当有心理准备后,就可以减少内心的胆怯和行为上的退缩,因为所谓的人际交往能力就是在解决矛盾和消除困惑中锻炼出来的。一次次解决矛盾和消除困惑的过程可以增强个体的自信心,提高其人际交往能力。提高交往能力,就要经常反思自己,分析总结交往中自我的表现,分析总结一次次交往的经验教训,最终达到人际交往和谐的目的。

四、自我适应

对自己的认识和认同是青少年成长发展的一个重要课题。高中阶段以学习成绩作为评价自我的最重要指标,以高考为目的,进入大学后,大学生需要对自己进行重新认识,重新评价。

(一)常见的自我适应问题

1.从依赖到独立带来的焦虑心理

大学有更多的独立与自由的空间,大学生渴望走向独立生活,强烈要求社会承认他们的成人资格,自信心、自尊心都有很大提高,不愿再受他人支配。但许多大学生还有较强的依赖性,如生活上不会自理,不会洗衣服,不会合理支配开销,学习上缺乏主动性等。从依赖到独立的过程中产生的各种矛盾如果不能及时解除,就会导致学生产生焦虑心理。

2. 自我认知失调导致的自卑心理

大学生自我认知能力不足，自我控制能力较弱，在自我评价时常会"一叶障目，不见泰山"，出现自我否定或自我评价过低的情况。大多数大学新生在中学都是学习尖子，是家长、老师和同学平时关注的"中心人物"。而升入大学后，在人才荟萃的新集体中，大家都希望继续保持以往的学习优势，但实际情况是：一些学生会失去原来的"尖子"地位，不再成为"人中龙凤"。面对这种新环境、新挑战和新竞争，他们原有的优势地位削弱或消失，原有的平衡心理状态也会被打破。一部分学生对自己的学习能力产生怀疑并拓展到其他方面，从而产生已不如人的自卑心理。有的学生也会因为来自山区、经济条件差的家庭环境，觉得自己吃的、穿的、才艺等方面比不上别人而产生自卑心理。

3. 理想与现实的落差形成的失落心理

由于受到身边人不断的熏陶，大学新生在来大学之前，都对大学充满了美好憧憬。进入大学后却看到不太体面的"课桌文化""墙头文化"等，发现生活就是教室、宿舍、食堂"三点一线"。由于对大学生活的现实缺乏了解和心理准备不足，他们进入大学后，就会发现现实中的大学和自己的想象差别很大，随之产生失望、痛苦的心理。也有的同学因为对自己所报考的院校和选择的专业不甚了解，来到大学后发现专业内容与自己想象的大不相同，再和其他专业进行横向比较，又会发现就业前景也不容乐观，理想和现实的巨大落差常使得他们产生失落心理。

4. 失去奋斗目标导致的迷茫心理

在中学时代，考上大学是学生明确的奋斗目标，进入大学后，那种觉得可以歇歇脚的松懈心理，让他们失去了继续奋斗的目标和动力。据统计约有46%的大一新生认为自己缺乏生活目标，得过且过；学习兴趣不浓，考试不挂科就好。旧的目标已然实现，新的目标尚未确立，导致大学生出现不知如何是好的徘徊心理和不知所措的迷茫心理。

（二）自我适应对策

1. 客观地评价自己

俗话说，人贵有自知之明。准确地认识自己、客观地评价自己，看似简单，实际是非常复杂的，而且也是有较大难度的。人总是以自己的角度和标准评价自己，这就容易出现"一叶障目""一好百好，一差百差"等自我认知的偏差。客观地评价自己，就要把自己放在一个合理的环境中比较，既要比上，也要比下，不能一味与比自己好的人比，也不能因为自己的优点就忽视不足。还要结合自己成长发展的经历进行评价，一些学生高中时期只关注学习，学习成绩很好，但是在才艺、体育等方面没有学习经历，那上了大学没有文艺、体育特长也就是很自然的事情了。

2. 积极悦纳自己

一个人只有自我接纳，才能为他人所接纳。悦纳自己就是要平静而理智地对待自己的长短优劣和得失成败,要用乐观开朗的心态和发展的眼光来看待自己。大学生需要摆脱高中阶段所持有的评价标准,以新的眼光来看待周围的人和事。当然高中到大学中间是有过渡期的,这期间会出现各种短暂的不适应现象很正常,例如平时的学习付出与最终的考试成绩不成正比,自己不再是众人关注的焦点,而只是茫茫人海中的普通一员等。面对这些情况大学生应有健康积极的态度,而不是以哀怨、自责甚至厌恶的态度来否定自己。对于自己不可改变的东西,应该学着心平气和地接受;对于可以改变的东西,如自己的不足,应该努力改善。在认真分析自我的基础上,找出自身有待改善和提高的地方,同时要肯定自己的优势,对自己做出客观的评价。在自我悦纳的基础上,不断发展和更新自我。

3. 接受和正视现实

自己所在的大学可能没有想象中那样环境优美,自己所选的专业,可能也没有期待中那么好。大学生应正确看待理想与现实之间的落差,要认识到落差是因为自己的想法太过理想和完美化,脱离了实际。心理学家卡耐尔曾说:"当我们不再反抗那些不可避免的事实之后,我们就会节省下精力,创造一个更为丰富的新生活。"同样,面对理想和现实之间的差距,大一新生只有接受了现实,才有可能平心静气地分析环境,分析自己,从新环境中找到自己的成长点。理想中的完美憧憬只能带给我们想象的、瞬间的美好回忆,只有现实中的行动才能带给我们今天乃至未来以充实与欢乐。

4. 树立明确的目标

目标是人的活动所追求的预期结果,是激发人的积极性并使之产生自觉行为的必要前提。重新确立新的奋斗目标是大学生活成败的关键。高中需要为考上大学的目标坚持不懈地努力,大学同样需要将奋斗的目标作为自己前进的动力源泉。大学新生应该树立自己明确的奋斗目标,激励自己一步一个脚印地不断前进,这样生活才会变得充实和有激情,才不会陷入不知"干什么"的茫然中。大学新生在确立目标时,应从社会实际出发,把自己的奋斗目标与我国社会的现实需要结合起来,这样的目标才会具有现实价值;应与自身特点相结合,从自己的实际出发,扬长避短,只有与自己的兴趣爱好相符,与自己的专业能力基础相关,个人的奋斗目标才会产生强大动力、持久的耐力和实现的可能。

5. 不断地自我成长

自我成长和发展是一个漫长的过程,甚至需要一生不断完善。因此不要对自己求全责备,要求自己把每一件事情都处理好,在不断尝试错误的过程中成长才是人生发展的常态。大学生有满腔的热情,灵活的思维,但往往因缺乏社会阅历和人生经验而显得比较稚嫩。要有在经历世事当中学习和成长的思想准备,把每一次成功、失败的经历都看成是提高自我的机会。要学会反思,从经历的每一件事情中反思优劣成败,总结以后为人处世、自我管理应该汲取的宝贵经验。

👥 **讨论议题**

· 进入大学以来,你遇到了上面所说的适应问题吗? 如果遇到了,你是如何解决的? 效果如何?

· 如果让你和同学交流,你觉得自己有哪些好的经验可以和同学分享?

第三节　大学生适应能力培养

适应能力是在新环境的挑战下,在解决各种适应问题的实践中逐渐发展起来的。为了尽快适应全新的大学生活,大学新生应积极了解自身实际状况,主动调节自己,敢于迎接挑战,并善于总结经验,才能在较短的时间内适应大学生活,减少适应不良对学习生活的影响,为顺利完成大学学业打下坚实的基础。新生为了更好地发展,应该尽量缩短适应时间,在从中学到大学的调整转变过程中,新生起步越早,调整得越快,转变得也就越好,在大学的竞争中就越能占优势地位。

一、认识环境要求

认识环境要求大学新生接受现实,正视现实,积极地适应大学生活的新环境,尽快融入大学新生活。

(一)提高对自然环境的适应能力

对自然环境的适应主要包括学校内部环境和学校周边环境。学校的内部环境可以分为硬环境和软环境。硬环境主要包括学校的整体规划、空间布局和设计风格。软环境主要包括学校的组织管理和规章制度等所营造的校园文化氛围。学校周边的环境同样可以分为硬环境和软环境两部分。硬环境主要包括学校所在城市的政治经济发展水平、生态环境和人文景观等。软环境主要包括社会风气、文化传统等。这些环境信息都与大学新生的生活息息相关,例如超市、银行的位置,交通线路等,都需要大学新生了解和熟悉。只有对校园内外的自然环境有了充分熟悉与了解,才能在这个环境中自如生活和学习。在办理各种手续、解决各种问题时就会比较顺利、更节省时间。还可以给那些对周围环境不熟悉的同学及时的指点和帮助。而对于新环境的熟悉既可以自己摸索,也可以向高年级的同学或同乡请教。

(二)提高语言环境的适应能力

对于语言环境的适应是为了保障交流顺畅,在大学校园教师和学生都用普通话进行交流。但由于部分地区基础教育薄弱,学生入学时普通话水平不高,还有些学生由于受地方方言的影响,方言味浓厚,这都在一定程度上给学生的人际交往自尊心和自信心带来学校负面的影响,所以语言环境的适应同样不可忽视。语言的适应需要不断练习,在练习中不断发现并及时纠正错误。此外,适当地掌握一些当地的方言也有助于适应环境。这样外出办事或购买东西时,就可以和当地讲方言的人进行流畅交流。

(三)提高人际环境的适应能力

人对环境的适应主要是对人际关系的适应。大学是人的个性定型的关键时期,良好的人际关系有助于大学新生个性的发展与优化。现代社会信息传递速度加快,大学生对精神生活的需要越来越高,要想保持心理平衡,完善个性,丰富精神生活,必须建立良好的人际关系。大学新生应主动实现与他人富有积极意义的交往,扩大人际交往范围。大学新生应学习与来自五湖四海的同学们交往,也要学习与高年级的学长的交往;应学习与相同专业的同学交往,也要学习与其他专业的同学交往;应学习与同学的交往,也要学习与社团或群体交往;应学习与同性交往,也要学习与异性交往;应学习与各行各业的人交往,也要学习与不同个性特点的人交往;应学习与校内的人交往,也要学习与校外的人交往。在与众多人员进行交往时,在获取、利用和处理信息的过程中,大学新生学会人际交往的方式、方法与技能,提高个人自我修养水平,严格要求和约束自己,发展有利于交往的个性特征,消除不利于交往的个性特征。

二、调控自我需求

许多大学生在中学是佼佼者,然而在大学里,个个是高手,学习成绩重新排列组合,各自的位置发生变化,角色发生改变,只有少数人保持原来的重要角色,多数学生变成普通角色,在从中心角色向普通角色的转变中,自我认知和自我评价会受到不同程度的冲击。大学新生应深入了解自己,对自己的能力、性格、优缺点都能做出恰当的、客观的评价,不对自己提出苛刻的、非分的期望与要求,不追求十全十美的形象,不为自己存在的缺点和不足而沮丧,不以己之长来比人之短,也不以己之短来比人之长,扬长避短,并且要加强自我修养,学习他人优点,心地坦然,不无端猜疑和嫉恨别人。

有的大学新生总是要求自己十全十美,而自己却又无法做到完美无缺,结果是使自己的心理状态永远无法平衡,也无法摆脱自己面临的心理挑战。调控自我的需求、采用合适的认知方式是解决心理矛盾的重要条件,只有这样才能使自我同客观环境之间保持良好的适应,防止和排解自我同环境之间的冲突,调节自我内部的矛盾冲突。

调控自我的需求,不要仅仅把视野局限在学习上,要通过参加多种课外活动让视野变得开阔。大学新生积极参加课外活动可以丰富精神世界,促进身心全面发展,使生活更有乐趣,情操得到陶冶,多种需要得到满足。大学新生积极参加课外活动对发展能力也很重要。学生在组织开展各种活动的过程中,通过自己制订计划,具体实施,协调各种内外关系,使组织能力、管理能力都得到提高。

三、运用心理调适

积极心理调适对于解决心理矛盾,维护心理健康,增强个人对环境的适应能力是非常重要的。心理自我调适是指个体运用心理学的原理与方法给自己以影响,从而促使自己的心理和行为向积极方面转化的过程。大学新生可以运用以下几种心理调适的方法。

(一)自我激励

自我激励是用前人的曲折经历、榜样的事迹和生活中的哲理来激励自己,以调整自己的不良心理。罗兰说过:不要对人生失望! 我们的人生就是这个样子,有好处,也有缺点;有可爱的地方,也有令人失望的地方,能承认这些,我们才可以用宽容的态度来对待人生。大学新生不要因现实环境不尽如人意而抱怨消沉,应勇敢地去适应、去竞争,进行自我激励。

(二)转移注意法

转移注意法是指把注意力从消极方面转移到积极方面,以此来解除烦恼。在一个特定环境中发生的不幸,往往使人触景生情,换一个环境,例如到美丽的大自然,在高山上感受"会当凌绝顶,一览众山小"的气魄,在海岸边体会"烟波浩渺,水天一色"的浩瀚,在草原上感受"天苍苍,野茫茫,风吹草低见牛羊"的广阔,你就会感到世界之伟大,自己的痛苦与不幸实在算不了什么。当出现不良情绪时,可以好好听听音乐,音乐具有明显的调节功能。大学新生应注意发展自己的业余爱好,这样不但能在紧张的学习之余身心得到很好的放松,也能解除由于各种原因而引起的不良情绪。

(三)宣泄法

对于大学生活中的适应不良,遇到的各种矛盾冲突,以及其他事件引起的不良情绪,大学生应当通过适当途径把情绪发泄出来。培根说过:"你把快乐告诉别人,就会拥有两份快乐,你把忧愁告诉朋友,忧愁就被减少了一半。"可以找老师、朋友诉说一通,这不但使自己的不良情绪得到发泄,而且还从他们那里得到安慰和开导,这会使人感到茅塞顿开,心情豁然开朗。也可以通过畅快地大哭一场,或用记日记的方法来宣泄不良情绪。

(四)培养幽默感

幽默感是人们适应环境的一种工具。一位哲学家说过,幽默是人的智慧的最高表现,同时是一个人保持良好的心境的良方。幽默是人际关系的润滑剂,而且可以缩短人际距离,消除感情隔膜,调节引导情绪等,有着积极的作用。因此大学新生应当培养幽默感,乐观地对待生活,不为任何挫折、失败和痛苦所压倒,使自己变得轻松快乐,使人际关系更加融洽和谐。

四、善于反思总结

正确地认识自我,除了来自他人的行为、态度和自己的活动成果外,个人对自己的观察与思考同样是认识自我的一个重要来源。他人对自我的评价与自己对自我的评价往往存在相当大的差异。古人云:"人贵有自知之明",这说明正确认识自己是相当困难的。正确认识自我就是对自己现有的心理水平和所具备的各种条件,如自己的生理、心理状况,自己的个性,自己的特长,自己的智能水平等有比较清醒的认识,对自己所希望达到的境地有恰当的追求,从而形成正确的"理想我"和"现实我"的观念。

要正确地认识自我,必须经常反思自我,对自己做一分为二的客观分析,严于剖析自我,并在反思中不断总结经验教训。大学新生面对入学适应中存在的种种问题时,不仅要考虑客观的外在条件变化,还需要寻找自身需要完善的地方。对于经历过的失败与成功,不能得过且过,而应分析反思失败中的不足,不仅仅是追求问题最终的成功解决,还要反思和总结在解决这些问题的过程中所获得的宝贵经验教训。有了之前的宝贵经验教训,之后的生活就有了更多的指引和借鉴,这样可以避免走很多弯路,为以后的成功开辟一条平坦的快捷大道。

课堂实践

"让我们伸出援助之手"活动

活动目的:让大学新生们在思考总结自身的忧愁、烦恼的同时,了解身边同学的忧愁、烦恼,通过学生间的互相答疑,锻炼新生解决生活中的困难和心理矛盾的能力,使同学们感受到彼此之间心理的沟通和心理上的相互支持。

活动形式:小组游戏

活动设计:

1. 教师将全体同学分成若干小组,每组 10 人左右,并由组内同学推荐选出每组的组长。

2. 在组长组织带领下,每位组内成员在纸条上写下自己想请求帮助解决的问题,并匿名交给组长。

3. 组长将纸条顺序打乱后,让每个同学随机抽取一张。

4. 让同学读出纸条上的问题,并发表自己的意见。

5. 全组同学集思广益,各自发表自己对此问题的看法和见解。

6. 组长总结全组同学对此问题的看法。

7. 下一个同学读出手中纸条上的问题,说出对此问题的见解。

8. 最后由每组选出一位代表谈谈此次活动的感受。

📖 课后思考

1.根据自己的实际情况,分析自己有哪些方面的校园生活适应问题,并为自己制订一个提高校园生活适应能力的具体计划。

2.大学新生主要有哪些学习适应问题?你有这些问题吗?请结合自己的情况,寻找对自己有效的排除学习困扰的方法。

3.大学新生主要有哪些心理适应问题?请举例说明。

4.大学新生应如何培养适应能力?

本章相关知识链接

第六章 自我认同与自我管理

···

　　小丁来自农村,家境不佳,从上大学的第一天起就感觉不如其他学生,他从内心深处希望改变这一切。四年的大学生活中,他努力完成学业并为生计奔波。在别人的眼里他是个坚强而有头脑的人,而他却不这样认为,他觉得这只是一种无可奈何的选择。平常在与周围人的相处中,他总会讲些有趣的故事,别人感觉他是个很开朗的人。但他觉得这不是自己,他不敢与人谈家、谈那份奔波的辛苦,这些都是心底最隐秘的东西,是极度自卑的根源,想改变却又徒劳。他认为这个隐藏起来的"我"才是真正的自己,而那个外在的"我"不过是个假象而已。

　　四年后他考上了本校硕士研究生,但这并没给他带来多少喜悦。从上研究生的第一天开始,他过起了"苦行僧"的生活,以便考取某名牌大学的博士生。上硕士研究生的三年一点也不轻松,他在学业、生活中独自拼搏。其实小丁相貌堂堂,一表人才,加上生活的磨砺,显得比一般的学生深沉、成熟,而且只要不谈自己,他还不乏幽默感。在上硕士研究生的过程中他先后遇到三个对他示好的女孩,他认为她们都比自己优秀,不敢与之深交,总是还没真正开始就被他"压"下去了。周末的时候,常常很想约某个女孩,但怎么也鼓不足勇气。那三个女孩在他一再的"冷漠"后,也都不再与他联系。他真是恨透了那个懦弱、胆小、自卑的自己。

　　后来他终于如愿考上了一所名牌大学的博士生,但这并没有带给他想象中的喜悦,反而令他对过去三年的生活懊悔极了。他因为自卑放弃了很多实习、实践、人际交往的机会。

　　小丁所遇到的问题其实是青年大学生发展中需要面对的重大课题——自我认同。自我认同是对自己所思所做的一种认可感,是能够理智看待、接受自己以及现实世界,并且在追求和逐渐接近目标的过程中体验到自我价值以及社会的承认与赞许,但又不会一味地屈从于社会与他人的舆论,进而在这种认同感中巩固自信与自尊。

第一节 自我意识概述

进入大学,每一个人可能都会不由自主地产生许多关于自身的问题,诸如:"我"究竟是个怎样的人?为什么总是离那个完美的"我"相去甚远?为什么人与人会有很大不同?为什么"我"似乎根本不了解自己?要回答这些问题,就必须要了解什么是自我意识。

自我意识是隐藏在个体内心深处的心理结构,是个体意识发展的高级阶段,是人格的自我调控系统。培养良好的自我意识是大学生自我完善的途径,是大学生实现人生目标的桥梁。大学阶段是个体自我意识快速发展和趋于完善的重要时期,探讨大学生自我意识发展的特点,寻求合理的培养途径,对大学生自我成长具有重要意义。

一、自我意识的概念

自我意识,又称自我,是指人们在意识中觉察到自己心理或行为的过程,也是个体在意识活动中把自己变为客体,作为对象去认识的过程。例如"自己是个什么样的人""自己能干些什么,应该干些什么"等。

自我由"主我"和"客我"两部分构成。主我是自我认知的主体,负责执行自我功能,支配自我活动。客我是自我的客体,是自我观察的对象。当个体自言自语或者思考问题时,便是给自己提出问题、回答问题,把自己分成两部分,把其中一部分作为对象去审视、评价。然后,这个对象化了的客我又回到自我,与主我汇合,形成对自己的认识。客我还有一定的主体性。客我由他人眼中(来自他人)的自我形象和自己头脑中(来自自己)的自我形象两部分构成。前者被心理学家称为"他画像",后者被称为"自画像"。我国心理学家沙莲香认为,自我的本质就是对自己与他人关系的处理以及对个人同社会各种关系的处理。所以,自我通过主我和客我的相互作用以及客我中"自画像"和"他画像"的相互作用,维持和完善心理状态,使人们清醒、完整地看到自己、理解自己。因此,每个人不但可以认识别人,也可以认识自己,对自己和他人的认识客观、正确,就表明其自我意识水平比较高,从而有可能处理好自己和他人的关系,社会适应性较强,心理的发展比较健康、完善。

自我意识是个人作为主体的我对自己,以及对周围事物的关系的认识。人们经常说的自尊、自卑等都属于自我意识的范畴。自我是一个多因素、多层次的整体结构,它既包含生理的因素,又包含社会的、精神的因素。因此,自我意识的内容也必然是多种多样的,主要表现形式有自我观察、自我分析、自我意象、自我评价、自我体验、自我调控等。

二、自我意识的发展历程

自我意识不是头脑所固有的、先天的,而是在与他人交往过程中,个体根据他人对自己的看法和评价而发展起来,持续一生的个体社会化的过程。自我意识的形成和发展过程是人格养成的过程,忽视某一个阶段的健康成长,会给个人终生带来困惑。美国心理学家埃里克森将人的心理发展分为八个阶段,认为每个阶段都有一个特殊的核心问题,解决了特殊问题,自我意识就会进入一个新的阶段。

(一)出生到 18 个月

这是获得信任感而克服不信任感阶段。信任是婴儿的需要与外界对他需要的满足保持一致。这一阶段婴儿的生理需求得到满足,会感到所处的环境是安全的,周围的人是可以信任的,由此扩展为对一般人的信任。婴儿如果得不到周围人的关心与照顾,他就会对外界特别是对周围的人产生害怕与怀疑。

(二)1~3 岁

这是获得自主感而避免怀疑感与羞耻感阶段。个体开始有了独立自主的要求,如想要自己穿衣、吃饭、走路、拿玩具等,开始探索周围的世界。这时候如果成人允许他们独立地去干一些力所能及的事情,并且表扬他们完成的工作,就能培养他们的意志力,使他们获得自主感,能够自我控制。相反,如果成人过分爱护,处处包办代替,或过分严厉,稍有差错就粗暴地斥责,甚至采用体罚,就会使孩子产生自我怀疑感与羞耻感。

(三)3~6 岁

这是获得主动感受而克服内疚感阶段。个体在这一阶段的肌肉运动与言语能力发展很快,能参加跑、跳、骑小车等运动,语言表达连贯,活动范围超出家庭。除模仿行为外,个体对周围的环境充满好奇心,有了性别意识。这时候,如果孩子有更多机会去自由参加各种活动,提出的各种问题得到解答,孩子的主动性就会得到进一步的发展,表现出很大的积极性与进取心。反之,如果父母对儿童采取否定与压制的态度,就会使他们认为游戏是不好的,提出的问题是笨拙的等,致使孩子产生内疚感与失败感。

(四)6~12 岁

这是获得勤奋感,避免自卑感阶段。儿童的智力不断地得到发展,特别是逻辑思维能力发展迅速,提问广泛,而且有一定的深度,能力日益发展,活动已扩展到学校、社会。这时候,对他们影响最大的已经不是父母,而是同伴或邻居,尤其是学校中的教师。他们关心物品的构造、用途与性质,对于工具、技术感兴趣。这些方面如果能得到成人的支持、帮助与赞扬,就能进一步加强他们的勤奋感。

(五)12~19 岁

这一阶段的核心问题是自我意识的确立和自我角色的形成。青少年对周围世界有了新的观察与思考方法,经常考虑自己到底是怎样的一个人,从别人的态度中,从自己扮演的各种社会角色中逐渐认清自己。此时,他们逐渐疏远父母,从对父母的依赖关系中解脱出来,与同伴们建立亲密的友谊,进一步认识自己,对自己的过去、现在、将来产生内在的连续感,认识自己与他人在外表与性格上的相同与差别,认识自己现在与未来在社会生活中的关系,获得心理社会同一感。

(六)19~25岁

这是建立家庭生活,获得亲密感、避免孤独感的阶段。亲密感是人与人之间的亲密关系,包括友谊与爱情,使个人能与他人同甘共苦、相互关怀。亲密感在危急情况下往往会发展为一种互相承担义务的感情,是在共同完成任务的过程中建立起来的。如果一个人不能与他人分享快乐与痛苦,进行思想情感的交流,不相互关心与帮助,就会陷入孤独寂寞的苦恼情境之中。

(七)25~50岁

这是获得创造力感,避免自我专注阶段。这一阶段有两种发展的可能性,一种可能是向积极方面发展,个人除关怀家庭成员外,还会扩展到关心社会上其他人,关心下一代以至子孙万代的幸福,在工作上勇于创造,追求事业的成功;另一种可能是向消极方面发展,即自我专注,只顾自己以及自己家庭的幸福,而不顾他人的困难与痛苦,即使有创造,也完全是为了自己的利益。

(八)50岁以后

这是获得完美感,避免失望感阶段。如果前面七个阶段积极的成分多于消极的成分,就会在老年期觉得这一辈子过得很有价值,生活得很有意义。相反,如果消极成分多于积极成分,就会产生失望感,感到自己的一生失去了许多机会,走错了方向,想要重新开始又感到为时已晚,于是产生了绝望的感觉,精神萎靡不振。

三、自我意识的结构

自我意识是一个复合体,它不仅包括一个人的愿望、动机,在过去生活背景中形成的信念、价值观以及对未来的展望,还包括自豪或羞耻、自尊或自卑、激励或责备等情感的体验。自我意识的形成受到个人成长经历、生活环境、自我态度、他人评价等诸多因素的影响。自我意识的结构并不是一成不变的,而是随着个体的经验和心理发展而不断地发生变化的。

小明和小鹏是从同一所高中考入某大学同一个班的新生,两个人在中学时交流不多,进了大学却感到非常有缘分,经常一起吃饭,一起运动,生活中也互相帮忙。小明一直认为自己考上该大学是因为运气好,自己平时就是普通水平,大学里高手如云,自己在学习考试中能保持中游水平就不错了。而小鹏却认为自己能力很强,学习也很认真,一定会是全班前5名。期末考试成绩公布了,小明在全班(50个人)排名18,感到非常高兴;小鹏排名16,但他把这次考试当作莫大的失败,垂头丧气了很长时间。客观条件和成绩都差不多的两个人,对近乎相同的成绩排名却有截然不同的情绪反应。这是因为他们的自我认知和期待不同,导致了他们的体验不同,情绪和行为结果也就不同。

很多研究指出,从少年期特别是十二三岁起,个体开始表现出对精神世界和个性品质的兴趣,日益能够自觉地认识和评价自己。到了大学阶段,自我意识有了进一步发展。最初,大学生对自己的评价在很大程度上都是重复别人对他的评价,随着生活经历和智力水平的发展,他们对自己的评价才具有较大的独立性。在大学生学会认识和评价自己品质的过程中,别人对他所作的评价起着重要的作用。但总的来说,他们评价自己的能力还不成熟,还不够客观、全面,而且常常是不稳定的,有时过分夸大自己,以致觉得自己很了不起;有时又过分低估自己,以致认为自己一无是处,从而引起一些不良的行为倾向,如损伤集体,以恶作剧为荣等。

自我意识是一种多层次的心理系统,从不同的角度可以分为以下几个类别。

(一)躯体我、社会我和精神我

心理学家詹姆斯认为,人最先是从自己的躯体知道自己的存在,产生了"躯体我",即对自己身体、健康状况、外貌、动作技能等方面的感受,如照镜子、美容美肤等。而后与人交往,从他人对自己的反应以及社会角色中,体验出"社会我":对自己在社会生活中的经济状况、政治地位、声誉、威信等方面的自我评价和自我体验,如贫穷还是富裕,是否受人尊重和信任,在集体生活中举足轻重还是无足轻重,别人对自己是亲近还是疏远。最后从生活的成败得失,心理发展中逐渐形成"精神我",对自我心理品质、精神状态认识体验,如自己的理解力、记忆力是强还是弱,思维是敏捷还是迟钝,行动的自觉性是高还是低,自制力是强还是弱。

(二)本我、自我和超我

精神分析大师弗洛伊德在其人格结构理论中深入探讨了自我的结构。他认为,人出生时只有一个本能的我(本我),其功能是为生存,其行为表现大多属于原始性的冲动,遵循快乐原则,肆无忌惮,且个人多不自知,像一个幼儿,容不得紧张,希望得到满足,易冲动、非理性、无组织。自我是人与外部世界的媒介,遵循现实原则,适应环境中的一些条件和限制,代表人的学习、训练和经验。超我是社会规范中是非标准与价值判断的代表,遵循道德原则,支配、监督个人的一切。

(三)个人自我、社会自我和理想自我

个人自我是指个体对自己各种特征的认识,包括躯体特点、行为特点、人格特点以及性别、种族、角色特点等自己所感知到的个人特征,个人自我纯属个体对自己的看法,主观性强,是自我意识中最重要的内容。社会自我是指个体所认为的他人对自己各种行为的看法。理想自我是个人根据前两个自我的经验,建构自己希望达到的理想标准,引导个体趋向理想的境界。

(四)自我认知、自我体验和自我调控

从结构形式来看,自我意识表现为自我认知、自我体验和自我调控三个方面。自我认知是指一个人对自己各种身心状况的认识,包括自我观察、自我概念、自我评价等,主要解决"我是一个什么样的人"的问题,例如我是一个善良的人,我是一个相貌平平的人,我是一个爱好运动的人,等等。自我体验是指一个人在认识自己的过程中所产生的情感体验,反映了个体对自己的接纳、肯定、喜爱、尊重、满意的程度,主要解决"我是否接受自己"的问题。个体自我评价越积极、越肯定,他就越能接纳自己、喜爱自己。自我调控是指一个人对自己的行为和心理活动的调节与控制,包括自主、自立、自强、自律、自我设计、自我监控、自我教育等。其中,自我监控和自我教育是自我调控最主要的方面。自我调控解决的是"我想成为一个怎样的人"的问题,例如希望自己成为一个设计师,想成为一个意志坚定的人,等等。

(五)乔 - 韩窗口理论

美国心理学家乔(Jone)和韩瑞(Hary)提出关于自我认知的窗口理论。该理论认为人的自我可以划分为四个领域:公开的自我、盲目的自我、秘密的自我和未知的自我(见表6-1)。具体到每个人身上,这四部分的构成比例是不同的。随着人的成长,自我的四个部分也会不断发生变化。

表6-1　乔 - 韩窗口理论中人的自我领域

他人认知	自我认识	
	自知	自不知
他知	公开的自我	盲目的自我
他不知	秘密的自我	未知的自我

四、自我意识与心理健康的关系

自我意识影响一个人如何去认识周围的世界,进而影响其行为。在相同环境中,不同的人可能产生不同的行为;在相同的学习条件下,不同的人会有不同的效果,这都与自我意识有密切的联系。

(一)自我意识良好是心理健康的重要标志

无论是东方还是西方的心理学家在界定心理健康标准时,都不约而同地将良好的自我认知作为心理健康重要的指标之一。如心理学家马斯洛和米特尔曼(Mittleman)就把有充分的自我安全感和能充分了解自己、恰当估计自己的能力作为两条重要心理健康标准。奥尔波特认为健全人格应具备的特点包括扩展的自我和自我接纳与安全感。我国学者王登峰博士也把"了解自我、悦纳自我"作为心理健康的首要指标。完好的自我意识是心理健康的重要标志。只有客观、准确地认识和了解自我,并对自己的经验持接受和开放的态度,才有可能充分发掘自己

的潜能以助成才,反之则会影响身心健康和个人发展。对大学生而言,保持正确的自我意识,有效接纳自我,也是评价其心理健康水平的重要标准。自我意识的每一个发展阶段都与心理健康有密切联系,而且不同发展阶段的特点也有所不同,心理健康不等于自我意识成熟,而成熟的自我意识将是心理健康的标志。

(二)自我意识影响心理健康

健康的、成熟的自我意识会给个人带来快乐和积极的社会效果,而不健康、不成熟的自我意识则会给个人带来痛苦与不幸,也会产生消极的社会效果。樊富珉在对 1006 名大学生的自我意识与心理健康的相关性分析后发现,大学生自我意识与心理健康在总体上有较高正相关;大学生的消极自我意识与忧郁、人际关系敏感、强迫、精神病性等不健康心理密切相关;大学生心理疾病(尤其忧郁)的发生,与其自我认同程度、自我接纳程度和自我调节能力均存在较高负相关;大学生对自我的个性品质、能力素质、身体健康、仪表外貌等心理、生理特点的评价与其心理健康密切相关。

自我意识积极的人能够认识自己的优缺点,并扬长避短。他们接纳自己的外貌、性格等任何方面,不轻易改变自我概念,爱自己也爱别人,快乐、自信,不易出现心理疾病。自我意识消极的人则看不到自己的优点,总是看到自己不如意的地方,觉得别人比自己好,所以自卑或者嫉妒别人,经常抱怨老天对自己不公平,容易诱发忧郁、强迫等不健康的心理。自我意识混乱的人会为别人的一句赞美而高兴异常,觉得自己无所不能,又会为别人的一句批评而垂头丧气,觉得自己一文不值。他们爱别人,但不知自己是否值得爱,所以时喜时悲。

(三)健康的自我意识

健康的自我意识应该是可以促进"自我"不断发展的意识,当"自我"倒退或停滞不前时能及时提供觉察信息,发挥主观能动性来调整行为,明确方向,使"自我"始终处于不断发展的状态。健康的自我意识具备以下几个特点。

1.恰当的自我认知

心理健康的人在不同的阶段应该对自我有不同程度的认知。例如,3 岁前具备"生理我"的基本认识,随后有"社会我"和"心理我"的自我体验。

2.真实的自我体验

不能断然说一种自我体验就是心理健康或者不健康,例如自卑感,幼年期许多事情都必须让成人来做,当个体觉察到自己"不行""不能"时,其实就是一种自卑体验,是发展中正常的体验,是成长的一部分。因此,心理健康的自我体验首先应是真实的喜、怒、哀、乐。

3.合理的自我控制

不同的年龄有不同的自我控制方式,也有不同的自我控制程度。心理健康的人自我控制就是恰当的自我展示,包括有符合年龄要求的行动导向和情感宣泄,例如小孩受委屈可以不管场合、不管地点哇哇大哭,而大学生则要考虑自我的社会定位。

课堂实践

做一做:天生我才

1. 我最欣赏自己的外表是:

2. 我最欣赏自己对朋友的态度是:

3. 我最欣赏自己对学习的态度是:

4. 我最欣赏自己的一次成功是:

5. 我最欣赏自己的性格是:

6. 我最欣赏自己做事的态度是:

写完后与身边的同学交流,你会发现自己身上有很多优点。

第二节 大学生的自我意识

自我意识的发展与完善是一个渐进的过程,逐步趋于稳定和完善。大学生刚刚摆脱中学沉重的学习压力,开始关注学习之外的更多事物,有了对自己、对人生的更多思考。了解大学生自我意识发展的特点、自我意识发展可能出现的偏差及其原因,对于完善大学生自我认知、悦纳自我有着重要的意义。

一、大学生自我意识发展的特点

经过大学教育和生活,个体心理和意识的不断发展,大学生自我意识的发展达到了新的水平。总的来说,大学生自我意识是随着年级上升而发展的,主要表现出以下特点。

(一)自我意识分化并迅速发展,自我矛盾出现

随着学习、生活方式的改变和心理的发展,大学生自我意识有了明显的变化,出现了理想自我和现实自我的分化,并且迅速发展,导致矛盾冲突日益明显。大学生对自己的生活充满信心,对未来抱有幻想,而现实往往与之有差距,于是就出现了理想自我和现实自我的矛盾。这种矛盾的分化,使大学生发生自我意识的改变,经过自我体验和自我调控表现出激动、焦虑、喜悦与不安等情绪。当"理想我"占优势时,"客体我"往往萎缩到实际能力以下,产生较强的自卑感,甚至放弃努力,形成自我怜悯或伤感的心理状态。相反,当"现实我"占优势时,"主体我"往往自我陶醉,表现出较强的虚荣心,特别在乎别人的评价,担心暴露缺点。

(二)自我意识矛盾日益突出,但调控能力相对较弱

随着自我意识的进一步发展,大学生的"主体我""客体我""理想我"和"现实我"之间的矛盾突出。在这种心理的作用下,他们对自己的评价和态度也是波动的,调控不自觉、不果断,时而看到这一面,时而又看到另一面;时而能客观评价自

己,时而又高估或低估自己;时而感到自己成熟,时而感到自己很幼稚;时而充满信心,时而又对自己不满。大学生通过各种活动重新认识自己,自觉或不自觉地在矛盾调节中认识和完善自我。他们常常会问自己,"我聪明吗?""我的性格如何?""我有什么能力和特长?""我应该怎样度过自己的一生?"经过一段时间的矛盾冲突和自我探究后,大学生的自我意识就会在新的水平和方向上趋于一致,达到暂时的统一。但大学生自我调控能力相对较弱,需要不断增强。

(三)自我意识的矛盾转化不断进行,且渐趋稳定

在自我意识由"矛盾—统—一—新矛盾—新统一"转化发展过程中,大学生自我意识不断发生变化,刚进校时"依赖"和"盲目",毕业前就显得更加沉稳。正是由于这种矛盾转化,大学生自我意识发生了明显的飞跃,个体出现了差异,自我意识逐渐趋向成熟。

二、大学生自我意识的偏差

大学生自我意识的偏差主要表现为自我意识的混乱,包括过高的自我评价(自我意识过强)和过低的自我评价(自我意识过弱)。过高或过低的自我评价往往会导致个体自我意识在确立过程中出现自负或自卑的心理缺陷。

(一)自我意识过强

在自我概念的支配下,个体往往扩大现实的自我,形成不切实际的理想自我,并认为可以轻易实现。这种类型的大学生往往盲目乐观,以我为中心、自以为是,不易被他人接受与认可,容易引起别人的反感和不满。因此遭受失败和内心冲突,产生情感挫伤,导致苦闷、自卑、自我放弃,有时会引发过激行为和反社会行为。自我意识过强主要表现在以下三个方面。

1.过分追求完美

追求完美是人的一种天性。每个人都希望并不同程度地追求完美,这是一个人上进心强,严格要求自己的表现。人们正是在这种追求中,不断地完善自己,获得各种成绩和成就。过分追求完美的大学生对自己持有过高的要求,却不看实际情况,不能容忍"不完美"的表现。他们对自己十分苛刻,不肯接纳现实中平凡的、有缺点的自己,使其对自我的认识和适应更加困难。

过分追求完美易引起自我适应障碍,主要表现在三个方面。①对自己持有过高的要求和期望,脱离实际情况,在现实中易受挫折,增加了适应的困难。在行为上表现出极其认真,追求细节,甚至刻板,稍有一点事情做得不够完美,心里便惴惴不安,甚至出现强迫症症状。②对自己的"不完美"非常敏感,甚至把人人都会出现的、遇到的问题看成是"不完美",对自己不满意,从而严重影响情绪和自信心。过分追求完美的人更容易发现、更难接受不完美的事物,对现实中的不如意往往特别敏感。③对他人和环境的期望和要求过高,对生活不满。过分追求完美

的人,不仅对自己的要求过高,对他人和环境也有过高的要求和期望。他们会对本来正常的生活环境和现象不能接受,因达不到期望而感到失望。

改善过分追求完美的状态需要做到:第一,树立正确的认知观念,人不可能十全十美,每个人都有优点、缺点,一个人应该接纳自己,并肯定自己的价值,不自以为是,也不妄自菲薄;第二,确立合理的评价参照体系和立足点,以弱者为参照会自大,以强者为标准会自卑,因而人应该选择合适的标准,按照自己的条件评定自己的价值;第三,目标合理恰当,在充分了解的基础上对自己有恰当的定位,按照自己的实际能力设定目标和追求,不苛求、不被左右。个体越能独立于周围人的期望,自我意识的独立性就越强,所遭遇的冲突也越少。对大学生来说,只有明确自己的期望是什么,才能真正认清自己,规划自己的发展方向,最终建立独立的自我。

2.过度自我接受

对自我的接受是心理健康的表现。自我接受是指自己认可自己、肯定自己的价值,对自己的才能和局限、长处和短处都能客观评价、坦然接受,不会过多抱怨和谴责自己。

过度自我接受的人有点自我扩张,高估自我,对自己的肯定评价往往有过之而无不及。他们拿放大镜看自己的长处,甚至把缺点也视为长处,拿显微镜看他人的短处。他们的人际交往模式是"我好,你不好""我行,你不行"。过度自我接受的人容易产生盲目乐观情绪,自以为是,不易处理好人际关系,而且过高评价滋生骄傲,设置高标准,会因承担无法完成的任务而导致失败。

3.过度自我中心

生理年龄是心理成熟的基础,但二者并没有绝对的线性关系,有的大学生的自我意识可能停留在了3岁自我中心化时期。过度自我中心最大的发展特点就是以自我为中心,突出的表现是凡事从"我"出发,对他人的感受、建议不屑一顾,当愿望不能满足时就会发脾气。

克服过度自我中心的途径包括:第一,树立健康的人生观,自觉地将自己和他人、集体结合起来,走出自己的小天地;第二,恰当地评价自己,既不低估也不高估,既不妄自菲薄,也不自高自大;第三,尊重他人,只有尊重和信任才能获得友谊;第四,设身处地地从他人的角度思考问题,将心比心,真诚地关爱他人,从而做到"我爱人人,人人爱我"。

(二)自我意识过弱

自我意识过弱的大学生把"理想我"与"现实我"进行比较时,对"理想我"期望较高,又无法达到,对"现实我"不满意,又无法改进,自我排斥,往往会出现否定自己、拒绝接纳的心理倾向,心理体验常伴随自卑、盲目、自信心丧失和情绪消沉、意志薄弱、孤僻、抑郁等现象,尤其是面对新的环境、挫折和重大生活事件时,常常会产生过激行为,酿成悲剧。

自我意识过弱主要表现为极度的自卑。自卑是由于某种原因引起的自我评价偏低,伴随害羞、不安、内疚、胆怯、忧伤、失望、轻视自我等消极的情绪体验,表现为轻视甚至看不起自己,害怕自己在别人心中失去应有的地位,因此产生的消极心理作用。这种心理状态很容易使大学生产生孤独压抑的情感,给他们的情绪和学习带来严重的影响,更甚者还会产生消极的态度,从而对前途失去信心。

在大学里,各种成绩评定,比赛竞争,定胜负、争荣誉的情况无法避免。而且,从能力、成绩、特长以及身体、容貌、家世、地位等所有条件相比,没有一个人是永远胜利成功的。每个人在不同层面上都有自己的成败经验。大学校园人才济济,个人在某方面曾有自卑的倾向和感受很正常。但有的同学过度自卑,对自己的缺点、不足和失误斤斤计较,结果因自卑而心虚胆怯,逃避有挑战性的场合,或对自己所作所为过分夸张,过分补偿,恐天下不知,其结果捍卫的是虚假的、脆弱的、不健康的自我。

三、大学生常见的自我意识偏差的原因分析

大学生自我意识发展不平衡,会引发一系列的矛盾和冲突,会产生诸多心理问题。正因如此,心理学家埃里克森把这一时期称为"自我认同危机期"。

(一)自我意识过强往往导致过高的理想自我形象设定

每个人都可能感到两个自我不断进行着比较,然后做出改变或调整,常见的就是"理想我"高于"现实我","现实我"不能满足"理想我"。例如,小马是大学新生,录取通知书都不曾带给他兴奋,现在大学的生活更是让他痛苦。何以至此? 他说:"因为我丝毫没有感到上学的兴趣,一开始就听不进课,作业不想做。虽然明知这样下去,根本无法毕业,可就是没有一点精神。有时强打精神到教室去,可实在看不进去书。怀疑自己是不是得了什么大病,去医院医生说是心理问题。"

心理咨询老师和小马仔细交谈,发现小马有两个最大的特点:其一,从来不喜欢在别人面前"用功";其二,极要面子。他说,小学至初中,他总是给人"从来不学习,但学得相当好,聪明极了"的印象,而实际上他经常在家钻研表哥以前的参考书。高一之所以不适应,就是他无法在同班同学的宿舍中学习,直到高二与外班同学住在一起才适应。另外,他无法忍受别人在"熟人"面前批评自己,高三时成绩急剧下滑,就是因为老师课堂上批评了他。让我们看看小马理想的自我形象:一个别人眼里的天才,不用努力就硕果累累,桀骜不驯,与众不同。但实际的他却根本不是这样。学习跟不上了,他感到痛苦,但最先想到的不是调整自我,而是想着环境变化,于是他失去了高三的拼搏机会,如今在大学又在复演过去,因为他的自我仍然如此。

在调节"现实我"和"理想我"的矛盾时,人们常用两种方法:①改变"现实我"以实现"理想我";②改变"理想我"以适应"现实我"。大多数学生更喜欢第一种方法,因为这是不降低"期望值"的愿望达成。第二种方法则必须降低"期望值",这会使人们不愉快,还会产生否定自我能力的倾向。其实更多时候我们需要关注的是双向的改变,一进一退,但不管怎样,矛盾可调节的基础是"理想我"存在。而

上例中的小马设定的是"理想的他人眼里的我",这必然使他陷入与小丁相似的行为困境——躲避他人。他明知不学不行,但要在没同学的环境中才行,本意是逃避"人",结果却成了逃避"学习"。

(二)过弱的自我意识往往容易导致分裂的自我

自我意识太弱容易导致分裂的自我,正如本章开头案例的小丁。他始终认定自卑、懦弱、胆小的自己才是真正的"我",而外人看到的那个勇敢、独立、坚强、勤奋、深沉的"我"不过是虚假的外套。所以他总是被打击,时时感受着不安全与危机,想方设法努力改变,但做的所有努力不过是又多做了几件"新外套"罢了,因为外在的"我"怎么也不能与自认为的"我"相统一,这是小丁的痛苦之源。

小丁不能整合不当的评价标准,归根结底是因为他的自卑情结。但他之所以选择这种方式是因为他认为现代社会取向是窘迫的家境会带来同情、轻视,同情也好,轻视也罢,总归是对自我能力的打击,现代社会,有能力才有自尊,否则谈什么也是枉然。正因为他所感知到的社会是个只推崇勇敢、坚强、富裕、冠冕堂皇的世界,所以他的无助、困苦、贫穷、脆弱统统是不足之处,是应该埋藏的,否则会受到排斥与鄙视。

(三)自我的不当认识容易导致自卑情结

奥地利心理学家阿尔弗雷德·阿德勒(Alfred Adler)认为自卑感源于人在幼年时期由于无能而居于依赖和被照顾的心态,因而体验到渺小感和无助感。这种体验很容易导致自卑情结的形成,并延续下来。人的社会本质则决定着情结的社会性,正如马克思所说:"人首先是把自己反映在另一个人身上的。一个名叫彼得的人所以会把自己当作一个人来看,只是因为他把那一个名叫保罗的人看作自己的同伴。"一个人如何评价自己,总是在不断地与他人的比较中获得的。

就整个社会而言,最根本的人际接受原则不是一个人外在条件的优越性,而是取决他的本质,真善美才是核心标准。小丁选择分裂、自卑,至少他觉得在别人的眼中他是个社会适应者。现在之所以痛苦不堪,是因为他的社会知觉歪曲,虽然社会有推崇的模式,但并不极端。多年来的分裂、自卑,掩盖了本性,与人只是时空接触,没有真正的情感交流,他怕那个"自卑"的我被别人发现,于是压抑、躲避,现在发现追求的只是"外套",而且随着自己的变化,它们是那么的不合适;自己真正的喜好与梦想在明白时却已经不知不觉地失去了。

自卑具体表现在以下几个方面。

1.认知方面

自卑在认知方面表现为自我评价过低和过分概括化。自卑者对自我的评价过低,某些方面有不足却进行过分概括化,认为自己什么都不好。例如,一次考试失败,自卑者会认为"我没有用""我是个失败者",而不是具体分析此次考试失败的原因,为自己继续努力找到动力。

2.行为方面

自卑在行为方面表现为过分敏感、掩饰和回避。自卑者担心他人看不起自己,害怕暴露弱点,想尽一切努力弥补或掩盖,对批评过分敏感,例如为出身贫寒自卑,当他人谈论消费观时,容易联想为对自己的轻视或讥讽而愤愤不平。自卑者避免参加竞争性的活动,以避免预期的失败给自己带来痛苦。实际上越是回避,就越没有机会提高和改善,例如遇到自己喜欢的异性,因自卑不敢主动去认识或表达感情,从而丧失机会。

3.情绪方面

自卑在情绪方面表现为容易抑郁。自卑者因为低估自己的能力,回避活动,对批评过分敏感,更容易心情不好,而抑郁情绪会影响对自己的评价,丧失参加活动的兴趣。

另外,有些人因为自卑心理的影响而以消极防御方式维护自信,有时可能导致行为偏差。通常他们没有直接感受到自卑,而是由于行为偏差给心理健康带来一定影响。以消极防御方式维护自信常见的类型有四种。①悦人型:按照能给自己带来赞扬的方式去行动。例如常向别人表示友善、宽容、赞许,取悦他人,以此来换取别人的认可,从而提高自信水平。他们有时委曲求全,可能损害自我的权利。②回避型:对来自他人的评价采取回避的态度,从而达到保持自信的目的。回避对自己不好的评价、矛盾、失败、困难、挫折等。这种人胆怯,不愿交往,因为太压抑而焦虑不安。③表现型:对自身价值感觉不充分而想方设法引起别人对自己的注意,从而增强自信心。这种人努力想获得地位和声誉,虚荣心强,有时可能会以不恰当的方法获得他人的注意,满足虚荣心,反而得不到他人的认可。④对抗型:因为不愿意接受不好的评价从而对别人产生敌意,抵触别人的意见、采用拒绝甚至贬低的态度来保持自己的自信心。这种人喜欢争执和狡辩,攻击性强,在人际交往中常会不如意,他人常敬而远之。

🖥 课堂实践

接纳并改变缺点

列出几项你认为改变不了的缺点,并思考你之所以得出这样结论的原因(可以从生理、心理、社会及家庭因素分析)。

缺点一:

原因:

缺点二:

原因:

缺点三:

原因:

对刚才列出的缺点做改换句式练习,方法为将现在时改成过去完成时,如将"我就是这样不能自控"改为"我曾经是这样的不能自控"。

1.

2.

3.

请朋友帮助,监督实际行为的改变情况。

第三节　自我管理

大学阶段是大学生自我意识的转折时期,也是自我意识和自我矛盾表现最突出的阶段,对个体世界观、价值观、人生观的形成有着非常重要的意义。针对大学生自我意识的发展特点,采取相应的自我意识教育和培养,可以促进大学生走上全面发展和健康成长之路,因此要全面引导他们正确认识自我、积极认可自我、管理和完善自我。有效管理自我是大学生健全自我意识、完善自我的根本途径。

一、自我意识管理

俗话说,尺有所短,寸有所长。每个人都有自己的长处和短处,如果只看见自己的短处看不见长处,或者夸大短处而缩小长处,都是不恰当的,我们要一分为二看自己。针对大学生常见的自我意识问题,可以有针对性地进行调适。

(一)改善自卑的方法

存在自卑心理的人不妨从以下几个方面进行自我调整。

1. 学会自我欣赏

学会肯定自己的价值。每个人都是独特的,每个人的存在都是有价值的,经常回忆自己的长处和经过努力取得成功的事例,发现优点,肯定成绩,以此激发自信心,通俗地说就是要学会自我表扬。不要由于某些缺点就把自己贬得一无是处,不能因为一两次的失败以偏概全,认为自己什么都干不了。

2. 努力改变"现实我"

克服自卑最根本的方法是努力提高自己的能力,完善自我。完善自我不是追求完美无缺,而是通过自身的努力尽力达到自己的最大潜能,能力的提高在于不断尝试与实践。积极的心理暗示有助于提高自信,在做一件事情时心中默念:"别人行我也行""我可以,我一定能行"。一件事能不能做好,并不完全取决于你的能力,很多时候也取决于你的信念。

3. 修正"理想我"

目标不要定得过高,这样就更容易达到,从而避免挫折。必须明白和做到努力的目的是完成自己的既定目标,而不是打败别人。在追求理想的过程中,每一次获得的成功体验都是对自己的一种激励,有利于增进自信心。"理想我"是可以不断修正的,根据"现实我"的情况而变化。

4.利用补偿作用

通过努力奋斗以某一方面的成就来补偿自身的缺陷。比如一个人的相貌可能不如别人,但是他可以通过多读书提高自己的修养,通过在学习和工作上多努力取得成功,得到别人的认可。另外要学会扬长避短,可以通过致力于自己擅长的活动来淡化和缩小弱项在心理上造成的自卑阴影,缓解压力和紧张情绪。

5.行为训练

通过外表和行为的一些练习,人们可以从外在给他人一种自信的感觉,进而增加自信,如行走时抬头、挺胸,步子迈得有弹性,目视前方,眼神正视别人。心理学家发现懒惰的姿势和缓慢步伐会滋长消极思想,改变走路的姿势和速度可以改变心态;正视别人表露出来的是诚实和自信。此外,当众发言也是克服羞怯心理,增强自信心的有效突破口。

(二)克服自负心理的方法

过度自负的人不仅容易骄傲自满,而且会引起他人的反感。大学生可以从以下几个方面改变自负心理。

1.提高自我认知,客观看待他人

全面认知自我,既要看到自己的优点和长处,又要看到自己的缺点和不足。每个人都有自己的独到之处,有他人所不及的地方,也有不如人的地方。与人比较时不能总拿自己的长处去比别人的不足,把别人看得一无是处。

2.改变自己的态度,接受别人的批评

自负者的致命弱点就是不愿意改变自己的态度或接受别人的观点。改变自己的态度、接受别人的批评不是让自负者完全服从他人,只是要求他们接受别人的正确观点,能够接受别人的批评,改变自己固执己见、唯我独尊的形象,通过接受他人的批评,更好地完善自己,促进自己的进步。

3.平衡心态,与人平等相处

自负者常常在思想和行动中都要求他人服从自己。大学生要有平和的心态,以一个普通社会成员的身份与别人平等交往。如果不能与他人和谐相处,会因为得不到他人的支持而对成功产生不良影响。

4.学会感激和赞美他人

每个人都有优点和长处,承认并赞美他人会改变人际关系,同时得到更多的感激和赞美。发自内心地感激和赞美他人对自负者来说是不容易的事,但只要努力是可以学会的。

(三)克服追求完美的心态

过度追求完美的主要原因在于过分受他人期望的影响。很多大学生生活在他人的期望之中,多年的习惯已经把这些期望误以为是自己的需要。克服追求完美的心态可以从以下几个方面尝试。

1. 不苛求完美

为了从90%跨越到理想中的100%,需要为最终的那10%付出多出正常标准很多倍的时间、精力等资源。实际上最后的那10%最难获得,和前面根本不成比例,得不偿失,所以实在没有必要刻意地强求。

2. 允许自己犯错误

在追求远大理想时,对细节不要过分在意,而且要允许自己犯错误,接受自己的"不完美"。允许自己犯些小小的错误,会减少不必要的心理压力,做事更有效率。另外,要恰当地看待失败,除了个人努力,决定成功的还有许多个体无法控制的外部因素。

3. 保持知足常乐的心态

追求完美是人积极进取的天性,可是不完美却是人生和生活的真实,保持一颗平常心并知足常乐才是恰当的心境,知足常乐不是不求上进。如果过分追求完美,超过合理限度,就容易因过大的心理压力影响心理健康。

4. 学会享受过程的快乐

过分追求完美就会关注细节和成败得失的结果,而忽略了努力完成一件事的过程和感受。心理学家卡尔·兰塞姆·罗杰斯(Carl Ransom Rogers)认为"人生就在于过程"。全身心投入实现目标,体会过程带来的喜怒哀乐,当你学会享受过程的时候,就不再过分追求结果了。

二、时间管理

时间管理是指为了充分而有效地利用时间,掌握更多知识和技能,培养良好的素质,对时间进行计划、组织、控制等一系列活动。有效的时间管理对大学生而言是让自身获得可控感的重要方式,是大学生自我管理中的重要组成部分。大学生要获得良好的可控感,可以从以下几个方面进行。

首先,按重要性和紧迫性对所有可能的活动进行分类,详见表6-2。

表6-2　活动重要性与紧迫性分类表

重要性	紧迫	不很紧迫
重要	A:即将到来的考试 考试前的复习 有期限压力的计划 有期限压力的实验报告、作业	B:建立人际关系 期末考试 有规律的复习计划 锻炼身体 无期限压力的作业

续表

重要性	紧迫	不很紧迫
不重要	C:不速之客 某些电话 老师交给的某些任务 家长交给的事情 学校举办的受欢迎的活动	D:看电视 玩电子游戏 某些电话 打扑克等活动 睡懒觉

其次,按有效性和效率分类。有效性就是做正确的事,效率是用正确的方法做事,详见表6-3。

表6-3　活动的有效性与效率分类表

有效性	高效率	低效率
有效	认真地处理重要的事情	不认真地处理重要的事情
无效	认真地处理不重要的事	不认真地处理不重要的事

接下来可以用柏拉图原理对经过排序的活动进行时间分配。柏拉图原理也称"80:20原则",在多个领域证明是有效的。我们可以根据这个原理将活动分为A、B、C三档。①A任务占总任务的15%,占总价值的65%;②B任务占总任务的20%,占总价值的20%;③C任务占总任务的65%,但仅占总价值的15%。

同理,对于A任务意味着要用65%的时间去完成它,对于B任务意味着要用20%的时间去完成它,对于C任务意味着要用15%的时间去完成它。也就是说,对大学生来说,除了8小时的休息时间,一天有16小时可支配,那么其中必须用10小时处理A任务,3.5小时用于处理B任务,2.5小时用于处理C任务,D任务尽量不占时间。尤其要注意的是,A任务安排时间段应该是一天中精力最好、头脑最清醒的时候,如早上6:00—7:30,晚上7:00—10:30等。安排自己的日程活动可参见表6-4。

表6-4　活动时间设计表

日期	优先顺序	活动	合作者	开始时间	结束时间
	A/B /C				
	A/B /C				
	A/B /C				

总之,按划分活动类型,设置活动优先顺序和柏拉图原则对A、B、C任务分配时间是大学生实现目标,高效率运用时间的重要技能。同时,可兼用时间管理专家提出的节约时间的4D方法原则:①丢掉不管(Drop it),将一些与目标无关、无效益的事丢掉不管;②拖一拖再办(Delay it),将一些偏离目标的精神情绪活动、次要工作、信息资料不完全的工作等暂时放在一边,待有时间空余再去处理;③委托别人去干(Delegate it),将一些不重要的事情委托给其他人;④自己要做的不能丢掉不管(Do it),将重要的事情确保做好。

课堂实践

找出大学最重要的目标

请每人在纸上写出自己大学几年所要完成的五件大事，然后按如下要求做：

如果现在有特殊事件发生你必须在五件大事中抹掉两项，体验一下你现在的心情如何，若又有特殊事件发生了，请你再抹掉一件，心情如何？

还要抹掉一件，心情又如何呢？

最后剩下的一件就是你五年内最想做的，对你来说也是最重要的一件大事，这就是你当前奋斗的目标。

三、任务管理

任务管理是在活动过程中以完成任务为目标进行的自我管理。在学习生活中，许多活动都不是轻而易举就能完成的，需要克服种种困难，有坚强的意志力。任务管理应该注意以下几个方面。

1. 自省自制

检讨自己的思想和行动，思考自己一天当中开心和快乐的事情，学习的问题，应如何改进？通过检讨，设定新的目标和计划，简明扼要地写下来，有利于第二天执行。写下令你深有感触的体会，对当天发生的任何人或事情的感悟都可以抒发。写下能激励自己上进的积极话语，如"我是最棒的，我一定会成功！成功一定有方法，不是不可能，只是暂时没有找到方法！我一定要坚持到底，永不放弃，直到成功！"要善于把不利化为有利。

2. 自警自砺

自警就是自我提醒，自砺就是自我磨砺。宋代的司马光曾用石头做枕头，取名"警枕"，使自己睡得不舒服，改掉睡懒觉的习惯。如果你想成为什么样的人，就得下决心做那种人的思考、感觉及行为，不断成为自己想要的样子。

3. 克服惰性

每天晨练，遇到刮风下雨、大雪纷飞的日子，就想"今天算了吧，明天再跑"；学习上碰到困难，就想"明天再说吧"，明日复明日，明日何其多，我生待明日，万事皆蹉跎。结果就是这些一天天对自己的迁就，助长了自己的惰性。"不积跬步无以至千里，不积小流，无以成江河。"克服惰性，最重要的是从小事做起，如按时起床、坚持写日记等。完成这些小事的过程，也就是提高意志力的过程。克服惰性还表现在办任何事情都要有始有终，不半途而废。蜻蜓点水、见异思迁难以做成大事。

4. 敢于"为难"自己

早在1915年，心理学家博伊德·巴雷特（Boyd Barrett）就提出一套锻炼意志的方法，其中包括从椅子起身和坐下30次，把一盒火柴全部倒出然后一根一根地装回盒子里。他认为，这些练习可以增强意志力，以便日后去面对更严重、更困难的挑战。巴雷特的思路给人启发,如事先安排星期天上午要干的事情,并下决心不办好就不吃午饭。敢于"为难"自己要努力去做一些虽不感兴趣但必须做的、富有意义的事情。生活中并非每一件事都是引人入胜的,有些事必须打起精神才能做好,如课堂听讲、坚持锻炼等,这些事正是磨炼意志的好机会。我们应该制定合理目标,不断向目标努力。

5. 体育磨砺

大学生可通过体育活动来锻炼意志。每一项体育运动都能锻炼相应的意志品质,例如跑步、骑车、游泳等可以锻炼顽强性;跳水、障碍跑、登山等可锻炼勇敢和果断性;球类运动可锻炼主动性、独立性;体操、田径等可锻炼耐力、自我控制力等。

课堂实践

自我认同测量

1. 自我认同感量表

心理学家奥克斯和普拉格编制了一个自我认同感量表,你可以进行自测,看一看这些问题是否符合你的情况,根据下列标准给自己打分:1 = 完全不符合,2 = 偶尔符合,或者基本不符合,3 = 比较符合,4 = 非常符合。

1. 我不知道自己是怎样的人。

2. 别人总是改变他们对我的看法。

3. 我知道自己应该怎样生活。

4. 我不能肯定某些东西在道义上是否正确。

5. 大多数人对我是哪类人的看法一致。

6. 我感到自己的生活方式很适合我。

7. 我的价值为他人所承认。

8. 当周围没有熟人时,我感到能更自由地成为真正的我自己。

9. 我感到自己生活中所做的事并不真正值得。

10. 我感到我对我生活的集体适应良好。

11. 我为自己成为这样的人感到骄傲。

12. 人们对我的看法与我对自己的看法差别很大。

13. 我感到被忽略。

14. 人们好像不接纳我。

15. 我改变了自己想要从生活得到什么的想法。

16. 我不太清楚别人怎么看我。

17. 我对自己的感觉改变了。

18. 我感到自己是为了功利的考虑而行动或做事。

19. 我为自己是我生活于其中的社会一分子感到骄傲。

记分时,先将1、2、4、8、9、12、13、14、15、16、17、18题的回答结果转换一下,如选择的是1,就打4分;选择2,打3分;选择3,打2分;选择4打1分。其他问题则保持不变。然后把19个问题的得分相加。

该表平均得分在56~58分(标准差在7~8分)。如果你的得分明显高于此分,说明你已形成很好的自我认同感,明显低于此分,则说明你的自我认同感还处于正在形成中。

2.积极思考

练习1:请将下面句子转换成对你成长有帮助的句子,要使用正面积极的词汇。

1.没有人理睬我。转换为:_____

2.我没有钱。转换为:_____

3.这问题没法解决。转换为:_____

4.我学习成绩差。转换为:_____

5.以前从未有人做过。转换为:_____

6.以前试过都不成功。转换为:_____

7.我没有信心。转换为:_____

8.这事情太复杂了。转换为:_____

9.时间不够。转换为:_____

10.我没有男朋友/女朋友。转换为:_____

练习2:请你换个角度思考,从下列事件找出对自己具有成长性价值和意义的地方。

1.用WORD写了文章,却忘了保存,还得重写。

2.回寝室时才发现忘了带钥匙,必须在外面等室友回来开门。

3.忘了带手机出门。

4.坐公交出门遇到堵车。

5.寝室停电了。

练习3:喜欢缺点。

1.在一张纸上列出一些平时你不喜欢的事情。

2.想一想:你为什么不喜欢它们?

3.想一想:因为不喜欢它们,给你带来了什么?是否限制了你的视野?是否影响了你的生活质量?是否影响了你更好地适应环境?

4.想一想:如果我喜欢它们,会怎么样?

5.想一想:我可不可以改变一下,去尝试喜欢它们?

6.一个月后,思考一下你的改变给你带来了什么?有没有因为这些改变而让你发现了新的潜能——噢,原来在这方面我也可以做得不错!

📖 课后思考

1. 什么是自我意识？什么是自我认同？大学生的自我认同有什么特点？

2. 结合自身的实际情况，谈谈你是如何看待"理想我"与"现实我"之间的关系的？大学生应如何解决"现实我"和"理想我"之间的矛盾？

3. 大学生应通过哪些方式进行自我教育？联系实际谈谈自己的自我调适经验。

本章相关知识链接

第七章　学习心理

　　进入大学后，小琪感到学习比高中阶段要困难很多。老师讲课速度很快，总是一节课讲一大沓书，他边听、边记、边思考，稍不留神就云里雾里，不知道老师讲到哪里了。偏偏老师又不是按照一本教材讲，课堂上讲的内容，课后在教材上想找都找不到。老师上完课就走了，问题也得不到及时的解答。几个月下来，他苦恼不已，失去了信心，上课经常走神，总是想一些与学习毫无关系的事情，注意力不能集中，学习效率很低，有时候做一道题要花费很长时间。

　　小琪看到周围的同学学习都很刻苦，他也不敢懈怠，每天早上 7 点起床，有时早餐也来不及吃就去教室，中午舍不得休息，吃过饭马上去教室看书，晚上到 12 点甚至凌晨 1 点才睡，结果上课总是犯困。尽管他非常努力，但效率很低，学习还是很吃力。有一次他觉得学习太累了，就一个人上街逛了半天，但心里很不舒服，感觉又浪费了半天时间。现在他是书也看不好，玩也玩不好。

　　小琪向父母诉说在学校的情况，父母让他不要担心，建议他每天早起锻炼。但是小琪坚持了一个星期后就放弃了，因为他早上要读英语，锻炼身体怕耽误了学习。马上就要进行期末考试了，小琪觉得要记的东西很多，想用功学习考个好成绩，但是始终没有状态，记忆力很差，前一天复习的知识第二天又忘了，心里总是很紧张，担心万一考不好，挂科了怎么面对父母、老师和同学。

　　经历了十几年的学习，同学们终于走进了大学校园开始了新的学习历程。然而，大学生的学习不再有家长、老师的监督，学习要求与高中也有很多不同，像小琪一样想学好，但怎么努力也找不到方法的情况，在大学校园中不是少数。

　　学习是大学生的主要任务，也是大学生活的主要内容。以前在高考压力下努力学习的学生们，进入大学后为什么而学？是否还能保持强烈的学习动机？是否能够掌握良好的学习方法，保持高效的学习效率？这些问题需要每一位大学生认真思考，并及时做出调整。

第一节　激发学习动机

大学的学习是一项复杂多样的任务,学习的内容、广度都有所增加。同时随着时代的变迁,成绩不再是衡量学生好坏的唯一标准,多元化的人才培养成为发展趋势。如何给自己不断注入前进的动力,在大学的学习之旅找到适合自己的目标,获得个人全面成长是每一个大学生都要面对的课题。

一、学习动机概述

大学阶段的学习与高中阶段的学习相比,无论是学习内容、学习方法,还是学习目标、学习任务等都存在较大的差异。进入大学后,以教师为主导的教学模式变成了以学生为主导的学习模式,这就需要大学生保持较强的学习动机,主动安排自己的学习内容。

(一)什么是动机

动机是激发和维持个体进行活动,并导致该活动朝向某一目标的心理倾向或动力。作为活动的一种动力,动机具有三种功能。

(1)激发功能。动机能激发机体产生某种活动,特别是当这些刺激和当前的动机有关时,其反应更易受激发。例如饥饿者对与食物有关的刺激、干渴者对与水有关的刺激反应特别敏感,易激起觅食活动。

(2)指向功能。动机使机体的活动针对一定的目标或对象。例如在成就动机的支配下,人们可以放弃舒适的生活条件到艰苦的地方工作,动机不同,活动的方向和追求的目标也不同。

(3)维持和调节功能。当活动产生以后,动机维持着这种活动,并调节着活动的强度和持续时间。如果活动达到了目标,有机体就会终止这种活动;如果活动尚未达到目标,动机将驱使有机体维持、加强或转换活动方向以达到目标。

(二)学习动机

学习动机是指为激发个体进行学习活动、维持已有的学习活动,并使行为朝向一定的目标的一种内在过程或者内部心理状态。它的功能一是激发某种学习活动,如记忆英语单词;二是使人的行为指向某一目标,如考试、出国留学;三是可以维持、调整、强化学习活动,如面对学习中的挫折,战胜学习中的痛苦等。

学习动机一般包含四个方面的内容:①学习价值观,反映了学生对学习内容是否有用的观点;②学习兴趣,也称求知欲,是特殊的好奇心在学习上的表现,促使学生积极主动地参与学习,满足内心对知识的渴求,并伴有相应的情绪体验;③学习能力感,指学生在学习上的自信心,即对自己学习能力的主观推测,影响学生参加学习活动的坚持性,激发和维持克服学习困难的精神和达到学习目标的耐力;④成就归因,是对学习成功或失败原因的主观分析,将学习成败归结为不同的原因会引起学习期待与情感上的不同反应,从而影响以后的学习。

学习动机与学习活动有密切关系。学习动机由学习目的引发,为学习活动提供明确的方向,学习动机的强弱直接影响学习活动的稳定性和持久性,较强的学习动机才能使大学生在学习活动中不畏艰难,坚持不懈,获得良好的学习成绩。但是,学习动机也并非越强越好,R. M. 耶斯(R. M. Yerkes)和 J. D. 多德森(J. D. Dodson)研究认为,各种活动都存在其最佳动机水平,处于最佳动机水平的活动效率最高,动机过强或者过弱都会降低活动效率。

二、大学生学习动机的培养

学习动机的培养,对于大学生未来的学习、工作和发展有着深远持久的影响。我们应该注重培养大学生的学习兴趣,提升他们的创造力。

(一)提高专业认同,培养专业兴趣

大学生所学的专业一般指向未来某个职业领域。如果不能认同所学专业,不喜欢该专业指向的职业,就会觉得所学无用,自然没有学习动力。所以,大学生学习动机的培养首先要增加专业认同,培养对本专业知识的学习兴趣,看到自己所学专业的实在意义,认识到本专业的存在价值以及工作后体现自身价值为社会所做的贡献。有了专业认同也就解决了学习目标的问题,才可以在学习过程中感受到知识增长、能力提高、问题解决的成就感,感受到不断打开的未知领域,从而激发内在的学习动机。

(二)明确学习目标,制订发展计划

制订切合实际的个人发展计划,为自己确定远期、中期和近期的目标,在目标的指引下,合理安排学习活动。目标的吸引是引发学习动机的主要因素,设想经过一番努力之后,将来的自己可以知识渊博,可以获得更高的学历、更好的职业、更理想的生活,那么现在的辛苦和努力都值得。大学生树立学习目标应注意既要切合实际,又要有一定的挑战性,太高的目标和太低的目标一样不能激发个人的努力,还要注意目标要具体,具体的目标容易实现也容易评估,而且要制订合理的学习计划,将目标与当前的学习生活相联系。

(三)保持求知欲,激发成就动机

大学生的学习与成就动机有着密切的关系。相关研究证明,成就动机高的学生学习动力强,学习效率高,学习成绩好。成就动机就是个体力求完成自己认为有价值或者重要的工作,以达到某种理想状态的内在推动力量。成就动机由认知的内驱力、自我提高的内驱力和附属内驱力三部分组成。认知的内驱力是人们想要获得知识和解决问题的欲望。自我提高的内驱力是个体由自己的工作能力而

赢得相应地位的需要。附属内驱力是个体为了获得家长、老师等重要人物赞许或认可的需要。成就动机的激发需要大学生有较强的好奇心和求知欲,有从学习成绩中获得满足感的期望和要求,有希望得到老师或家长认可的强烈需要。

（四）注重反馈信息,及时自我强化

行为主义心理学家认为强化是保持某种行为的重要原因。如果一个行为的结果带来满足和愉快,这个行为就会重复出现;如果一个行为的结果导致痛苦和不安,该行为就会消除。奖励和惩罚都是对行为的强化,奖励可以维持某种行为的持续存在,惩罚则会减少某种行为的出现。

学习动机也可运用强化的原则来激发。学习效率高不高,是否达成学习目标等问题单纯从学习过程是难以界定的,需要以考试、测验等形式检验学习效果。所以要注重学习过程中各种考试和测验结果的反馈,从反馈信息中强化学习动机,发现存在的问题并及时调整。

三、学习兴趣

常言道,兴趣是最好的老师。对于感兴趣的事物,人们会心情愉快地学习,而且可以取得较好的学习效果。许多大学生出现学业问题就是由于缺乏兴趣,有的是对专业不感兴趣,有的是对某门课不感兴趣。兴趣的缺失使学习成为压力和负担的来源,培养学习兴趣才能轻松愉快地学习。

（一）什么是学习兴趣

兴趣是与肯定情绪相联系的积极的心理倾向。学生对某一学科有兴趣,就会持续地专心致志地钻研,从而提高学习效果。学习兴趣是内在动机在学习上的体现,它伴随着求知的动机、理智的情感和积极主动的学习态度。兴趣可以分为直接兴趣和间接兴趣。直接兴趣是对活动本身感兴趣。间接兴趣是对活动的结果感兴趣。一般兴趣的形成过程是先有间接兴趣,再有直接兴趣。

（二）如何培养学习兴趣

学习兴趣不是与生俱来的,而是在学习过程中不断培养的。当发现自己对某些课程缺乏兴趣时,不妨尝试采用以下几种方法培养学习兴趣。

1.自我暗示

由于某些原因,一些同学在学习之前有不愉快的情绪,或者对学习有厌恶和恐惧的情绪,从而导致学习效率低下。在这种情况下,除了及时调整情绪,还可以进行自我暗示,可以告诉自己:"我喜欢……""我可以学好……"当你在说这些积极的语言时,好像自己真的能够学好,以暗示进行自我激励,坚持一段时间,这些语言就会深入内心,自己逐渐认同。

2.增强自信

人往往因为自信而成功,也因为缺乏自信而失败。许多学生因为缺乏学好某门课的信心,产生了畏惧心理,丧失了兴趣。这时可以从增强自信心入手,肯定自

己的学习能力,回顾自己曾经获得的成功,努力回味那种成就感,以增强自信,获得对学习的兴趣。

3.弄假成真法

卡耐基有句名言:"假如你假装对工作感兴趣,那么这种态度会使兴趣变成真的,并且消除疲劳。"这种经验可以很好地应用在学习兴趣的培养上。如果你对某一门课或学习不感兴趣,就可以训练自己假装对它感兴趣,并坚持下去,或许会有很好的效果。

具体的做法是先训练自己面带微笑。当面对自己不喜欢的课程时,不要愁眉苦脸,要让自己面带微笑,并从心底愉悦起来,保持一种快乐感。然后,就像对自己喜欢的课程一样,用肯定、简短的语句告诉自己:"这门课我还是很喜欢!"或者"这门课我其实很感兴趣!"这样坚持一段时间后,心中的排斥感就会解除,真的对这门课产生兴趣了。

4.兴趣迁移法

面对不喜欢的课程时,也可以运用兴趣迁移法,利用自己对其他课程的兴趣来带动不感兴趣的课程。训练时可遵循下列做法:①问自己愿不愿意把这门课学好,用肯定的语言来回答自己,例如"我一定能将数学学好""这些单词我很快就会背了",这样反复默念,形成一种内在认识;②进行身心放松训练,尽量坐舒适,慢慢做三次深呼吸,将心情放松,不要感受到压力;③想象自己在上喜欢的课程时的情景,让心情愉悦;④将上自己喜欢的课程的愉快感迁移到不喜欢的课程上,让自己面对不喜欢的课程时也有一种轻松、愉快的心情;⑤立即开始学习,做行动的巨人,不要给自己找拖延的理由和借口。

课堂实践

学习动机测验

请根据自己的实际情况,逐一对每个问题做"是"或"否"的回答。为保证测验的准确性,请你认真回答。

1.如果别人不督促你,你极少主动地学习。

2.你一读书就觉得疲劳与厌烦,只想睡觉。

3.当你读书时,需要很长的时间才能提起精神。

4.除了老师指定的作业外,你不想再多看书。

5.在学习中遇到不懂的知识,你根本不想设法弄懂它。

6.你常想:自己不用花太多的时间,成绩也会超过别人。

7.你迫切希望自己在短时间内就能大幅度提高自己的学习成绩。

8.你常为短时间内成绩没能提高而烦恼不已。

9.为了及时完成某项作业,你宁愿废寝忘食、通宵达旦。

10.为了把功课学好,你放弃了许多你感兴趣的活动,如体育锻炼、看电影与郊游等。

11. 你觉得读书没意思,想去找个工作做。

12. 你常认为课本上的基础知识没啥好学的,只有看高深的理论、读大部头的作品才带劲。

13. 你平时只在喜欢的科目上下狠功夫,对不喜欢的科目则放任自流。

14. 你花在课外读物上的时间比花在教科书上的时间要多很多。

15. 你把自己的时间平均分配在各科上。

16. 你给自己定下的学习目标,多数因做不到而不得不放弃。

17. 你几乎毫不费力就实现了你的学习目标。

18. 你总是同时为实现好几个学习目标而忙得焦头烂额。

19. 为了应付每天的学习任务,你已经感到力不从心。

20. 为了实现一个大目标,你不再给自己制定循序渐进的小目标。

评分标准:选"是"记1分,选"否"记0分,将得分相加。总分在0~5分说明学习动机上有少许问题,必要时调整;6~10分,说明学习动机上有一定问题和困扰,可调整;总分在14~20分,说明学习动机上有严重的问题和困扰,必须调整。

第二节 掌握学习方法

常言道,工欲善其事,必先利其器。掌握学习方法是高效利用时间、获得良好成绩的保障。由于大学的学习内容更加丰富,教学过程更加灵活,对学习的要求也不仅仅是掌握和运用已有知识,而是包含了许多探索性、应用性的要求。这些要求与高中时大不相同,一些大学生不能适应新的学习要求,出现努力学习但成绩平平的现象。掌握学习规律,了解大学学习的特点,学会新的学习方法,是大学生顺利完成学习任务的基础。

一、了解学习规律

学习是获取知识经验的过程。这个过程首先是大脑的活动,需要了解科学用脑的知识。同时学习过程还涉及感知、记忆、思维等多种心理活动,对学习过程及其规律也有不同的理解。

(一)科学用脑

大脑是人体最重要和最活跃的器官,它消耗的能量占全身总耗能量的20%以上,大脑的工作能力是有限的,不能过度使用。所以需要根据用脑规律来学习,这样一方面可以提高效率,另一方面又能保障大脑的健康发展。科学用脑,充分发挥大脑的功能,提高学习效率,是大学生求学、求知、成才的基本功,也是未来事业成功的重要条件。

1. 认识大脑

从理论上讲,人的大脑可以储存5亿本书的信息。在激活状态下的大脑神经细胞之间可以完成信息传递和转换高达1000亿次。据估计,目前大脑的潜能开发利用还不到5%。所以,大学生勤用脑,不仅不会用"坏"脑子,反而会使头脑越来越灵活。

在长时间用脑的时候,如果脑细胞代谢产生的自由基、乳酸等许多有害物质大量淤积,来不及清除,阻塞了大脑的营养吸收通路,就会造成血氧含量降低,血液循环不通畅,在脑部营养和能量极度消耗的同时阻碍营养物质的有效吸收和利用,产生疲劳。这时,如果强制大脑继续工作,就超过了其能力限度,大脑会采取"罢工"的形式进行自我保护,即产生大脑皮层的保护性抑制,完全处于休息状态,不再做任何工作。

2. 学会科学用脑

首先,保证脑细胞的物质供应。要想使学习正常高效率地进行,大学生就必须保证脑细胞正常的物质供应,即要有葡萄糖和氧气等大脑必需的营养物质的供应。大学生要注意饮食营养健康,多吃蛋白质、维生素、磷化物等含量丰富的食物,如肉、蛋、豆类、新鲜的蔬菜、水果等,每天给大脑细胞提供充足的营养。

除此之外,还要积极创造优良的学习环境:①空气。在学习时,宿舍、教室要经常开窗通风,使人体得到充足的氧气供应;②温度。用脑最佳温度是20摄氏度。在这种温度下,大脑处理信息和思考问题的能力最强;③光线。学习最好在室内,使用光线比较柔和的灯;④颜色。蓝色、绿色可以使人心平气和、头脑清醒,大学生在布置教室和宿舍时要多使用绿色和蓝色,而少用红、黄等艳丽的颜色;⑤绿色植物。在室内养些绿色植物,在学习之余,多看看草、树;⑥音响。在超过60分贝的环境里,人会头晕无力。学习需要一个较为安静的环境。

其次,保证大脑的休息。睡眠是最重要的一种休息方式,保持良好睡眠应注意:①睡前应减少身体上和精神上的活动;②吃过晚饭后不要喝浓茶、咖啡等兴奋性饮料;③保持卧室环境安静、昏暗、温度适宜,床铺和被褥清洁、舒适;④不要在床上看电视、看书,也不要在床上思考问题,有些事应在睡觉前想好或干脆留到明天去想;⑤睡觉前不要吃得太饱;⑥利用数息法尽快安睡,大学生可以通过计数自己的呼吸达到心理放松、平静入睡的目的;⑦睡前进行自我放松训练,例如卧在床上,闭眼,自然呼吸,然后把注意力集中在呼吸和肌肉上,默念自我暗示的语句"我的脚越来越沉重了""我的下肢越来越沉重了""我的全身越来越沉重了"等,使全身肌肉充分放松。

3. 保证学习生活有规律

究竟怎样用脑效果最佳?根据不同的用脑特点和习惯,研究者将学习者分为三种类型。一种是"猫头鹰型"。这种人每到夜晚脑细胞便进入兴奋状态,精神饱满,毫无倦意,如鲁迅先生、法国作家福楼拜就喜欢在夜间挥笔著文。第二种是"百灵鸟型"。这种人黎明即起,情绪高涨,思维活跃,如作家姚雪垠、数学家陈景润习惯在凌晨3点投入工作,托尔斯泰也习惯于早晨写作。第三种是"混合型"。这类人全天用脑效率差不多,但相对而言在上午8~10点和下午3~5点效率较高。就整个人群来说,混合型人是绝大多数。个人应该根据自己的用脑特点和习惯,合理安排作息时间,将精力最为充沛的时间段分配给最富有挑战性和创造性的工作。

(二)遗忘规律

良好的记忆是学习知识的前提,而遗忘则是对记忆过的信息不能回忆或再认或者错误地回忆和再认。要提高记忆效率就要减少遗忘,掌握遗忘的规律便成为必要。德国心理学家赫尔曼·艾宾浩斯(Hermann Ebbinghaus)对人的遗忘现象做了系统的研究,并根据实验数据绘制成一条反映人记忆量与时间关系的曲线,心理学上称之为艾宾浩斯遗忘曲线(图7-1)。

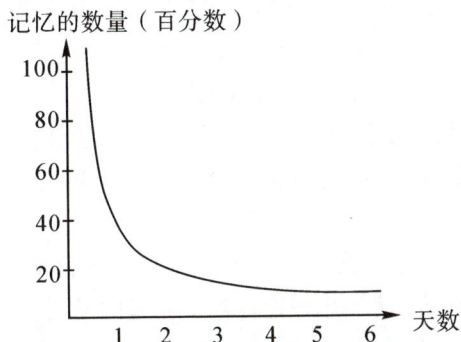

图7-1　艾宾浩斯遗忘曲线

艾宾浩斯遗忘曲线表明遗忘进程是不均衡的,在知识的最初阶段遗忘很快,以后逐渐缓慢,到了一定的时间,几乎不再遗忘了,即遗忘的发展是先快后慢。这一规律告诉我们,学习一定要采取有效措施,运用科学方法提高效果。根据遗忘规律,在复习进程的初期,间隔时间应当短一些,然后再逐渐延长。大学生可参照表7-1安排复习时间。

表7-1　复习时间的安排

时间间隔	记忆量
刚刚记忆完毕	100%
20分钟之后	58.2%
1小时以后	44.2%
8~9小时后	35.8%

续表

时间间隔	记忆量
1 天后	33.7%
2 天后	27.8%
6 天后	25.4%
一个月后	21.1%

(三)学习理论简介

学习是一项复杂的心理活动,对于学习的过程和机理,不同心理学理论有着不同的解释,下面简要介绍一些学习理论。

1.行为主义学习理论

美国心理学家约翰·布鲁德斯·华生(John Broadus Watson)在 20 世纪初创立了行为主义学习理论,在格思里、赫尔、桑代克、斯金纳等的影响下,行为主义学习理论在美国占据主导地位长达半个世纪之久。行为主义者认为学习是刺激与反应之间的联结,行为是学习者对环境刺激所做出的反应。他们把环境看成是刺激,把伴而随之的有机体行为看作是反应,认为所有行为都是习得的。行为主义学习理论应用在学校教育实践上,就是要求教师掌握塑造和矫正学生行为的方法,为学生创设一种环境,尽可能最大程度强化学生的合适行为,消除不合适行为。斯金纳更是将行为主义学习理论推向了高峰,他提出了操作性条件作用原理,根据操作性条件作用原理设计的教学机器和程序教学曾经风靡世界,并对强化原理进行了系统的研究,使强化理论得到了完善的发展。

2.认知主义学习理论

认知主义学习理论与行为主义学习理论相对立,源自格式塔学派的认知主义学习论,认为学习就是面对当前的问题情境,在内心经过积极的组织,从而形成和发展认知结构的过程,刺激反应之间的联系以意识为中介,强调认知过程的重要性。因此,认知主义的学习论在学习理论的研究中开始占据主导地位。认知派学习理论家认为学习在于内部认知的变化,学习是一个比刺激—反应联结要复杂得多的过程。他们注重解释学习行为的中间过程,即目的、意义等,认为这些过程才是控制学习的可变因素。

3.人本主义学习理论

人本主义主张把人作为一个整体来研究,而不是将人的心理分为不完整的几个部分,应该研究正常的人,关注人的高级心理活动,如热情、信念、生命、尊严等内容。人本主义学习理论从"全人教育"的视角阐释学习者的成长历程以发展人性,注重启发学习者的经验和创造潜能,引导其结合认知和经验,肯定自我。人本主义学习理论重点研究如何为学习者创造一个良好的环境,让其感知世界,理解世界,达到自我实现的最高境界。

人本主义心理学是有别于精神分析与行为主义的心理学界的"第三种力量"，主张从人的直接经验和内部感受来了解人的心理，强调人的本性、尊严、理想和兴趣，认为为了实现目标而进行的创造才是行为的决定因素。其目标是要对完整的人进行全面描述。他们认为要理解人的行为，必须理解他所知觉的世界，即必须从行为者的角度来看待事物，要改变一个人的行为，首先必须改变其信念和知觉。人本主义者特别关注学习者个人的知觉、情感、信念和意图，认为它们是导致人与人差异的"内部行为"，因此他们强调要以学生为中心来构建学习情境。

4. 建构主义学习理论

建构主义者主张世界是客观存在的，但是对于世界的理解、如何赋予意义却是由个人自己决定的。每个人以自己的经验为基础建构现实，或者是解释现实，经验世界是用自己的头脑创建的。由于经验以及对经验的信念不同，人们对外部世界的理解便也迥异。所以，建构主义认为学习不是由教师把知识简单地传递给学生，而是学生自己建构知识的过程，学生不是简单被动地接收信息，而是主动地建构知识的意义，这种建构无法由他人代替。

学习过程同时包含两方面的建构：一方面是对新信息意义的建构，另一方面是对原有经验的改造和重组。这与皮亚杰关于通过同化与顺应实现双向建构的过程一致，而建构主义者更重视后一种建构，强调学习者在学习过程中不是发展日后提取出来以指导活动的图式或命题网络，相反，对概念的理解是丰富的、有着经验背景的，从而在面临新的情境时，能够灵活地建构起用于指导活动的图式。

二、大学学习的特点

只有了解大学的学习特点，大学生才能尽早平稳度过入学适应期，树立起新的学习观，在大学里达到自我发展与人格健全的目标。由于大学里的学习内容更多、更深，学习方法多样，学习要求不同，大学的学习与以前的学习发生了很多变化。

(一)学习的主动性

学习的主动性是指大学生在学习过程中充分发挥主观能动作用，自觉、积极、主动地学习是大学学习活动的核心。与中学相比，除上课以外，大学生有45%的时间可以自由支配，大学更强调学生个人自觉、主动地学习。培养和提高主动学习的能力，是大学生必须完成的一项重要任务。

(二)学习的专业性

大学学习实际上就是一种专业性学习，大学的课程内容都是围绕着专业的目标、方向和需要来展开的。专业性通常只是一个大致的方向，所以大学提供了更优越的平台，设置了基础课、专业课，必修课、选修课，以帮助大学生构建专业的知识体系和技能结构。

（三）学习的广泛性

学习的广泛性反映了大学学习的多层面、多角度的特点。大学生在学习过程中可以通过各种不同的途径和渠道吸收知识，也可以靠广泛的学习兴趣去探求、获得课程之外的知识。广泛性的另一表现是大学生在学习活动中可以发展自己的兴趣，选修或者辅修自己感兴趣的课程，甚至可以获得双学位。

（四）学习的创造性

学习的创造性是指表现在学习过程中的创新意识和初步的创造性活动。大学里不仅要学习现有的知识，而且要结合专业实际，创造性地完成学习任务。大学生学习的创造性表现在：完成学年论文和毕业设计需要创造性；掌握科学知识和科研方法的过程需要创造性；了解各学科存在的问题以及解决问题的过程需要创造性；运用已有知识分析和解释新知识的过程需要创造性等。

（五）社会实践性

大学生的学习与实际联系非常紧密。其主要原因是大学本身也是一种职业教育，是以培养可以解决问题、服务于实践的专业人才为目标。所以在大学里，除了课堂学习之外，大学生还要从事各种社会实践活动，包括见习、实习、暑期实践、毕业设计等。

三、研究性学习

大学既要培养实践型人才，也要培养研究型人才。研究型人才是推动人类科学进步，发现新现象，总结新知识的中坚力量。研究性学习是培养研究型人才的必由之路，让学生在探索知识或验证前人已有知识的过程中掌握科学研究的方法和思路，形成创新探索的能力。

（一）什么是研究性学习

研究性学习是以培养学生具有永不满足、追求卓越的态度，培养学生发现问题、提出问题、解决问题的能力为基本目标，从学习和社会生活中获得各种课题或项目设计、作品的设计与制作等为基本的学习载体，在提出问题和解决问题的全过程中学习科学研究的方法，获得丰富且多方面的科学研究体验和科学文化知识的过程。研究性学习是在教师指导下，以学生自主探索的方式进行、科学研究为基本的教学形式的学习方式。

（二）研究性学习的基本过程

开展研究性学习就是要打破教师"一言堂"的局面，让学生由被动转为主动，在课堂和课后开展研究活动，在研究实践中获取知识和经验。研究性学习的过程主要包括以下几个方面：①澄清或识别问题，通过讨论和提问使学生识别问题，找到问题的症结所在，清晰而明确地陈述问题；②针对问题提出假设，或者提出解决问题的想法或思路；③围绕问题的解决，制订初步的研究计划，一般可以根据以下几个问题来制订研究计划:"问题是什么?""你对这个问题已经了解多少?""为了解决这个问题你还需要了解什么?""为了得到你所需要的信息,你将要做什么?"当然,这个研究计划还会随着新想法、新信息的出现加以适时调整与修订;④按计划采取行动,通过问卷、观察、访谈、查阅文献资料等形式获取解决问题所需要的资料信息;⑤对搜集到的资料信息进行组织和加工处理,或者对原有假设进行检验,得出结论,提出解决问题的初步方案,对各种可能的问题解决方案进行比较,选择一个最佳方案。

(三)掌握研究方法

不同的学科会有不同的研究方法,自然科学多以实验研究验证或发现科学规律,而人文社会科学一般采用访谈、调查等方法描述社会现象。下面介绍一些社会科学常用的研究方法。

1. 访谈法

访谈法包括采用问答式、讨论式个别采访,也包括开调查会、讨论会等集体访谈。访谈前应明确访谈目的,制定访谈大纲,并选择有代表性的个人或团体作为访谈对象。访谈过程应注意态度谦虚,提问具体,尊重访谈对象的意愿和风俗习惯,以便获得准确、可信的资料,确保访谈结论的正确性。

2. 观察法

观察法是在自然条件下,对事物进行系统、有计划的观察,发现各种现象的外在表现和内在规律的研究方法。观察法要有明确的目的和任务,对研究对象进行持续、全面的观察,并及时记录观察结果。观察法由于对研究对象不加干预,可能会得到与研究主题无关的信息,需要研究者进行仔细甄别与分析。

3. 问卷调查法

问卷调查法是根据研究问题编制较为系统的问卷,请研究对象作答后进行数据分析,得到研究结论的方法。问卷调查法简便易行、省时高效,收集的材料容易整理、统计,是最常用的一种收集资料的方法。问卷调查可以采用不记名的方式,以消除研究对象的防御心理,获得更多有价值的资料。

要做好问卷的设计需遵循以下原则:①所有问题都应与研究的目的相符合,即题目应是研究假设所要测量的变量;②清楚说明问卷的重要性;③问题简明扼要、客观,不能暗示答案;④整份答卷要尽可能简短;⑤问题不能超出回答者的知识和能力范围;⑥回答问题的信息易于列表说明和解释。

问卷指导语一般包括称谓、研究目的、回答问题的要求,对有关问题的解释等。在正式问题之前应包括年龄、性别、职业、受教育程度等人口学信息,以便做进一步的分析。问卷设计好之后需要先做小范围的试验性调查,验证问卷内容是否合理,保留好的项目,修改或淘汰不好的项目。

4. 实验法

在控制条件下对现象和对象进行观察的方法叫实验法。实验法分为实验室实验和自然实验。实验室实验是借助相关实验设备,严格控制相关条件,以观察自变量和因变量之间的关系。实验室实验虽然可以严格控制条件,但在人为设计的条件下,实验对象的反应可能不真实。自然实验法是在人们正常的学习和工作的情景中进行的实验,自然实验法不能严格控制条件,但可以得到人们自然反应的结果。

5. 个案法

个案法是对某个具体的个体进行深入而详细的观察,以便发现某种现象的产生、发展过程及影响因素的方法。个案法虽然只对个别人进行观察和分析,但也可以在一定程度上说明某些现象的规律。对于一些难以进行大量研究的特殊的案例,个案法就是合适、有效的方法。但正因为结论仅来自个别案例,在对研究结论进行概括和推广时要持谨慎的态度。

(四)培养良好学习习惯

良好的学习习惯是学习活动顺利进行的保证,是提高学习质量的诸多重要条件之一。是否养成良好的学习习惯,会对学生的全面发展产生深刻的影响。

1. 一心向学

一心向学是所有学习习惯中最重要的习惯,即培养主动学习的习惯。习惯一旦养成,不管是在学习过程中还是在日常生活中,就会有意无意地把万事万物与自身学习的知识联系起来。一心向学的人善于利用时间,能够见缝插针,巧妙地利用时间,从而为己所用,如当一堂课结束休息时,有些人会在休息之前尝试回忆刚刚课堂上老师讲的重要内容;有人利用等人、候车的时间尝试记忆英语单词等。一心向学的人善于积累知识,在日常生活中都能下意识地把注意力调整到与学习相关的事物上去,直接或间接达到学习的效果。

2. 专心致志

专心致志包括明确一段时间的学习重点而不分神,紧紧围绕学习内容安排活动,尽量避免一切与学习活动无关的事情,全神贯注地做当下的事情。专心是高效学习的基本条件,大学生应该努力培养专注的习惯。

3. 执行计划

执行计划主要指及时完成规定的学习任务。一个科学合理的学习计划,需要定时定量完成。但在实际的学习生活中,许多学生即便有周详的学习计划,但却无法执行,结果学习效率不高。要想拥有优异而稳定的学习成绩,就必须坚定不移、不打折扣地去执行学习计划,养成完成学习计划的习惯。

4. 认真思考

"学而不思则罔,思而不学则殆。"学与思是获得知识的基本途径。认真思考的学习习惯,有利于提高学习效率,培养人的能力,增强人的创新能力。认真思考可以加深对知识的理解和记忆,找出所学知识之间的相互联系,把散的知识点连接成有机的整体面,从总体上把握知识体系,有利于对书本知识批判地吸收,可以防止"读死书"和"死读书",激发灵感,使人不断解开疑团,从而有所发现,有所创造。

5. 善于总结

很多学生在学习中习惯于跟着老师的节奏,这并不是什么坏事,但问题的关键是无法发现章节与学科整体系统之间的关系,只见树木,不见森林。随着时间推移,所学知识不断增加,他们就会感到内容繁杂、头绪不清,记忆负担加重。事实上,任何一门学科都有自身的知识结构系统,学习每一部分内容时都要弄清其在整体系统中的位置,从整体上把握知识,这样才能使所学知识更容易把握。

6. 发散思维

我们在学习中应该经常注意新旧知识之间、学科之间、所学内容与生活实际之间多方面的联系,不要孤立地对待知识,养成多角度思考问题的习惯,有意识地训练思维的流畅性、灵活性及独创性。

7. 追根溯源

学习最重要的是弄清楚道理,不论学什么都要善于问为什么。这样,知识就如有源之水。在生活中,要善于发现有趣的或奇怪的事物,然后多问几个为什么,不能仅仅满足于课本上的解答或老师、同学的回答,要发现更好的解决办法。

8. 各学科全面发展

现代社会迫切需要的是发展全面的复合型人才,所以要求学生要全面发展,不能偏科。对不喜欢的或基础比较薄弱的学科,可以适当降低标准,确立经过努力可以实现的初期、中期、远期目标,然后完成。这是克服偏科现象的有效方法。

第三节　解决学习问题

学习是大学生的主要任务,学习问题也是大学生最常见的问题。学习问题的表现多种多样,有的是学习本身的问题,如缺乏学习兴趣、学习方法不当、学习动力不足等;有的则是由其他问题引起的学习问题,例如由于情绪状态不好,不能集中注意力而导致学习效率降低,或者由于人际关系不好导致精神状态不佳影响学习积极性等。学习问题还有不能达到学校要求和不能满足自我期望两种情况,前一种即出现考试不及格,后一种则是自我要求较高,对自己的考试成绩或学习状态不满意。

认识和解决学习问题是大学生保持心理健康的重要环节。学习的好坏会影响大学生的自我评价,学习成绩差会引起自卑和自我否定。学习问题还会引起情绪障碍和其他心理问题,例如因为自己不能胜任学习要求而郁闷、悲观,或者焦虑紧张,进而出现失眠等问题。

一、学习动机不足与动机过强

学习动机的大小会影响学习过程。中等强度的学习动机能够提高学习效率,取得良好学习效果,学习动机不足或者太强都会对学习过程产生消极影响。

(一)学习动机不足

学习动机不足即学习动力缺乏,指对学习没有内在的驱动力量,没有明确的学习目标和方向,对学习缺乏兴趣,厌倦学习,甚至逃避学习。缺乏动力自然不会努力学习,要么"60分万岁",各门功课勉强及格,要么不时出现挂科,面临留级、休学或者退学的压力。

学习动力不足的学生往往有以下几种表现:①无明确的学习目标,在学习上既无长期目标,也无近期目标,没有前进的动力,学习上得过且过、拖拉、散漫、怕苦怕累,常为自己在学习上的懒惰行为找借口;②无成就感,在学习上缺乏自尊心、自信心,没有求知的需要和激情,总认为自己学不好,对学习提不起兴趣,成绩不及格也不在乎,在学习上不求进取,从不与别人比较;③注意力不能集中,表现为平时不能专心看书,不能集中精力思考,注意力容易转移,上课不专心,思路不能跟着老师走;④缺乏适宜的学习方法,学习一直处于被动、消极状态,把学习看成是奉命的、被迫的苦差事,不愿积极寻求适合自己的学习方法,满足于死记硬背,应付考试,由于缺乏正确而灵活学习方法,往往不能适应紧张、繁忙的学习生活;⑤有厌学情绪,对学习生活感到无聊,学习时无精打采,很少能享受学习带来的快乐,表现在平时不愿意看书、上课,上课时也提不起精神,不愿意动脑筋,课后不做作业,不复习,对学习敷衍了事。

大学生学习动机不足的原因是多方面的,既有家庭和社会的原因,也有个人的原因,归纳起来主要有以下几个方面:①缺乏理想,没有学习目标,对自己未来没有规划,没有打算,不能由目标激发动机;②不喜欢所学专业,缺乏专业兴趣;③学习受挫引起逃避心理,由一次考试不及格引起自信心受挫,得出自己学不会的结论;④高考压力之后的松懈心理,认为进入大学就该歇口气了;⑤对学习意义的怀疑,认为高分就会低能;⑥其他事物的吸引,如网络游戏等。

(二)学习动机过强

动机过强也会降低学习效率,并且容易引起心理困扰和生理上的不适。学习动机过强的学生过分关注学习的结果而不是学习本身,往往会出现焦虑紧张的情绪反应,影响正常的学习状态。

学习动机过强的学生一般有如下表现:①过于勤奋,几乎将所有的时间都用在学习上,学习强度过大,常常处于疲劳状态;②过分争强好胜,关注学习成绩和排名,担忧落后;③情绪紧张,对学习有过高的期望,会因担心不能实现期望而紧张;④容易自责,常为自己浪费时间、效率不高感到自责。学习动机过强和动机缺乏一样,是在个体、家庭、学校、社会等因素的共同作用下产生的。

造成动机过强的原因主要有以下几点:①成就动机过强,一些大学生急于求成,给自己树立了较高目标,希望以好成绩来证明自己的能力,结果欲速则不达,压力过大影响学习效率;②过分担心失败,认为没有达成目标即是失败,害怕失败后被老师批评,被同学轻视;③追求完美的心态,一些大学生受到家庭和学校的影响,形成了"只求第一,不甘第二"的心态,希望学习方面有卓越的表现又担心失败;④只重主观意愿,忽视客观条件,一些大学生渴望取得好成绩,却没有看到自己与周围同学客观上的差距,认为自己只要尽了最大努力就一定能取得优异成绩。

二、学习效率不高

一些大学生学习很用功,但却成绩平平,究其原因是学习效率不高。学习效率是对学习者专业水平和身心素质发展的综合评价,而且特别强调如何以最少的时间、精力,获得最好的学习成效,包括获取知识,发展能力,形成良好的品德及非智力因素等,使学习最优化。

(一)影响学习效率的因素

影响大学生学习效率的因素主要有两个方面,即智力因素和非智力因素。

1. 智力因素

智力发展水平对知识学习是非常重要的。心理学家对智力与学习效果之间的关系进行了大量统计分析,发现两者有明显的相关关系,这就意味着智力是影响学习效率的一项重要因素,在其他条件大体相同的情况下,智力水平高的学生学习成绩往往较好。但需要说明的是,智力因素只是影响因素而非决定因素,不能以自己的智商不如他人作为学习成绩不佳的借口。

2. 非智力因素

非智力因素既包括自身因素,如学习兴趣、学习动机、学习态度、学习意志及自身的性格等,也包括学习对象、学习目标、学习环境、学习内容等外界因素。

(二)提高学习效率的方法

较高的学习效率不仅需要有较强的学习动机、浓厚的学习兴趣,还需要掌握良好的学习方法。以下方法有助于大学生提高学习效率。

1. 设定学习时限

连续长时间的学习容易使人产生厌烦情绪,这时可以把所有的功课分成若干个部分,把每一部分限定时间,这样不仅有助于提高效率,还不会产生疲劳感。如果可能的话,逐步缩短所用的时间,这样不久就会发现,以前一个小时都完不成的作业,现在四十分钟就可以完成了。

2. 专心学习

一心不能二用的道理谁都明白,可还是有许多学生边学习边听音乐。或许有人认为音乐是放松神经的好办法,那也可以专心学习一个小时后全身放松地听一刻钟音乐,这样比戴着耳机做功课的效果好得多。

3. 重视课堂听讲

除了十分重要的内容,课堂上不必记很详细的笔记。如果课堂上忙于记笔记,听课的效率一定不高,况且课后不一定会看笔记。课堂上所做的主要工作应当是把老师讲的内容消化吸收,适当做一些简要的笔记。

4. 劳逸结合

提高学习效率最需要的是清醒、敏捷的头脑,所以适当的休息、娱乐不仅是有好处的,更是必要的,是提高各项学习效率的基础。

5. 保证睡眠

晚上不要熬夜,定时就寝。早睡早起,可以把晚上的复习时间减少一个小时增加到早晨。中午坚持午睡,充足的睡眠、饱满的精神是提高效率的基本要求。

6. 坚持体育锻炼

身体是学习的本钱。没有一个好的身体,再大的能耐也无法发挥。因而,再繁忙的学习,也不可忽视锻炼。有的学习为了学习而忽视锻炼,身体越来越弱,学习感到力不从心。这样怎么能提高学习效率呢?

7. 保持愉快的心情,和同学融洽相处

每天有个好心情,做事干净利落,学习积极投入,效率自然高。另一方面把个人和集体结合起来,和同学保持互助关系,团结进取,也能提高学习效率。

8. 注意整理

学习过程中,应注意及时整理学习资料,可以将各种资料分门别类,存放于不同的空间,把学习资料有规律地放在一起会节省不必要的寻找时间。

9. 学习分类

对已学过的知识应该掌握好并适时做好复习,知识越多越不好分开,记忆遗忘的速度会很快,应该分类加以复习。

三、学习焦虑

学习焦虑是学生在学习过程中常见的一种心理现象。它是学生感到来自现实的或预想的学习情境对自尊心构成威胁而产生某种担忧的心理反应倾向。学习是一种艰苦探索的过程,难免出现错误和失败。因此,学生会不时体验到各种压力,以及由此引发的不同程度的紧张和焦虑。

学习焦虑常表现为心神不宁、自卑自责、头疼头晕、惶恐急躁等。过度的焦虑使得注意力难以集中,干扰记忆过程,影响思维活动,而且会对身心健康产生很大危害。

(一)学习焦虑的产生因素

学习焦虑产生的原因复杂,主要有以下几种因素。

1. 生理、心理因素

焦虑性神经症患者有一定的遗传因素,但更多来自后天的因素。人格的形成内容与水平、身体发展状况、健康状况、非智力因素的发展水平对学习焦虑的产生都有影响。健康状况良好的人精力充沛,情绪稳定;体质虚弱、疾病缠身的人易情绪波动,产生焦虑;意志薄弱的人,害怕困难与挫折,易产生焦虑。

2. 已有经验

一个人经过几年、几十年的学习往往积累了很多经验,当经验不足或有失败的体验时,就容易产生较强的焦虑。

3. 家庭、学校、社会的影响

美国心理学家约翰·杜威(John Dewey)认为:"家庭中正常关系的失调,是以后产生精神和情绪上各种病态的土壤。"家长对学生要求过高、过严或不适当的奖惩都会增强学习焦虑。学校教育缺乏全面发展的宽松和谐的气氛,片面追求升学率也是产生学习焦虑的温床。社会经济的发展、新闻媒介的作用、影视文化的熏陶也对学习焦虑产生负面影响。

(二)学习焦虑的调节

大学生可以从以下四个方面尝试缓解学习焦虑。

1. 自我松弛

焦虑症不是器质性疾病,对人的生命没有直接威胁。因此不要有任何精神压力和心理负担,应从紧张的情绪中解脱出来。

2. 增加自信

自信是治愈神经性焦虑的必要前提。没有自信的人总怀疑自己完成和应付事物的能力,夸大失败的可能性,从而忧虑、紧张、恐惧等情绪。学会正确处理各种应急事件的方法,增加自信,增强心理防御能力,培养广泛的兴趣和爱好,可使心情豁达开朗。

3. 自我刺激

焦虑性神经症患者发病时脑中胡思乱想,坐立不安,百思不得其解,痛苦异常。此时,患者可采用自我刺激法,转移自己的注意力。例如在胡思乱想时,读有趣的书,从事体力劳动,忘却痛苦的事情,这样可以防止胡思乱想引发其他病症,同时增强适应能力。

4. 自我催眠

焦虑症患者大多数有睡眠障碍,很难入睡或突然从梦中惊醒,可以进行自我暗示催眠,如数数促使自己入睡。

课堂实践

考试焦虑自评量表(TAS)

下面的测验旨在对考试焦虑心理做诊断。测验共有33道题，每题有4个备选答案，根据自己的实际情况，在题前填上相应字母，每题只能选择一个答案，其相应字母的意义是：

A.很符合自己的情况；B.比较符合自己的情况；

C.较不符合自己的情况；D.很不符合自己的情况。

1.在重要的考试前几天，我就坐立不安了。

2.临近考试时，我就拉肚子了。

3.一想到考试即将来临，身体就会发僵。

4.考试前，我总感到苦恼。

5.考试前，我感到烦躁，脾气变坏。

6.紧张的复习期间，常会想到："这次考试要是得到个坏分数怎么办?"

7.越临近考试，我的注意力越难集中。

8.想到马上就要考试了，参加任何文娱活动都感到没劲。

9.在考试前，我总预感到这次考试将要考坏。

10.在考试前，我常做关于考试的梦。

11.到了考试那天，我就不安起来。

12.听到开始考试的铃声，我的心马上紧张地急跳起来。

13.一到重要的考试，我的脑子就变得比平时迟钝。

14.考试题目越多、越难，我越感到不安。

15.考试中，我的手会变得冰凉。

16.考试时，我感到十分紧张。

17.遇到很难的考试，我就担心自己会不及格。

18.紧张的考试中，我却会想些与考试无关的事情，注意力集中不起来。

19.考试时，我会紧张得连平时记得滚瓜烂熟的知识都一点也回忆不起来。

20.在考试中，我会沉浸在空想之中，一时忘了自己是在考试。

21.考试中，我想上厕所的次数比平时多些。

22.考试时，即使不热，我也会浑身出汗。

23.在考试时，我紧张得手发僵，写字不流畅。

24.考试时，我经常会看错题目。

25.在进行重要的考试时，我的头就会痛起来。

26.发现剩下的时间来不及做完全部考题，我就急得手足无措、浑身大汗。

27.如果我考了个坏分数，家长或教师会严厉地指责我。

28.考试后,发现自己懂得的题没有答对时,就十分生自己的气。

29.有几次在重要的考试之后,我腹泻了。

30.我对考试十分厌烦。

31.只要考试不计成绩,我就会喜欢考试。

32.考试不应当在像这样的紧张状态下进行。

33.不考试,我能学到更多的知识。

计分与评价:

统计你所填的各个字母的次数,每填一个 A 得 3 分、B 得 2 分、C 得 1 分、D 得 0 分。

用下列公式可以算出你的总得分:

总得分 =3×填 A 的次数 +2×填 B 的次数 + 填 C 的次数,根据你的总得分查下面的评价表,就可以知道你的考试焦虑水平。

评价表

总分	考试焦虑水平
0 ~ 24	镇定
25 ~ 49	轻度焦虑
50 ~ 74	中度焦虑
75 ~ 99	重度焦虑

课后思考

1.你的学习动机、学习方法、学习特点是什么? 请说出你对终身学习的理解。

2.你是否出现过厌学情况? 请谈谈你会如何解决。

本章相关知识链接

第八章　人际交往

　　小珊同学上大学已经一年了，眼看着就要步入大二，她却时常感到沮丧和孤独。回想在高中时，自己身边有很多好朋友，每天与他们一起吃饭、一起讨论作业、一起放学回家，非常热闹。可是大学时光已经过去一年了，自己似乎还没有交到好朋友。与室友虽然没有大的矛盾，但是总感觉大家各做各的事情，缺少共同的兴趣和爱好，难以一起活动。大学的校园里没有固定的座位，班里的同学下课后有人去自习、有人回宿舍，交流变得很少。她参加了很多社团活动，虽然认识了不少人，却发现没有交心的朋友。

　　像小珊一样，很多同学进入大学后发现交朋友似乎变得很困难，或者在人际交往中遇到了困惑和冲突而无法顺利解决。这就需要我们了解人际交往、人际关系究竟是什么，我们在人际交往中会遇到哪些困扰，以及应该如何改善与调节。

第一节　人际关系基本理论

　　马克思曾说过，人是各种社会关系的总和。人际交往以及由此建立的人际关系对每个人都具有非常重要的意义。人类对爱、关心、尊重等交往中的需求是不可忽视的。大学生维持健康的人际交往，与健康的心理状态、生活的幸福感息息相关。人际关系贯穿于大学生生活的方方面面，直接影响着他们的生活状态。

一、人际关系的概念

　　人际关系是人们在生产或生活过程中建立的一种社会关系。这种关系会对人们的心理产生影响，使人在心理上形成某种依赖感。

　　大学生的人际关系是大学生在校期间和周围与之有关的个体或群体的相处及交往的关系，其中最主要的是师生关系和同学关系。同寝室关系是一种特殊的同学关系,室友之间交往的机会多,较之其他同学的关系更加紧密。

大学生的人际关系是大学生生活、学习和工作的一种基本条件和背景。大学生的人际关系呈现出以下特点。

1.交往需要强烈

随着年龄的增长,生活空间的扩展,社会阅历的不断增加,大学生的交往愿望越来越强烈。同时,大家十分关心自己所扮演的社会角色以及在集体中的位置,关心自己的发展和奋斗目标、肩负的义务,希望开阔视野,早日成熟,适应社会。所以,大学生表现出比以往更加强烈的交往愿望。

2.情感倾向性明显

大学生的情感与认识结合密切,直觉的情绪更多地被带有道德评价的情感代替,即高级情感所代替。情感的倾向性明显,但情绪性强,人际关系的建立与情绪变化密切相关。这就使大学生的交往带有定向化特征。他们愿意与自己所喜爱的人交往,而对讨厌的人则避而远之。

3.交往内容丰富

大学生进入高校之后知识更加丰富,对人生目标有更高的要求,对社会政治、经济、文化的变革与发展也更为关心,因此,大学生交往形式多种多样,诸如参加各类社团、协会、沙龙、兴趣小组等。交往内容也是多层次、多方面的,涉及文学艺术、政治、经济、历史、民俗等各个方面。

4.追求自主与平等

随着自我意识的逐步觉醒和独立思考能力的增强,大学生为人处事变得不愿墨守成规,无论在交往方式、交往内容还是交往对象的选择上,都十分重视自己的意见和主张,喜欢用自己的观念和尺度去评价社会事物,在各方面都努力体现其独立人格,勇于追求交往中的自主和平等关系,喜欢通过交流思想、感情,探讨共同感兴趣的问题等方式相互交往。

5.有较多的非正式群体存在

非正式群体也叫小群体,是指由于成员彼此认同而自发形成的群体,多以情感因素调节人际关系为主要特征,另外还具有不定型、多样、多变等特征。多数非正式群体能够以积极的学习生活为主要内容,可以在集体的建设中发挥积极作用;但也有一些非正式群体出现与班集体的对立或不合作,易在群体中产生冲突,影响同学间的正常交往。

二、人际关系的建立与发展的阶段

研究发现,人际关系的建立和发展有一定的规律,通常人际关系的建立会经历四个阶段。

1.选择或定向阶段

每个人的交往都是有限的,谁也不可能与每个人建立关系,人们交往的对象都是自觉或不自觉地进行选择的结果。选择交往对象是建立人际关系的第一步,即人际关系的定向阶段。个体可以从各个方面评价对方,如服装、外表的吸引力、信念、态度、言谈举止等,根据观察决定是否与之发展相互关系,了解对方是否愿意与自己发展关系。

2. 试验与探索阶段

在这一阶段,交往双方有意识地努力寻找共同的兴趣和经历,表达自己的观点、态度和价值观,并观察对方的反应。在这一阶段,每件事似乎都是很愉快、轻松和非批评性的。许多人际关系都停留在这一阶段,彼此并没有建立稳定的联系,但可以相互了解,产生一定的人际影响。

3. 加强阶段

这一阶段是感情的进一步探索阶段。双方愿意花更多的时间在一起,喜欢互相陪伴,并开始相互坦白,相互信任,例如相互使用昵称,开别人不能理解的玩笑,谈话中出现共同的期望和假设。

4. 融合阶段

这一阶段是人际关系中双方开始融合的阶段。他们不仅相互包容、理解,也能很好地相互预测和解释对方的行为,只有当人们形成深入的、重要的关系时,才会达到融合阶段。达到这一阶段的人通常是最好的朋友、恋人或家人。

人际关系可以建立在任何一个阶段之上,是否从一个阶段发展到下一个阶段取决于关系双方。由于大多数人只有有限的时间和精力去加强关系,所以大多数人只是把人际关系保持在第二或第三阶段。人们与周围不同朋友的关系分别处于不同的阶段,这些阶段是具有发展性的关系,但并不代表好坏,人际间的关系本就呈现出不同的发展水平与发展模式。例如每个人都有泛泛之交的朋友,有共同兴趣的朋友,有亲密伙伴等。

三、自我暴露

建立信任感,并且彼此暴露自己内心的秘密是建立人际关系的一个重要特点。自我暴露的程度越深、数量越大,说明人际关系越紧密。良好的人际关系是在人们进行自我暴露逐渐增加的过程中发展起来的。所谓自我暴露是指在沟通和交往的时候把自己私人性的方面显示给他人。随着人们对一个人的接纳和信任程度越来越高,人们会越来越多地暴露自己,同时要求他人越来越多地自我暴露。

自我暴露的程度,由浅到深,大致可以分为四个水平。第一是兴趣爱好方面,如饮食、偏好、日常情趣、消遣活动的选择等;第二是态度,如对某一个人的看法、对时事政治的评价等;第三是自我意识与自我人际关系状况,如与父母的关系、自己的恋爱关系、自己的担心、自卑情绪等;第四是隐私方面,如自己的某些可能不被社会所接受的观点、经验、行为等或者不愿与大多数人分享的秘密。

人们通过了解他人在什么层次上暴露自己,可以很好地了解别人对自己的信任和接纳程度,了解自己同别人的关系状况,同时通过了解自己的暴露程度,觉知自己对他人的信任和接纳程度。

人们与他人关系越好,自我暴露的程度就会越高。但是必须要注意,对于任何人,无论关系多么亲密,也都有不愿意暴露的领域。因此,人们完全没有理由因为双方关系亲密或者是情侣、家人、夫妻,就要求对方向自己完全敞开心扉,更不能任意侵犯对方所不愿意暴露的领域。否则,对方会产生排斥情绪,从而影响彼此的接纳与信任。

四、人际关系的原则

良好的人际关系能够使人获得安全感和归属感,给人精神上的愉悦和满足,促进身心健康,因此人们普遍渴望建立良好的人际关系。但是,许多人常常因处理不好关系而产生严重的挫败感。了解人际关系中的原则可以帮助大学生合理认识自己与他人之间的关系,从而保持更合适的交往。

1. 平等的原则

无论是公务还是私交,都没有高低贵贱之分,要始终以平等的姿态进行交往,才能深交。人际交往切忌因个人因素而自卑,也不要因为一些优势而趾高气扬,待人接物不卑不亢,以平等的心态看待自己,看待他人,才能有良好的人际关系。

2. 相容的原则

心理相容,即与人相处时的容纳、包容、忍让,在人际交往中积极主动,不仅结交与自己相似的人,也积极主动交往与自己存在差异的人,求同存异、互学互补、处理好竞争与合作的关系,更好地完善自己。

3. 互利的原则

人际交往是一种双向行为,故有"来而不往,非礼也"之说。只有单方获得好处的人际交往是不能长久的,所以好的人际交往双方都是受益的,或者有所获得的。这种受益包括很多方面,精神的、物质的,或者帮助对方做一些事情等。所以在人际交往中,一定要意识到自己不只关注所获取的,也要反思自己是否付出与奉献。

4. 信用的原则

交往离不开信用。信用是指一个人诚实、不欺、信守诺言。朋友之间,言必信,行必果,以诚实和信用来赢得尊重。

5. 宽容的原则

人际交往中往往会产生误解和矛盾。大学生都有自己的个性特征,接触又密切,不可避免地会产生矛盾,这就要求大学生们在交往中不要斤斤计较,要谦让大度,不计较对方的态度与言辞,并勇于承担自己的行为责任。宽容克制并不是软弱、怯懦的表现,相反,它是有度量的表现,是建立良好人际关系的润滑剂,能"化干戈为玉帛",赢得更多更好的朋友。

五、人际吸引

人际关系的建立与发展是建立在个体之间相互吸引与喜欢程度的基础上。在人际环境中,人们总会发现一些人会比较容易引起自己的注意和喜欢。那么,哪些因素导致了这种吸引力,或者哪些因素致使个体与他人最终成为朋友呢?

(一)人际吸引的定义

人际吸引是个体与他人之间情感上相互亲密的状态,是人际关系中的一种肯定形式。按吸引的程度,人际吸引可分为亲和、喜欢和爱情。亲和是较低层次的人际吸引,喜欢是中等程度的吸引,爱情是最强烈的人际吸引形式。

(二)影响人际吸引的因素

1. 外貌吸引

"人不可貌相""不要以貌取人",但是,在实际生活中相貌对初次交往的人来说是一个重要的因素。特别是在与异性交往时表现得尤为显著。一个人的相貌会影响人们对这个人的认识和评价,也影响人们与他(她)的互动。研究发现,人们对貌美的人有一个很强的刻板印象,即"美就是好"。人们一般觉得外貌好看的人通常比较聪明、有趣、独立、会交际、能干等。

美貌之所以会有吸引力,一方面是会使人感到轻松愉快,构成一种精神酬赏;另一方面是可以产生晕轮效应,即较好的外貌会使别人以为这个人还具备其他一系列较好的品质。此外,同漂亮的人在一起,人们常常觉得荣耀和光彩,仿佛自己的身价也随着提高了,为了满足自己的虚荣心,人们不但愿意与漂亮的人接触交往,而且也会更喜欢他们。

2. 能力吸引

在平时工作中,有很多人都喜欢与能力强的人结交,不少人经常把有某种特殊才能的人当作良师益友。有研究表明,在其他条件都相同的情况下,能力强的人容易受到人们的喜爱。这是因为人们与能力更强的人在一起,能得到更多的指导,并对促进自身的进步和发展很有帮助。

3. 邻近性吸引

人们都有这样一种感觉:在其他条件相同的情况下,大多数同学与室友、同桌关系更好、更亲密。常常见面的人容易彼此了解,容易建立和发展良好的人际关系。研究发现,交往本身就可以产生人际吸引,这是因为交往可以满足人们的一些基本心理需求。首先,交往可以帮助人们接触外部世界;其次,交往可以使人们找到联系感和归属感。此外,熟悉本身可以增进喜欢,与接触及交往越频繁的人越容易成为朋友,这就是所谓的"曝光效应"。当然,如果熟悉的对象在人格或行为上存在污点时,那么越熟悉,人们反而越不喜欢他。同时,当人们非常熟悉某人时,就能更好地预测他在不同情境中的行为反应,因此就不太容易做出令他烦恼的事。

4. 相似性吸引

在个人特性方面,双方若能意识到彼此的相似性,则容易相互吸引。在其他信息缺乏的情况下,同年龄、同性别的人比较容易相互吸引。复旦大学社会学系主持的"当代青年交往方式调查"结果显示,有87%的青年关系最密切的是同龄人。有的研究者指出,类似的价值体系和社会背景是决定喜爱或选择他人的因素。社会心理学家爱弥儿·柯尔(Emile Coue)等人研究最好朋友时指出,个人所指出的最好朋友都是同等地位的人,一般说他们在教育水平、经济条件、社会价值等方面都很相似,即所谓"门当户对"。日常生活中,我们也经常可以看到政治主张、宗教信仰、对社会上发生的重大事件的看法都比较一致的人,有共同语言,在感情上更为融洽,即所谓"志同道合",容易成为好朋友。

5. 相互性吸引

相互性吸引可用代价-报酬理论来说明。这种理论认为,人际关系首先是建立在自我利益基础上的,即人们在交往中总是要选择最能使自己获利的人。当然,为了获利又必须给予对方所需的东西。在人际互动模式中,这种"代价付出"与"获得报酬"要比个人的人格特征更重要。当双方在代价-报酬上对称时,人际关系可能会越来越稳固。

另外,在相互性吸引方面值得注意的是,对于一个人的喜欢并不仅仅取决于此人对自己喜欢的总量的多少,还要看这种喜欢是逐渐增加的还是逐渐减少的,这就是阿伦森所提出的著名的"得-失"理论。通过实验,阿伦森发现,来自另一个人的奖励行为的逐渐增加,对于个体的影响更大,即人们更加喜欢那些对自己由不喜欢逐渐转变为喜欢的人,即使这种喜欢的总量不及其他人的。同样,奖励行为的逐渐减少比固定不变的惩罚行为有更大的消极作用。当一个人对他人的喜欢逐渐减少直至排斥时,他人对此人的厌恶要更甚于那些一贯就不喜欢他们的人,尽管这种不喜欢也许没有一贯就反对他们的人所表现出的不喜欢的总量大。按照这种理论,人们一般不会对那些对自己表现出稳定的肯定或否定态度的人做出极端的反应。

六、人际关系的意义

人际关系在我们的生活中发挥着不可替代的作用,其对个体的影响贯穿于终身发展过程中,对大学生来讲更是如此。大学生处于成长发展的重要阶段,又身处多样化、多元化的人际环境中,人际关系直接影响到每位学生的身心健康、学业发展、职业发展等。好的人际关系可以让大学生更好地应对学习、生活中的困难与挑战。

(一)人际交往有利于大学生的个体社会化发展

社会化是指个体在社会环境下,认识和掌握社会事物、社会标准的过程,通过这个过程,个体得以独立地参加社会生活。社会关系的相互作用对自然人转变为社会人的过程起到了至关重要的作用。人际交往是个体学习社会文化、掌握社会生存技能的必经途径。特别是对大学生来讲,大学是步入社会的起点,这个阶段是社会化发展的重要进程。

(二)人际交往有利于维持大学生身心健康

人际交往是维护大学生身心健康的重要途径。处于青年期的大学生,思想活跃、感情丰富,人际交往的需要极为强烈,力图通过人际交往获得友谊,满足自己物质和精神上的需要。此时,积极的人际交往,良好的人际关系,可以使人精神愉快,情绪饱满,充满信心,保持乐观的人生态度。一般来说,具有良好人际关系的学生,大都能保持积极乐观的心态,合理认识、对待各种现实问题,更善于化解学习、生活中的各种矛盾,更好地适应大学生活。相反,如果缺乏积极的人际交往,就很容易形成精神压力,难以化解心理矛盾,甚至产生严重的心理问题。

(三)人际交往影响大学生的情绪和情感变化

青年期的大学生,正处于人生的黄金时代,在心理、生理和社会化方面逐步走向成熟。但在这个过程中,一旦遇到不良因素的影响,就容易导致焦虑、紧张、恐惧、愤怒等不良情绪,影响学习和生活。实践证明,友好、和谐、协调的人际交往,有利于大学生对不良情绪和情感的宣泄和调节。人际交往影响大学生的精神生活。大学生情感丰富,在紧张的学习之余,需要进行情感交流,讨论思想、人生,诉说喜怒哀乐。人际交往正是实现这一愿望的最好方式。大学生通过人际交往,可以满足其对友谊、归属、安全的需要,可以更深刻、更生动地体会到自己在集体中的价值,并对集体和他人产生亲密感和依恋之情,从而获得充实的、愉快的精神生活。

(四)人际交往是大学生获取知识和信息的重要途径

现代社会是信息社会,随着信息量的扩大,人们对拥有各种信息和利用信息的要求也在不断地增长。人际交往是交流信息、获取知识的重要途径。大学生通过人际交往,可以相互传递、交流信息和成果,使自己的经验更丰富,并能增长知识、开阔视野、活跃思维、启迪思想。人际交往是个体认识自我、完善自我的重要手段。人际交往实际上就是一种获得和交流知识信息的社会活动。在当今信息化的社会里,若不愿意与他人交往,就会在自己与社会之间筑起一道道屏障,影响个人的成长和发展。

🖥 课堂实践

写出你自己和室友在人际吸引方面有哪些优势和劣势,然后交换、讨论、思考和体会。

第二节　大学生人际关系问题与调适

大学校园的学习、生活和活动要远比中学时代丰富多彩、复杂。很多大学生在由中学生向大学生的角色转换中和在长期的大学生活中存在多种不适应,其中,人际关系问题尤为突出。本节从大学生的人际关系问题出发,对大学生人际关系问题进行分类,并给出如何进行自我调适的建议,以更好地改善大学生人际关系,增强人际归属感和幸福感。

一、人际关系认知偏差

人际关系中的认知偏差是指对交往对象真实情况的歪曲、误判和错觉。它反映了人们在人际认知中的非理性和主观性的特点,并且由于人际关系的复杂性和可变性,这种认知偏差往往不易被察觉,却能严重影响人际交往的顺利进行和良好人际关系的建立。

(一)大学生人际交往认知偏差的成因

造成大学生人际交往认知偏差的原因有很多。首先,不能正确认识和评价自己,极端的表现为自卑或自负。同时不能全面地认识他人,或带有片面性以貌取人,或注重第一印象而抱有偏见和成见,从而影响人际交往。其次,大学生情感十分丰富且敏感,经常过分热情或冷漠,影响人际交往。最后,因个性差异,大学生在人际交往中往往产生误解、矛盾,也会造成交往障碍。导致人际交往认知偏差的原因主要有以下五点。

1. 首因效应

首因即第一印象。在人际交往中,人们受首次接触时细节的影响,如对方的表情、身材、容貌等,而对后来接触到的细节不太注意。首因效应指人初次对他人形成的印象往往最为深刻、鲜明、牢固,由此对以后的人际知觉及人际交往产生深刻影响。在人际交往中,首因效应也往往带有片面性、表面性。首因效应在大学生人际交往中比较普遍。有些大学生往往仅凭第一印象就轻易地对别人做出判断。这种先入为主的认知方式容易使人陷入人际交往的误区,应当注意避免。

2. 近因效应

近因即最后的印象,近因效应是指最后印象对以后的认知具有强烈的影响。

大学生在人际交往中,在第一印象的同时,也不可忽视最后印象。一般而言,在对陌生人的认知中,首因效应比较明显,而对熟识的人的认知中,近因效应则比较明显。

3. 光环效应

光环效应也称晕轮效应,指的是在人际交往中,人们常从对方所具有的某个特性而泛化到其他有关的一系列特性上,从已知特征推出未知特征,根据局部信息形成一个完整的印象。在光环效应下,一个人的优点或缺点一旦变为光圈被扩大,其他方面就会退隐其后,从而被忽视。光环效应在大学生的人际交往中十分常见,受其影响的大学生在人际交往中容易以点带面、以偏概全,从而产生认知偏差。

4. 投射效应

投射效应指认知者在对他人形成印象时,往往假设他人和自己一样,有相同的认知倾向,把自己的特征投射到他人身上,由己推人。例如,一个对他人有敌意的人,总感觉到对方对自己怀有敌意甚至仇恨,似乎对方的一举一动都有挑衅的色彩。

5. 定势效应

定势效应也叫刻板印象,指存在于人脑中的固有观念、固定化认知影响着人们的认知和评价。在人际交往活动中,当人们认知他人时,常常会从原有的想法出发,按照事物的一定的外部联系进行认知和评价,于是也就产生了定势效应。定势效应在某种条件下有助于人们对他人作概括的了解,但往往会产生有害的偏见、成见,甚至错觉,从而导致认知的偏差。例如,人们会用地理分区来划分所属地区人们的性格特点,为其贴上标签。

(二)大学生人际交往认知偏差的调适

大学生应树立正确的人际交往观念,要明确社会是一个相互联系、相互作用的整体,良好的人际交往有利于实现自身价值。在交往过程中,大学生要掌握人际交往的基本原则,及时调整出现的各种认知偏差。

1. 进行自我认知调适

首先,全面认识自我,只有全面、正确、客观地认识、评价自己,才能量力而行,确立适合的奋斗目标,并为之不懈努力,从而扩大自己的交友圈。其次,积极认可自我,如果以积极的态度认可自己,便会自尊自信;反之,如果以消极的态度否定自己,则会产生自卑心理。对自己的长处要充分发挥,对自己的短处要正确对待,逐渐改善。要正确对待挫折和失败,要有勇气面对,认真总结教训,树立信心。最后,努力完善自我。自我完善是个体在认识自我、认可自我的基础上自觉规划行为目标,主动调节自身行为,使个体全面发展。要树立正确的"理想我",进而进行自我探究,然后努力提高"现实我"。

2.综合客观评价他人

一个人的内心活动会通过他的言语、行为表现出来,人们评价一个人时应多了解、多观察、多留心,要力求具体、深刻。要全面地看待他人,综合其一贯表现,不能仅凭最初或最近的表现来评价他人。在人际交往过程中,人们会不自觉地将自己的喜好加于别人,从主观出发简单地去认知他人,认知的主体与认知的对象不分,其结果导致认知带有主观性、任意性。因此,在认知过程中应注意客观性,力求从客观实际出发,摒弃主观臆断、妄想猜测,尽量减少人际交往中的误会和矛盾。

课堂实践

团体活动:天才猎头

游戏规则

1.参加团体活动的同学可以分为人数相同的两组,一组为某个公司的雇员,一组为猎头,每组人围坐一圈,呈两个同心圆状,同时要保证外圈和内圈的成员要一一对应。

2.发给每个猎头一张"天才猎头工作表",给其两分钟时间看上面的说明。

3.内圈的学员是某家广告公司的创意人员,他们的目的是要推销某个产品,比如牙刷,他们需要各抒己见讲述产品、创意的名字、广告语、潜在顾客群等。

4.猎头们要仔细聆听一切,尤其是与其相对的工作人员的表现。

5.所有人重新围成一圈,让猎头和其对应的雇员肩并肩坐着。

6.给每个猎头3分钟时间介绍他的雇员,描述其过人之处。

相关讨论

1.如果你是猎头,发现一个人的优点并夸奖他是否令你心情愉快? 当你使用褒义的语言去重新描述一个人行为的时候,你是否会遇到困难?

2.如果你是雇员,当听到猎头对你的评价时是什么感觉? 你认为这些评价是否属实? 你是否在自己身上发现了新的优势?

总结

1.很多时候其他人对你的称赞往往会让你大吃一惊,原来我还有这种优点!不要怀疑他人的眼光,认真对待别人对你的称赞,你也许会发现一个新的自我。

2.教育中常常讲到,不要骂你的孩子愚钝,否则他会真的很笨。那么我们自己更不能说自己不好,否则真的会越来越失望。

3.人的天性是喜欢表扬,无论我们对待他人,还是他人对待我们,表扬都至关重要,这可以鼓励彼此以更积极的心态交往和相处。

附件:天才猎头工作表

本游戏中,你是一名天才猎头,你的工作是将你的客户的天分和才能进行概况分类，以便将你的客户推荐给那些物色、招聘高级人才的公司。在这个活动中，你应该仔细观察你的客户，注意他做的每件事情。事实上就是极力赞扬你的客户所有的事情。例如，你的客户可能说得很少，那么你是否可以说他很善于思考呢。相反，如果你的客户在小组中积极活跃，你可以称他为天才的领导者。你可以有如下的思考以帮助你去发现对方的优点。

1. 你的客户做了什么或说了什么，有助于小组做决定吗？

2. 你的客户是如何与小组其他成员进行交流和沟通的，有什么与众不同的地方吗？

3. 你的客户最好的想法是什么？

4. 描述一下你的客户给人留下深刻印象的聪明才智。

5. 其他物色人才的猎头为什么嫉妒你有这个客户？

二、人际冲突

人际冲突一般是个人与个人之间的冲突。人际冲突之所以发生，主要是由于生活背景、教育、文化等存在差异，导致沟通等方面受影响，从而引起人际交往对象之间的紧张状态和对抗过程。其主要表现为不满、拒绝、对抗、破坏、暴力和报复等，严重的会表现出自我封闭、逃避现实、自暴自弃、郁闷不安等行为，更有甚者可能会发展到危害自我或危害他人的程度。人际冲突是影响大学生个体心理和人际关系的重要因素。

（一）大学生人际冲突产生的原因

大学生非常关注自我，注重个性表达，情绪体验丰富而又波动起伏。同时，大学生要共享各种环境资源，人际交往广泛而密切，容易置身于人际冲突的情境中。大学生人际冲突既有明显的可察觉的，如打架、孤立等，也有不明显的不可察觉的，如疏远、冷淡等。导致大学生人际冲突的主要原因有以下几个方面。

1. 沟通因素

由于冲突双方沟通渠道不畅，信息交流不完整，信息被曲解而造成双方的误会，进而引起人际冲突。低水平的沟通表现为量以及质的不足，两方面都是引发冲突的原因。

2. 个性因素

由于个性差异或人格特质的不同而引发冲突。大学生彼此性格差异过大时，往往感到难以合作，甚至出现冲突。另外，存在偏执型人格、强迫型人格、人际关系敏感等人格问题的人也更容易出现人际冲突。不难发现，周围总有些同学有很多朋友，从不与人争执，人际关系十分和谐，也有些同学，跟谁都不会相处太久，总有矛盾和摩擦，朋友甚少，这与其人格特质不无关系。

3. 认识因素

由于不同的价值取向与判断，对事情的看法不一致而引发冲突。大学生来自不同地区,成长于不同的社会环境与家庭环境中,在生活习惯、行为方式、地域文化甚至思考方式等方面都存在着差异。这种差异在接触的早期可能引起好奇心和兴趣,但相处一段时间之后,若处理不好则是彼此冲突的隐患。

4. 利益因素

冲突双方在争取实质利益或无形资源时发生冲突。尚未进入社会的大学生很少会有直接的利益冲突,但数量庞大的学生群体,共享有限的学校资源对于有限资源的争取、分配上都有可能引起大学生的冲突。如自习座位的纷争,荣誉、指标的争夺,学习名次的竞争等都极可能引发冲突。

5. 情绪因素

情绪因素也是引起大学生人际冲突的重要因素,冲突以喜欢、不喜欢作为评判的出发点,或以自身情绪的好坏作为行为的借口,往往带有非理性的意味。有时候,大学生仅仅因为自己的情绪不好,或者对某一类人或事物特别不喜欢而与他人发生冲突。

(二)人际冲突的调适

出现人际冲突时,大学生应及时反思自我,解决矛盾,以沟通交流消除误会,以期早日消除冲突,恢复人际关系。

1. 提高应对人际冲突的能力

学校通过人际冲突应对教育,使大学生正确地认识冲突、处理冲突,提高人际冲突应对能力。

2. 及时宣泄由人际冲突导致的不良情绪

人际冲突会使人产生一系列消极的情绪反应,大学生应学会正确的自我宣泄方式,积极转移注意力,可积极进行户外活动,如打球、散步,找知己谈心倾诉,也可以通过看书、看电影等途径宣泄不良情绪。

3. 学会及时调整自己的情绪

当人际冲突发生时,人们通常处于某种激情状态,表现为愤怒或不满、大声喊叫,甚至出手伤人等。在这种状态下人们很难听进他人的解释和劝告,进而加剧冲突矛盾的恶化。因而,作为当事人,要学会冷静思考,及时平息心中的怒火,尽量让对方感受到自己的善意和友好,消除其误解和对立情绪,必要时,也可采取冷处理的方法,暂时回避冲突,等到彼此平静一点再来化解矛盾。

4. 要善于为自己做出解释

在集体生活中,每天与各种各样性格的人接触,人们的情绪变化在所难免,冲突也是人际交往中不可避免的一部分。既然如此,关键就是找到冲突的原因所在,做到对症下药。大学生活期间,许多人际冲突都是鸡毛蒜皮的小事,或是由误会所引起的,因而抓准机会做出适当解释很重要。同时注意解释要合情合理,真实而不虚伪,不然就会更加引起对方的不信任和反感。

三、交往缺乏

当代大学生面临许多人际交往的问题,令人担忧的是当代大学生人际交往似乎存在普遍性缺陷,即交往缺乏。一项调查显示:约有65.85%的大学生有某种程度的孤独感;约有4.19%的大学生有较深的孤独感。

(一)交往缺乏的主要原因

1. 个性原因

在家庭教育、成长环境、个人特质等多种因素影响下,很多学生不习惯于主动和陌生人讲话,不愿主动付出情感,或者不愿与他人维持亲密的关系。如果和陌生人交往时遭到拒绝或经历不愉快,在以后就不太愿意再和陌生人交谈,或者由于自卑等心理因素,在交往中刻意回避,担心过多,焦虑敏感,从而影响主动交往,在对他人的交往回应中也表现得较为退缩、回避。

2. 交往能力不足

有的大学生交往的对象相对单一,只能与个别与自己相似的同学交往,而对于其他人却不知道该如何交往。人际交往技巧的缺乏使不少学生徒有交往的愿望,却由于方法欠妥、能力有限、个性缺陷或心理障碍等原因,导致交往失败。长此以往,一些学生把交往看成是一种负担,变得自我封闭,造成交往缺乏。

3. 虚幻网络的影响

面对复杂的人际关系,有些学生采取了逃避方式,利用网络世界来填补自己现实情感的空缺,久而久之便不想也不愿意去主动与现实周围的同学朋友交往,最终导致交往能力欠缺,交往缺乏。

(二)交往缺乏的调适

1. 改善认知,接纳自我

大学生要克服心理弱点,首先接纳自我,认识到自己的优势,认识到自己是值得被喜欢、值得与他人保持友谊的。只有建立在充分的自我认可基础上,才能积极主动地敞开心扉面对他人。

2. 建立属于自己的交友平台

很多大学生没有形成沟通的习惯是因为交友圈狭小,没有找到趣味相投的朋友。大学生应当积极参与或组织更多的校园文化活动、集体活动,主动为自己争取更多的交友机会与平台,这样不但可以扩充自己的朋友圈,也更容易认识与自己志趣相投的伙伴。

四、社交恐惧

社交恐惧是一种对社交或公开场合感到强烈恐惧或忧虑的社交障碍。存在社交恐惧的人在陌生人面前或可能被别人仔细观察的社交场合中,有一种显著且持久的恐惧,害怕自己的行为会引起羞辱或难堪。严重者对参加聚会、打电话、到商店购物,或询问权威人士等都感到困难。

(一)大学生社交恐惧的原因

大学生的社交恐惧大致表现在生理和心理两个方面:生理上表现为紧张到流汗、心跳加快、发抖等;心理上会感觉所有人在盯着自己,而且正在被人嘲笑,非常想逃到不被人注意的角落从而减轻自己的紧张状况。

1. 生理原因

有研究表明,社交恐惧的发病是与人体内的化学物质5－羟色胺的失调有关,这种物质负责向大脑神经细胞传递信息。

2. 心理原因

大学生处于青春期的特殊阶段,年少气盛,且十分敏感,比较在意别人的看法,担心自己说错话遭别人排斥、鄙视。这种情况在异性面前更加显著,所以尽量保持沉默,从而导致社交恐惧的出现。这种原因可以归结为青春期的特殊心理原因,自尊心强,害怕被别人拒绝,或者对自己的外貌、学习和能力等没有信心。

3. 家庭原因

大学生在成长过程中首先接受的是家庭教育。如果家庭环境不良或教育方式不当,且在成长过程中缺乏交往的经历,就有可能造成大学生与人交往中的心理紧张。同时,家庭搬迁过于频繁、中小学时期多次转学等原因会造成交往圈子不稳定,也可能是社交恐惧的原因。

4. 自卑心理所引起的社交恐惧

大学才华出众的人很多。有的学生觉得身边的人都是多才多艺能歌善舞的,而自己却什么都不会,每次都只能当观众或坐在角落里;有时还会不自觉地将自己和别人做比较,如家境、身高、长相、特长,诸如此类,总觉得自己低人一等,久而久之就形成了自卑的心理,不愿面对,害怕被人发现,这种情况可以概括为自卑心理引起的社交恐惧。

(二)社交恐惧的调适

社交恐惧普遍存在,不能只简单地认为这是内向胆小的表现而置之不理。大学生需要重视它,并采取相应的合理措施,克服社交紧张心理,调整好自己的心态,树立一些良好的认知观念。

1. 树立自信,敢于交往

很多社交紧张者就是因为对自己没有自信。所以,要改变这种情况就要在内心真正地正视、接受、欣赏自己,树立起对自我的信心。只有自信了才敢于尝试之前不敢去做的事情,进而可以很好地克服害羞和自卑。

2. 不要对自己要求过高

若是将自己交往的目标定得太高,就会因脱离现实而不容易实现。人们总是太过在意别人对自己的看法,常常追求完美,为了获得别人对自己的认可而在别人的观察和期待中迷失了自己。越害怕出错越会感到手足无措,接受自己的现状,设定以现实为基础的目标,不要太在意别人怎么看。

3. 时常给自己积极的心理暗示

对自己心存希望,告诉自己社交恐惧是可以克服和消除的,从而变得乐观起来,积极参加公共集体活动。千万不要逃避,因为逃避并不能消除紧张,相反还会使你感到自己的懦弱,而更加责备自己,导致下一次更加紧张,形成恶性循环。试着参加聚会、活动和各类表演,尝试展现自己的长处,尝试在众人面前发言,久而久之,社交恐惧肯定会有好转的。

4. 和朋友交流倾诉很重要

存在社交恐惧时,可以和熟悉的朋友进行交流,诉说自己的想法,这也是缓解社交恐惧的好的方法之一。

5. 专业求助与治疗

如果感到社交恐惧已经影响到自己的正常生活,则必须求助专业人士。首先,应当求助学校的心理咨询老师,进行专业咨询;其次,如非常严重则需及时到医院求诊、治疗。心理问题并不可怕,也不要产生羞耻心理,及时求助至关重要。

课堂实践

我的人际关系系统

一、图画形式

画出你的人际关系图,用距离的远近代表彼此关系的远近,并思考与不同人的交往方式有什么不同。

二、文字形式

写下你的人际关系系统中所有人的名字,并思考:

1. 遇到困难时,你会向谁求助?

2. 心情不好时,你会找谁诉说?

3. 想出去玩时,你会找谁?

4. 这些人都可以响应你的需求吗?

5. 系统成员中构成是怎样的呢?（家人、朋友、同学各占的比例)

6. 你的感悟是什么?

第三节 如何提高大学生交往能力

随着时代的发展,大学生在人际交往方面有很多自己的特点:相比社会上的其他群体,大学生更重视情感的交流;大学生的知识丰富,交友范围比较广;随着现代交流方式的更新,大学生的交流程度也越来越深入。但是,当前大学生在人际交往方面也存在一些不足,对其正常学习生活有一定影响,因而提高当代大学生的人际交往能力十分必要。

一、交往能力的要素

人际交往能力是指在一个团体或群体中与他人和谐相处的能力。人是社会的人,进行的一切活动都是在与他人交往。大学生今后进入社会时,必然要和各种各样的人打交道,交往能力直接影响其是否可以得到别人的支持和帮助。所以大学生在学校学习期间,就要培养与同学、与老师、与领导相处的能力,与同学的交谈,可以在不同的学术观点上进行碰撞,增加对社会现象的不同认识;与老师的交谈,可以交流学术上的心得,厘清不同的思想认识,从中受到启迪;与领导交谈,可以充分交换自己对问题的不同见解,锻炼自己在领导面前不怯场、有自信的能力。

具体来说,人际交往能力包括三个方面。①表达理解能力。表达理解能力主要是指一个人能否把自己内心的想法完整地表达出来,还要让他人能够清楚地了解自己的想法,以及理解他人的表达。一个人的表达能力,也能直接证明其社会适应的程度。②人际融合能力。人际融合能力表明了一个人是否能够体验到他人的可信以及可爱,它和人的个性有极大的关系,但又不完全由它决定,更多的是人的一种心理倾向性。③解决问题的能力。当前一些大学生的显著弱点之一就是依赖性强,独立解决问题的能力差,这严重影响了大学生的人际交往能力。

如果对交往能力做细致的分析,就可以发现交往能力主要包括以下几个要素。

1.人际感受能力

人际感受能力是指对他人的感情、动机、需要、思想等心理活动和心理状态的感知能力,以及对自己言行影响他人程度的感受能力。

2.人事记忆力

人事记忆力是指记忆交往对象个体特征,以及交往情景、交往内容的能力。总之,人事记忆力是记忆与交往对象及其交往活动相关的一切信息的能力。

3.人际理解力

人际理解力是指理解他人的思想、感情与行为的能力。人际理解能力是现代企业管理中重要的工作技巧,也是人力资源管理人员必须具备的关键素质之一。人际理解力意味着一种去理解他人的愿望,能够帮助一个人体会他人的感受,通过他人的语言、语态、动作等理解并分享他人的观点,抓住他人未表达的疑惑与情感,把握他人的需求,并采取恰如其分的语言来帮助自己与他人表达情感。

4. 人际想象力

人际想象力是指从对方的地位、处境、立场思考问题,评价对方行为的能力,也就是设身处地为他人着想的能力。

5. 风度和表达力

风度和表达力是人际交往的外在表现,是指与人交际的举止、做派、谈吐、风度,以及真挚、友善、富于感染力的情感表达,是较高人际交往能力的表现。

6. 合作能力与协调能力

合作能力与协调能力是人际交往能力的综合表现,是实现团队合作的必要能力。

二、人际交往技巧

人际交往的技巧是指在建立和处理人际关系过程中具体运用的巧妙方法与艺术。掌握人际交往的技巧对于建立和发展良好的人际关系具有十分重要的意义。人际交往的技巧有很多种,从技巧作用的对象来看,主要可以分为三大类。

(一)如何面对自我

人际交往的主体就是自我。所以正确、全面地认识自己是人际交往的首要前提,也是正确处理人际关系的基本内容。

1. 正确认识自己

每个人都有各自的优点与不足,如果只看到自己的长处必然会自满,但只看到自己的短处就会妄自菲薄,所以每个人必须要客观地认清自己。一个人的自我主要包含五大方面:自我观察、自我思想、自我感受、自我意图、自我行动。当我们遇到问题的时候,首先要冷静下来,沿着这五个方面来分析自己对事情的反应,根据当时的具体情况做出正确的决定。在认识自己的过程中,我们也可以运用比较的方法从两个维度来进行自我认知。一个维度是自我比较,即将现在的自己和过去的自己进行对比,看自己从心态上、精神上和过去相比是否进步了,然后将现实的自我与理想的自我进行比较,认清自己与目标究竟还有多大的差距。另一个维度是社会比较。在进行社会比较的过程中,我们既要通过社会上其他人的态度来认识自己,又要注意通过与社会上和自己地位、条件接近的人的对比来认识自己。研究表明,人们与相比对象的相似性越高,就越容易在比较中获得对自我的正确认识和评价。

2. 恰当的自我暴露

自我暴露是指个人采取适当的手段和方式,把自知而别人不知的一些特征介绍给对方,让别人了解自己、熟识自己。这种自我暴露在一定程度上具有"名片效应"。心理学家研究发现,人和人在交往时存在一种熟悉性吸引效应,即人们大都喜欢和自己比较熟悉的人进行交往互动。因为相互了解是人们产生情感的前提,所以在交往中要善于自我暴露,主动让对方了解自己,为进一步的交流做铺垫。而且人际交往本身就是一个互动的过程,有的时候互动行为的运行需要有人激发,许多擅长交际的人往往会主动激发,首先向别人发出友好的信号,主动关心和帮助别人。但是暴露并不是无条件的,在暴露自我的过程中一定要注意对自我暴露量的控制,要在认清对方的基础上准确地把握自我暴露的程度,把握恰当的时机。

3. 优化自我形象

在现实生活中,每个人在与他人打交道的时候都有自己的固定形象,自我形象的塑造直接影响人际关系的状况。自我形象的优化主要是从两方面进行的。首先是自我的外在形象。外在形象是人们在外表上的各种品质,包含形体、言谈举止和服饰等方面。通过外在形象可以形成对一个人的初步评价,因此大学生在人际交往中一定要注意对自己外在形象的优化。其次要进行自我内在形象的优化。这点比外在形象更为重要,包括内在品质的优化,通过学习来弥补自我的不足,通过内省来发掘自身的缺点,通过慎独来提高自己的自觉性。

(二)如何面对他人

除了自我,人际关系中更多的是他人的参与。他人是一切人际关系中的重要方面。正确地认识和对待他人也是处理人际关系的基本内容。

1. 全面了解他人

全面了解他人可以帮助我们建立和发展良好的人际关系。这是一个非常复杂的过程,由于人们的性格、生活习惯、行为方式存在很大差异,所以了解他人需要我们真诚的态度、敏锐的洞察与长久的关注。

2. 有效处理与他人交往的各种情境

在与他人交往的过程中,会遇到很多不同的交往情境,这就需要我们积累相关的技巧,并且妥善地处理。例如很多同学发现自己不会拒绝他人,那么就需要注意如何勇敢地说不,既要表明自己的态度,也要注意方式与语气。在求助他人的时候,也要有真诚的态度,运用科学、正确的处理方法,争取在求助他人的同时,不会影响原有的人际关系。当然,在交往过程中还会遇到其他各种情境,这就需要我们做生活的有心人,注重不同情境的不同处理方法。

(三)自我与他人的交互

人际交往是自我与他人相互作用、相互沟通的过程。

1. 学会沟通

沟通既是一门科学,又是一种艺术,有它内在的规律和技巧。例如,沟通时必须要情真意切,注意使用礼貌性语言,让对方感受到自己的真诚;注意细节的重要性,一个小小的细节有时可能给别人留下好的印象;说话要注意灵活变通、生动形象,学会运用丰富的语言、巧妙的比喻、深刻的事例来达到生动形象的目的;注意幽默风趣,这样既可以拉近谈话者之间的距离,又能营造愉快的交流气氛;还要注意倾听,在交流过程中,学会倾听别人有时比说话更为重要。

2.合理运用肢体语言

在人际交往的过程中,自我与他人的交往除进行语言的沟通外,运用肢体语言进行沟通也非常重要。在人际沟通中,肢体语言是沟通的一个不可或缺的方面,可以实现思想的交流,传递彼此的感情,从另一个侧面反映人们的心理状况。但我们在使用肢体语言时,要注意民族性、地域性的特点,充分运用眼神、身姿、手势等不同形式表现;还要注意性别的差异,注意区分彼此关系的密切程度。只有这样,才能适时、适当地发挥肢体语言的作用。

三、提高交往能力的途径与方法

大学生人际交往能力的提高最重要的是要开展切实有效的实践活动。在现实的人际交往实践活动中,大学生可以把书本上的知识转化为具体的行动,从而变成自身的经验;大学生可以在与人交往中真正体会交往的真谛,从而不断地提高自己的交往能力。人际交往本就不是知识,而是一种切实的活动。大学生开展人际交往实践的形式多种多样,概括起来可以归纳为以下三种。

(一)积极参加学校的各种集体活动

学校的集体活动是极其丰富的,从不同规模、不同种类的体育比赛到不同形式的文艺表演,从唇枪舌剑的辩论赛到静如止水的书法写作,所有的这些活动都是大学生提高人际交往能力的重要平台。无论存在多大的交往困难,只要你愿意并且为之努力,你一定可以发掘一种你喜欢并且擅长的活动。在这种集体活动中,你可以结交更多的朋友,可以有更多的说话锻炼机会。只要你愿意并敢于表现,就一定会有收获。

(二)积极参加各种社会实践活动

学校只是学生的一个临时港湾,每一个人最终还是要走向社会。因此,在学校期间学生就应该参加各种社会实践活动,在活动中提早锻炼自己的能力,为自己将来进入社会做好准备。现在大学开展了越来越多的社会实践活动,为大学生提供了充分的实践机会。大学生也可以充分发挥自己的主观能动性,主动参与一些社会志愿活动,比如支教、青年志愿者、义工服务等。

(三)每一天的日常生活

事实上,人际关系存在于人们每一天的日常生活中。大学生与室友的朝夕相处,与同学的并肩奋斗,与老师的课业讨论,与社团朋友的活动,这些都是人际交往的机会,也是不断发展自我人际能力的场合。

其实,人际交往是每一个人最真实的需要,很多时候不需要过多的技巧,只要每一位学生能够怀着一颗开放、真诚、友好的心,一定会交到知心友人,也一定会找到最适合自己的人际交往模式。一方面不刻意回避交往,另一方面也不要给自己过大的压力。每一位学生在付出的同时一定会得到回报,享受人际交往带来的关爱与幸福。

课堂实践

团体活动:你像哪种动物?

游戏规则

1.将各种各样的动物漫画展示给大家,让大家分别描述不同动物的性格,以及当它们遇到危险时的反应,比如乌龟遇到危险以后会缩进壳里。

2.让大家回想一下,当自己面对矛盾的时候会有什么反应,遇到矛盾,第一反应会是什么? 这一点和哪些动物最像?

3.每个人描述一下,自己所选择的动物性格,说出理由。比如说"我像刺猬,看上去浑身长满刺,很难惹的样子,实际上我很温顺"。

相关讨论

1.当你和别人选择相同动物时,你们所描述的特性一样吗? 这其中的差别有哪些? 你所描述的那一部分性格特征,其他人注意到了吗?

2.当不同动物性格的人碰到一起,应该如何相处?

总结

1.每个人都有自己特定的思维模式,从而决定了他的行为模式,不同思维模式的人碰到一起,总是不可避免地要面临冲突,当冲突出现的时候,正视问题,互相尊重才是解决问题的更好的方法。

2.合作和沟通的过程中,要认真地考虑自己和对方冲突的根源所在,根据彼此的特点进行调整。最终,尽管存在冲突,不同类型的人仍然可以在一定程度上互补,也可以做到很好。

课后思考

1.如何根据本章的相关知识解决你遇到的人际问题?

2.如何提升自己的人际吸引力?

本章相关知识链接

第九章　恋爱与婚姻

情景导入

　　李女士的儿子上大二了,寒假回家后每天上网聊天、发短信,仔细询问后了解到儿子是在和新交的女朋友联系。李女士很兴奋,"家在哪?""父母是做什么的?""将来工作能否在一起?"等问题都甩了出来。可是儿子告诉她:"恋爱结婚是两码事,现在谈恋爱不是为了结婚生子,要的是恋爱的经历和过程。"李女士不明白,在她的印象里,谈恋爱就为了结婚,以前有的人谈恋爱后,只要发现的缺点不是原则上的问题也就凑合着结婚。上下两代人婚恋观念的差异如此之大,在校大学生该如何应对呢?

　　虽然大学生结婚者极少,恋爱却是常见的现象,而部分研究生已经走过了恋爱、婚姻的历程。学习恋爱、婚姻基本知识,了解恋爱过程中的常见问题及应对策略,有助于大学生正确看待恋爱现象,顺利应对恋爱婚姻这一人生重要课题。

第一节　爱情与恋爱

　　越来越多的大学生涉足爱河,恋爱是许多大学生正在经历的历程。然而,爱情既可以是醇美佳酿,给人以莫大的幸福和欢乐,并唤醒内心沉睡的力量和潜在的才能,也可能是苦果涩水,给人带来无穷的痛苦和烦恼。正确理解爱情,顺利解决恋爱问题已成为当代大学生健康成长的重要因素。

一、爱情及其理论

　　爱情是人类永恒的话题,爱情也是人们所向往的美好体验。古今中外,有很多文学家、心理学家探讨爱情的真谛,并对此作出了各自不同的诠释。

(一)爱情三角理论

美国耶鲁大学心理学家斯滕伯格提出的爱情三角理论是目前最主要的爱情

理论。该理论认为,爱情包括激情(passion)、亲密(intimacy)、承诺(commitment)三种成分。激情指恋人之间的相互吸引、钦慕、爱恋、朝思暮想等感受;亲密指恋人之间相互关心、呵护、照顾、终日厮守的愿望;承诺指恋人之间相互信守诺言、不逢场作戏的决心。一段真心投入的爱情,这三者缺一不可。

根据平衡程度,爱情三角可以是正三角形(三因素完全平衡),也可以是非正三角形(以一因素为重点的不平衡三角形);按强度可分为高强度爱情三角形和低强度爱情三角形。三角形越大,爱情就越丰富。由此,爱情需要人学会平衡的艺术,掌握好爱与被爱的火候,激情过度难以长久,缺乏激情索然寡味。爱情还要把握好进退的步伐,进则亲密无间,退则恪守承诺,进退自如,当是爱情的本真所在。

在爱情三因素基础上,爱情可划分为七种类型,其中完美的爱情是激情、亲密、承诺三要素的完美结合。从图9-1可以看出,三角形的三个顶点及三条边和三角形内共有七种类型的爱情,分别为:①喜欢之爱:只有亲密部分;②迷恋之爱:只存在激情部分;③空虚之爱:只有承诺的部分;④浪漫之爱:亲密与激情的结合;⑤友伴之爱:包括亲密和承诺;⑥虚幻之爱:激情加上承诺;⑦完美之爱:三种成分的完美结合。表9-1将这七种类型的爱情做了进一步诠释。

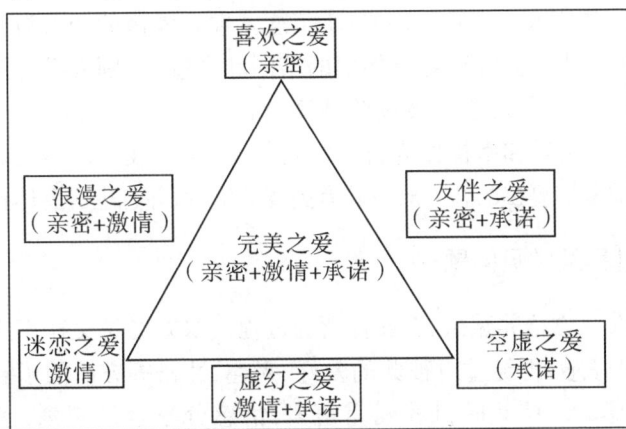

图9-1　爱情三角

表9-1　斯滕伯格七种爱情类型描述

爱情类型	英文表述	成分组合	突出特点
空虚之爱	empty love	承诺－亲密－激情	爱情平淡无味,毫无激情
友伴之爱	companionate love	承诺＋亲密－激情	爱情犹若友情,相互关切
虚幻之爱	fatuous love	激情＋承诺－亲密	爱情虚无缥缈,相思情苦
迷恋之爱	infatuation love	激情－亲密－承诺	爱情狂热激烈,虎头蛇尾
浪漫之爱	romantic love	亲密＋激情－承诺	爱情热烈温存,柔情似水
喜欢之爱	liking	亲密－承诺－激情	爱情有情无爱,徒有好感
完美之爱	true love	激情＋亲密＋承诺	爱情情真意切,地久天长

(二)爱情的本质与特征

爱情是人类特有的情感形式,是男女双方在交往中形成的彼此倾慕、相互爱恋、渴望对方成为自己终身伴侣的一种强烈、深沉、持久而专一的真挚感情。爱情的本质是情爱和性爱的统一。

爱情有四个主要特性:①高度依赖性,双方互相亲近,形影不离,难舍难分;②高度关注性,互相关心,互相帮助;③高度信任性,完全信任对方,无保留地自我暴露;④高度独占性或排他性,双方独占对方的爱情,不准他人介入。

(三)友情与爱情

友情是爱情的基础和前提,爱情是友情的发展和质变。二者有联系,但却有质和量的区别。爱情的排他性决定了恋爱对象只能有一个,但朋友可以有多个,如果男女之间的关系可以和其他类似的关系并存,就是友情。如果一时分不清友情和爱情,可以将对方对他人的态度和对自己的态度进行比较。

(四)喜欢与爱情

喜欢与爱情是两种既密切关联又各不相同的情感。研究认为,喜欢主要包括两个因素:人际吸引的双方有共同的理解;喜欢的主体对所喜欢的对象有积极的评价和尊重。爱情则有三个重要因素:①依恋。卷入爱情的恋人对伴侣有高度的依恋感,尤其在孤独时会特意寻求伴侣的陪同和宽慰,而别人没有同样的慰藉作用。②关怀与奉献。恋人之间会彼此高度关怀对方,愿意为对方不计回报地付出,同时把让对方快乐和幸福作为自己的责任,并且对彼此的不足表现出高度宽容。③亲密。被爱情裹挟的恋人对彼此有高度的信赖,并且也有身体接触的需要。

二、恋爱过程及常见问题

恋爱是男女双方培养感情、发展爱情的过程。双方经过交往产生彼此欣赏的情感体验,获得好感,再经过对彼此的爱好、兴趣、性格等方面的了解萌发爱慕之情,随着交往的深入,彼此间自我暴露增多,情感分享越发深刻,逐渐发展成为爱情。

(一)爱情的阶段

一般认为爱情的形成必须经历共存、反依赖、独立和共生四个阶段,各个阶段之间的转换所需的时间因人而异。

1. 共存

两人初识不久,彼此平衡且共同存在。开始注意对方,了解对方,相互揣测,对爱情进行初步探索,并进入热恋期,恋人不论何时何地总希望能在一起。

2. 反依赖

此时处于热恋阶段,彼此有一种依赖心理,希望时刻在一起,看到对方,喜欢做每件事情都征求对方意见,并模仿对方的行为,如言行举止、习惯喜好等。等到情感稳定后,至少会有一方想要有多一点时间做自己想做的事,这时另一方可能就会感到被冷落。

3.独立

这是第二个阶段的延续,双方要求更多独立自主的时间。经过一段较长时间的热恋之后,双方开始冷静下来,减少了热恋时期的冲动,但逐渐感觉枯燥,想找回私人空间,认真考虑对方是否真的适合自己。

4.共生

爱情的最后一个阶段是共生。经过较长时间的相处、深入的了解,两人觉得对方是可依托终身的人,是值得携手同行、白头偕老的对象。这时新的相处之道已经形成,彼此成为对方最亲的人,在一起相互扶持、互相成长,开创新的人生。

(二)恋爱对成长的意义

有人说恋爱是一所学校,让人发现自我问题,不断走向成熟。恋爱的过程,可以从以下几个方面帮助个人的成长。

1.学习建立亲密关系

恋爱中的人可以学习如何去爱一个人,如何长期相处,学会包容、体贴、关心、尊重,接纳失望、痛苦、不满,学习保持恰当的距离。不会因为怕失去而刻意疏远,也不会因为自我需要而过度依赖,体会在关系中满足自身及相互的心理需要,这是大学生自我成长的重要标志。

2.培养发展爱情关系

恋爱会使人有许多情感体验。恋爱初期激情的成分居多,随后逐渐平淡,这个时候并不是"爱变了",而是爱情的成分在爱中发生了变化——少了激情,多了亲密和承诺,这也是爱情不断发展、充实的过程。因此,恋爱建立在对彼此不断了解、接纳、发现、欣赏的基础上,使人乐于承担责任,不断学习,为爱情提供养分,增添新的活力,让对方感受到充满爱的生活。

3.恋爱是自我认知与成长的过程

恋人对彼此都是最重要的人。重要人物对自己的评价无疑是有效认识自我的途径,并有着巨大的影响力。恋人就像一面镜子照出对方的优点和不足,对方通过这面镜子可以更好地认识自己。另外,大学生在恋爱关系中会不断发现自己的情感世界、个性特点、为人处世的方式,发现以往经历对自我的影响。爱可以改变人的趣味,升华人格,开发潜能,促进个人的成熟与发展。

(三)大学生常见恋爱心理问题

大学生恋爱除了具有一般恋爱过程的排他性、冲动性、强烈性等特点,还存在其他恋爱心理问题。

1.过程与结果的不平衡

有的大学生恋爱出现轻率化的倾向,非常强调恋爱时的感觉,看重恋爱过程,却不太注重恋爱的结果。

2. 学业与恋爱的不平衡

很多同学处理不好学业与恋爱的关系，往往在时间与精力分配方面存在失衡的问题。

3. 体验与责任的不平衡

不少大学生的恋爱是激情碰撞下的初恋，在激情平息之后，却不懂得如何培育爱情，在爱与被爱的磨合期显得笨手笨脚，往往容易造成对彼此的伤害，轻易地恋爱、分手，强调爱的体验，负不起爱的责任。

三、恋爱与性

大学生的年龄一般在 18～23 岁，随着青年期性生理与性意识的进一步成熟，大学生性心理也发生着微妙的变化，性心理问题成为大学校园里不可回避的问题。但在传统观念的影响下，部分学生对性讳莫如深，谈性色变，因缺乏基本的性生理、性心理知识和缺少与异性的正常交往而导致"紧张"和"过敏"现象。另一方面，西方性开放思潮的影响又使得有的学生对性采取随便，甚至放纵的态度，造成不良结果，给大学生身心带来极大伤害。

（一）大学生性心理的基本特征

大学生性心理的基本特征主要表现在以下方面。

1. 渴望了解性知识

大学生更加积极、主动地关注自我发展，关注自身的生理与心理。由于家庭教养方式、成长环境及个体差异的存在，大学生对性知识的了解不尽相同。有的学生知之甚少，并因此产生不必要的心理困扰。大学生不仅渴望了解性生理知识，而且渴望通过科学的途径了解两性心理差异等性心理知识。

2. 容易产生性冲动

大学生在遇到有吸引力的异性或者观看较为暴露的影像或文字时容易产生性冲动。应该认识到，性冲动是一个正常人的自然和本能的行为表现。人有社会性，如遵守社会行为准则、尊重他人意愿和抉择、承担社会的责任和义务、受法律约束等，可以在产生性冲动时通过大脑调控，调节自己的行为，而不一定产生性行为。

3. 经常面临性冲突

由于性成熟与性道德的冲突，大学生有一个漫长的"性等待期"。与此同时，日益开放的社会文化既满足了大学生对性的了解与渴望，又使大学生性的冲突更加常见，在繁重的学业任务、较强的就业压力之下，在道德标准及校纪校规的约束下，大学生的性冲动不会也不可能即刻得到满足，事实上，适度性压抑也是社会文明与进步的体现。

(二)大学生常见性心理困扰

性的困扰是导致大学生心理问题的一个重要原因。了解性心理困扰并及时调节,有助于大学生保持良好的学习生活状态。

1.性幻想、性梦

性幻想是一种介于意识与潜意识之间的、带有性色彩的精神自慰行为,是在没有异性参与的情况下,在大脑中进行自我满足的活动。其通常表现为在某特定因素的诱导下,自编、自导、自演与异性交往的有关场景,这是性冲动的发泄形式之一,属于正常的生理、心理现象。

性梦是性成熟的个体在睡眠状态下,由以往性刺激留下的痕迹引起的一种自然的、弥散性的、盲目性的性生理和性心理现象。在梦中出现与性内容有关的梦境,可伴有男性遗精、女性性兴奋等,这属于正常反应。

有的大学生由于性知识匮乏,因曲解性梦等现象而痛苦万分。某大学男生,平时性格比较内向,不善于与人交往,从来没有和任何一个女生特别亲近。不久前梦见和某女生发生了性关系,便认为自己道德败坏,下流无耻,以至于不敢面对该女生。只要她在教室,他就无法正常看书,如果单独与她不期而遇,就会一天心神不宁,强烈的罪恶感使他不能安心学习。他担心自己变成犯罪分子,有时还怀疑自己得了精神病,才会如此不正常。对性梦的恐惧使他不敢入睡,生怕"旧梦重温",万般苦闷。

2.接吻、拥抱等边缘性性行为

大学生在恋爱过程中,由于性的吸引,双方情感逐步加深,会出现接吻、拥抱、抚摸等边缘性性行为。这些行为是表达情感的方式,对于性成熟的双方是很自然的事情,属于恋爱中的正常现象。不过个人恋爱行为应注意适当的场合,尊重他人,注意公共环境限度。

3.自慰(手淫)困扰

自慰是指有意识地通过手、工具等刺激敏感部位以寻求性兴奋的行为。自慰是宣泄性冲动的一种行为方式,是生物性本能的一种表现形式。有的大学生因为自慰快感的诱惑陷入其中不能自拔,又因自慰后的恐惧、内疚、罪恶感和自责心理陷入烦恼。偶尔的自慰并不会对身体造成太大伤害,而对自慰的错误认知会对身心造成一定伤害。

(三)关于性道德

性是神圣的,性应当因爱而生,但爱绝不能成为纵欲的借口。性行为首先应当是道德的,是建立在爱与责任的基础上的,具体主要包括以下四个方面。

1.自愿

违背自己或对方意愿发生的性行为都是不道德的。请记住,无论是男是女,都有权拒绝性行为的发生。

2. 有爱

只有建立在爱的基础上的性行为才能达到精神与肉体的和谐统一,体验到身心愉悦的感觉。

3. 无伤

性行为可以带来快乐、幸福,同时也可能带来身体和心灵上的伤害。两性在日常生活和交往中,应坚持无伤原则,对对方的身体健康、思想感情、人格尊严、工作学习等各方面应足够尊重,做到不伤害。

4. 承担责任

性行为可能会导致女方怀孕。除了做好防护外,双方必须为此做好承担责任的准备,包括心理层面、物质层面、家庭层面等。

只有同时符合以上四个标准的性行为才是道德的性行为。为了自己和下一代的身心健康,大学生要学会保护自己、尊重和爱护他人。

四、择偶标准

择偶标准是男女之间进行恋爱与组成家庭时相互选择的评价标准,受到多种因素影响,和每个人的成长经历、特殊的心理需要有密切关系。我国学者孙守成等人根据大学生择偶的目标取向,把择偶标准分为三类。

1. 精神满足型

此类型选择恋人以理想、信念、价值、事业、能力等标准衡量,或以气质、性格、兴趣的相投作为共处的基本条件。他们对外貌、金钱、家庭背景等并不在意,而是以达到高层次的精神满足为标准。

2. "外貌协会"型

此类型择偶以获得纯粹感官满足为目的,是一种对"情欲之爱"的追求。注重恋爱对象的外表(身材、皮肤、相貌)和风度,通常男性居多。天长日久的相处会使外表失去新鲜感和吸引力,所以通常很难维持长久。

3. 追求物质型

此类型择偶以社会地位、经济条件等为标准,是"现实之爱",又可分为物质、虚荣和利用三种类型。物质型指以经济条件为追求目标,满足物质需要;虚荣型则看重地位、职称等荣誉;利用型更具指向性,往往是为了达到某一明确目的,达到后则抛弃恋爱对象。

三类择偶标准都客观存在,大多数人择偶是在三种标准的混合中确定对理想对象的要求。

五、培养爱的能力

美国心理学家艾里希·弗洛姆(Erich Fromm)在《爱的艺术》中指出,爱是一种能力,也是一种艺术。现实中,人们祈求爱、渴望爱,然而愿意学习爱的人却为数寥寥,爱的能力实际是一种综合的素质,表现为在爱的过程中恋人相处的多方面能力。

1. 表达爱的能力

爱的能力首先看内心储存了多少爱,如果一个人内心是干枯的,也就缺乏爱的基础。当你爱上一个人时,能否用恰当的方式和语言向对方表达呢? 表达爱需要勇气和信心,也需要恰当的时机和表达技巧。

2. 接受爱的能力

有的大学生在别人向自己示爱后,内心挺高兴但又不敢接受别人的爱,或者对爱缺乏心理准备,或者觉得自己不配,不值得爱,因此而失去发展爱的机会。当期望的爱来到身边能勇敢地接受,也是有能力爱的表现。

3. 拒绝爱的能力

面对他人的求爱,当你不愿意接受时,一般应当在不伤害对方自尊心的情况下委婉拒绝。如果对方进一步追求,而你依然不愿意接受时,就应该明确表示拒绝,同时言行一致,不以同情代替爱情。

4. 发展爱的能力

拥有爱情之后,不但要继续关心对方、尊重对方的选择或隐私,还要学习处理恋爱与学业、与其他人际交往的关系。因此,为了保持爱情的长久,需要不断学习,提高自己爱一个人的能力,也才能享受爱情的甜美与幸福。

六、大学生恋爱困扰及调适

爱情虽然甜蜜,但也会带来复杂、独特而微妙的情感体验。大学生在恋爱过程中会出现一些心理困扰。

(一)暗恋与单恋

"世界上最遥远的距离,不是生与死,而是我就站在你面前,你却不知道我爱你",这样的描述引起了很多人的共鸣。暗恋就是内心对他人出现思慕,却不能或者不想、不敢表达,只是将这份情意和牵挂埋藏在心底。单恋即某一方产生了情感,但对方却没有相同的情感体验,俗语称"剃头挑子一头热"。在现实生活中,单恋带给人们的往往是痛苦的记忆、沉重的负担或者无奈的婚姻。

大学生的心理尚未完全成熟,暗恋与单恋现象较多出现在性格内向、敏感、富于幻想、自卑感强的个体身上。他们常沉浸在爱的幻想中,固然能体验到某种虚幻的快乐,但因为无法向异性倾诉柔情,更感受不到对方爱的回应,因而会更多地体验到情感的痛苦。那么,应该如何应对呢?

1. 客观理性地审视自己的感情

当你对某人产生强烈的感情时,首先冷静思考一下:对方是自己真正想"爱"

的人吗？还是只是某种虚幻的爱情偶像？

2. 拿出勇气，大胆追求

不要犹豫不决、顾虑重重，要勇敢地表露自己的心声。如果是"流水有意"，那么爱的欢乐就会来临，如果是"落花无情"，则应从距离和环境上远离，斩断情丝，通过感情的转移和升华来获得心理平衡，并扩大人际交往圈，开始新的生活。

（二）失恋

失恋是指恋爱的一方中止恋爱关系后给另一方造成的严重心理挫折，或者由于各种因素双方不得不中止恋爱关系后给双方带来的严重心理创伤。失恋引起的主要情绪反应有痛苦和悲伤，其次有难堪、羞辱、失落、孤独、绝望，甚至报复等心理反应。一位失恋的男生说："我的女朋友莫名其妙地和我分手了，这对我是一个沉重的打击。多日来，我情绪低落，心烦意乱，没有一点心思去学习。我想找她问个明白，可她总是躲着我，或是含糊其词，不正面回答我。同学们都劝我不要自寻烦恼，忘掉这件事。可是我却怎么也忘不了。失恋的痛苦像恶魔一样，无情地折磨着我的心。"以下的"走出失恋四部曲"或许能帮助大学生摆脱失恋的阴影。

1. 改变自己的认知

失恋只是一次选择的结果，自己不被某一个人选择不等于自我就全面失败，一无是处。因为每个人的心理需要不同，看重的关键点不同，欣赏的角度不同。况且感情是双方的事，不能勉强，应该尊重对方的选择。另外可以采用"酸葡萄"或"甜柠檬"效应，找出以前恋人的缺点，打破理想化倾向，减轻痛苦，并分析自己的优点，恢复自信，迎接新的生活。

2. 转移注意力

要学会将自己的情感与注意力转移到失恋对象以外的人和物上，多做些自己喜欢的事，和自己喜欢的人交往，参加令人愉悦的活动，以愉快的体验开阔胸怀、欢娱身心、陶冶情操。

3. 升华

全身心投入生活和学习中，把因失恋产生的挫折感、压抑感升华为奋斗的动力。歌德在失恋后写出《少年维特之烦恼》，小仲马在失恋后创作《茶花女》，这都是失恋后升华的很好例证。

4. 寻求帮助，合理宣泄

找倾诉对象将内心的痛苦宣泄出来，减轻心理压力和内心的烦恼，寻求心理的安慰和寄托。当自己无法调整时，还可以通过专业心理咨询，使情绪得到疏导，走出失恋的困境，重建心理平衡。

（三）恋人间的冲突

俗话说"上牙有时还磕了下牙"，恋人间的冲突自然无法避免。关系再好的恋人也会有误解、"吃醋"、攀比、忌妒、糊涂的时候。引发恋人间冲突的原因一般有三类:①双方互动因素,包括沟通不畅、性格不合、约束过多、忽视对方、习惯和观念差异;②个性因素,包括不思进取、不守信用和猜忌;③客观环境因素,包括与其他异性接触、家人反对。

恋人间出现冲突时,双方需要在清楚表达思想、感受的基础上,寻求协调与合作,用建设性的方式解决冲突,应注意以下几个问题。

1. 换位思考,不分对错

不要认为有冲突就一定要分出对错,最好先进行心理换位,先设身处地地从对方所处的位置和情境去思考和处理,体察对方的潜在动机,宽容豁达,不要过分挑剔对方的行为举止。

2. 减少抱怨,学会容忍

发生冲突以后不要相互抱怨,也不要压抑、隐忍,而是要实时解决,采用不同的调解方式"嬉笑打闹"着解决问题。

3. 互相尊重

想要获得别人的尊重,请先尊重别人。这条规则恋人之间也同样适用,爱情需要尊重,恋人间也要相互尊重,不要认为恋人之间就可以为所欲为。

4. 保持一定的心理距离

从心理角度看,距离太小会令人不舒服,觉得"太拥挤,无法呼吸",适当远一点才能多一些距离感和独立性,才能拥有心理自由,有更多机会感受对方的美好。

(四)异地恋

"距离产生美"用在异地恋人之间只能是一种无奈,就像是最美好又最忧伤的梦。中国青年网校园与通讯社的调查显示,超七成大学生能够接受异地恋,但对异地恋的结局不太看好。异地恋主要会出现沟通不畅、相处成本高、共同话题逐渐减少、未来迷茫等方面的问题。异地恋应注意以下几个方面。

1. 坚守爱情

经过此前的辛苦追求,感情随着时间沉淀,这段感情对于双方来说都是刻骨铭心的,因此,遇到困难要迎难而上,彼此要坚守。

2. 理解对方

当一方需要安慰时,另一方受客观条件限制不能及时在身边给予安慰,要相互理解,不要因此产生不必要的、持续的不愉快。

3. 学习先进

榜样的力量是巨大的! 多跟有经验的前辈交流,也可以向身边的同学请教,只要有效就要虚心采纳,用实际行动维护异地恋。

4. 共同目标

异地恋受时空的限制,不能及时有效地知道对方的所思所想,为此双方应该有一个爱情的大目标,并为之不懈奋斗。还可以有许多小目标,用以维系、增强双方的感情,例如一条天气提醒短信、每周一封邮件、定期见面等。

（五）网恋

网络给大学生提供了一个虚拟性与真实性并存的情感环境。一方面大学生可以在网上大胆而直接地与异性交往;另一方面,这种真真假假、半真半假、时真时假的交往,虽然看起来似乎很浪漫,但陷阱重重。大学生应该正确对待网恋。

1. 保持警惕

交流和倾诉对成长中的大学生来说无可厚非,选择网恋也并无不可。但是,网络里有真情实感也有虚情假意。大学生在网上相恋的过程中,应该分清楚网络和现实是有差距的,不能等同,应该提高警惕。

2. 接受现实检验

尽管爱情会在现实生活中遇到不少的问题、障碍,但毕竟是实实在在的。要把网上真诚释放的心态延续到现实生活中,将面临的困难或挑战视为考验自我、战胜自我的一个机会,认真剖析原因,调整心态,相信自己一定能够解决问题。

3. 增强现实交往

增强现实交往,在日常生活中经常与他人进行人际交往和情感交流,提高自信,培养高尚情操,抵制诱惑,成为网络世界的主人。

第二节　婚姻

婚姻是人的终身大事,不能草率对待。两人在进入婚姻殿堂之前都需要做好充分的心理准备,相爱、相知、相携、相守、彼此奉献。

一、理解婚姻

如果每个人只是爱情长跑,那何处才是爱情的归宿? 如果婚姻成为爱情的墓地,那么爱情的价值岂不如同飞絮? 如果有人认为是婚姻扼杀了爱情,那么这不是婚姻的过错,而是不理解婚姻的过错。

（一）恋爱与婚姻的关系

经过或长或短的恋爱,婚姻如期而至。一纸婚书,一个仪式,改变了恋爱双方关系的本质。

1. 恋爱是婚姻的前奏曲

爱情中的两个人为了展示自己好的一面往往会伪装自己,但这样会心累,就像一艘惊涛骇浪中没有依靠的孤舟,飘摇不定。婚姻给心一个坚实的依靠。从一定意义上说,恋爱双方相互了解的程度和爱情酝酿的深度、一辈子同甘共苦的决心等,是判断结婚条件是否成熟的关键。

2. 婚姻是爱情成熟的必然结果

虽然婚姻在某种程度上淡化了爱情的浪漫,但却不是埋葬和扼杀,婚姻只是用另一种形式进一步表现和演绎爱情。一个轻轻的拥抱,一朵旷野里的小花,一句疼爱贴心的话语,一种焦急而担忧的牵挂,都是婚姻中浪漫爱情的表现形式。

3. 婚姻让爱有了结晶、归宿、依靠,更让爱得到进一步的升华

幸福的婚姻不仅是爱情的延续,也是爱情的归宿,延续着一代代的生命,它是爱成熟后收获的累累硕果。晨曦里两双大手牵着一双小手,婚姻赋予爱情一个全新的生命,让爱在其中更加健康茁壮地成长;夕阳下,一对老人相互搀扶,那是婚姻赋予爱一种责任后的依存。欣赏生活中这些最美、最温馨的画面时内心会有更多真实的感动。

没有婚姻的爱情是不负责任的,没有爱情的婚姻是不完整的,爱情的演绎离不开婚姻,婚姻不仅不是爱情的坟墓,更是爱情的另一种新生。

(二)结婚的动机

从心理学来看,结婚的动机有三种,即经济、繁衍、爱情。

一般人在结婚时或多或少都会带着某种动机或目的,这是毋庸置疑的。各人会按照其动机或目的去经营各自的婚姻,具体的结婚动机主要有以下几种。①性爱动机:被异性的生理魅力所强烈吸引,婚姻是满足性欲的唯一合法途径。②爱情动机:男女双方出于相互之间真挚、纯洁、互爱的感情而结婚。③财物动机:为了追求婚后舒适充足的物质生活,看中对方的财产而结婚。④地位和荣誉动机:被异性的文化教养、工作、地位、家庭背景等因素吸引而结婚。⑤服从动机:受命于父母或他人的干涉或威逼,被迫与对方结婚。

健康的婚姻是建立在真正的爱情动机基础上的。现代社会中,婚后生活是否幸福与婚姻动机密切联系。李大钊曾经指出:"两性相爱,是人生最重要的部分。应该保持他的自由、神圣、纯洁、崇高,不可强制他、侮辱他、污蔑他、压抑他,使他在人间社会丧失了优美的价值。"

(三)婚姻生活与心理健康

婚姻生活和心理健康有密不可分的关系。良好的婚姻关系对双方心理健康有积极作用,心理健康对婚姻幸福稳定也具有重要作用。

澳大利亚的研究者认为结婚能让男女双方受益。调查显示每 8 个已婚的人中只有一个有心理问题,其中有孩子的已婚女性最不容易出现心理问题;而每 4 个单身人士中就有一个有心理问题。同居的女性比结婚的女性更容易患心理疾病,可能是因为同居中女性无法享受相关权利,缺乏安全感。对于女性来说,结婚比同居更有利于心理健康。男性常常对外界展示其坚强的一面,家庭可以帮助男性缓解压力,对保持身体健康和心理健康都很重要。

英国伦敦大学的研究人员对 4000 名 65 岁以下的英国男女进行调查发现,能

把第一次婚姻或同居关系进行到底的男女注定会在晚年受益,这些人最不容易患心理疾病。英国《流行病学和社区健康杂志》上的一份研究报告发现老年单身人群最容易患抑郁症;如果一对伴侣关系破裂,双方出现心理疾患的风险大大升高,其中女性比男性更容易受伤害,需要花比男性更多的时间恢复。

二、婚姻的准备

常言道,凡事预则立,不预则废。两人在进入婚姻生活之前,不仅需要甜蜜的爱情基础,而且需要做一些其他方面的准备。

1.了解彼此的家庭文化

家庭文化是家庭物质文化和精神文化的总和,包括生活方式、生活作风、传统习惯、家庭道德规范以及为人处世之道等,既包括衣、食、住、行等物质生活所体现的文化色彩,也包括文化生活、爱情生活、伦理道德等所体现的情操和文化色彩。原生家庭对婚姻的影响很大,婚前了解彼此的家庭文化,可更好地帮助接纳、欣赏对方的行为。

2.结婚的条件

我国民法典规定结婚应当男女完全自愿,达到法定的结婚年龄,必须符合一夫一妻制;结婚的禁止条件为:禁止一定范围的血亲结婚,限制患有法律规定的某种疾病的人结婚。

3.结婚登记和程序

结婚登记是我国公民确立夫妻关系的法定程序。根据民法典第一千零四十九条规定:"要求结婚的男女双方应当亲自到婚姻登记机关申请结婚登记。符合本法规定的,予以登记,发给结婚证。完成结婚登记,即确立婚姻关系。未办理结婚登记的,应当补办登记。"完成结婚登记,即确立夫妻关系,而是否举行结婚仪式,与婚姻成立无关。

4.夫妻关系是家庭关系的基础和核心

夫妻双方在家庭中起着承上启下、养老育幼的作用。夫妻关系是家庭关系的基础和核心,为了保障夫妻在家庭中的地位平等,法律规定了双方的权利和义务,对于保护男女双方的合法权益,建立民主、和睦的家庭,发挥家庭的各种功能,具有重要意义。

三、经营婚姻

夫妻双方从原生家庭(自己成长的家庭)中分化出来,开始独立生活,在生活节奏、经济开支、感情调适、人际交往、家务劳动等方面会出现一系列矛盾,因此需要好好经营婚姻,互相适应,解决矛盾,幸福生活。

1.要处理好与彼此父母的关系

结婚后应把对方的父母当作自己的父母来照顾。如果有不满意的地方,那么最好相互商量,再决定解决方法。若与父母同住,则要注意与父母的关系,注意家务的分配。

2.要逐渐适应对方的生活习惯

由于男女双方在不同的家庭中长大,必有不同的生活习惯,可能会引起冲突。万一不满伴侣的生活习惯,切忌要求其立刻改变,因为放弃固有习惯需要较长的时间和决心。

3.要妥善处理家务与财务

结婚后带来了新的生活秩序,家务的分担和财务的处理都跟恋爱时不同。例如已婚男女经常怀念婚前自己赚钱自己花的情景,抱怨婚后花费的冲突,并产生心理压力。

4.通过有效的沟通来解决家庭矛盾

婚后的家庭生活总会有种种矛盾,双方的有效沟通对解决家庭矛盾至关重要。在家庭中,语言或非语言的沟通都是必要的。

夫妻之间是亲密无间的关系,既有财产的依存,也有感情的依存。因此夫妻不能一味地强调个人的需要和利益,要懂得满足对方的需求,如关心对方的生活和工作,相互体贴,让对方感受到爱情的力量。另外还要理解和宽容,彼此保持适当的距离,既要允许对方有隐私,也要给自己自由。遇到重大危机和困难时,要挺身而出,勇于承担责任。家庭遭受挫折和打击时共商对策,风雨同舟,渡过难关。学习相处的艺术,培养共同的兴趣和爱好,丰富生活的色彩,提高相互吸引力,增强婚姻稳定性,创造和谐的家庭氛围。

虽苦心经营但由于种种原因婚姻关系不能继续,经过冷静思考、确定婚姻关系破裂无法挽回,双方可选择离婚。

离婚应当体现夫妻双方本人的意志,必须以有效的婚姻关系存在为前提,并符合法律规定的条件。

第三节 家庭

家庭是社会的细胞。一个人成长的最初阶段都是在家庭中度过的,从咿呀学语到蹒跚学步,再到学会基本的为人准则。家庭对人产生了深远的影响,家庭的问题也是心理问题的根源。心理咨询师经过多年的临床经验发现,如果只是孩子的成长问题,其实很容易解决,但如果问题的背后是父母的问题,那就很难解决,除非父母先做改变。如果家长只是一味寻求孩子的改变,而不寻找自身原因,孩子的问题就很难解决。

家庭还是个人感情的港湾。夫妻间的爱情,父母子女间的亲情,兄弟姊妹间的亲情和友情,都是一个人最重要的感情源泉。温馨的家庭是需要用心经营的,学习家庭特征、家庭生命周期等知识,可以让我们对这一社会现象有更深入的认识。

一、家庭及其社会意义

与其他任何社会单元不同,家庭是一个生存的场所,也是一个交流的平台,还是一个经济的单元。正确认识家庭及其意义,才能理解家庭对一个人的重要性。

(一)家庭的概念

家庭是由婚姻、血缘或收养关系所组成的社会生活的基本单位。家庭的含义包括三个层面:①由婚姻而结成的夫妻亲情关系;②由血缘而结成的父母与子女亲子关系或由收养关系所结成的"准亲子关系";③家庭作为社会生活的基本单位,成员之间结成资源共享、分工合作、义务分担、互相扶持、互相爱护的关系。

(二)家庭的特征

与其他社会组织或单元不同,家庭具有以下几个特点。

1. 家庭以婚姻和血缘关系为纽带

家庭始于婚姻关系,由此衍生出血缘关系。夫妻、子女共同构成家庭独特的纽带,这种以生理联系为基础的关系是一生都无法割断的。因为生活在一个空间,家庭成员之间会频繁互动,表现自己的个性,各成员间的关系亲密无间,是互亲互爱的情感性关系。所以,感情是维系家庭纽带的决定性因素。

2. 家庭需要以责任为支撑

感情是维系家庭纽带的决定性因素,但不能仅仅依靠感情,夫妻双方在注重培养感情的同时必须承担起家庭的责任。家庭成员共同创造物质财富,承担家务劳动,养育子女、赡养老人,相互关心和扶助,从而确保家庭的稳定。如果婚姻是河流,那么责任便是这条河流的堤坝,没有责任的婚姻,必然因缺乏约束而走向消亡。

3. 家庭是生活和经济共同体

家庭是家庭成员的生活共同体。每个成员在家庭中扮演着多重角色,在长期共同生活中密切接触、频繁互动,形成难以割舍的亲密关系。家庭涉及经济、生理、情感的各个方面,最重要的是,每个人都需要从家庭中获取情感支持和寄托。此外,家庭更是一个经济共同体。我国民法典明确规定了夫妻的共同财产。家庭的特征促使成员形成强烈的认同感和归属感。

(三)家庭的社会意义

家庭不仅是个人生活的依靠,而且是社会存在的基石。家庭在社会生活中有重要意义。

1. 种族繁衍

社会主流的家庭模式是夫妻加子女的核心家庭,生儿育女是家庭的一大使命。通过生养保证家族的繁衍,进而保持社会的稳定和延续,种族繁衍是家庭需要承担的最基本社会职能。

2. 家庭是个人完成社会化的场所

父母是孩子的第一任老师,家庭是孩子最初的学校,即一个孩子从出生起学会一些基本的生存技巧、对自我和社会的初步认知大都是在家庭完成的。家庭不仅为儿童提供了人生最初的活动场所,而且引导他们从游戏过渡到学习,再过渡到劳动。这种引导就是家庭教育,它对人一生所产生的作用是学校教育、社会教育所无法替代的。

3. 家庭是社会稳定和谐的保障

在社会生活中,每个人都有自己的位置,并依据一定的规则形成社会秩序。家庭是联系个人和社会的纽带,如果家庭人际关系良好,并起到调节个人情绪的作用,那么社会的矛盾和问题就可以在一定程度上得到缓解。对家庭的责任也是个人为社会负责,所以说家庭的稳定有利于社会和谐。

二、家庭结构及功能

家庭有不同的形态。不同家庭在人数上有所不同,在代际层次上也有差别,不同结构的家庭有各自的特点。但不论家庭结构如何,都会具备一些基本的家庭功能。

(一)家庭结构

根据家庭中代际的数量和人数的不同,家庭结构可以分为以下几类。

1. 核心家庭

核心家庭是由一对夫妻及其未婚子女组成的家庭。这种家庭结构简单,中心突出,成员关系亲密,是最普遍、最稳定的一种社会形式。

2. 主干家庭

主干家庭又称扩大的核心家庭,是由一对夫妇与父母及子女组成。这种家庭一般有三代人,既有父母子女关系,也有婆媳关系、祖孙关系,比核心家庭复杂。

3. 联合家庭

联合家庭是由父母与多对已婚子女(或者其他亲属)组成的家庭。这是一种多代多偶家庭。这种家庭存在的前提是必须有一定的经济基础,否则极易解体,如《红楼梦》中的荣宁两府。

4. 其他家庭

其他家庭包括未能结婚的独身家庭,鳏寡孤独的一口之家或空巢家庭,祖父母和未成年的孙子组成的隔代家庭,以及父母一方缺失等其他不健全家庭。

(二)家庭功能

家庭功能是指家庭对于成员的生存和社会发展起作用,能满足人和社会的多种需求。

1. 生育和抚养功能

家庭是人类繁衍后代的基本社会单位。个体的婴幼儿乃至青少年时期，生活上还不能独立，父母必须承担抚养责任，这不仅是儿童成长的需要，而且是社会的需要。扶养是家庭的基本职能，包括夫妻之间的扶养、父母对子女的抚养、子女对父母的赡养等。

2. 经济功能

家庭自古以来都是一个经济单位，包括家庭中生产、分配、交换和消费等方面。家庭为其成员提供衣、食、住、行等基本需求。

3. 情感需要满足功能

经济生活是家庭的物质基础，精神是家庭的上层建筑。家庭成员之间的关系是最为亲密的人际关系。家庭使人思想感情得到充分交流，获得安全感和归属感，负性情绪在家庭中可得到补偿和调适。

4. 娱乐功能

家庭是人们娱乐的主要场所之一，是人们休息、娱乐、恢复体力和调剂生活的地方。

家庭在人的社会生活各方面都发挥着重要功能，正确调节和发挥这些功能对个人或家庭成员非常重要，对维持社会秩序、促进社会进步，保证人们的正常生活都有着重要意义。

三、家庭生命周期

每个人有生命，家庭同样如此。家庭从诞生开始，逐渐发展、成熟，直到消亡，这就是家庭的生命周期。家庭生命周期提供了一个架构以研究家庭发展可预期和不可预期的阶段。当家庭进入转折期时，家庭需要重组以适应成员的成长和改变，致力于成员个人的发展；所有家庭成员都要随着家庭的转变做出相应的调整，以协助家庭任务的完成。表 9-2 展示了不同家庭阶段的任务及情感转变的主要原则。

表 9-2　家庭生命周期不同阶段及任务

家庭生命周期阶段	转变的情感过程主要原则	因继续发展所需家庭地位的二级改变
离家：独身的年轻人	接受自我在情感上、经济上的责任	1. 相对原生家庭而言进行自我分离 2. 发展同龄人之间的亲密关系 3. 在工作和经济独立方面确立自我
婚姻新夫妇	新系统的成员进入系统	1. 婚姻系统的建立 2. 重整和延伸家庭以及朋友关系，并将伴侣纳入自己的关系系统

续表

家庭生命周期阶段	转变的情感过程主要原则	因继续发展所需家庭地位的二级改变
年幼孩子出生的家庭	接受新的成员进入系统	1. 调整婚姻系统,为孩子留出空间 2. 共同承担孩子的养育工作、经济和家务 3. 延伸家庭关系,使其包含父母和(外)祖父母的角色
孩子进入青春期的家庭	增加家庭边界的灵活程度以容许孩子的独立,接纳(外)祖父母的衰老	1. 调整亲子关系,使青春期的孩子能够进入和离开系统 2. 重新聚焦在中年的婚姻和职业问题上 3. 开始转向照料家中的老人
孩子离家,继续向前发展	接受家庭系统的多重进出	1. 重新审视重返二人世界的婚姻系统 2. 与成年子女和父母之间发展成人间的关系 3. 重组关系系统,使其包含孙辈与姻亲角色 4. 处理父母、(外)祖父母的衰老和死亡
生命晚期的家庭	接受发生迁移的代际角色	1. 面对生理上的衰老,维持自己以及伴侣的功能和兴趣 2. 为扮演更为核心的中年一代提供支持 3. 在系统中为年长一代的智慧和经验留出空间,支持让他们行使力所能及的功能 4. 应对丧失伴侣、同胞和同龄人的情况,为自己的死亡做准备

四、如何营造和睦家庭

列夫·托尔斯泰在《安娜·卡列尼娜》里写到:幸福的家庭都是相似的,不幸的家庭各有各的不幸。要营造一个幸福的家庭,不仅需要慎重、恰当的恋爱婚姻过程,而且需要在家庭生活中注意调节,使每一个家庭成员都能健康快乐地成长为一个乐观、有信心、有能力,能与不同的人相处的人,进而拥有美满的家庭生活。以下几点是对营造和睦家庭的建议。①让每个成员都有自己的地位和生活空间,并且受到尊重。尊重每一个人,包括孩子。②帮助孩子发展出正面、积极的心态,充满信心及活力,是家长的责任和真正挑战。③使家庭成员视信任、支持和爱为家庭里的最高价值,超越其他一切事物,并引导孩子重视这些价值。④每个家庭成员都诚实,对自己的行为负责任。从自己做起,并且鼓励孩子。⑤家庭成员之间容许有不同的看法和做法。敢于尝试、认错,接受别人的错误,以身作则。⑥家庭成员乐于助人、富有爱心,共同做助人为乐的事。⑦家庭成员之间互相学习,鼓励独立思考。听取不同意见或新颖想法,找出其中正面的意义给予肯定,鼓励孩子多思考不同的可能性。⑧让家庭成员认识到每一个人的价值,包括自我价值。肯定每个人的能力和对他人的贡献。⑨鼓励家庭成员经常彼此分享乐趣或悲愁。

关心孩子的感受,与孩子共苦乐。⑩享受与家人在一起的时光,注重成员参与过程的意义更甚于结果,无须高的物质享受。

📖 课后思考

1.大学生应对恋爱抱有怎样的心态?

2.恋爱中的自我保护包含哪些内容?

3.对照家庭生命周期的不同阶段,衡量自己是否能适应家庭生命周期的变化?

本章相关知识链接

第十章　就业与职业发展

情 景 导 入 ••

　　小张是来自农村的一位工科学生，身材矮小，性格内向。在临近毕业的一段时间，他内心常常涌起一种莫名其妙的恐惧和不安，以至于上课都不能专心听讲，也无法集中精力搞毕业设计。在学校心理健康中心咨询时，他主动谈起了自己：他平时学习很用功，大学这几年成绩不错，还得过奖学金，但总觉得除了学习，别的方面都不行。他性格内向，不善言辞和交往，宿舍同学相处得还不错，但同学们总嫌他不活跃，每次他们谈起一些有趣的事情时，他也插不上嘴。同学们通过各种途径找工作，而他，去过几次招聘会，但由于太害怕、太紧张，结果很不理想。"哎！"他叹了一口气。当问到他想找一份什么工作时，小张很茫然地说："我也不知道，现在找工作也不容易，只要比较稳定，收入还行就可以了，我的期望也不高，但怎么就这么难呢？"小张又陷入了不安和困惑中……

　　面对就业，小张存在被动等待、胆怯恐惧、焦虑不安等不良心理，致使在就业过程中接连碰壁，受挫之后更是茫然无措。加上他本身不善言谈和交往，不善于展示自我、推销自我，所以在求职问题上感到压力重重。

　　如今就业形势严峻，就业压力大，大学生要不断提高自己的就业能力，除了学好专业、知识技能，还要发展和提高自己的通用技能，更要培养良好的自我效能感。另外，学习和掌握一定的求职技巧，也能增强自己的职业竞争力，从而实现自己的职业目标与理想。

　　本章将从专业选择与职业发展、职业生涯规划及提高就业能力的角度来阐述就业与职业发展的问题。

••

第一节　专业选择与职业发展

　　在当今社会，用人单位对毕业生的考核已不仅仅是学业成绩，还看重作为职业人的整体素质考察，毕业生的"就业能力"越来越得到重视。本节主要阐述专业选择及其问题、从职业的角度了解所学专业以及明确专业学习目标。

一、专业选择及其问题

大学生进入大学前，对大学的了解程度不深，对自我的认识往往不够全面，一切以考上大学为目的，至于考什么专业，往往带有从众心理和随意性。

（一）专业选择时常见的问题

长期以来，知识性学习事实上占据着学校教育的主体地位，很多学生与社会生活疏离，对自身的认识很迷惘，也不能正确认识职业、专业、职业技能之间的关系，以至于高考填报志愿时盲目选择大学专业。因此部分学生在大学毕业时会面临择业的困惑，以及就业后的失落。高考填报志愿时，盲目选择大学专业主要表现在以下几个方面。

1. 忽视对自身的认识

填报志愿选择专业时，首先要做到知己，不能盲目从众。所谓知己，就是对自身进行认真剖析，要了解自己的兴趣爱好、性格、潜能及需要。而在现实中许多学生填报志愿时，忽视对个人的剖析，仅仅跟着感觉走，或者是听家长、朋友的，什么热门报什么。正确做法应是：在填报志愿前，应认真对自己的性格、兴趣、潜能进行剖析。因为不同职业对人的要求是不一样的，在选择专业时，应该参照职业的要求，结合自身特点选择专业，这样才有利于自己的长远发展。

2. 忽略对专业内涵的了解

填报志愿选择专业时，有的学生喜欢凭着专业的名称来选择专业，而对专业内涵不了解。一些名称相近的专业，其所学的课程、发展方向的差异是很大的，如对外汉语专业和汉语言文学专业。有些专业虽然名称相同，但设在不同类型的大学里，仍存在一定的差异。例如很多高校都开设会计学专业，但由于学校不同，其发展方向有差异，设置在外语外贸类院校的会计学专业，往往利用学校的外国语优势，与英国特许公认会计师公会、管理会计师公会合作开设 ACCA、CIMA 方向的财务会计和管理会计，而一般财经类院校的会计学专业，则利用它们传统会计学的优势办学。因此，学生在看专业的时候，一定要详细了解专业的内涵，一般应该了解以下几个方面的内容：该专业的主干课程是什么，专业特色是什么，专业的实力如何，专业发展前景和学生就业去向如何，专业对学生的相关科目成绩和身体状况有无特殊要求等。总之，选择专业，仅凭专业名称，没有详细了解就"定下终身"是不可取的。

3. 不了解专业与职业的对应关系

在高考志愿咨询时，老师们经常会被问到"今年什么专业热""什么专业是好专业"，实际上专业没有好坏之分，适合你的就是最好的。所谓适合，是指能实现自己未来职业的专业,因为随着当今社会的发展,职业与专业之间已不再是一一对应的关系,它们之间呈现出复杂的相关关系,可以概括为三种。①一对多的关系。一般是指一个专业对应多个职业方向,这些专业一般是学习内容比较广博,发展方向可以分散的专业,如哲学、历史、中文、经济学、外语、外贸等文科专业。这些专业所对应的职业方面有多个,从职业的人格特征来看,许多都对应了两种以上甚至六种人格类型的职业。例如经济学专业,从职业人格来看,它可以对应研究型人格职业,也可以对应企业型人格职业,还可以对应艺术型人格职业,以及事务型人格职业,等等。这些专业的学生在大学入学后,应抓住大学四年的关键时机,积极进行职业规划和实践,为自己的职业人生做充分的准备。②多对一的关系。一般是指不同的专业可以发展成为同一个职业方向,这种职业一般技术含量不高,但要求个人在实践中自己领悟和学习,如业务开拓人员、新闻记者、企业管理人员等职业。这种对应关系,往往适合于先确定职业目标,后确定专业方向。③一一对应的关系。一般是指技术性较强、专业分工明确的专业。这种对应关系中,职业的技术含量比较高,也比较单一。学生要先定职业目标,后选路线,这类专业对应的多为专业技术类职业。

因此,在高考填报志愿时,先要认识自我,定位自己的职业目标方向,以职业方向来选择适合自己的专业。

(二)专业选择时的错误方法

选择大学专业时,要考虑自己的职业兴趣、个性特点、能力所长,选择与自己未来的职业发展相关的专业。因此,大学专业的选择应该是在确定了职业发展方向,明确职业发展目标的基础上的选择。没有职业目标的专业选择,经常使人进入误区,做出错误选择。

学者伍德(Wood)归纳了七种"便捷的"(七大误区)职业生涯抉择法。

1. 自然发生法

自然发生法指人们没有认真仔细考虑自己的性格、兴趣、能力和价值观等因素,仅按时间的延续,一切都顺其自然。

2. 目前趋势法

目前趋势法指人们跟随现时市场趋势,盲目地投入新兴的热门行业。例如看见金融行业热,就不顾自己条件,盲目地选择金融职业,而自己却不具备该行业的胜任能力,结果是屡屡受挫。

3. 最少努力法

最少努力法指人们把精力放在选择最容易学的院系、最容易过的科目上,寻找用最少的努力去获得最大的成果,带有一种"不劳而获的冲动"。

4. 拜金主义法

拜金主义法指人们放弃发展自己的兴趣专业,努力选择待遇最好的行业,选择钱多、事少、离家近的工作,将职业完全与利益挂钩。

5. 刻板印象法

刻板印象法指人们在性别、年龄和社会地位等方面,对职业存在着刻板印象,例如认为有些职业只适合男性,如工程师职业;认为有些职业只适合年轻人,如信息技术业;认为有些职业的社会地位高,有些职业的社会地位低等。

6. 橱窗游走法

橱窗游走法指人们有时最好的选择就是没有选择,打算去做各种工作,然后再选择最顺眼的工作。

7. 假手他人法

假手他人法指受"天地君亲师"观念的影响,把自己的未来交给长辈、权威来决定。

以上这七种方法,通常被称为知识导向、配合导向或人群导向的最"便捷"的职业生涯规划法。这些方法,虽然便捷,但如果最初的选择只顾便捷而有违心愿,那么进入社会后容易陷入不知所措的恶性循环,让自己的职业生涯路途愈走愈迷惘。

二、从职业的角度了解所学专业

获得满意的职业是每一个大学生的理想目标,为此我们进入大学选择了所学的专业。有些同学发现自己专业和职业差别非常大,学体育的到商场做保安、学中文的做起市场营销,即便职业和专业一致,也发现自己目前的能力和单位的需要有较大差距。大学生需要了解职业与专业的关系。

(一)认识职业与专业的关系

有人说,专业决定了职业;又有人说,专业与职业没有多少联系,看现在成功的人有多少人是从事的原来自己所学的专业?其实,职业与专业之间并不是一一对应的关系,但也不是一点关系都没有。学习外文的可以成为记者和管理人员,学习新闻的也可以成为高校教师或者公务员,许多成功者现在从事的职业并不是原来所学的专业。我们看重毕业后从事的第一份正式职业,是因为我们知道"学以致用"最符合经济效率的个人发展原则,自己从事的第一份正式职业如果是原来所学的专业,那么对提高个人发展效率有重要意义。大学毕业后,你可以从事你没有学过的专业,但在社会分工越来越细,每行所需的知识和技能越来越专业的时候,要在非本专业上承担起相应的工作,还要再花费很大的个人代价(时间、精力、金钱)。因此,要争取让自己所学的专业和毕业后从事的职业联系起来,以尽量避免个人发展的弯路。

(二)了解自己所学专业与职业的关系

1. 了解与自己所学专业相关的职业

了解与所学专业有关的职业,需要一定的调查分析,可以同本专业的若干同学组成调查小组,通过问卷、询问、交谈、查询的方法,向本校往届毕业生、其他院校的本专业毕业生、本校以及外校专业课教师和实验人员、职业指导方面的专业人士、推荐你报考本专业者、你感兴趣的行业领域从业者、你感兴趣职位的实际工作者等相关人士,对所学专业可以从事的职业进行调查。

在调查询问时,一要询问对方知道哪些人进入哪些行业领域、哪些职位;二要询问还有可能进入哪些行业和领域。有可能的话,可以适当调查了解一下所修专业的供需状况,每年大概有多少毕业生、社会能提供多少职位等。

2. 了解自己所学专业的人才培养目标

首先,要了解学科特色,弄清楚所学专业是属于哪一个学科门类和哪一个二级学科类别。简单了解二级学科的基本特色、相近学科以及学科的前沿发展动向,在对学科的内涵及生存发展的广度和深度进行了解后,把握专业在学科中的位置及生存发展空间。

其次,要了解专业人才培养规格,不同的学校同一个专业人才培养的规格会有差别。一般来讲,各院校都会根据自身的学术水平、社会影响等对毕业生有一个基本的定位,各校人才培养规格都是根据这一定位来确定的。人才培养规格随着社会发展不断变化,从根本上受社会需求的制约,高等教育在处于精英教育时代,与处于大众教育时代的人才培养规格有很大的不同。

3. 了解所学专业为个人职业发展所提供的知识和技能

职业发展需要的知识和技能很多,各专业的人才培养规格和学科特征提供了一系列的知识和技能的组合。应该搞清楚专业学习获得的知识和技能中哪些对职业发展非常有用,哪些用处较小,除专业学习获得的这些知识和技能之外,职业发展还需要补充哪些知识和技能。

一般来讲,专业的针对性越强,适应性越小;适应性增强,专业的针对性或专业知识、技能的掌握深度就会降低。适应性主要通过基础知识、基本技能和综合素质的培养来体现。专业性主要通过专业知识和专业技能体现出来。

三、明确专业学习目标

大学期间的学习和中学有较大的不同,具有实践性、主动性、快速性、系统性等特点,往往一门专业涉及数十门专业课,其中有核心课程,有通识课程,为此大学生有必要树立明确的学习目标。

(一)评估自己的专业技能

大学生可以通过构架个人专业能力模型的方式,对自己的专业技能进行评估。个人专业能力模型中的主要内容包括以下几个方面。

1. 专业知识评估表

表10-1是专业知识评估表,表中的"知识的掌握程度"是描述相对于掌握专

业技能或职业的要求,个人所掌握的专业知识的程度;"知识的应用领域"是考察专业知识将在哪些专业技能或职业中得到应用。

表 10－1　专业知识评估表

专业知识科目	知识的掌握程度	知识的应用领域
①		
②		
③		
……		

2. 专业技能评估表

表 10－2 是专业技能评估表,表中的"技能的掌握程度"是描述相对于职业的要求,个人所掌握的专业技能的程度;"技能对应的职业"是考察专业技能将在哪些职业领域中得到应用和提高。

表 10－2　专业技能评估表

专业技能项目	技能的掌握程度	技能对应的职业
①		
②		
③		
……		

（二）明确专业学习目标

明确自己的专业学习目标与评估自己的专业技能的思考角度不同:评估自己的专业技能是以"自我发展"的角度来思考;明确自己的专业学习目标是从"以岗择人"的角度来思考。我们可以用分析和制定专业技能发展清单的方式来确认自己的专业学习目标。

在很多单位,员工都要填写一张技能清单,该表列出了与员工从事不同职业的能力相关的特征,包括所接受的培训课程、以前的经验、持有的证书、通过的考试、监督判断能力等。技能清单能体现各种关键能力,可以帮助单位按员工的职业资格预测其从事新职业的可能性。

一般来说,单位的技能清单包括个人数据和公司数据中的七大类信息。个人数据方面:个人情况(年龄、性别、婚姻状况等);技能(教育经历、工作经验、培训经历);特殊资格(专业团体成员、特殊成就);薪酬和工作历史(现在和过去的薪酬信息、承担的各种工作)。公司数据方面:基本情况(福利计划数据、退休信息、资历);个人能力(在心理或其他测试中的测试成绩、健康信息);个人特殊爱好(地理位置、工作类型等)。

学生根据技能清单,分析自己的专业技能该如何发展,为自己制定相应的专业技能发展清单,见表 10 – 3。

表 10 – 3　专业技能发展清单

发展项目		职业发展志向		
		志向一 (　　　　　)	志向二 (　　　　　)	志向三 (　　　　　)
专业知识	主修科目 1. 2. 3. 4. ……	空白格填 学习目标		
	辅修科目 1. 2. 3. 4. ……			
专业技能	认证的技能 1. 2. 3. 4. ……			
	培训的主题 1. 2. 3. 4. ……			

讨论议题

· 浅析如何通过构架个人专业技能模型的方式,对自己的专业技能进行评估,从而明确自己的专业学习目标?

第二节　职业生涯规划

大学生要树立科学的职业生涯规划观,正确认识高等教育,懂得如何通过高等教育来促进自我职业能力的发展。本节通过讲述职业生涯规划的基本概念、相关理论,阐明影响职业生涯规划的个人因素,明确大学生职业生涯规划的必要性。

一、职业生涯规划的概念

当前我国经济快速发展,社会节奏加快,就业竞争也越来越激烈,想要找到满意的工作,获得更多的机会,大学生需要未雨绸缪,为自己的职业生涯进行系统的规划。

(一)职业生涯

职业生涯是一个发展的概念,即将个人的职业生活看作是一个动态的过程,具有浓厚的个人色彩。具体来讲,职业生涯是以心理开发、生理开发、智力开发、技能开发、伦理开发等人的潜能开发为基础,以工作内容的确定和变化、工作业绩的评价、工资待遇、职称、职务的变动为标志,以满足需求为目标的工作经历和内心体验的经历。

广义的职业生涯是指从职业兴趣的培养、职业能力的获得、选择职业、就职,直到最后完全退出职业劳动这一完整的职业发展历程。职业心理学家唐纳德·E. 舒伯(Donald E. Super)认为,人的一生所经历的职业及非职业活动都应视作为职业生涯的内容,在时间范围上与生涯的概念等同。按照舒伯的定义,职业生涯除了职位之外还包括各种生活角色。舒伯于20世纪50年代,最早提出了"生涯"的概念,他综合了发展心理学、差异心理学、职业社会学、人格理论等学术领域的内容,系统提出了生涯发展理论,其中包括生涯发展的十四项基本主张、生涯发展阶段、自我概念、生涯成熟度、生涯彩虹等内容。

狭义的职业生涯是指一个人从职业学习开始,直到职业劳动最后结束的整个职业工作历程,限定于直接从事职业工作的生命历程。这种较狭义的定义来自霍尔,他主张职业生涯只包括一个人一生中与其职业相关的活动和经验。按照这个定义,职业生涯起始于任职前的职业学习和培训,终止于退休。

无论是哪一种定义,都淡化了职业作为谋生手段的作用,而指向个人生命的意义。可见,职业不只是谋生手段,更是实现个人价值、追求理想生活的重要途径。

(二)职业生涯规划

职业生涯规划是指一个人结合自身条件和现实环境,确立自己的职业目标,选择职业道路,制订相应的培训、教育和工作计划,并按照职业生涯发展的阶段实现具体行动以达到目标的过程。职业生涯规划的主体是自己,是贯穿一个人一生的过程,其功能在于为职业生涯设定目标,并找出达成目标所需采取的步骤。

目前,大学生就业市场化,大学生在享有自主择业的权利的同时,也要承担就业竞争激烈的压力和失业的风险。因此,大学生需要具有自觉主动意识,树立自主就业的观念,增强职业生涯规划意识,提高就业能力。为此,大学生职业生涯规划的概念被提出,大学生职业生涯规划是指大学生在大学生活阶段通过对自身和外部环境的了解,为自己确立职业方向、职业目标,选择职业道路,确定教育计划(特别是大学阶段的学习计划)、发展计划,为实现职业生涯目标而确定行动时间和行动方案。

二、职业生涯规划的理论

不同的学者对职业生涯规划给出了不同的解释,由此形成多种理论观点。大学生通过学习、掌握这些理论,可对自己未来的职业发展进行规划。

(一)职业生涯规划理论

20世纪初美国的职业辅导运动开始以后,尤其是最近的三四十年,生涯辅导建立起了一系列理论模型,先后产生了特质因素理论、类型学理论、生涯发展理论、社会学习理论和认知信息加工理论等不同的理论。限于篇幅,这里仅介绍其中三种理论。

1. 帕森斯的特质因素理论

弗兰克·帕森斯(Frank Parsons)的特质因素理论又称"人职匹配理论",是最早的职业规划理论。帕森斯在1909年出版的《选择职业》(*Choosing a Vocation*)一书中首次提出特质因素理论。特质因素理论的基本假设是:每个人均有稳定的特质,职业亦有一组稳定的条件(因素)。所谓"特质"(Trait),就是指个人的人格特征,包括能力倾向、兴趣、价值观和人格等,这些都可以通过心理测量工具来测评。所谓"因素"(factor),是指在工作上要取得成功所必须具备的条件或资格,这可以通过对工作的分析而了解。将个人与职业相配,如果个人的特质与工作因素越接近,个人成功的可能性就越大。

帕森斯认为,在选择职业的过程中涉及三个主要因素,即对自我爱好和能力的认识;对工作环境及其性质的了解;二者之间的协调与匹配。对应这三个因素,他提出了职业辅导的三大原则:①对自我进行探索,包括了解个人的兴趣、能力、资源、限制及其他特质;②了解各种职业,如职业的能力素质要求、知识经验、工作环境、薪酬福利、发展前途等;③将上述两类资料进行综合,找出与个人特质匹配的职业。帕森斯认为个人选择职业的关键在于个人的特质要与特定职业的要求相匹配,只有匹配个人才能更加适应职业,并使个人和用人单位同时受益。

2. 霍兰德的类型理论

美国职业心理学家约翰·霍兰德(John Holland)1959 年提出了具有广泛社会影响的"职业兴趣理论",认为人的人格类型、兴趣与职业密切相关,存在很高的相关性。1970 年霍兰德又提出了"人格－职业匹配理论"。在此之前,关于职业兴趣测试和个体分析是孤立的,霍兰德首次将二者有机结合起来,他根据人的心理素质和择业倾向,将大多数人的职业兴趣(人格)归纳为六种基本类型,相应的职业也划分为六种类型。这一理论对人才测评的发展产生了重要影响。在人格和职业的关系方面,霍兰德提出了一系列假设和成果:多数人均能被分类到六种类型中,即实际型、研究型、艺术型、社会型、企业型、传统型;环境也可分为六种类型,即实际型、研究型、艺术型、社会型、企业型、传统型;人们将搜寻可以让他们发挥技能与能力,表达他们的态度及价值,并承担问题及扮演角色的环境;一个人的行为是由他的人格及所在的环境特性所决定的。此外,他还将人格与环境类型分别按照一个固定的顺序排成一个六角形。依据此六角形模型,霍兰德又提出了三个概念,分别是一致性、区分性及适配性。其中适配性是最为重要的一个假设,它是指不同类型的人需要不同的生活或工作环境,人与职业配合得当,其适配性就高。根据霍兰德的假设,适配性的高低,可以预测个人的职业满意程度、职业稳定性及职业成就。

3. 舒伯的生涯发展理论

职业心理学家舒伯于 1953 年,在《美国心理学家》上发表文章,最早提出"生涯"的概念,指出生涯是生活中各种事件的演进方向和历程,它统合了人一生中的各种职业和生活角色,由此表现出个人独特的自我发展形态;生涯也是人生从青春期到退休后所有有酬或无酬职位的综合,除了职位之外还包括与工作有关的各种角色。所以,生涯不是个人在某一阶段所特有的,而是一个连续不断且终生发展的过程。

舒伯指出人的生涯发展由三个层面构成:①生涯发展的时间(生活广度),即个人的年龄或生命的历程,可细分为成长阶段(出生至十四五岁,发展自我概念、对工作世界的正确态度,并了解工作的意义)、探索阶段(15～24 岁,发展相关的技能,使职业偏好逐渐具体化、特定化并实现职业偏好)、建立阶段(25～44 岁,在适当的职业领域稳定下来,巩固地位,并力求晋升)、维持阶段(45～64 岁,维持既有成就与地位,更新知识与技能,创新)和衰退阶段(65 岁以上,减少在工作上的投入,计划安排退休生活,退休)五个发展时期;②生涯发展的宽度(生活空间),即每个人一生中所要扮演的各种不同的角色,人一生中必须扮演的九种主要角色依次是:子女、学生、休闲者、公民、工作者、配偶、持家者、父母和退休者;③生涯发展的深度,即个体扮演每一个角色所投入的程度。例如有的人在工作者角色上投入程度多一些,而有的人或许在家庭角色上投入多一点等。

舒伯的生涯发展理论中,"自我概念"(self-concept)是核心概念。所谓自我概念,是指个人对自己的兴趣、能力、价值观及人格特征等方面的认识和主观评价。一个人的自我概念在青春期前开始形成,至青春期较为明朗,并于成人期由自我概念转化为生涯概念。工作和生活满意与否,取决于个人能否在工作和生活中找到实现自我的机会。个人在每个阶段都有其独特的职责、角色,以及不同的发展任务,前一阶段发展任务的完成情况会影响下一阶段的发展。个人面对及完成发展任务的准备程度体现了个人的生涯成熟度(career maturity,即个人面对及完成发展任务的准备程度)。

舒伯的生涯发展理论强调的重点不在职业,而在个人发展中整合合乎现实的自我形象及角色,强调个人全方位的发展。自他以后,动态发展性的"生涯"概念,逐渐取代了静态稳定性的"职业"概念,以规划人生长期生涯发展为主线的"生涯辅导",逐渐取代了以短期职业选择为重心的"职业指导"。

(二)影响职业生涯规划的个人因素

影响职业生涯规划的因素是多方面的,其中包括个人自身因素,也包括职业及环境方面的因素。对于一些人来说,他们所喜欢的职业需要一些他们并不具备的能力;对于一些人来说,他们所受的教育及所学的专业并非自己的职业兴趣所在;对于一些人来说,他们的环境状况束缚了自己的职业选择,等等。因此,进行职业生涯规划,就是要充分考虑各种基本因素,找到"适合自己"的职业方向,对于每个人来讲,"适合的"就是最好的。这里主要讲述影响职业生涯规划的个人因素,包括个人的兴趣、性格、能力、职业价值观等。

1.职业兴趣与职业生涯发展

兴趣是指一个人寻求并参与某些特定活动的心理倾向,更多地强调个体的喜爱、偏好程度,是内在的、可以使个体趋向于它而放弃其他事物。职业兴趣就是个人对某种类型职业和与其相关的活动、学习科目等的喜好。

对于兴趣的研究,是为了适应职业选择的需要,因为人们在选择职业时,需要知道自己对哪类工作感兴趣并能满足个人的意愿。对个人来说,从事有兴趣的工作,就会更加努力,容易有成就感。

具体来说,兴趣对人们的职业活动的影响主要表现在三个方面。

(1)兴趣是人们职业选择的重要依据。正像人们在日常生活中喜欢参加自己感兴趣的活动一样,具有一定兴趣类型的个人更倾向于寻找与此有关的职业,特别是在外界环境限制较小时,人们都会选择自己感兴趣的职业。因此,对个人的兴趣类型有了正确的评估后,就有可能预测或帮助人们进行职业选择。

(2)兴趣可以增强人的职业适应性。兴趣可以通过工作动机促进个人能力的发挥,兴趣和能力的合理结合会大大提高工作效率。研究表明:如果一个人从事自己感兴趣的职业,就会发挥他的全部才能的80%~90%,而且长时间保持高效率却不感到疲劳;而对所从事工作没有兴趣的人,只能发挥其全部才能的20%~30%。

(3)兴趣在某些情况下具有决定性作用。由兴趣的本质特征所决定,兴趣会影响一个人的工作满意度和稳定性,在某些情况下,如不考虑经济因素,兴趣甚至起决定性作用。一般来说,一个人很难对自己不感兴趣的职业感到满意,并由此导致工作的不稳定。

2.性格特征与职业倾向

性格在心理学上的定义是个人对现实的稳定态度和习惯化了的行为方式。同气质相比,性格更带有后天性,它是个人在社会实践活动中通过个体与环境的相互作用而逐步形成的,一经形成,就具有了一定的稳定性。性格是个人心理特征的核心部分,它使一个人的个性心理特征成为一个整体。

性格类型是获得职业满足的钥匙,没有所谓的更好和更坏、更聪明与更愚蠢、更健康和更病态之分,所有的性格类型都是同样有价值的,都存在优势和劣势。例如,如果你是思维型的人,当你遇到一个重要决定时,可以向一位情感型的长者咨询,你会惊奇地发现你们看问题的方式竟是如此的不同。一次次这样的自我领悟,可以帮助你发展较弱的功能,最终做出更有效的决定。越是发展你的各项功能——感觉、知觉、情感、思维,你就越能做出理性的决定。

明确了性格类型,可以帮助人们发现什么因素最能激励自己、最能使自己兴奋,进而在所选择的工作中去寻找这些因素。但并不是一种特定的性格类型的人只会在一种特定的职业领域中获得职业满足,无论什么类型的人都能在各个职业领域中获得成功,重要的是要在每种职业中找到最适合自己的工作,规划出适合自己个性发展的职业发展路径。

3.能力与职业生涯发展

心理学把能力定义为一个人顺利完成某种活动所必须具备的心理特征。从该定义即可看出能力对于职业活动的作用是十分重要的。人们从事任何一种活动,必要的前提是具备一定的能力,能力是影响活动效果的基本因素。同样,对任何一种职业而言,要使职业活动得以顺利进行,必须要求从业者具备相应的能力,能力是选择职业的首要的和基本的制约因素。

从能力差异的角度来看,职业生涯规划应遵循以下几个原则。

(1)能力类型与职业相匹配。人的能力存在类型上的差异,且不同职业类型对人的能力也有不同的要求,因此,应注意能力类型与职业类型、职业性质的匹配。如果不考虑人的能力类型,而让其从事与之不同甚至相斥的职业,效果就不会好。从具体的操作角度看,也需要进行类型之间的匹配,各种丰富的职业能力测验,就是以人的能力类型与职业类型的匹配为主要目标的。

(2)能力水平与职业层次应基本一致。就同一种职业或职业层次类型来说,因所承担的责任不一样又可分为不同层次,对人的能力水平也有一定的要求。因此,在根据能力类型确定了职业类型后,还应进一步根据自己所达到或可能达到的能力水平确定相匹配的职业层次,即从已选定职业的哪个层次上开始工作。只有这样,才能使能力与职业的匹配具体化。

(3)充分发挥优势能力的作用。每个人都有一个由多种能力组成的能力系统,在这个能力系统中,各方面能力的发展是不平衡的,常常是某方面的能力占优势,而另一些方面的能力则不太突出。对职业选择和职业决策而言,更多的是考虑个人的最佳能力或能力群,选择最能运用其优势能力的职业。

4. 职业价值观与职业生涯发展

职业价值观是个人对某种职业的价值判断和希望从事某项职业的态度倾向,即个人对某项职业的希望、愿望和向往。职业价值观表明了一个人通过工作所要追求的理想是什么。俗话说"人各有志",这个"志"表现在职业选择上就是职业价值观,它是一种具有明确的目的性、自觉性和坚定性的职业选择的态度和行为。职业价值观决定了人们的职业期望,影响着人们对职业方向和职业目标的选择,决定着人们就业后的工作态度和劳动绩效水平,从而影响人们的职业发展情况。

价值观对职业生涯发展的作用表现在三个方面。①价值观的激励作用。随着需求层次的变化,价值观在升级。它是一套自我激励机制。②价值观的决定性作用。价值观是人们在考虑问题时所看重的原则和标准,是人们内在的驱动力,在人们的职业生涯发展中往往起着决定性的作用,它反映了一个人的人生哲学,是支配他所有思想的根本。③价值观的变化性。由于个人所处的职业生涯发展阶段、社会环境的不同,他的需求就会随之发生改变,从而可能导致价值观的变化。由于人们身处一个多元社会,多种价值观的冲击也会导致原有价值观体系的混乱,乃至改变。

由于时代的巨大变迁,多元价值体系的冲击,以及个人的成长和发展所带来的变化,人们常常会感到职业的不适。内心矛盾冲突,想妥协或放弃时,人们应该审视和澄清一下价值观是否有变化。

三、职业生涯规划与就业

大学生进行职业生涯规划,是一个知己知彼,最后做出抉择的过程,在这个过程中,需要时刻注意就业市场的变化,理性面对自己遇到的各类问题,并积极地进行心理调适。

(一)大学生就业市场的变化

大学生就业市场是随着我国经济体制改革、劳动人事制度改革、大学生就业制度改革的不断深入和发展而逐步建立和形成的。1989 年毕业生就业招聘会或洽谈会开始出现。毕业生就业市场的概念开始引入就业领域。初期的毕业生就业市场,存在着规模过大或太小、缺乏管理等问题。1997年3月,原国家教委颁发了《普通高校毕业生就业工作暂行规定》,对毕业生就业市场的管理和完善提出了具体意见。2000年教育部将高校毕业生和研究生就业派遣证改为高校毕业生就业报到证。这一变化标志着高校毕业生从有计划分配就业到"双向选择"为主要就业方式的转变,标志着高校毕业生步入市场化轨道。

由于某些学科的毕业生供过于求,部分大学生去做较低学历也能做的工作。面对不充分就业,毕业生要积极调整心态,正确合理地为自己做好职业生涯规划,把不充分就业看成是锻炼自己的机会。传统"一职定终身"的观念已经发生改变,在技术进步的压力下,新技术和新理论的应用,会导致特定职业所需技能随之发生变化,频繁的工作转换已经成为一种常态。

(二)大学生就业困惑及调适

1.大学生就业常见的困惑

大学生就业常见的困惑包括:不知道自己想干什么,不知道自己适合干什么,不知道自己能干什么,不知道社会需要什么样的人,不了解自己所学专业未来的发展状况,不了解到哪里找工作,不知道现在该做些什么,不知是应该深造、出国还是择业等。

这些困惑起因于大多数大学生缺乏对职业和自我的合理认识和定位,职业决策和职业选择能力不足,缺乏信息搜集渠道,没有职业目标,面对各种就业机会感到迷茫。然而,人的一生过得是否幸福,与能否选择适合自己的职业,以及对所从事职业的满意度有相当大的关系。

当一个人的职业生涯发展有目标时,他就容易集中所有的能量和资源努力,成功的可能性就会加大。因此,在没有明确职业目标的时候:不是没有信息,而是你不知道需要什么信息;不是没有机会,而是你不知道怎样辨别机会;不是没有朋友帮你,而是朋友不知道怎样帮你;不是能力不够,而是你的低标准目标使你能力退化了;不是没有成功,而是你不知道怎样就是成功;不是没自信,而是你不知怎样可以给你带来自信。

古人云,凡事预则立,不预则废。职业生涯规划是大学生进行自我职业发展准备的战略行为,大学期间的各种学习、生活计划则是一种战术行为。只有清晰地规划出自己的职业生涯目标,才会把自己宝贵的时间和珍贵的潜能用到该用的地方,进而调动所有的能量,挖掘所有的潜力,全力以赴于人生目标的追求。目标不仅仅界定追求的最终结果,它在整个人生旅途中都起着重要作用,是成功路上的里程碑。大学生职业生涯规划,就是一种对大学生以职业要求为目标的目标管理,使每一个学生明确其预期的目标,并自觉地按预期目标的要求开发潜能,提高综合素质。

2.大学生就业心理问题与调适

近年来,社会就业形势日趋严峻,大学生的就业理想与现实容易发生落差,这就要求大学生在面对就业压力时,要有一定的自我心理调适能力,努力克服自我认知、情绪、人际心理困扰,树立健康稳定的择业心态。

(1)自我认知困扰主要包括自卑、自傲、依赖、攀比等。①自卑:择业时的自卑心理是一种常见的心理现象,表现为缺乏自信,害怕竞争,尤其是在遭受过一两次拒绝后,容易产生强烈的自卑心理,常常会放大自己的弱点,夸大他人的优势,产生悲观失望、抑郁的情绪,影响自己的正常发挥。②自傲:就业初期,一些毕业生对自己的职业能力没有清楚的认识,自认为高人一等,对职业的期望值过高,以自我为中心去思考职业,不能从职业的角度去客观分析职业,择业时脱离实际,使自己的择业目标与现实的落差很大,很难实现自己的愿望,就业后期往往陷入孤独、烦躁的心理情绪。③依赖:就业时缺乏主动性,表现在等待用人单位的选择,不会主动出击;等待学校、家长的安排,不会自主规划自己的职业;不了解职业的内涵,又不主动去积极探索职业。由于依赖心理,自己的就业一直处于被动和劣势。④攀比:择业时,不能清楚地认识自我及自身环境,不思考自己真正之所需,不考虑自身的条件和环境因素,虚荣心强,盲目与他人攀比,使得自己找不到就业目标和方向,因追求虚无的十全十美的工作而延误自己的就业。

(2)情绪困扰主要包括焦虑、急躁、抑郁。①焦虑:由于就业压力的增大,多数毕业生会出现不同程度的焦虑情绪。特别是一些宽口径专业、临近毕业仍无着落的学生,表现得更为焦虑。过度焦虑会妨碍就业时对自身及职业的恰当评估,影响自己能力的发挥。因此,择业时让自己有一个轻松、自信的心态很重要。②急躁:择业时的过度紧张,容易产生急躁的情绪,表现为没有详细了解单位的具体情况就匆忙签协议;没有认真分析所选职业是否真正适合自己,就想当然地认为"职业如自己所想的那样";埋怨用人单位优柔寡断、啰唆,埋怨父母亲朋办事不力等。急躁心态容易使人缺乏自我控制能力,从而导致事倍功半甚至事与愿违。③抑郁:由于就业形势的严峻,求职过程中的屡受挫折会使部分毕业生情绪低落。长期处于抑郁情绪的毕业生应及时求助,如接受心理咨询,使自己尽早走出抑郁情绪,以良好的心态开展自己的就业活动。

(3)人际心理困扰主要包括怯懦、冷漠、嫉妒。①怯懦:由于缺乏相应的社会经验,平时不注意自身发展中的角色转换,在就业面试时,容易表现出怯懦心理。当需要以职业人的角色去回答面试问题时,常常表现得手忙脚乱,不知所云,错失良机。②冷漠:遇到挫折后的消极情绪,表现为看破红尘、听天由命,对前途失去信心。冷漠的心态不仅使个人悲观失望、不思进取、错失良机,而且有碍自身才能的正常发挥,使目标与现实产生较大反差,找到理想职业的难度更大。③嫉妒:看到别人某些方面超过自己而产生恼怒情绪。择业时,往往由于攀比心理,有的学生对与自己专业、能力相近的同学产生嫉妒心理,这样不仅影响了自己的就业心态,也容易使自己走向封闭、冷漠的人际关系,使自己的就业之路越走越窄。

第三节 提高就业能力

随着科学技术的迅猛发展,社会分工越来越细,也越来越整合。人文科学和自然科学正在更新、更高的层次上走向相互渗透、相互融合,未来的创新热点往往集中在学科的交叉点上。现代人才在客观上要求知识结构必须多元化、专业口径宽,适应能力强,转型快,是一种文理相通的复合型人才,能够根据社会的需要迅速进行调整,只有具备这样的素质和能力的人才能立于不败之地。本节通过讲述提高职业能力、培养良好的自我效能感、掌握一定的求职技巧,增强学生的职业竞争力,从而实现自己的职业目标与理想。

一、提高职业能力

人的职业能力是由多种能力叠加并复合而成的,它是人们从事某项职业必须具备的多种能力的总和,是择业的基本参照和就业的基本条件,是胜任职业岗位工作的基本要求,也是个人立足于社会、获取生活来源、取得社会认可、谋求自我发展的安身立命之本。如果说职业兴趣也许能决定一个人的择业方向,以及在该方面个人所乐于付出努力的程度,职业能力则说明一个人在既定的职业方面是否能够胜任,以及个人在该职业中取得成功的可能性。

美国心理学家戴维·C.麦克莱兰(David C. McClelland)于1973年提出了著名的"冰山模型"理论。职业能力也可分为"冰山以上部分"和"冰山以下部分"。"冰山以上部分"是外在表现的技能,容易了解与测量,相对而言也比较容易通过培训来改变和发展,如专业技能。专业技能是指需要通过学习才能获得的特别的知识和能力,这些技能涉及所学的专业知识和专业技术。专业技能不能迁移,需要经过有意识的、专业的学习才能掌握。而"冰山以下部分"是人内在的、较难测量的技能,不太容易通过外界的影响而改变,但却对个人的行为与表现起着关键性的作用,如通用技能、自我管理技能。通用技能,也被称为可迁移技能,是指职业生涯中除岗位专业能力之外的基本能力,适用于各种职业,能适应岗位不断变化,是伴随人终身的可持续发展能力,是通用的、可迁移的。它通常指人际交往能力、沟通能力、解决问题的能力、团队合作能力、领导力、适应能力。专业技能的运用是建立在通用技能的基础上的。

虽然每个岗位都需要有特定的能力,但在职场中,几乎所有的岗位都有一些通用的能力要求,对于刚刚毕业的大学生来讲,通用技能的掌握,往往关系到能否有机会获得心仪的职位。通常我们可以从管理能力、沟通能力、问题解决能力、人际关系能力、学习能力等方面对通用技能水平进行评估。

二、培养良好的自我效能感

自我效能感最早由美国心理学家班杜拉于 1977 年提出,指个体对自己在特定领域实现预期结果所需行为能力的信念。它涉及的不是工作和行为技能本身,而是个体对自己能否利用所拥有的技能去完成工作或行为的自信程度。

(一)什么是自我效能感

所谓自我效能感,是指人对自己能否成功地进行某一成就行为的主观判断,是个体对自己是否有能力为完成某一行为所进行的推测与判断。班杜拉在他的动机理论中指出,人的行为是受两个因素影响或决定的:一个是行为的结果因素,即强化;一个是行为的先行因素,即期待。

班杜拉关于强化与传统的行为主义对强化的看法不同,他认为,在学习中没有强化也能获得有关的信息,形成新的行为,而强化能激发和维持行为的动机以控制和调节人的行为。他还认为,行为出现的概率是强化的函数这种观点是不确切的,行为的出现不是由于随后的强化,而是由于人认识了行为与强化之间的依赖关系后对下一步强化的期望。

人们在获得了相应的知识、技能后,自我效能感就成了行为的决定因素。自我效能感随着个人成就的提高而提高,这意味着自我效能感是可以训练的。如果能让儿童获得成功,儿童就可能形成较高的自我效能感。

(二)自我效能感的培养

自我效能感影响着人们为自己设立的目标和愿意冒的风险,人们感知的自我效能感越强,选择的目标越高,在从事目标中的毅力也越强。相比之下,高自我效能感的个体能够坚持,轻易不放弃。多项调查研究表明,自我效能感的高低与个人的学习及身心健康密切相关。在学习方面,自我效能感会影响个人学习活动的动机、参与教学的兴趣、个人目标的确立、对待困难的态度、付诸努力的程度、因果思维(归因)的方式等。在身心健康方面,自我效能感会影响个人的认知调控、情绪反应、活动效率、思维能力、人际关系、潜能开发等。

自我效能感影响人们活动的选择、努力程度、坚持性、归因方式和情绪反应等,从而影响任务的完成。因此大学生要有意识地培养自我效能感,以下是培养自我效能感的具体方法。

1. 提高成功经验的影响

因为人们常常不重视与自己目前的观点不一致的信息,因此那些认为自己不胜任和无助的人,可能忽视与他们的心境和消极自我图式不一致的成功信息。例如有些学生在生活的某些方面获得成功,却不能充分地从这些经验获益,就是因为他们以无效的方式解释这些经验,如忽视它们或降低它们的重要性。

以下四种方法可以帮助个体更有利地看待自己的成功。①区分过去的行为和目前的行为。当人们把最近成功的应对策略与过去无效的行为进行比较时，他们更可能感到自我有效。那些认为胜任可以通过努力和经验获得的人，比那些认为胜任是不变的人，在困难面前更可能坚持。因此，胜任力不是不可改变的，而是通过努力能够提高的。②更有效地提取过去的成功经验。人们可能注意和回忆与目前的自我知觉一致的经验，且记忆有时是依赖心境的。例如不抑郁的人接受积极的自我信念比接受消极的自我信念更容易，但抑郁的人更容易加工消极的自我信念。因此，人们要努力争取成功，而且要把这些成功经验看作是个人历史的一部分。③提高认知、行为和感情间的一致性。即在期待、情感、行为、行为的客观后果和自我评价之间获得最大的协调。④改变因果归因。即把成功归于自己的努力和胜任而不是情境。成功经验应该归于个人自己的努力（内部原因），应该被作为获得技能或能力和获得一般胜任提高的证据。

2. 设立具体目标，进行积极的自我强化

根据班杜拉的观点，成功经验是自我效能感中最强大的信息来源，当个体看见自己能够有效地应付困难时，自我效能感就会提高。具体的、邻近的目标比抽象的、模糊的、遥远的未来目标能提供更大的诱因和动机，以及更多的效能感证据。具体的目标能使人明确成功所需要的具体行为，知道自己什么时候获得了成功。

人不仅受到外部强化的影响，还受到自我强化的影响。自我强化是以自我奖赏的方式激励或维持自己达到某个标准的行为过程，它对调节人的行为很重要，是提高自我效能感的关键。进行自我强化，首先需要建立自己的行为标准，然后根据设立的标准来评价、检查自己的行为及效果，当达到自己的标准或目标时，个体就会体验到自己的能力，从而产生或增强自我效能感。进行积极的自我强化，关键是建立合理的标准：标准过高，经过努力后还达不到，反而会降低自我效能感；标准过低，既不利于能力的发展，也无助于自我效能感的提高。建立恰当的标准，关键在于正确的自我认知。

建立适当的标准或目标后，可以通过一步一步设立较近的具体目标来实现。因为较近的具体目标能够使人较快地意识到自己的成功，从而产生自我效能感。如果目标太大或太抽象，虽然已经取得了一些进步，但是与之相比会显得微不足道或觉察不出来，那么个体会感到目标可望而不可即，从而失去耐心，降低自我效能感。因此，学会设立目标，懂得进行自我比较，是提高自我效能感的一种有效的方法。

班杜拉认为，自我效能的信念系统是人类动机、幸福和个人成就的基础。除非人们相信通过自己的行动能够达到预期的结果，否则没有什么力量能够促使人们去面对困难并坚持不懈。自我效能感具有很强的行为动力的作用。

三、大学生求职技巧

大学生在对自己、对职业有了充分认识，选择好职业目标后，从准备简历开始就正式进入就业环节。

(一)制作投递简历

简历是用人单位了解求职者的窗口，一份好的简历会为求职者创造面试机会，同时也会给求职者信心，为面试和求职全过程做好准备。个人简历作为最重要、最基本的求职材料，是个人求职能力的具体体现。

1.个人简历的基本内容

个人简历的基本内容包括以下几个方面。①个人基本情况介绍。包括姓名、性别、政治面貌、生源地、学历、健康状况、身高、联系方式及个人免冠照片。②个人特点。包括学习成绩、外语水平、奖惩情况、取得的资质和资格、实践经历等。③个人求职目标。用精练的语言明确表达自己的求职目标，注意强调自身职业成长与目标职位的相符，有的放矢。

2.制作简历应注意的问题

制作简历应该注意以下问题。①让简历看起来舒服。用人单位愿意选择看上去让人感到舒服的简历，而不是过分强调新异的简历。学历和工作经历要按时间顺序倒写，便于招聘方直观获取最新状况。②内容突出。简历内容在突出自身经验、能力以及过去成就时，要强调自身成长与招聘职位的关系，突出重点，笼统的、毫无重点的简历只会埋没求职者的个性。③力求精确、真诚。阐述个人情况时，要尽可能地准确、不夸大，能体现真诚的简历更具吸引力。脱离自身能力的虚夸，往往适得其反，给人留下不诚实、不踏实的印象。④词语使用准确。大部分用人单位认为无谓的抒情显得多余，还是实在一点的好。另外，他们普遍认为错别字说明求职者的素质不高，他们很讨厌错字、别字。⑤语言要言简意赅。简历应避免冗长的句子，那些长篇大论不知所云、人云亦云式的简历没有优势。

3.投递简历

随着网络招聘成为很多企业的主要招聘方式，简历求职也已经成为很多求职者，特别是白领阶层的重要求职手段。投递简历时要考虑以下六个方面。

(1)针对性。不管是递交书面简历还是电子简历，针对性都应该是简历投递的第一要素。针对性可充分表达个体的诚意，更重要的是针对性好的简历可以正好满足用人单位的需要——个体是被充分需要的。具体而言，针对性体现在三个方面：针对自己的职业定位与生涯规划选择真正适合你的岗位；针对特定的岗位设计针对性版本的简历；根据岗位性质使用针对性的语言。其中最重要的是准确的职业定位，很多人无法充分表达"针对性"，其根本原因就是职业定位不清。

（2）关键词。随着智能化技术在招聘中的应用，关键词的设置显得越来越重要。越来越多的企业，特别是一些大公司，通常都会用智能化的搜索器来进行简历筛选。从企业的角度，这会大大降低招聘成本，而对于求职者而言，这无疑降低了求职的成功率。因此，分析所应聘的岗位可能需要的一些关键词信息会显得很重要。有些信息是必须的，如英语六级、高校名称，有些是特定的知识技能，如注册会计师。

（3）诚信。诚信问题给社会造成了很多损失，也给招聘单位造成了大量成本的浪费。简历只是敲门砖，关键是要有真才实学。有把握的写进简历，没有把握的不要写，实事求是，千万不要夸张，否则到了面试时，张口结舌，落得"聪明反被聪明误"。

（4）易读。招聘人员不会有太多时间停留在一个人的简历上。简历长度控制在两页内，把重点给招聘官看，让他有通知求职者面试的冲动就够了。

（5）求职信。求职信集个人介绍、自我推销和下一步行动建议于一身，它总结归纳了履历表，并重点突出求职者的背景材料中与未来就职单位最有关系的内容。一份好的求职信能体现求职者清晰的思路和良好的表达能力，也就是说，它体现了求职者的沟通交际能力和性格特征。如果想通过应聘资料使招聘单位进一步感受自己"鲜活"的形象，让用人单位知道求职者适合这份工作的理由，求职者就可以在应聘资料中增加一份求职信。

（6）量体裁衣。一个大学毕业生常常要同时参加多个岗位的招聘，但很多人的简历、求职信就像公文，千篇一律，送给哪家单位只不过换个称呼，让人觉得他对应聘的公司一无所知，诚心不够，自然很容易被拒之门外。正确的做法是针对招聘单位的特点和要求，"量体裁衣"，特制简历，这就要求毕业生在写简历之前要先确定自己的求职方向，并且要对目标单位及职位需求情况有所了解，这样做出来的简历才能有的放矢。

（二）参加应聘面试

用人单位根据其需求及所掌握的毕业生信息，经初步筛选后通知部分毕业生参加下一轮的考核。考核的主要方式有笔试、面试等，其次数也不止一次。笔试是对求职者综合素质的考察，其中不乏对基础知识的检验，就像经过的无数次大考、小考一样，面对笔试，只有平时做好充分准备，心里才能不慌。面试是全面了解求职者的必要手段。

1. 个别面试

个别面试是对求职者依次进行单独的考核。大多数用人单位都采用此种面试形式。许多单位会进行一两轮甚至更多的个别面试。个别面试的一般程序是首先由求职者做一简短的自我介绍，然后回答主持人的问题。

（1）自我介绍。这是面试官以此了解求职者的大概情况,考察求职者的口才、应变及思维能力等。在自我介绍时,要注意礼貌,态度谦逊,用符合自己身份的口吻,精力集中,表达自如,突出重点,有思想且务实,在实事求是的基础上力求扬长避短,充分展现自我。自我介绍既是打动面试官的敲门砖,也是推介自己的极好机会,一定要好好把握。

（2）问题回答。回答面试官的提问时,需要注意的问题有:①回答问题时语言要言简意赅;②展示自己勤奋工作追求团体目标的能力;③给出有针对性的回答和具体的结果;④不要害怕承认错误;⑤用完整的句子和实质性的内容回答问题;⑥注意把握回答问题的时间;⑦有时面试官还会让求职者提一些自己关心的问题,应注意这其实也是一种考核的方式;⑧初步印象和最后印象最重要;⑨在每一次面试或笔试后,要注意信息的反馈。

2. 集体面试

这种面试是以若干名求职者为一组,同时接受数名考官的提问,或求职者共同完成一些题目。集体面试时,通常是求职者先轮流做自我介绍,这时对于共同必答的内容在表达方式上要避免雷同,涉及看法时要力求有自己的特色和"闪光点"。如今很多单位都采用无领导小组讨论的面试形式,无领导小组讨论的讨论题一般都是智能性的题目,可以分为以下几种。

（1）开放式问题。所谓开放式问题,其答案的范围很广、很宽。主要考察求职者思考问题时是否全面,是否有针对性,思路是否清晰,是否有新的观点和见解,例如,你认为什么样的领导是好领导? 关于此问题,求职者可以从很多方面,如领导的人格魅力、领导的才能、领导的亲和力、领导的管理取向等方面来回答,可以列出很多的优良品质。

（2）两难问题。所谓两难问题,是让求职者在两种互有利弊的答案中选择其中的一种。主要考察求职者分析能力、语言表达能力以及说服力等。例如,你认为以工作取向的领导是好领导,还是以人为取向的领导是好领导?

（3）多项选择问题。此类问题是让求职者在多种备选答案中选择其中有效的几种或对备选答案的重要性进行排序,主要考察求职者分析问题实质,抓住问题本质方面的能力。此类问题用于评价求职者各方面的能力和人格特点。

（4）资源争夺问题。此类问题适用于指定角色的无领导小组讨论,是让处于同等地位的求职者就有限的资源进行分配,从而考察求职者的语言表达能力、分析问题能力、概括或总结能力、发言的积极性和反应的灵敏性等。如让求职者担当各个分部门的经理,并就有限数量的资金进行分配,因为要想获得更多的资源,自己必须要有理有据,必须能说服他人。

（5）操作性问题。操作性问题,是给求职者一些材料、工具或者道具,让他们利用所给的这些材料,设计出一个或一些由考官指定的物体来,主要考察求职者的主动性、合作能力,以及在实际操作任务中所充当的角色。例如给求职者一些材料,要求他们相互配合,搭建一座铁塔或一座楼房的模型。

课堂实践

内心需要和职业人格测试

一、毕业生内心需要测试

目的:了解自我内心需要层次

测试说明:请根据自己真实感受,客观地回答每个问题,符合自己的题目打"√",不符合自己的题目打"×"。打"√"得1分,打"×"得0分。

1.我希望我所拥有的物质,能满足基本生活需要。

2.我希望能免于饥饿与寒冷。

3.我希望能有足够的睡眠。

4.我希望能避免受到生命威胁。

5.我希望能在安全的环境下工作学习。

6.我希望能有稳定的工作。

7.我希望能与家人、朋友维持良好的关系。

8.我希望与同事(或朋友)和睦相处。

9.我希望对学校或班级有向心力。

10.我希望同学间彼此尊重。

11.我希望对学校或班级的贡献能得到上级领导的肯定。

12.我希望承担的工作能在自己的能力范围之内。

13.我希望工作(学习)能发挥自己的潜力。

14.我希望工作(学习)能有成就感。

15.我希望处理事情能胜任且愉快。

毕业生内心需要测试答题表

题号	需要层次	得分
1、2、3	生理需要	
4、5、6	安全需要	
7、8、9	归属与爱的需要	
10、11、12	尊重需要	
13、14、15	自我实现需要	

思考:

1.你觉得哪些需要对你来说是不重要的? 哪些需要对你来说是重要的? 为什么? 请举例说明。

2.你目前的生活、学习或工作能满足你哪些需要?

3.问卷中得分最高和最低的是哪部分? 该问卷能否反映你的需要层次?

4.回顾过去,你的需要是否改变? 如果改变,是什么时候? 什么原因?

二、职业人格趣味测验

假定你坐飞机旅行,到了一片岛屿上空,飞机突然出现了问题,你不得不带上降落伞迫降到以下六个岛屿中的一个。这六个岛屿分别生活着不同的人,你最愿意降落到哪个岛上,只有一个选择。

R 岛:自然原始的岛屿。岛上保留有热带的原始植物林,自然生态保护得很好,也有相当规模的动物园、植物园、水族馆。岛上居民以手工见长,自己种植花果蔬菜,修理房屋,打造器物,制作各种工具。

I 岛:深思冥想的岛屿。岛上人迹较少,建筑物多偏处一隅,平川绿野,适合夜观星象。岛上有多处天文馆、科博馆,以及科学图书馆等。岛上居民喜好沉思,追求真知,喜欢和来自各地的科学家、哲学家、心理学家等交换心得。

A 岛:美丽浪漫的岛屿。岛上充满了美术馆、音乐厅,弥漫着浓厚的艺术文化气息。同时,当地的原住民还保留了传统的舞蹈、音乐与绘画。许多艺术和文艺界的朋友都喜欢在这里找寻灵感。

S 岛:温暖友善的岛屿。岛上居民个性温和,十分友善,乐于助人,社区均自成一个密切互动的服务网络,人们互助合作,重视教育,充满人文气息。

E 岛:显赫富足的岛屿。岛上居民热情豪爽,善于经营和贸易。岛上的经济高度发展,处处是高级饭店、俱乐部、高尔夫球场。来往者多是企业家、经理人、政治家、律师等,衣香鬓影,夜夜笙歌。

C 岛:现代井然的岛屿。岛上建筑十分现代化,是进步的都市形态,以完善的户政管理、地政管理、金融管理见长。岛民个性冷静保守,处事有条不紊,善于组织规则。

答案:R 岛,代表实用型人(doer)的特点:喜欢具体的任务,缺乏社会交往能力,机械能力强,喜欢动手,擅长做体力工作,适合技术性行业工作人员,工程师。I 岛,代表研究型人(thinker)的特点:属于任务取向,具有独立的、分析的、保守的、有智慧的和抽象的特点,适合计算机程序员、科学领域工作人员。A 岛,代表艺术型人(creator)的特点:自我表达,有想象力,善于内省,追求美感价值、创造性,适合编辑、作家、工艺美术工作者。S 岛,代表社会型人(helper)的特点:社会相互作用,对人感兴趣,良好的人际沟通技能,社区服务取向,适合教师、护士、学校辅导员。E 岛,代表企业型人(persuader)的特点:追寻领导与社会影响,有抱负,言语说服能力强,适合销售人员、管理人员。C 岛,代表事务型人(organizer)的特点:讲求实际,可以被控制,保守,喜欢结构性、程序化的工作,适合职员、会计。

课后思考

1.培养良好的自我效能感,自己需要做什么?

2.根据实际情况,想想该如何提高自己的就业能力。

本章相关知识链接

第十一章　人格与人格完善

情景导入

　　已经过去两年了,原以为与室友能处得和家人一样,谁知道一进宿舍小华就感觉到不舒服的气氛扑面而来:冬冬性格活泼开朗,正在和小琳热火朝天地聊着,冬冬说起班里的某个同学,大声嘲笑那个同学的言行举止,并把他的行为刻画得惟妙惟肖。小琳则配合着冬冬,时不时地说两句,冬冬说得更热火朝天。小欧则戴着耳机不闻不问,好像室友是隐形人。小华渴望与人沟通,但又不愿意和冬冬一样,只是家长里短地说别人的不好,小华想:冬冬如果不在宿舍就好了,这样我就能和小琳一起聊聊生活、学习,多好！小琳就是太随和了,像冬冬那样说别人很不好,她怎么还和冬冬那么好的关系！同时,她又很羡慕小欧,觉得小欧心态真好,不会被别人的行为举止打动,而是沉浸在自己的世界里自得其乐！

　　人生在世,各有各样,有人开朗活泼,有人内向低调,有人反应灵敏,有人动作迟缓,有人思前想后,有人专心致志。如同上述故事中每个人的不同表现,她们具有不同的人格特点,这些特点决定了她们有不同的为人处世方式。《红楼梦》中每个人物都有鲜明的形象,宝玉的多情、黛玉的忧郁、凤姐的泼辣、妙玉的清高……我们往往根据人格特点来了解一个人,这些特点既有先天的基础,也有后天环境适应的结果。那么,什么是人格？人格的特点及影响因素有哪些？人格与健康有哪些关系？人格完善有哪些途径？这些正是本章要探讨的内容。

第一节　人格及其特征

　　德国哲学家亚瑟·叔本华(Arthur Schopenhauer)曾说:"人格所具备的一切物质是人的幸福与快乐最根本和最直接的影响因素。其他因素都是间接的、媒介性的,所以它们的影响力也可以消除破灭,但人格因素的影响却是不可消除的。"人格如此重要,人格是什么？影响人格形成的因素有哪些？

一、人格的概念及结构

人格，又称个性，是一个人全部的特性，是个体为适应环境形成的比较重要的和相对持久的心理特征的总和。

人格一词，源于拉丁文 persona，即面具，原指戏剧表演时演员所戴的面具，代表剧中人物的身份，如同京剧中的脸谱一样。歌曲《说唱脸谱》中唱道："蓝脸的窦尔敦盗御马，红脸的关公战长沙，黄脸的典韦，白脸的曹操，黑脸的张飞叫喳喳！"这些脸谱都代表人物的个性特点，蓝脸代表性格刚直、桀骜不驯，红脸代表忠义、耿直、有血性，黄脸代表凶狠残暴，白脸往往代表奸诈多疑，黑脸则表示威武有力、粗鲁豪爽。不同颜色的脸谱代表不同人物，也代表了人物的不同性格特征，人们在看京剧表演时，即使不知道什么故事，只要一见到白脸上台，就知道这是个奸诈多疑的人物。心理学沿用其含义，将个体经常表现出的相对稳定的各种心理特征的组织结构称为人格。

不同心理学家从不同角度对人格进行定义，美国人格心理学家奥尔波特对人格的定义做了统计，发现心理学家关于人格的定义不下 50 个。在此基础上，他指出人格是一个人内部决定他特有的行为和思想的心身系统的动力组织。沃尔特·米歇尔（Wacter Michelle）则把人格定义为："人格是心理特征的统一，这些特征决定人的外显行为和内隐行为，并使他们与别人的行为有稳定的区别。"《简明大不列颠百科全书》中对人格的定义是：每个人所特有的心理 – 生理性状（或特征）的有机结合，包括遗传的和后天获得的成分，人格使一个人区别于他人，并可在他与环境和社会群体的互动关系中表现出来。

总而言之，人格是一个人在遗传的基础上，为适应环境而不断改造自我，具有与众不同、区别于他人的整体的、稳定的具有一定倾向性的心理品质或心理特征的总和。

人格是一个复杂的结构系统，人格结构系统包括认知方式、动机、气质、性格、自我调控等成分。我国的《大百科全书·心理学》卷和《大百科全书·教育》卷中都指出，人格也称个性，有时仅指性格与气质，不包括能力，有时人格的外延比个性更广，不仅包括心理方面的特质，还包括身体方面的特质。本节主要介绍狭义的人格结构：气质与性格。

（一）气质

日常生活中常说"这个人很有气质！"此气质是我们这里要探讨研究的气质吗？答案是否定的。心理学中的气质是个体不以活动的目的和内容为转移的典型的、稳定的心理活动特征，是表现在心理活动的强度、速度、灵活性与指向性等方面的一种稳定的心理特征。即人们平时所说的脾气、秉性。人的气质差异是先天形成的，受神经系统活动过程的特性所制约，是由生理尤其是神经系统和结构决定的心理活动的动力系统,例如孩子刚出生时,最先表现出来的差异就是气质差异。有的孩子一出生就性情急躁、不能等待,有的则慢条斯理,有的活泼好动,有的则很安静。这些个体一出生所带有的不同心理活动的差别正是由先天遗传决定的,而且很难改变。

气质类型是指在一类人身上共有的或相似的心理活动特征的结合。个体对外界刺激的感受性、耐受性、敏捷性、可塑性等不同特征的结合,可以形成多样性的气质类型,见表11-1。

表 11-1　气质类型及其特征

气质类型	主要特征
胆汁质	精力旺盛、直率、热情、刚强、动作迅速、情绪体验强烈、智力活动具有极大灵活性、解决问题有不求甚解倾向、易感情用事等,具有外倾性
多血质	活泼、好动、反应迅速、动作敏捷、思维灵活,但往往不求甚解、注意力易转移、情绪不稳定且易表露、易适应环境、喜欢交往、做事粗枝大叶,具有外倾性
黏液质	安静、沉稳、喜欢沉思、情绪不易外露、灵活性不足、比较刻板、注意力稳定、不容易习惯新的工作、反应缓慢、善于忍耐,具有内倾性
抑郁质	行动缓慢、敏感、情感体验深刻、容易感觉到别人不易觉察的细小事物、易疲倦、孤僻,具有内倾性

每个人的气质特征差异很大,单纯属于某类典型气质的人很少见。大多数人是不同类型的混合,或近似于某种类型,或介于某些类型之间。

气质不论好坏,每种气质都有它的积极方面和消极方面。个体的未来及发展由个体的动机、愿望和信念决定,因此,气质并不决定人的社会价值。我们也不能单凭气质类型去评判人的行为的社会价值。事实证明,任何一种气质类型的人,既可能成为品德高尚、有成就、有益于社会的人,也可能一无所成。

(二)性格

性格是一种与社会相关最密切的人格特征,性格表现在人对现实的态度及其行为方式中。所谓的态度是个人对待社会、他人、自己的一种稳定的心理倾向,包括了对事物的评价、好恶和趋避等方面。态度表现在人的行为方式中,人对事物的态度不同,由它支配的行为方式也就不同,从而造成人的性格千差万别。

性格中包含有许多社会道德含义。性格主要体现在对自己、对别人、对事物的态度和所采取的言行上,表现了一个人的品德,受人的价值观、人生观、世界观的影响。它既包含与意识倾向直接关联具有道德评价意义的特性,如光明磊落、助人为乐或口是心非、幸灾乐祸等,也包含与行为方式紧密关联的中性特性,如活泼、谨慎、果断、犹豫等。这些具有道德评价含义的人格差异,人们称之为性格差异。性格是在后天社会环境中逐渐形成的,是人的最核心的人格差异。性格有好坏之分,能最直接地反映出一个人的道德风貌。性格与气质最大的区别在于它的可塑性。

性格具有四大特征：态度特征、意志特征、情绪特征、理智特征。这些特征并不是孤立、静止存在的，它们之间相互联系，相互制约，灵活结合，构成完整的性格体系。同时，人的性格还受环境的塑造，从而呈现各种发展趋势。

二、人格的特征

人格是人的认识过程、情感过程和意志过程等方面特征的综合反映。每个人的人格虽有不同，但表现出一些共同特征。

（一）人格的整体性

人格心理学家卡尔·G. 荣格（Carl G. Jung）说："个体发展中的一项重要任务，就是在已存在的遗传差异的基础上，努力保持人格的整体性。"每个个体具有多种心理成分和特质，如才智、情绪、愿望、价值观和习惯等，但它们并不是孤立存在的，而是密切联系并有机整合为一个组织。个体行为并不只是身体、肌肉运动的结果，也是大脑、情绪等协调一致进行活动的结果。有一种心理疾病叫"多重人格"，患有这种疾病的人的人格是分裂的，行为会出现矛盾性、不一致性，如《三面夏娃》《西碧尔》《捉迷藏》等电影很好地诠释了多重人格个体的表现，但在现实中，真正的多重人格还是很少的。一个正常人的心理是多样性的统一，是有机的整体，这是评价个体正常与否的一个重要标准。

（二）人格的稳定性

俗话说"江山易改，本性难移"。人格具有稳定性，首先在于跨时间的一致性。在人生的不同时期，人格大体保持一致，如小时安静的个体，长大后依然比较安静，有意外遭遇的除外。因此，咨询师对来访个体的过去、现在充分发掘，了解他们的过去，才能把握现在，进而对未来有一定的预测。其次是跨情境的一致性。个体经常表现出一些稳定的、持续性的心理与行为特征，那些暂时的、偶尔表现出来的行为则不属于人格特征。例如，一个外向的学生不仅在学校里善于交往，喜欢结识朋友，在校外也喜欢交际，喜欢聚会，虽然他偶尔也会表现出安静，与他人保持一定距离，但总体来说他是一个性格外向的人。

（三）人格的独特性

人格的独特性是指人与人之间的心理与行为各不相同。所有人的人格都是在遗传、环境、教育等因素的交互作用下形成的，不可能存在完全相同的遗传、环境、教育等，因此，也就没有人格特点完全一样的人。即使是同卵双胞胎，遗传物质相同，但个体对信息的接受、理解力不同，从小在人格上仍存在差异，他们的性格也不完全一致。例如一对双胞胎可能都比较活泼，但具体的特质也会有所差异。在日常生活中，我们随时随地都可以观察到每个人因其各自不同的需要、爱好、认知方式、情绪、意志和价值观，表现出独特性的行为。

在强调人格独特性时,我们也要意识到人们在心理与行为上的共同性。同一民族、同一阶层、同一群体的人们具有相似的人格特征,如德国人严谨、法国人浪漫等。文化人类学家把同一种文化陶冶出的共同的人格特征称为群体人格或众数人格。例如,许多研究表明,由于受传统儒家文化的影响,世界各地的华人都有不少相同的人格特征,如勤劳、节俭等。

(四)人格的社会性

人是一个社会的个体,是社会的组成部分,人格是社会的人所特有的。人格是在个体的遗传和生物基础上,受个体生物特性的制约,与后天不断作用下形成的。因此,人格是个体的自然属性和社会属性的综合。值得注意的是,人格并不是所有属性简单相加的混合物,或者是几种属性相加的混合物。人的独特性主要表现在社会性上。古罗马著名学者马尔库斯·图利乌斯·西塞罗(Marcus Tullius Cicero)认为,人格是一个人表现在他人眼中的印象,以及在生活和工作中扮演的角色,表示人的尊严与优越,而"别人眼中的印象"就是指人格的社会性,人格是在社会交往中体现出来的。脱离社会的人格则是异常的,如曾报道的"狼孩""猪孩"等个体,他们与社会交往的机会被剥夺了,即使后天教育,他们也不能达到正常人的智力水平,社会适应性仍然较差。

(五)人格的可变性

虽然强调人格具有稳定性,但不排除其发展和变化。首先,个体有主观能动性。人格特征随着年龄增长,面对的困难挑战不同,表现方式也有所不同。如同样是特质焦虑,在少年时代表现为对即将参加的考试或即将考入的新学校心神不定,忧心忡忡;在成年时表现为对即将从事的一项新工作忧虑烦恼,缺乏信心;在老年时则表现为对死亡的极度恐惧。其次,重大的环境变化和机体变化,如移民、严重疾病等,都有可能造成人格的改变。人格的某些特征,如自我观念、价值观、信仰等会随着环境的改变而变化,个体面对环境的变化会感到不适应,当他想要舒服时,就会主动或被动地采取一些方法,当他感受到改变的好处后,就会更积极地做出改变。不过要注意,人格改变与行为改变是有区别的。行为改变往往是表面的变化,是由不同情境引起的,不一定都是人格改变的表现。而人格的改变则是比行为更深层的内在特质的改变,是从根本上发生了变化。正是基于人格的可变性,心理咨询师对人格障碍的个体才可能进行矫治,使其变得更适应社会,进而完善他们的人格。

三、人格形成及其影响因素

影响个体人格形成与变化的因素,概括起来主要有三个方面:一是遗传,二是环境,三是个体自己。其中环境又包括社会文化、家庭、学校、人际关系等因素。

(一)遗传因素

遗传是人格不可缺少的影响因素,自出生之日起,个体就带着不同的遗传基因。弗朗西斯·高尔顿（Francis Galton）在1869年出版的《遗传与天才》一书中说："一个人的能力，乃由遗传决定得来，其受遗传决定的程度，如同一切有机体的形态及躯体组织之受遗传的决定一样。"遗传决定论的代表人物霍尔也曾说过：一两遗传胜过一吨教育。遗传因素对人格的作用程度因人格特征的不同而不同。例如，胆汁质的大学生外向、冲动，行为举止不同于抑郁质的大学生。再如，许多少年班的学生充分体现了生物遗传的显著作用，十一二岁的青少年可以和20岁左右的大学生坐在相同的教室，学习相同的课程，说明遗传的作用非常巨大。但我们也不能完全否认环境的作用，再聪明的孩子同样需要慎重的教育，否则，将会成为新一代的"方仲永"。目前研究认为，人格发展过程是遗传与环境交互作用的结果，遗传因素影响人格发展方向及形成的难易。

（二）社会文化因素

社会文化具有塑造人格的功能，由于受到社会文化的熏陶和影响，不同文化的民族有其固有的民族性格，不同的地域有着不同的文化传统。马格丽特·米德（Margaret Mead）等人通过研究新几内亚的三个民族的人格特征，发现来自同一祖先的不同民族各具特色，鲜明地体现了社会文化对个体的影响力。山丘地带的阿拉比修族，崇尚男女平等，成员之间互相友爱、团结协作，没有恃强凌弱，没有争强好胜，彼此很和睦。河川地带的孟都古姆族，生活以狩猎为主，成员表现出攻击性强、争强好胜等人格特征。湖泊地带的张布里族，为母系社会，女性是主体，每日操作劳动，掌握着经济实权，而男性则处于从属地位，主要参加艺术、工艺与祭祀活动，并承担孩子的养育责任。这里的女人表现出刚毅、支配、自主与快活的性格，男人则有明显的自卑感。

（三）家庭环境因素

俗话说："有其父必有其子。"表面上看这句话在强调遗传因素，其实也暗含了父母按照自己的意愿和方式教育孩子，使他们逐渐形成了父母认可的某些人格特征。例如富于感情的父母将会示范并鼓励孩子采取更富情感性的反应，加强了孩子的利他行为模式而不是攻击行为模式。同时，孩子会无意地模仿父母为人处世的态度和行为，影响其人格的形成。曾有人这样总结：孩子在不同环境中长大，会形成不同的人格特征，在批评中长大，学会了责难；在敌意中长大，学会了争斗；在虐待中长大，学会了伤害；在支配中长大，学会了依赖；在干涉中长大，变得被动与胆怯；在娇宠中长大，学会任性；在否定中长大，学会了拒绝；在鼓励中长大，增强了自信；在公平中长大，学会了正义；在宽容中长大，学会了耐心；在赞赏中长大，学会了欣赏；在爱中成长，学会了爱人。

（四）学校教育因素

学校生活是迈出家庭、走向社会的第一步。教师、班集体、同学与同伴等都是学校教育的元素。教师对学生人格的发展具有指导定向作用。教师的人格特征、行为模式与思维方式会对学生产生很大影响。每个教师都有自己独特的风格,这种风格为学生设定了一个"气氛区",在教师的不同气氛区中,学生就有不同的行为表现。约翰·海恩利希·裴斯泰洛齐(Johann Heinrich Pestalozzi)在一项教育研究中发现,在压抑、专横的教师气氛区中,学生的欺骗行为增多;在友好、民主的教师气氛区中,学生欺骗减少。"皮格马利翁效应"说明所有学生都需要老师的关爱,在老师的关注下,他们会朝着老师期望的方向发展。一位大学毕业生谈到大学中的经历:大一高数不及格,正是高数老师的积极鼓励使他重新开始认识与定位大学生活,如果不是老师及时而积极的鼓励,也许他就会放弃,正是老师的鼓励,他更加珍惜大学,并考取硕士研究生。此外,不同的专业要求,也可能会形成不同的专业性格特征。大学生在专业学习过程中不断地调整自己,为未来职业准备人格基础,如医务工作者的认真严谨和细致,艺术家的热情和浪漫。

(五)人际关系因素

人际交往是维持大学生身心健康的重要保证,人际关系的范围越大,得到支持和帮助的机会就越大。如果一个学生能与群体中其他同学进行广泛的交往和联系,特别是经常与兴趣相同的伙伴在一起,进行思想情感的交流与沟通,就能从中得到启发、疏导和帮助,感受到充足的社会安全感、信任感,从而大大地增强生活、学习和工作的信心和力量,减少心理危机感。反之,如果一个学生的交往需要得不到满足,就会增加挫折感,引发内心的矛盾与冲突,带来一系列的不良情绪,久而久之会对人格发展产生不良影响。

(六)主观因素

每一个人都是他自己个性的工程师。个人接受到社会刺激,将其转化为个体的需要和动机,推动其行动。也就是说,个体会根据自己看到、听到的不断形成自己特有的理想、信念和世界观,这些东西对是否接受社会影响有决定性的作用。例如,守纪律、负责任等个性特征都是大学生接受与领会外部社会要求,并逐渐将这一外部要求转变为对自己的内部要求的过程的产物。此外,个体会有不断完善自我的需求。进入大学后,大学生普遍渴望认识自我,发现自己的优缺点,不断进行自我提升,成为更好的自己。

第二节　人格与心理健康

当今社会,人格对心理健康的影响越来越受到重视,心理学家在研究个体心理健康时发现,人格对心理健康的影响非常深远,良好的人格能改善心理健康状况,而不良的人格则会带来身心疾病,更甚者会产生人格障碍,影响个体的一生。

一、人格对心理健康的影响

在影响心理健康状态的诸因素中，遗传、生活事件、父母的养育方式等都发挥了一定的作用，但对个体的心理健康产生决定作用的则是人格因素。

人格理论众多，至于哪种理论最为全面解释了人格对心理健康的影响却一直未有定论。张小远综合各种人格理论，如汉斯·J.艾森克(Hans J. Eysenck)人格理论(内外倾、神经质、精神质)、马斯洛需要层次理论(生理需要、安全需要、爱与归属的需要、尊重需要、自我实现的需要)等，展开人格对心理健康的影响研究，结果发现不同人格理论及其因子对不同心理症状的影响能力存在差异。他认为，针对特定的心理症状，可以找到最适宜对其进行评价的理论。艾森克的人格理论、马斯洛的需要层次理论、罗杰斯的自我理论、应对理论和存在分析理论均对抑郁症状的影响能力很强，阿伦·T.贝克(Aaron T. Beck)的认知理论则对人际敏感症状的影响能力最强，而社会学习理论和社会认知理论则对强迫症状的影响能力最强，这些结论解决了各人格流派之间长期存在的对心理健康的解释"谁是最佳"的争论。

一个人的性格直接影响着个体的心理健康状况。以神经症为例，一般认为，患者的人格特征首先决定着患神经症的难易程度。伊万·彼德罗维奇·巴甫洛夫(Ivan Petrovich Pavlov)认为，神经类型为弱型或强而不均衡型者易患神经症；艾森克等认为，个性古板、严肃、多愁善感、焦虑、悲观、保守、敏感、孤僻的人易患神经症。同时，不同的人格特征决定着患某种特定的神经症亚型的倾向，如巴甫洛夫认为，在神经类型弱型者中间，属于艺术型(第一信号系统较第二信号系统占优势)者易患癔症；属于思维型(第二信号系统较第一信号系统占优势)者易患强迫症；属于中间型(两信号系统比较均衡)者易患神经衰弱。

人格研究探讨的大多是性格。自 20 世纪 80 年代开始，心理学家运用统计学的方法，归纳出五大性格特征：负责性、和悦性、外向性、开放性、神经质性。每个人都是同时拥有五种性格特征的，但会有侧重点，显著的那个特征就是主要性格。神经质特征为主的人，经常出现抑郁和焦虑症状，他们外向性特征较低，且负责性特征过高。心理学家认为焦虑症、抑郁症在很多时候与焦虑忧郁的性格有一定关联。

性格的构成，有 40% 来自先天成分，而剩下的 60% 则与家庭环境、生活经历有关。如果孩子的至亲，比如父母，经常陪伴孩子，留意他的需要，那么孩子感受到被爱而有安全感和自信，会表现出更开放，更愿意探索外部世界，愿意和别人玩耍，喜欢接触外在环境，有很强的社交能力。相反，父母如果不关心孩子，或总忽视孩子的需要，那么孩子会精神焦虑，不喜欢与父母接触，甚至出现对父母的抗拒，在与他人交往时会自卑、封闭。

每个人的人际关系和婚姻关系也都会受到性格的影响。比如焦虑型的孩子，他们很难完全相信别人，长大后与人太亲密就会感觉不安，并且担心恋人不爱自己，对恋爱关系充满愤怒和失望。而逃避型的孩子，他们不在意有没有亲密的关系，也不喜欢别人依赖自己或者自己依赖别人。

因此，性格是人的一种心理特征，也是生活环境的烙印。性格上的缺陷，如孤僻、懦弱、敏感、多疑、固执、暴躁等，不仅给自己的工作、学习、恋爱、社交等带来很多障碍，也是精神健康的潜在威胁。

许多精神疾病的发生都与性格上的缺陷有密切联系，精神病学者把容易诱发精神病的性格称为易感性素质，也就是说，有这种素质的人倘若再遇到精神与环境方面的不良刺激，较易导致精神疾病的发生。例如性格孤僻、懦弱、害羞、不合群、敏感多疑、生活懒散、不讲卫生、对人冷淡、不好社交和不善于适应环境的人，易得精神分裂症；热情、活泼、好动、好社交，但情绪忽冷忽热、清高、自负的人，易得情感性精神病；性格胆怯、自卑、敏感、多疑、依赖性强、缺乏自信、主观任性、急躁好强、自制力差的人，易得神经衰弱；为人处世全凭感情、好夸耀自己、显示自己、乐意成为大家的注意中心、喜欢受别人的赞扬和重视、好幻想、想象力丰富的人，易发生癔症；做事瞻前顾后、谨小慎微、优柔寡断、犹豫不决、生活规律严谨、清规戒律很多、为人一本正经、不开玩笑、难以接触、对事情总是担心多而放心少的人，易得强迫症；心胸狭窄、爱生闷气、沉默寡言、顾虑重重、焦虑紧张、胆小怕事、踌躇不决的人，易发生更年期精神病。因此，人格对心理健康有非常重要的影响作用。

二、人格与心身疾病

在人格系统中除气质是遗传因素起决定作用外，其他的性格、自我评价系统等都是由个体对环境变化的反应形成的。目前专家都认同个性特征对人体疾病，尤其是对心身疾病的发生、发展和病程转归有明显的影响，个性特征既可以是疾病的基础，又可以改变许多疾病的过程。同样的致病因素作用于不同个性特征的人身上，会产生不同的结果，而同一种疾病发生在具有不同个性特征的人身上，其病情轻重、病程长短等情况都可能大不相同，因此，疾病与个性是密切关联、相互影响、相互制约的。

研究者针对人格与心身疾病的关系，归纳出三种人格：A 型、B 型、C 型。其中，B 型人格的人性情随和，不喜欢与人争斗；生活方式悠闲自在，不争名利，对成败得失看得较淡，不太在意成就的大小，对工作生活较容易满足；工作生活从容不迫，有条不紊；时间观念不是特别强，具有良好的适应性。而 A 型和 C 型相较而言更容易患病。

A 型人格具有以下特点：持续的进攻性、进取心，经常的紧迫感，好急躁，专心致志追求事业目标,并且始终保持警觉,易冲动,精力充沛等,在行动上常表现出迅速、性急、果断而不沉着等特点。总体而言,A型人格日常表现为说话、做事快,任何时候都雷厉风行,很急躁。

A型人格易患冠心病和高血压等疾病。流行病学调查表明,冠心病患者多数具有A型行为类型,其比率明显高于其他行为类型。A型行为类型者不仅易患冠心病,而且其临床表现和并发症也比较严重。A型人格的人遇不良情绪应激,尤其是压抑、愤怒时,就构成A型行为,表现为恼火、激动、发怒和急躁。洪炜等采用对照研究方法对124例住院高血压患者进行有关心理社会方面的调查评估,结果显示药物治疗疗效不佳的患者具有较明显的A型行为特征。高血压患者的人格具有较明显的精神质倾向,性格较为内向,常常行为孤独、内心焦虑、忧心忡忡,对外界刺激易产生强烈的情绪反应,控制情绪的能力差,难以适应外界环境的变化。此种心理状态容易导致紧张情绪的发生,进而产生一系列的生理反应,最终导致血压的恒定性升高。近代心身医学研究证明中枢神经系统、内分泌系统和免疫系统三者互相影响,可以使心理因素转变为生理因素。

C型人格表面看上去与B型人格特点相似,都是比较温和的,但实际情绪不稳定,容易产生焦虑、不安、怨恨、愤怒等消极情绪,并通过妥协,处处牺牲、忍让,掩藏自己的真实感情来换得人际关系的和谐,但并不是心甘情愿,所以常自感难受,消极情绪压抑在心里得不到宣泄;经常不敢正视自己的需要,想做不敢做,想说不敢说,心理压力大,从而也易产生疾病。

心理研究也证实了C型人格易得疾病这种观点。愤怒和长期受到的压抑不能发泄出来,将导致慢性愤怒与紧张,引起生理的系统变化,这种慢性而严重的应激状态,通过神经、体液系统降低免疫功能,影响免疫系统识别力,为肿瘤的发生创造条件。早期王大川等用徐振雷修订的行为特征问卷调查发现,自我克制、情绪压抑、内蕴性强的人,即所谓C型行为特征者易患哮喘,还发现不善于发泄情绪、愤怒内泄等可使机体免疫功能发生变化。李跃川等研究指出,C型行为者食道癌发生的相对危险度高出正常人3倍以上。凯欣(Kissen)在比较肺癌与一般肺部疾病患者的心理特征时,观察到肺癌患者多具有压抑、急躁、多疑、敏感的人格特征。尤其是克制压抑的个体,即使不抽烟,也易患癌症。国内曾有人用明尼苏达多相人格测验量表(MMPI)、艾森克人格问卷(EPQ)、卡特尔16种人格因素问卷(卡特尔16PF)测试哮喘病患者的人格特征,发现男女均表现顺从、随和、工作有恒、负责。其相应心理防御机制不成熟的一面形成被动、敏感、懦弱的人格特征。此外,有学者发现,压抑自己情绪的人比情绪释放的人更易患支气管哮喘。消化性溃疡患者多具有内向性格,神经质,容易激怒,但又常常压抑愤怒。具有以上人格特征的个体,对应激事件往往产生过度的反应,导致中枢神经功能紊乱,从而引发消化性溃疡。C型行为可使机体免疫功能发生变化已经得到证实。

我国学者刘平等人从疾病与个性的角度,归纳总结了个性特征与一些常见心身疾病的关系。①结肠炎患者的个性特征:多数人都有与母亲共生的依恋关系。主要特点表现为过分依赖、顺从、听话、带强迫性、吝啬、凡事有秩序、严守时刻、好洁净、不易激怒、缺乏雄心壮志、缺乏自信,还可能有强迫症、癔症和类偏执样性格。②月经失调患者的个性特征:焦虑、抑郁、紧张、过度疲劳、情绪不稳、遇事过多表现情绪反应,易激动。③不孕症患者的个性特征:依赖性大、焦虑、紧张、神经质。④皮肤病患者的个性特征:依赖、顺从、被动、严重的焦虑和压抑愤怒,在生活经历中缺乏亲人的爱护,故有强烈的求爱欲望,这种性格和欲望使他们常处于紧张状态中。⑤偏头痛患者的个性特征:多疑、不信任别人、追求尽善尽美、死板、好事、嫉妒。⑥慢性疼痛患者的个性特征:怀疑、不信任别人、自我疏远、过分关注身体健康、情绪不稳、过分谨慎小心、不敢违抗、自我牺牲、持续的紧张情绪。

良好的人格特征,不仅是工作、交往、生活所必需,也是身体健康的前提条件。而人格是先天与后天的"合金"。所以,加强人格修养,形成良好的人格特征,是身体健康的必要条件和重要因素。人格特征与心身疾病有一定相关性,应当引起广泛的关注。

讨论议题

· 人格与身体健康有什么关系?

三、人格障碍

一般而言,对社会适应良好的人格称为正常人格,适应不良的人格为不良人格,有社会功能障碍或与社会发生冲突的人格称为人格障碍。

心理学百科全书认为,人格障碍是从童年或少年期开始,并持续终生的、显著偏离常态的人格。人格障碍是指在没有认知过程障碍或智力缺陷的情况下人格明显偏离正常水平的现象。所谓没有认知过程障碍或智力缺陷的情况下的人格偏离是指在没有幻觉、妄想、智力低下的情况下出现的情绪反应、动机和行为活动的异常。

人格障碍可能由以下原因造成:对社会或所处环境适应不良,偏离了正常的社会文化和道德规范;具有与众不同的独特的非正常的行为模式和内心体验;社会功能受到损害,并给社会造成一定的恶果。

第三节 人格完善

"性格决定命运",也就是说人格注定了个体一生的道路,你的人生是悲是喜,并不是由世界决定,而是由你的人格,由你对世界的看法,对事件的解读所造成的。因此,不断完善自我的人格,才能够更好地适应社会,从而创造出掌控在自己手中的命运!

一、不同学派对人格的稳定性与可变性的理解

人格心理学理论学派较多,而每一学派讨论的人格内容不同,对人格的可变性与稳定性也就产生了不同的观点。

(一)精神分析学派

精神分析的创始人弗洛伊德认为人格的发展主要是性本能的发展,人格的发展过程其实就是性心理发展的过程,以身体快感作为五阶段划分的指标,分别为:口唇期(从出生到一岁左右)、肛门期(1~3岁)、性器期(3~6岁)、潜伏期(7岁至青春期)、生殖期(青春期以后)。弗洛伊德认为,前三阶段的发展对整个人格发展起关键作用,人格基本形成,在前三阶段中,如果力比多的满足过分放纵或过分限制(通常是后者),就会导致人格发展的停滞,即人的生理年龄虽然在成长,人格却没有相应发展,即使到成年期,心理仍然停留在过分放纵或限制的那个阶段。如果想改变人格,只能在特定的相应婴幼儿时期进行适度教育,若过了五六岁以后,人格就会稳定终生。弗洛伊德强调人格发展的阶段性以及成人人格的稳定性。

(二)特质论学派

特质论学者则强调了个体差异在很大程度上是遗传决定的,如艾森克认为人格和行为受遗传的决定很大,认为个体都存在内外倾、神经质以及精神质这三种基本人格类型,并成功用方法证明人格类型具有很强的遗传基因基础。卡特尔用因素分析法提出了16种相互独立的根源特质,并编制了卡特尔16种人格因素问卷,认为人格具有稳定性。

(三)行为主义学派

行为主义的创始人华生认为,人格是在环境的影响下形成的,是应对不同刺激而形成的反应系统。他认为,只要改变环境就可以改变人格,环境改变的程度越大,人格改变的程度就越明显。华生曾有一著名言论:"给我一打健全的婴儿,把他们带到我独特的世界中,我可以保证,在其中随机选出一个,训练成为我所选定的任何类型的人物——医生、律师、艺术家、巨富商人,或者乞丐、窃贼,不用考虑他的天赋、倾向、能力、祖先的职业与种族。"行为主义学派认为人格是完全可以依环境而改变的,人格稳定性只是刺激或强化的稳定性而已,只要外界环境发生变化,人格可以随着环境而改变,这一学派强调环境对人格的影响。

(四)社会认知理论

美国心理学家班杜拉是此学派的代表人物,他认为人的行为,特别是人的复杂行为主要是后天习得的。行为的习得要受遗传因素和生理因素的制约,还受后

天经验环境的影响。他认为生理因素的影响和后天经验的影响都很重要,二者很微妙地交织在人的发展过程中。班杜拉认为行为习得有两种不同的过程:一种是通过直接经验获得行为反应模式的过程,另一种是通过观察示范者的行为而习得行为的过程。而在学习的过程中,个体的人格会随着所学到的经验不断发生改变。

(五)进化心理学

进化心理学从人格适应环境的功能角度对人格进行分析,强调自然选择在人格形成中的重要作用。此学派认为,人格是人类在适应环境过程中形成的习惯性行为系统和一系列适应性心理机制的集合。心理机制是人类长期进化的产物,个体差异的产生是由于个体使用了不同的适应性策略。人格中稳定的特征存之于过去反复解决的适应性问题上,而可变的特征则是由于人类目前适应性问题的多样性与解决问题的灵活性。

不管怎么说,人格是一个庞杂的系统,人格系统的不同部分又有不同的发展特点,从而具有不同的稳定性和可变性。

二、何谓健全人格

曾有学者指出:21世纪世界各国的竞争主要是在智力与人才方面的竞争,人才资源是未来社会最重要的资源。人才不单单具有高智力和解决问题的能力,还要有适应环境、承受压力,灵活应对外界环境的变化的能力,这些都与人格息息相关,而健全人格的培养更是非常重要。

什么是健全人格? 概括来说,健全人格的理想标准就是人格的生理、心理、道德、社会各要素完美地统一、平衡、协调,使人的才能得以充分发挥。换言之,健全人格实际上是人格和谐、全面、健康地发展,是现实人格的良好状态,是与社会环境适应,为其他社会成员所接受而又充分表现个人个性特征的人格模式。目前,对于何为健全人格,没有确切的答案,许多心理学家从不同角度提出了自己的见解。

奥尔波特认为,健全人格有六个特点:①自我广延能力,即有很广的活动范围,有很多的朋友,爱好广泛,主动参与各种社会活动;②与他人热情交往的能力,富有同情心而没有占有欲和嫉妒心,能够容忍别人和自己在价值观上的差异;③情绪上的安全感和自我认同感,能容忍冲突和挫折,经得起不幸,对自己保持良好的形象和乐观的态度;④具有现实性知觉,能实事求是地看待事物,是"明白人"而不是"糊涂人";⑤具有自我客观性,知道自己有什么,缺什么,理解真正的自我和理想的自我之间的差距,也知道别人如何看待自己;⑥有一致的人生哲学,为一定的目标生活,有一种主要的愿望,能对自己的行动产生创造性的推动力。

罗杰斯诊断健全人格的特征包括:①经验的开放;②协调自我,自我结构与经验协调一致，并且具有同化其他经验的灵活性；③自我估价过程，以自我实现倾向为估价经验，不在乎他人意见；④无条件积极自我关注；⑤与同事和睦相处。

埃里克森认为，健全人格表现为把各种基本的经历逐渐整合到一个包含的系统之中，在一个特定的发展时期，健康人格的人已经妥善解决了先前的核心冲突，并能建设性地处理当前阶段的基本问题。

精神分析理论认为人格由彼此独立的本我、自我和超我三部分组成，健康的人格有足够的能量去知觉现实，调节超我，找到满足自我的途径。同样，超我也有足够的能量去监督自我，不会用无法实现的要求去制约它。自我能够从事社会上合乎要求的行为，避免冲突和焦虑，以达到社会化过程所希冀的目标，从而形成更多的合乎社会需要的行为模式。

白博文提出健康人格的条件包括：①自知之明；②自我调整；③良好的人际关系；④乐观进取的工作态度；⑤明达的人生观。

学者高玉祥认为健全人格的特点有：①内部心理和谐发展；②能够正确处理人际关系，发展友谊；③能把自己的智慧和能力有效地运用到能获得成功的工作和事业上。

心理学家黄希庭认为健全的人格特征包括：①对世界抱开放态度，乐于学习和工作，不断吸取新经验；②以正面的眼光看待他人，有良好的人际关系和团队精神；③以正面的态度看待自己，能自知、自尊、自我悦纳；④以正面的态度看待过去、现在和未来，追求现实而高尚的生活目标；⑤以正面的态度看待困难和挫折，能调控情绪，心境良好。

现在大多数学者认同的健全人格的特征包括：①对现实具有有效的洞察力；②对自我、他人以及人性的客观现实的高度接受能力；③思想、感情以及行为具有很大的自发性；④总是以问题为中心；⑤有高度的自主性；⑥常常会产生离群独处的需要；⑦有不断更新的欣赏事物的态度；⑧有多于他人的神秘体验；⑨有宽厚的社会感情；⑩有深挚而精粹的私人关系；⑪有民主的性格；⑫有强烈的道德心和责任心；⑬具有寓于哲理的善意的幽默感；⑭富有创造性。

大学生是我国未来建设的主力军，大学生的人格状态不仅影响自身的发展，也关系到国家建设人才培养的质量问题，关系到人类是否走和谐、可持续发展的道路。综合国内各位学者的相关标准，我们认为大学生健全人格的标准主要包括以下几点。

一是自我悦纳。能积极地开放自我，正确地认识自己，接受自己的优缺点，并在此基础上努力发展自己的优势，对生活持乐观向上的态度。

二是良好、和谐的人际关系。在与人交往时，善解人意，宽容他人，在不同的人际交往环境中表现出合适的态度，既不狂妄自大，也不妄自菲薄，在人际关系中很放松，处于被人喜欢和喜欢他人的状态。

三是良好、稳定的情绪和乐观的态度。情绪稳定,并能恰当地表达情绪,保持愉悦的心境,保持乐观向上的人生态度、积极热情的生活态度。

四是良好的适应能力。能主动与社会接触,积极地吸收各方面的信息,在遭遇挫折时能面对现实,冷静思考,调整心态,发现合理应对方法,从而不断进步,在适应环境的同时,发挥自身潜能。

五是乐于学习。能在已有知识基础上,勤于思考,积极主动学习各方面的知识,不断拓展自我的视野和思路,不断自我发展、自我塑造与完善。

三、人格完善的方法和途径

人生就是不断完善自我的过程。很多人都在通过各种方式不断完善自我,比如专业学习、礼仪与文化的学习、对自我的探索和改造等。追求自我完善主要有以下一些方法。

(一)悦纳自我

1. 正确地认识自我

正确地认识自己,认识到"尺有所短,寸有所长"。首先,认清自己的气质类型,充分发扬气质的积极面。其次,了解自己的性格特点,塑造良好的性格。一位先哲说过"一个人的性格就是他的命运"。良好的性格可以增加人们成功的概率。最后,自己通过他人的评价与比较或通过实践活动认识自我。他人既是评价者,又是参照者,能帮助个体澄清观念和认识自己。人们在与他人的相互交往中不断深化对自己的认识,在实践过程中,个体能不断加深对自我的认识,加深对生活的控制感。

2. 接受自己的与众不同

每个人都有自己的长处和短处,只要能在适当的场合恰当地应用,任何一种个性的人都能取得很好的成绩。毕淑敏曾说过:对于不能改变的事物,捶胸顿足、怨天尤人也于事无补。要想保持心灵平和,重要的原则就是对我们所不能改变的事物安然接受。积极地悦纳自我,就是要平静而理智地对待自己的长短优劣、得失成败。

3. 培养应对现实的调控能力

应对现实,不能消极地适应现实,而应在现实未出现前,积极设计,因此首先给自己设立一个与现实相契合的奋斗目标。在设立目标时,要选择适合自己水平的理想目标。如果目标过高,难以实现,就会使人产生挫折感,在心理上产生消极影响;如果目标过低,就会使人错过许多发展机会,无法实现自我发展。其次要适时调整目标。目标应与当今社会环境相一致,当目标和实际情况发生冲突时,要快速调节,虽然调节的过程让人不适,但只要想到未来的长远利益,就会不断从不适应到适应。当目标确立后,不时与现实对应的情况相比较,并努力加以实现。

4.学会自我激励与积极暗示

美国心理学家詹姆斯的研究发现,一个没有受到激励的人,只能发挥其能力的20%～30%;而当他受到激励时,其能力可以发挥80%～90%,相当于前者的三四倍。别人的激励会使你充满信心,自我激励会带给你无穷的力量。人的内心有巨大的能量,当个体处于无助境地,也可采用积极暗示的方法,回想自己曾经历过的美好情景和值得自豪的事情,缓解心理压力,调动内心能量,增强信心,从而克服眼前困境,度过生活中的坎坷。

(二)培养良好的情绪调节能力

1.保持愉悦的心境

心境是人们在日常生活中经常体验的一种微弱的、持久的、影响人的整个精神活动的情绪状态。良好的心境可以使人心情愉悦,做事轻松愉快,能应对更多的困境。不好的心境使人脸色难看,做事也往往不能获得积极的结果。因此,要有意识地保持乐观、愉快的心境,对学习、工作、人际交往都十分重要。

2.学会调节消极的情绪

人们要学会运用自我意识的力量,对消极的情绪进行疏导、转化和控制。

(1)辩证看待消极情绪。认识到消极情绪的产生是正常的、不可避免的,这有助于情绪的平衡。认识到消极情绪并非由事物本身引起,而是由人对事物的评价引起的,以此使消极情绪得到化解。

(2)采取合理形式发泄消极情绪。发泄的方式有很多,如睡个懒觉、散步、聊天、上网、看小说、洗澡、唱歌、看电影、听音乐、爬山、逛街、美餐一顿、在无人地方大吼等。这些方法可以消除郁闷,释放怒气和怨气,使情绪趋于平静。

(3)采取营养调节法。调节饮食,形成合理的饮食习惯。有研究表明,一些心理不适现象跟体内的营养失衡有密切关联。如体内没有足量的钙质、B族维生素,人就会感觉疲劳、焦躁和不满等。营养均衡、适当的饮食,可以减轻焦虑感、沮丧感、头痛、心绪不宁、疲劳以及失眠症状。因此,一定要形成合理的饮食习惯。

(三)创造和谐的人际关系

置身于良好的人际关系中,人们可以感到自己为他人所接受、承认,从而认识到自己对他人以及社会的价值,提高自信心。同时,通过别人对自己的态度和评价,自我评价更为全面、客观。和谐的人际关系有利于促进个体的心理健康。正如一位哲学家所说:如果你把快乐告诉一个朋友,你将得到两个快乐;如果你把忧愁向一个朋友倾吐,你将被分去一半忧愁。

我们可采用以下方法创造和谐的人际关系。①给人以真诚的赞美。②给人以善意的微笑。③学会倾听。专注地进行倾听,用态度表示关心,用微笑表示兴趣,并在恰当的时机进行适当提问,不要经常打断他人说话,忠实于对方的话题,不要不懂装懂。④善于运用幽默。⑤适当运用体态语言。行为学家经过几十年的研究发现,面对面沟通时,三大要素的影响比例是文字7%、声音38%、肢体语言55%。肢体语言对人际交往非常重要,因此与人交谈时,可放松地面对别人,姿势自然开放,身体微微前倾,适当地目光接触。⑥学习适当的谈话技巧。⑦培养良好的个性品质。这是最重要的一点。路遥知马力,日久见人心,经过长时间的接触,任何外部吸引的魅力终将散去,留在心里的是一个人的品质,这决定人际关系的最终好坏。

四、正确看待人格完善

人格完善的目标就是达到健全人格。值得注意的是健全人格是一种理想化的人格模式,是人们在心目中塑造出来的最完善的人格典范,是理想的人格所应达到的最高境界。人的一生都在追求和发展健全人格。健全人格是从人对自己的人生目标、人生理想设定的过程中想象的完美而又理想的人格,是人格追求的最高典范。

不同时代的思想家都在不断塑造、提升自身的人格。并设计出不同时代的健全人格,因此,健全人格代表着不同时代人们对理想自我的追求和美好愿望,是不同时代精神的凝聚。例如孔子视“圣人”为健全人格。马斯洛强调人的自我实现,他认为健全人格就是自我实现,具有以下特征:良好的现实知觉;对自己、对他人和现实表现出高度的接纳;有自发性和率真;以问题为中心;有独处的需要;高度的自主性,不受环境和文化的支配;高品位的鉴赏力;对普通生活的新鲜感;常常有高峰体验;能与他人建立持久深厚的友谊;具有民主的性格结构;强烈的道德感和独立的善恶判断能力;善意的幽默感;富有创造力等。

健全人格是生物进化所赋予人的本性在充分发挥时所能达到的境界。具有健全人格的人一定是心理健康者,他们能有意识地控制自己的生活,掌握自己的命运。他们能意识到自己的优点和缺点、善与恶,并且容忍和认可它们。他们不会沉迷于往事,而是坚定立足于现在,朝着未来的目标和任务努力前进。健全人格不同于正常人格,并明显高于正常人格。健全人格具有一种在结构上和动力上向崇高人性发展的特征,是人格特征的完美结合。

但实际上,没有任何一个个体能达到健全人格。人们往往可能会有遗传上的缺陷或不足、环境的不完美、个人追求欲望的不同,最终难以达到健全人格。此外,由于人的需要的多样性,或因对需要满足上的抉择引起各种动机冲突(即心理冲突),产生或大或小的心理压力,这种压力往往会增加个体适应的困难,对生活和工作也会产生不良影响。如果不能很好地解决冲突带来的影响,就会对个体产生很大的危害。很多接受心理咨询和心理治疗的个体就是由于不能很好地处理心理冲突而影响到心理健康的。

因此,当我们在将自己与健全人格的标准进行对照时,既不要因为达不到标准而伤心难过、抑郁沮丧,也不要因为健全人格的标准无人达到而放弃对自己人格的完善。

当看到自己达不到健全人格时,要意识到健全人格只是人类自己理想化的人格,在现实生活中难以达到,即使是公认的圣人也难达到,因此,在不断追求完善自我的道路上不要过分苛责自己,正确看待自己人格上的闪光点和欠缺处,合理地利用自己的人格优点,接纳缺点,充分发挥自己的优势,尽可能做最好的自己。

当意识到健全人格的标准无人能达到时,我们也不能放弃自己对自己的人格完善,因为无论怎样困苦艰难,人类总会向往美好,希望自己越来越优秀,在人生的历程中越来越自在。所以,虽然无人能达到健全人格,但我们还是要不断地调整和改变自己。只有这样,我们才能完全融入不断变化发展的社会,同时,利用身边人的人格优点来补充自己的不足。

讨论议题

· 如何正确看待人格完善?

课堂实践

气质量表

下面 60 道题可以帮助你大致确定自己的气质类型。在回答这些问题时,你认为:

A. 很符合自己的情况,记 +2 分; B. 比较符合自己的情况,记 +1 分;

C. 介于符合与不符合之间,记 0 分; D. 比较不符合自己的情况,记 –1 分;

E. 完全不符合自己的情况,记 –2 分。

1. 做事力求稳妥,一般不做无把握的事。

2. 遇到可气的事就怒不可遏,想到心里话全说出来才痛快。

3. 宁可一个人干事,也不愿意很多人在一起。

4. 到一个新环境很快就能适应。

5. 厌恶那些强烈的刺激,如尖叫、噪声、危险镜头等。

6. 和人争吵时,总是先发制人,喜欢挑衅。

7. 喜欢安静的环境。

8. 善于和人交往。

9. 羡慕那种善于克制自己感情的人。

10. 生活有规律,很少违反作息制度。

11. 在多数情况下情绪是乐观的。

12. 碰到陌生人觉得拘束。

13. 遇到令人气愤的事,能很好地自我克制。

14. 做事总是有旺盛的精力。

15. 遇到问题总是举棋不定、优柔寡断。

16. 在人群中从不觉得过分拘束。

17. 情绪高昂时,觉得干什么都有趣;反之,又觉得干什么都没有意思。

18. 当注意力集中于某一事物时,别的事很难使自己分心。

19. 理解问题总比别人快。

20. 碰到危险情景,常有一种极度恐怖感。

21. 对学习、工作和事业怀有很高的热情。

22. 能够长时间做枯燥、单调的工作。

23. 符合兴趣的事情,干起来劲头十足,不感兴趣的事则不想干。

24. 一点小事就能引起情绪波动。

25. 讨厌做那种需要耐心细致的工作。

26. 与人交往不卑不亢。

27. 喜欢参加热烈的活动。

28. 喜爱感情细腻、描写人物内心活动的文学作品。

29. 工作、学习时间长了,常感到厌倦。

30. 不喜欢长时间谈论一个问题,愿意实际动手干。

31. 宁愿侃侃而谈,不愿窃窃私语。

32. 别人总是说我闷闷不乐。

33. 理解问题常比别人慢些。

34. 疲倦时只要短暂的休息就能精神抖擞重新投入工作。

35. 心里话宁愿自己想,不愿说出来。

36. 认准一个目标,就希望尽快实现,不达目的誓不罢休。

37. 学习、工作同样一段时间后,常比别人更疲倦。

38. 做事有些莽撞,常常不考虑后果。

39. 老师讲授新知识时,总希望他讲得慢些,多重复几遍。

40. 能够很快忘记那些不愉快的事情。

41. 做作业或完成一件工作总比别人花时间多。

42. 喜欢运动量大的剧烈体育运动或参加各种文艺活动。

43. 不能很快地把注意力从一件事情转移到另一件事情上去。

44. 接受一个任务后,就希望把它迅速解决。

45. 认为墨守成规比冒风险强些。

46. 能够同时注意几件事物。

47. 当自己烦闷时,别人很难使自己高兴起来。

48. 爱看情节起伏跌宕、激动人心的小说。

49. 对工作极认真严谨、始终一贯的态度。

50. 和周围人的关系总是相处不好。

51. 喜欢复习学过的知识,重复做熟练做的工作。

52. 希望做变化大、花样多的事。

53. 小时候会背的诗歌,自己似乎比别人记得清楚。

54. 别人说我"出语伤人",可我并不觉得这样。

55. 在体育活动中,常因反应慢而落后。

56. 反应敏捷,头脑机智。

57. 喜欢有条理而不甚麻烦的工作。

58. 兴奋的事常使自己失眠。

59. 老师讲新概念,常常听不懂,但是弄懂后很难忘记。

60. 假如工作枯燥无味,马上就会情绪低落。

确定气质类型的方法:

1. 将每题得分填入相应得分栏内;

2. 计算每种气质类型的总分。

气质类型的诊断:

1. 如果某类气质类型得分明显高于其他三种且均高出 4 分以上,可定为该类型气质(超 20 分,为典型型;得分在 10 ~ 20 分,则为一般型)。

2. 两种气质类型得分接近,其差异低于 3 分,而且明显高于其他两种 4 分以上,则可定为这两种气质的混合型。

3. 三种气质得分均高于第四种,而且接近,则为三种气质的混合型。

气质类型	题项	总分
胆汁质	2、6、9、14、17、21、27、31、36、38、42、48、50、54、58	
多血质	4、8、11、16、19、23、25、29、34、40、44、46、52、56、60	
黏液质	1、7、10、13、18、22、26、30、33、39、43、45、49、55、57	
抑郁质	3、5、12、15、20、24、28、32、35、37、41、47、51、53、59	

课后思考

1. 什么是人格?

2. 人格的形成受哪些因素的影响?

3. 什么是健全人格?人格完善的方法有哪些?

本章相关知识链接

第十二章　认识心理疾病

情 景 导 入 •••

　　小 L 一夜未归,急坏了辅导员老师和同学们。大家找遍了他可能出现的地方,还是不见踪影。最后园林工人发现他一个人跪在校园一个偏僻的小树林里,满脸恐惧。同学们硬把小 L 拽回宿舍,发现他神情恍惚,说话东拉西扯,思维不连贯。

　　辅导员请学校心理咨询中心的老师看看小 L 是怎么回事。咨询中心老师说小 L 言行举止脱离实际,需要转到医院精神科接受诊治。但小 L 说什么也不愿意去医院,家长来后还是不能说服他。经咨询精神科大夫之后,家长请校卫队的几个队员把小 L 架到当地精神卫生中心强制就医,医生诊断其患有精神分裂症。

　　小 L 的言行已经明显超出了一般人可以理解的范围,属于严重精神疾病。面对学习压力、生活困扰、社会竞争等各方面因素,大学生经常会出现不同程度的心理问题,其中多数问题较轻,就像感冒一样,过一段时间就好。如果问题严重,并且达到了精神疾病的诊断标准,就需要接受医疗帮助。

　　由于种种原因,人们对心理问题存有偏见,认为有心理问题就是"心理有毛病""神经病""疯了"……因而对寻求心理帮助心存顾忌,讳疾忌医。也有一些大学生缺乏心理健康的相关知识,出现心理问题而不自知,或因担心自己患有心理疾病而十分苦恼,影响正常的学习生活。因此,大学生学习心理障碍基本知识,了解常见心理疾病的特征和表现,对于提高心理健康水平,出现心理问题及时寻求帮助、及时解决有非常重要的意义。

•••

第一节　心理障碍概述

　　人们通常会说某某人心理健康或不健康,或者正常及不正常,实际上,心理健康状态不是"好"与"坏"、"正常"与"不正常"两分的关系,而是不断起伏变化的过程。有时候人们会觉得神清气爽,精力充沛,有时候会觉得萎靡不振,懒散颓废,但只要没有达到一定的标准,都属于正常状态,而如果超过了某个标准,就属于异常了。

心理健康与不健康、正常与异常是从两个角度对心理状态的不同划分。一般来说,心理健康是一个心理活动的完好状态或者说是一种理想状态。在日常生活中,谁都不可能一直处于健康完好状态,因各种原因出现短期的郁闷悲观、心烦气躁等现象虽不是健康完好状态,但也属正常。而心理异常则是心理行为明显偏离常态,一般包括短暂的心理异常和各种精神疾病。只要没有达到异常标准,当然心理健康也就在正常范围。

一、什么是心理障碍

心理障碍指心理活动在不同程度上偏离常态,即心理异常。出现心理障碍时,人的工作学习效率下降,社会适应不良,主观感觉不好,对工作、学习和生活造成明显影响。心理障碍有广义和狭义的理解。广义的心理障碍是指从一般适应问题到精神疾病的不同程度心理和行为异常。狭义的心理障碍是指虽然对学习和生活造成了明显影响,但又未达到心理疾病的状态,是健康完好和心理疾病的中间状态。这里我们对心理障碍做广义的理解,即包含从一般适应问题到精神疾病的各种心理异常。

在大学校园里,有的学生因为失恋痛不欲生,在一段时间里十分痛苦,茶饭不思,夜不能寐,学习效率降低,与人交往减少,这时的心理状态完全不同于以往。这种状态虽然主观痛苦明显,对学习生活影响也大,但维持时间较短,属于短时间的心理障碍状态。有的学生对自己要求过高,做事苛求完美,哪怕已经比其他同学成绩好、表现好,但自己还不满意,认为自己不成功,因而常厌恶自己、烦躁,以至影响生活质量,学习效率也有所下降。这种心理障碍主观痛苦程度和对生活的影响不如失恋那么明显,但持续时间长,对学生的消极影响也不小。

还有一些比较严重的情况,例如有的学生持续心情低沉,对什么都没兴趣,整日不上课,呆坐在寝室或躺在床上,觉得自己没价值,活着没意义,处于严重的抑郁状态;个别学生在某些打击下出现无故听到声音,毫无根据地说有人害自己;有的学生行为激越;有的学生行为退缩,不能坚持学习。这些现象正常人无法理解,不能用常理去解释,属于心理疾病。

心理疾病患者与周围环境明显不协调。在他们眼里,世界已不是本来的样子,像鲁迅先生在《狂人日记》里所记述的,精神病人认为别人都在吃人。在心理疾病患者看来,自己也不是本来的自己,或者认为自己有一些神奇的力量,或者认为自己一无是处。在周围人眼里,心理疾病患者才是真正的"与众不同"。他们不光看法离奇,情感不恰当,而且行为怪异,说一些无根无据、不着边际的话,做一些常人难以理解、骇人听闻的事。心理疾病患者与正常人之间，往往难以交流。

心理疾病患者内心存在许多痛苦和矛盾。程度较轻的，对不正常的心理或行为能够认识，有自知力，并为之着急、紧张、焦虑，积极寻求医疗帮助，希望摆脱心理疾病。程度较重的，其认识、情感、意志等心理活动之间互不关联，有的思维错乱，说话颠三倒四，有的精神衰退，缺乏兴趣，没有主动行为，也有的精神兴奋，行为激越。严重心理疾病患者对自己的心理异常不能自知更不会主动求医。

心理疾病患者不仅自己不能正常生活，而且对他人和社会造成许多不良影响。严重心理疾病患者不能参与正常社会生活，有的连个人生活都不能自理，成为精神残疾，给家庭造成很大影响。有的精神病患者还在幻觉妄想支配下伤人、杀人，危害他人人身安全，需要加以监护和防范。

二、判断心理异常的标准

心理活动的正常与异常之间，没有严格的界线。判断一个人的心理是否异常，需要将其心理状态与行为表现放在当时的客观环境、社会文化背景中加以考查，并与人们认可的正常行为进行比较，还应同其惯常表现和个性特征来对比，这样才能发现问题，确定心理正常与否。一般认为，判断一个人心理是否异常可以从下面几个方面进行考察。

（一）主观经验标准

这是从个人经验出发进行判断。主观经验判断包含两个方面。一方面是心理异常者本人的判断，心理异常会使人产生许多不适，如情绪紧张、焦虑、恐惧，行为过分消极被动，或者不能控制自己的行为，受诸多不适的困扰。较轻的心理疾病患者会承认自己有病，且能主动寻求帮助。但像精神分裂症、躁狂抑郁症等严重精神疾病患者，由于缺乏对疾病的认识能力，不认为自己有病，有的也没有主观不适，所以单凭个人经验是不够的，应结合其他标准来判断。另一方面是临床医生的主观判断。精神科医生根据自己掌握的有关心理异常知识和临床经验来判断一个人心理是否正常。经过良好医学训练的医生一般能够比较准确地判断一个人是否达到精神疾病的程度。

（二）医学标准

这是从生物学角度考察心理异常。某些心理异常有其生理改变的原因，如果这些生理改变存在，就可认为心理异常。例如，抑郁症和大脑神经突触间的神经递质5-羟色胺的减少有关，精神分裂症与大脑神经递质多巴胺的改变有关。还有许多躯体疾病都会伴发心理异常，如脑器质性病变、中毒、感染、内分泌疾病等都会伴发情绪和行为的异常。找到这些躯体病变的依据，便可作为确定心理异常的标准。这类标准比较局限，因为许多心理异常目前还都未发现有器质性改变的原因。

(三)统计学标准

运用统计学方法将个人的心理状况与其所在群体进行比较,以判断个人的心理是否异常。统计学发现,心理特征的测量结果常呈正态分布,即大多数处于居中的水平,只有少数与平均水平相差较大,与平均值相差1.96个标准差的人占到总人数的95%,这个范围是正常范围,另外5%是异常。从这个标准来看,心理异常的人在人群中占有一定比例。但对个别心理特点这个标准并不适用,例如智力超常的人比一般人能力水平高许多,处于统计意义的正常值范围之外,但他的心理仍然是正常的。

(四)社会适应标准

人在社会中生存,就必须遵从一定的社会准则或规范,如风俗、习惯、道德标准等。如果一个人的心理和行为符合社会认可的行为规范,就会被认为是正常的,否则就被视为异常。从这个标准来看,一个人是否能够积极参与社会生活、顺利完成学习和工作任务、承担各种社会责任和义务都是心理正常与否的标志。心理异常者往往脱离社会,行为怪异,难以被人理解,不能正常参与社会生活。

以上几个标准应结合使用,综合评判,单从某一个标准得出的结论往往是偏颇的,不可靠的。

三、心理障碍的分类

在专业领域,对心理疾病或严重心理障碍有比较细致的划分,但对轻度和中度的心理障碍,尚没有严格的区分。变态心理学中心理障碍分为认识过程障碍、情感障碍、意志行为障碍、意识障碍、智能障碍、人格障碍等。精神病学里心理疾病包括神经症、人格障碍、器质性精神障碍、精神分裂症、心境障碍等。为了帮助大家了解心理障碍的全貌,我们从心理障碍对个人生活和工作的影响程度做一个粗略的划分。

(一)一般心理问题

人在生活中会遇到来自工作、学习、人际关系等多方面的挑战或压力,还会受到各种挫折、打击,当这些现实刺激强度较小,引起的心理反应较低时,就会出现一般心理问题。例如,大学生入学后学习要求改变,面临新的环境、新的管理模式,许多学生不能很好适应,出现目标缺失、学习效率下降、对自己状态不满意等不良反应,产生郁闷、悲观等不良情绪,就属于一般心理问题。一般心理问题往往有比较明确的客观诱因或现实压力,心理反应与客观诱因联系紧密,对与诱因关系不大的事则不会有明显不良反应,也就是说,情绪和行为反应没有泛化到其他事物上。

一般心理问题给人带来的主观痛苦较小,持续时间相对较短,对学习和生活的影响也较小,而且不管其产生过程还是结果都是合乎情理的。一般心理问题是大学生活中最普遍、最常见的心理问题。一般心理问题会因为环境中不良刺激减少，及时自我调整，朋友、同学间的帮助等方式得以顺利解决，当然，如果能及时寻求学校心理咨询中心的帮助，会解决得更好、更快。

大学生常见的一般心理问题有学习问题、人际关系问题、爱情问题、自我认同问题、择业就业问题等。这些问题在其他各章节里均有深入介绍，这里不再赘述。

（二）严重心理问题

一般心理问题不能及时得以解决以至日益严重，或者遭遇较大打击事件，或者由于个性的因素，对自己和他人存在不良认知，便可能出现严重心理问题。严重心理问题可以从三个方面来衡量：一是从主观痛苦的程度，个体感到明显的焦虑、抑郁或恐惧情绪；二是从持续时间角度，持续时间相对较长，一般在一个月以上；三是从对学习生活的影响程度，学习效率低下，完成学习任务有困难。

严重心理问题是由较为强烈的现实刺激引起，心理反应较一般心理问题更为强烈，而且情绪和行为反应已经有所泛化，即与现实刺激相关的事物也会引起明显的心理反应。但是，不论在问题的严重程度上还是影响程度上，都没有达到神经症或其他任何一种精神疾病的诊断标准。

严重心理问题包括焦虑、抑郁、恐惧等不良情绪，以及退缩、强迫行为，自杀观念和行为，网络成瘾等不良行为，失眠、厌食、贪食等生理问题。出现严重心理问题时，个体感觉痛苦，虽进行自我调整但效果不佳，精神状态不好，学习效率较低，与人交往减少，对个体造成明显影响。

解决严重心理问题是大学心理咨询的主要任务。经过恰当的心理咨询和辅导，一般可以完全恢复，但如果现实刺激持续存在，又不能及时寻求心理帮助，并有一定的人格基础，严重心理问题就可能发展成为心理疾病。

（三）轻度心理疾病

如果心理活动各方面之间的协调性受到影响，心理活动与环境轻度失调，心理活动效率降低，而且达到某一心理疾病的诊断标准，就可诊断为轻度心理疾病。此类疾病主要包括各类神经症、人格障碍等。轻度心理疾病患者一般生活可以自理，能完成日常生活中各种任务和一般社交活动，但心理障碍对正常生活已造成明显影响，例如神经衰弱的患者感到注意力下降，记忆减退，精神不振，难以胜任学习和工作的要求。

轻度心理疾病可能与环境刺激因素有关，但其心理反应在程度上却大大超出了人们对这些刺激的正常反应，如恐惧症患者对一般人看来并不可怕的事物感到非常恐惧，在范围上也明显泛化，对日常生活中的许多问题都有强烈心理反应。轻度心理疾病持续时间较长，一般神经症的诊断标准的病程要求在三个月以上。

轻度心理疾病包括各种神经症、性心理障碍、人格障碍、轻度心境障碍等。与严重心理疾病不同的是，轻度心理疾病在主客观一致性、心理与行为统一性上的偏离程度较轻,对学习、工作和生活的影响较小,自知力一般完整,对自己的心理异常有恰当的认识,能够主动寻求心理治疗或精神医学的医疗帮助。

轻度心理疾病患者应接受医院精神科治疗和指导,并结合心理咨询、心理治疗及日常行为训练和社会适应训练,一般可以得到控制。

(四)严重心理疾病

严重心理疾病是指心理活动的认识、情感、意志各部分严重失调,整体心理活动瓦解,心理和行为与环境明显不协调,符合某一严重精神疾病的诊断标准。严重心理疾病患者的言语行为常人无法理解,不能参与正常的社会活动,与人无法正常交往,必须接受恰当的医疗帮助。精神分裂症、偏执性精神障碍、感应性精神病、分裂情感性精神病、心境障碍等都属于严重心理疾病。轻度心理疾病和严重心理疾病均有严格的疾病分类和诊断标准,目前医学临床使用的诊断标准有:《国际疾病分类(第十版)》(ICD-10)和美国的《精神障碍诊断和统计手册(第 5 版)》(DSM-V)。

严重心理疾病患者缺乏对疾病的自知力,不主动就医,需要他人采取一定措施使其配合医疗工作。这类患者需接受系统的精神科治疗,在发病期还应进行必要的监护,以免自杀、自伤或伤人毁物。严重心理疾病如果及时就医,并得到恰当的诊断和治疗,一般可在不同程度上恢复心理社会功能,但如果不及时就医,不遵从医嘱,不配合治疗,恢复效果就可能不好。

以上四种类型问题越是轻微就越常见,对大多数大学生来讲,更多是受前两类问题的困扰,只有极少数学生会达到心理疾病的程度。

四、心理障碍的成因

人的心理状态受两个方面因素影响:一个是环境条件,另一个是个人因素。环境条件包括在成长过程中所接触、经历的家庭、学校、社会环境,也包括目前正在面临的环境刺激。个人因素包括遗传素质、年龄、躯体状况、个性特点等,具体可以包括以下几个方面。

(一)生物学因素

个体的遗传素质是产生心理障碍的生物学原因之一。例如高级神经活动类型决定着神经活动的强度、均衡性和灵活性,影响人的气质类型和行为模式,在心理障碍的产生中起到了一定作用。精神病学的研究还发现,强迫症、焦虑症等神经症、精神分裂症等精神疾病都受遗传素质的影响。例如恐怖症的患者亲属中,有 19% 的人有类似疾病;遗传素质完全相同的同卵双生子中,一方患精神分裂症,另一方也患病的概率为 86%。生物学因素中还包括大脑发育迟滞、大脑病变、某些躯体病变等,这些生理疾病都可以导致心理异常。

身体状态也可能成为心理障碍的诱因。例如在疲劳、体力透支的情况下容易出现注意力不集中,记忆、思维效率下降的现象,甚至会出现短暂的幻觉。

(二)家庭因素

家庭完整与否、家庭气氛、家庭中的亲子关系、父母对子女的养育方式等因素都可能成为引发心理障碍的原因。有研究发现,离异家庭、丧亲家庭子女的心理问题出现概率要高于健全家庭。心理学家埃利克森研究认为,如果个体没有得到父母的细心关怀,遭受忽视、抛弃、敌视,他们长大后会不信任他人,不相信自己的能力,感受到持续不断的焦虑,并出现一些神经症症状。

(三)个人心理因素

个人心理活动中较多的动机冲突、遭遇挫折后不能很好调节、防御机制运用不当、长期处于不良情绪、个性不成熟或个性偏差等因素,都可能成为心理障碍的原因。例如有的人在生活中受到挫折打击后不能自拔,诱发心理障碍。一些精神疾病也有其人格原因,例如易患癔症的人有情感丰富、易受暗示、富于幻想、自我中心的人格特征,疑病症患者有敏感、多疑、主观、固执、谨小慎微、苛求完美等人格特点。

(四)学校教育及校园生活环境

人在成年以前大部分时间都在学校接受教育,学习是其主要任务,学校教育的内容和方式、与老师同学的关系、在集体中的表现等方面均可能对个体造成消极影响,成为心理障碍的原因。过分强调成绩、学习压力大、竞争激烈等问题也会导致学生出现心理障碍。

大学阶段是人生的一个重要转折期。从高中进入大学是一个转折,大一新生要面临学习方法改变、管理模式改变、新的人际环境等许多问题。从大学进入社会也是一次转折,大学高年级学生容易受专业方向和就业形势的影响。对这两次转折不能很好地适应是大学生心理障碍的主要原因之一。

(五)社会因素

社会因素包括政治、经济、文化背景、宗教信仰、风俗习惯等方面。一个人的职业、社会地位、角色身份、经济收入等因素也可能成为心理障碍的原因。有研究显示,从事压力大、紧张度高的职业的人不仅容易出现焦虑、抑郁等心理问题,而且也容易患冠心病、高血压等心身疾病。

讨论议题

· 不同类型的心理障碍应该如何处理?
· 心理障碍成因的多样性对预防和治疗有何启示?

第二节 大学生常见心理障碍

迈进大学校门,对绝大多数学生来说是一件令人兴奋的事。但由于大学与高中存在许多差异,不少学生不能适应大学生活,出现一些心理问题,例如觉得生活没有目标,对所学专业不满意,学习没有兴趣,不会自我管理,过度沉迷网络,与同学关系紧张,等等。各种心理问题如不能及时解决,就可能诱发心理疾病。心理障碍的表现多种多样,本章着重阐述心理生理障碍、神经症、性心理障碍、人格障碍等。

一、心理生理障碍

心理生理障碍是指与心理因素紧密相关的生理障碍,包括以进食、睡眠及性行为方面的异常为主的精神障碍。

(一)失眠

睡眠是人每一天必然要经历的生理活动之一,关系到人们的生活质量。睡眠可以使人恢复精力,保持高效率的工作和学习,也是维护心理健康的重要条件。

1.睡眠与失眠

人们对睡眠需要的个体差异很大。从睡眠时间来看,睡眠可分为长睡眠型和短睡眠型两种,一般长睡眠型每天睡眠时间在9小时以上,短睡眠型每天睡眠时间在3小时以下的称为短睡眠型。对睡眠的需要还和年龄有关,儿童每天要睡10~12小时以上,青少年为9~10小时,成年人一般在7~8小时,而老年人的睡眠时间则较短,一般5~7小时。对于大学生来讲,只要经过一晚睡眠后第二天精神好,学习效率高,就说明睡眠时间够了。

失眠是指持续长时间对睡眠的质和量感到不满意的状况。有学者认为,失眠应该有两个基本要素:一是正常睡眠被扰乱;二是睡眠扰乱对个体一天的活动有明显的不良影响。失眠常表现为入睡困难、易醒、早醒,一般失眠以难以入睡为主。失眠者常因难以入睡而感到担心、紧张、焦虑不安,形成恶性循环,第二天起床后缺乏清醒感,疲劳、思睡,上课注意力不能集中,感觉记忆力不佳,长期严重的失眠会影响学习和生活。早醒则表现为比平时提前1小时甚至几小时醒来,醒来后辗转反侧,不能再次入睡,起床后感觉疲乏、瞌睡、头晕。浅眠指睡眠不深,多梦易醒,虽然睡眠时间并不短,但睡眠质量不高,第二天精神不佳。

2.失眠的原因

有许多因素会影响睡眠质量,如噪声、睡眠条件、情绪状态等。面临压力,睡眠条件差等原因会导致短期的、情景性的失眠,当这些原因消除后睡眠质量自然会好转。一般认为,导致失眠的原因有以下几个方面。

(1)身体原因。疾病和躯体不适是导致失眠的原因之一,如疼痛、皮肤瘙痒、咳嗽、腹泻等,医院住院病人的失眠大多属于这种情况。

(2)环境因素。睡眠环境差、拥挤、噪声、灯光等不良刺激会影响睡眠。大学生集体住宿,如果没有统一的作息时间,就可能相互影响,导致失眠。安静、整洁、舒适的环境有助于睡眠。

(3)睡眠习惯。一方面是作息习惯,如果每天定时上床,定时起床,久而久之成为习惯,会有好的睡眠质量,但如果这种习惯被打破,就可能出现失眠。有的人习惯白天多睡,到晚上便不困,而对睡眠的期望又高,也会出现失眠。另一方面是入睡前的习惯,有的人入睡前用脑过度,或从事一些活动导致大脑兴奋,也会难以入睡。

(4)心理社会因素。生活中面临重大事件,如重大考试、恋爱或失恋、严重疾病、人际关系紧张、亲人重病或亡故,这些重大事件都可能导致失眠。由于种种因素出现焦虑紧张、抑郁悲观、愤怒、恐惧等较强烈的情绪也会导致失眠,一些心理疾病也会伴发失眠,如焦虑症、抑郁症、神经衰弱等。

(5)药物和成瘾物质。服用中枢神经系统兴奋类药物会导致失眠,如氨茶碱、苯丙氨类兴奋剂、麻黄碱等,而减少催眠镇静类药物的剂量或停用时症状反弹,也会加重失眠。精神活性物质如毒品、酒精、烟草等有兴奋中枢神经的作用,会导致失眠。茶、咖啡等饮料属于中枢兴奋类物质,睡前饮用也会导致失眠。

3. 如何克服失眠

如果出现失眠,首先要分析失眠的原因,根据原因有针对性地提出解决办法。如果是躯体疾病引起的失眠,就要先治疗疾病,如果是药物所致,则需要在医生指导下调整药物使用的种类和剂量。一般来说,出现失眠时可以从以下几个方面调整。

(1)养成良好睡眠习惯。每天有规律地作息,在睡前不做剧烈运动,不思考复杂问题,不看让人兴奋或烦恼的书或影视剧。睡前从事一些能让自己放松的活动,如听舒缓的音乐、闭目养神、谈一下轻松的话题等,还可以睡前烫脚,促进血液循环,睡前不饮用茶、咖啡或含酒精的饮料,饮用牛奶有助于睡眠。

(2)学会自我放松。研究表明,肌肉的放松有助于心理紧张的缓解,在入睡前运用放松技巧,进行肌肉紧张松弛的对比,达到心身放松的效果,对提高睡眠质量有很大的帮助。

(3)消除因急于入睡产生的焦虑。许多人不能入睡的原因是急于入睡,想很快睡着但又睡不着,感到焦急、紧张,越是焦虑越不能入睡,形成恶性循环。同时,不能入睡引起的焦虑还来自时间知觉的原因,在睡不着时觉得时间很漫长,而睡着以后觉得时间过得飞快,有人第二天早晨觉得自己昨晚好像没有睡觉,实际上他已睡了五六个小时。要消除入睡前的焦虑，就要改变对睡眠的态度，可以告诉自己，睡不着不要紧，只要躺在床上也是休息，可以用深呼吸、自我放松来对抗焦虑，待情绪平静下来时，自然可以很快入睡。

（4）药物治疗。如果长期失眠而不能自我调整，就需要去医院寻求帮助。医生会建议使用一些抗焦虑药或镇静催眠药，此类药物的使用一定要按照医生要求的剂量和服用方法，不可私自加减药量。偶尔失眠是普遍的现象，只有当每周失眠三次，持续一个月以上，且对社会功能有损害或引起显著苦恼时，才需要寻求医疗帮助。

（二）神经性厌食

饮食问题在大学生中尤其是女生中比较常见。由于以瘦为美的观念，担心进食较多而发胖，有的女生减少食量和进食次数，甚至影响了正常活动的精力。大学生活动量大，能量消耗多，摄入充足的食物是必需的，过度节食不利于健康。

如果过度节食就可能出现疾病状态。精神疾病中有一种神经性厌食就是由心理因素引起的一种慢性进食障碍，即个体通过节食等手段，有意造成疾病维持体重明显低于正常标准为特征的进食障碍。神经性厌食者一般都有因为害怕发胖而有意节食的心理和行为，约有 30% 的患者之前有轻度肥胖，在日常生活中刻意减少进食量，体重明显下降，有的利用过度运动、呕吐、服用泻药等手段减轻体重，有的因饥饿而暴饮暴食，之后又非常懊悔，设法吐出食物。由于较长时间进食量少，营养不足，人会出现精力差、失眠、情绪不稳、焦虑、抑郁、强迫观念等异常心理。多数患者存在体像障碍，即已经十分消瘦却仍认为自己过胖，还会有代谢和内分泌障碍，如月经紊乱及躯体功能紊乱，严重的可能因机体衰竭而危及生命。

神经性厌食的病因既有生物学因素，也有心理社会因素。近些年研究发现瘦素等神经肽及其受体与控制摄取食物有关。自卑、拘谨及完美主义倾向等特点是过分节食的人格基础，过度关注体重和体形，并以之作为判断自我价值的标准也是厌食的原因。学习工作过度紧张、对环境适应不良、人际关系问题等是厌食的社会诱因。

一般正常节食虽与神经性厌食的目的相同，但节食者食欲正常，无内分泌紊乱，节食能够适可而止。如果达到神经性厌食的程度，就需要去医院通过药物治疗恢复体重，消除焦虑、抑郁等不良情绪，同时还应接受心理治疗，可采用纠正对体重和体像的错误认知，克服自卑心理，训练正常进食行为等方法进行调整。

（三）神经性贪食

神经性贪食是反复发作的、不可控制的、冲动性的暴食，继而又采用自我诱吐、导泻、禁食或过度运动来抵消体重增加为特征的一组进食障碍。与厌食一样，贪食在女性大学生中的发生率也较高，国外调查有 1%～3% 的青少年女性有贪食。贪食常与厌食伴随出现，一般先是厌食，然后出现贪食。贪食的主要特点是有不可抗拒的进食欲望,有频繁的、反复发作的暴食行为,发作时食欲大增,吃得又快又多,食量甚至数倍于常人,吃到难受为止,并因为对发胖的恐惧,又采取诱吐、导泻等手段消除暴食引起的发胖的可能性。贪食常伴有焦虑和抑郁情绪,对过度进食行为担忧、内疚,并引起自我否定,甚至可能有自杀观念和行为。

神经性贪食的原因与遗传有关,但细节尚不清楚。引起厌食的个性特点与贪食有关,有人从心理动力角度认为贪食与婴儿期的创伤有关,也有人认为厌食、贪食与青少年自我意识的发展有关,是要求独立自主的表现。

与神经性厌食一样,大多数贪食者都需要住院治疗,接受营养支持和调节电解质紊乱,并配合抗抑郁治疗。心理治疗是贪食的主要治疗方法,如认知行为治疗,用认知调节结合行为训练达到治疗目的。系统家庭疗法对厌食和贪食也有良好效果。心理治疗都需要在专业人士的指导下进行。

二、神经症

神经症是一组大脑功能失调的精神障碍的总称,这类疾病不存在器质性病理基础,属于轻度精神障碍。一般患病时间较短,病人有焦虑、紧张等多种主观不适感,对疾病认识明确,能主动寻求治疗。患者人格一般没有损害,行为虽有改变,但仍在社会许可的范围之内,患者不会把自己的病态体验和现实相混淆,一般社会适应能力较好。

神经症有一些共同特征:①无任何可证实的器质性基础;②发病与精神刺激和心理社会因素有关;③患者感到一种无能为力的痛苦,但一般的社会适应能力良好;④病前多有一定的素质和人格基础;⑤对自己的病有相当的自知力,常常有较强的求治欲望;⑥症状与现实处境不相称,主要表现为焦虑、抑郁、恐惧、强迫、疑病等,符合某一类型的神经症诊断,除惊恐发作外,一般病程在三个月以上;⑦不存在精神病性症状。

神经症一般可以分为以下几种类型:恐惧症、焦虑症、强迫症、躯体形式障碍、神经衰弱和其他待分类的神经症。下面简要介绍几种常见的神经症。

(一)恐惧症

恐惧症是以较强的恐惧症状为主要表现的神经症,患者对小动物、黑暗、广场、社交等事物或情景有十分强烈的恐惧感,恐惧情绪的强度与诱发的情境不相称,对一些对象或处境产生强烈和不必要的恐惧。恐惧症一般分为三种类型:场所恐惧症、社交恐惧症和单一恐惧症。

1.场所恐惧症

场所恐惧症又称广场恐惧症、旷野恐惧症等,主要表现为对某些特定环境的恐惧,如空旷、开放的空间,难以很快逃离的商场等。患者害怕进入广场、商场、剧场、车站、电梯、交通工具等,因担心这些场所而出现严重焦虑、恐惧的情绪反应,并且竭力回避这些环境，甚至不敢出门。"恐高症"就属于这种恐惧症，以害怕高处为特征。

2. 社交恐惧症

社交恐惧症是以害怕社会交往为特征，患者因担心在交往中被人审视，导致对社交情境的回避。有的社交恐惧是对特定情境社交的恐惧，如与异性交往、在大众面前讲话、公共场所进食等，有的社交恐惧是对几乎所有交往情境的恐惧。社交恐惧症患者常常自我评价低，害怕被人批评，在社交时有脸红、手抖、恶心等反应。

3. 单一恐惧症

单一恐惧症是对特定的对象有不合常理的恐惧。常见的有对某种动物的恐惧，对鲜血或尖利物品的恐惧，对黑暗、风、雷电等自然现象的恐惧。单一恐惧症患者一般只限于对某一特殊对象的恐惧，既不改变也不泛化，但有人可能在消除了对某一物品的恐惧之后，又产生对另一对象的恐惧。

（二）焦虑症

焦虑症是以焦虑、紧张、恐惧为主的情绪障碍。主要症状或是持久的没有任何直接原因的紧张不安，或者表现为突发的、极度的恐惧不安。焦虑症一般分为广泛性焦虑障碍和惊恐障碍两种类型。

1. 广泛性焦虑障碍

广泛性焦虑障碍又称慢性焦虑，是焦虑症最常见的表现形式。患者经常担心、紧张、害怕，伴有口干、出汗、心悸、气急、尿频等植物性神经系统紊乱症状，以及手抖、坐卧不宁等运动不安症状。广泛性焦虑障碍常伴有睡眠障碍，表现为入睡困难，躺在床上担忧，出现不愉快的梦境等。

2. 惊恐障碍

惊恐障碍又称惊恐发作、急性焦虑症，以反复的惊恐发作为特征，患者会不可预测地突然出现严重的惊恐体验，感到心跳过速、呼吸困难、头晕、出汗、全身发抖甚至晕厥或瘫痪，好像感到死亡将至，有濒死感。惊恐障碍突然发作，5～20 分钟后终止，但不久又会突然再次发作。因担心惊恐发作而得不到帮助，患者不敢单独出门，不敢到人多热闹的场所，有的会发展成为场所恐惧症。

（三）强迫症

强迫症是以强迫观念、强迫冲动或强迫行为为特征的神经症，存在反复持久的、不能自制的念头、冲动或行为，明知没有必要，却又不能摆脱，因此而烦恼、焦虑。有人仅有一种强迫症状，有人几种症状兼有。强迫症主要有三种常见类型。

1. 强迫观念

强迫观念即不能自我控制的、反复出现的观念。强迫怀疑是对某件事可靠性有不确定感，如怀疑门窗是否关紧，数钱是否准确，别人的话是否听清等。强迫性担心,如杞人忧天的故事。强迫性穷思竭虑,是对一些毫无意义或与自己毫无关系的事反复思索、刨根问底,比如整日思考先有鸡还是先有蛋。

2. 强迫意向或冲动

有去做违背自己意愿的某件事的冲动,本人知道自己不会去做,也知道这种想法是非理性的,但这种冲动无法停止,欲罢不能。比如一到高处就有跳下去的冲动,一见到商店里有自己喜欢的东西就有去偷的冲动,等等。

3. 强迫行为

强迫行为是不能控制地反复出现某些行为。常见的有强迫检查,例如反复检查门窗是否锁好,煤气是否关好等;强迫洗涤,表现为反复洗手、洗涤衣物等;强迫计数,例如反复清点楼梯、电线杆、路边的树等。对这些强迫行为,患者明知没有必要,但又不能控制自己不要去做,并为此感到烦恼。

(四)躯体形式障碍

躯体形式障碍是一种以持久地担心或相信各种躯体症状的优势观念为特征的神经症,包括躯体形式的植物性神经紊乱、疑病障碍、躯体化障碍、疼痛等。患者有多种形式的躯体不适感,担心或相信自己患有一种或多种严重疾病,因而反复就医,并伴有焦虑、抑郁等不良情绪,但医院的各种检查又不能发现任何躯体疾病的根据。

1. 躯体化障碍

躯体化障碍是一种以多种多样、经常变化且没有可证实的器质性躯体症状的精神疾病。躯体症状可涉及任何系统或器官,最常见的是胃肠道不适,如打嗝、反酸、疼痛、恶心等;异常的皮肤感觉,如瘙痒、烧灼感、刺痛、麻木感、酸痛等。躯体化障碍还包括以自主神经支配的器官系统的躯体症状,如持续存在的心悸、出汗、颤抖、脸红等自主神经兴奋症状。不能用生理过程或躯体疾病解释的、持续的疼痛也属于躯体化障碍,主要表现为头痛、腰背痛等,疼痛的时间、性质、部位经常变化,而且服用镇痛剂无效。

2. 疑病症

疑病症是以担心或相信自己患有某种严重躯体疾病或身体畸形的持久性优势观念为主的神经症。患者对自身的身体状况或身体的某一部分过分关注,经常诉说躯体某部位不适,并到医院寻求医疗帮助,但医院的各种检查并不能发现躯体疾病的根据。患者却不相信各种检查的结果及医生的解释,坚定地认为自己有病并反复求医。

(五)神经衰弱

神经衰弱是由于长期情绪紧张和精神压力,引起大脑皮质兴奋和抑制失调所致的疾病,常与心理冲突有关。一般慢性发病,具有易感素质的个体在环境刺激的影响下容易发病,症状常具有波动性。

/>

神经衰弱的主要症状包括精神易兴奋,脑力易疲乏,思维杂乱无意义,注意力难以集中且易转移,回忆联想增多,精神易疲劳,用脑稍久便十分疲惫,整天头昏脑涨,学习工作效率明显下降。患者经常烦恼、紧张,易激惹,精神不振,伴有焦虑症状,有睡眠障碍,入睡困难,易惊醒,会出现紧张性头痛和头昏,白天无精打采,夜间兴奋不眠。

三、性心理障碍

性行为是人的基本生理需要之一,是关乎人类种族繁衍的客观事实。正常的性行为应当是在两性之间进行,并且有一系列复杂的生理心理过程。正常的性行为能够满足人的需要,有利于身心健康。性心理障碍是指性心理和行为明星偏离正常,并以这类性偏离作为性兴奋、性满足的主要或唯一方式的一种心理障碍。

性心理障碍通常具有以下特征:①对不能引起正常人性兴奋的物体、对象或环境有强烈的性兴奋;②追求或者采用与常人不同的异常性行为方式来满足自己的性欲;③具有强烈的改换自身性别身份的欲望。

性心理障碍有许多表现,可分为三种类型:性偏好障碍、性指向障碍和性身份障碍。

(一)性偏好障碍

性偏好障碍是指多种异常形式的性偏好和性行为。常见的有恋物症、露阴症、窥阴症、异装症等。

1.恋物症

恋物症是指依靠某些非生命物体作为性唤起及性满足必备刺激物的一种性偏好障碍。许多恋物对象为人体的延伸物,如衣物或鞋袜。其他常见的恋物对象以某些特殊质地(如橡胶、塑料或皮革)为材料。迷恋物对个体的重要性因人而异。恋物症患者几乎均为男性,迷恋异性的物品,如手套、内衣、丝袜等。

2.窥阴症

窥阴症是指反复发生或持续存在窥视别人的隐私行为(如脱衣)或窥视别人进行性行为的一种性偏好障碍。偷看是在被看人没有觉察的情况下进行的,患者一般为成年男性,他们对窥看异性有强烈的要求,为此潜入女厕所、女浴室、女卧室。窥阴行为揭露他人隐私,属于不道德及轻微违法行为,但即使多次被抓也不能很快纠正。

3.露阴症

露阴症是指反复或坚持向陌生人(通常为异性)或公共场所的人群暴露生殖器的一种性偏好障碍。患者对暴露对象并无更密切接触的请求或意图,几乎只见于男性,一般在傍晚或夜间,在商场、电影院或公园等人不太多或十分拥挤的场所暴露生殖器,在对方的惊慌失措或辱骂中获得性满足。

（二）性别认同障碍

性别认同障碍是指一个人女性或男性身份的内在信念与生物学所决定的性别不一致的一种精神障碍。包括易性症、双重异装症、童年性别认同障碍等。易性症是指期望作为异性来生活和被人们接受，通常伴有对自己解剖学性别的不适感或不恰当感，并希望做手术和通过激素治疗使自己的身体尽可能和所偏爱的性别一致的一种性别认同障碍。

性心理障碍属于一种心理疾病，应正确看待。性心理异常者大多数不是性欲亢进的淫乱之徒，也非道德败坏、流氓成性的人。大多数患者社会生活适应良好，工作尽责，为人正派，个性内向，他们对自己不合社会规范的行为亦十分懊悔，但却难以自制。性心理异常者应像其他生理、心理疾病一样受到关怀照顾，接受恰当的治疗，纠正不当的行为。

四、人格障碍

人格障碍是指个体的人格特征明显偏离正常，即在个人生活风格和人际关系等方面存在异常的行为模式，这种行为模式明显偏离社会文化背景和一般人的认知方式，对社会功能和职业功能造成影响，使个体对环境适应不良，个体为此感到痛苦，但难于纠正。人格障碍一般源于童年期，并影响人一生中的大部分时间。

一般认为，人格障碍具有三个要素：①早年开始，于童年或少年发病；②人格的一些方面过于突出或显著增强，导致牢固和持久的适应不良；③对本人带来痛苦或贻害周围。

人格障碍的形成与先天遗传素质、成长经历、心理因素、社会环境等因素有关。在成长过程中，不良的家庭教育，不良的伙伴和团体的影响，有不良内容的小说、影视剧等大众传媒的影响都是繁衍人格障碍的温床，特别是成长于破裂家庭，父母分居、离异或死亡，父母本身行为不良，教育方式不当，或父母患有精神病、人格障碍及刑事犯罪等家庭环境的儿童可能较早出现人格异常。

一般人格障碍可分为九种类型，即偏执型人格障碍、分裂型人格障碍、反社会型人格障碍、冲动型人格障碍、表演型人格障碍、强迫型人格障碍、焦虑型人格障碍、依赖型人格障碍以及其他类型人格障碍。

（一）偏执型人格障碍

偏执型人格障碍是指以普遍持久地猜疑他人及偏执为核心特征的一种人格障碍。特征为对挫折过分敏感，对侮辱不能原谅，猜疑，将别人中性或友善的行动错误地重构，歪曲为敌意或蔑视，在个人权益上好斗、有坚决维护意识，容易产生病理性嫉妒或过分地认为自己重要，经常有过分的自我牵连。给人感觉不通情理，难以接近。

（二）分裂型人格障碍

分裂型人格障碍是指以一贯情感退缩、社会退缩和其他接触上的退缩为特征的一种人格障碍。缺乏丰富的情感内心体验,少有或完全缺乏幽默感,生活单调、乏味,对于周围的人缺少必要的热情和关心,不善于向别人表达自己的情感。不愿或不善于向别人表达自己的思想,总是善于生活在自我思维的内心世界里。喜欢独处,不愿甚至拒绝与人交往或合作。

(三)反社会型人格障碍

反社会型人格障碍是指以无视和违犯社会规范及他人的权利、常常欺骗和操纵他人为核心特征的一种人格障碍。反社会型人格障碍表现为在情感上对他人表现出"无情无义",缺乏爱心,缺乏对他人的友谊,缺乏同情心,对别人的痛苦无动于衷,甚至在某些情况下有意给别人制造痛苦和麻烦。行为冲动,会出现攻击他人或自伤,损坏公共财物等行为,反复出现违纪、违法行为,甚至屡次犯罪。

(四)冲动型人格障碍

冲动型人格障碍是指以情绪不稳定及缺乏冲动控制为特征,伴有暴力或威胁行为的一种人格障碍。冲动型人格障碍又称爆发性人格障碍,表现为容易发火、冲动,在生活中稍不如意就火冒三丈,对冲动行为不计后果,行为不可预测。

(五)表演型人格障碍

表演型人格障碍是指以情绪不稳(强烈夸张的情绪表现)和过度寻求他人注意为核心特征的一种人格障碍。表演型人格障碍又称癔症型人格障碍。其主要特点是过分情绪化,以自己的情绪决定行为,情绪容易走极端,情绪表现夸张,富于表演色彩和夸大色彩,过分以自我为中心,总是希望将自己的意愿强加于别人,而不顾对方的感受;过分富于幻想,不自觉地用幻想代替现实。

(六)强迫型人格障碍

强迫型人格障碍是指以僵化地遵循规则、程序、行为准则或完美主义,过分谨小慎微及内心不安全感为核心特征的一种人格障碍。强迫型人格障碍主要表现为过分关注秩序,好整洁,关注细节,追求完美,习惯于按照已经熟悉的行为模式办事,生活或工作环境的改变会使患者感到明显的焦虑和不安。做事谨小慎微,唯恐出错,过分在意他人对自己的评价,兴趣爱好较少,缺乏生活情趣。

(七)焦虑-回避型人格障碍

焦虑-回避型人格障碍是指以容易感到紧张和提心吊胆,不安全和自卑为特征的一种人格障碍。其主要表现是懦弱胆怯,有持续和广泛的紧张及忧虑感,常处于紧张、焦虑的情感体验,自卑、缺乏自信,渴望别人接纳,对批判和排斥过分敏感,在生活中常夸大危险,甚至回避活动,与人交往较少,缺乏建立人际关系的勇气。

(八)依赖型人格障碍

依赖型人格障碍是指以无法独立依靠自己,而对他人强烈的依赖为核心特征的一种人格障碍。依赖型人格障碍的特点是缺乏独立性,感到自己无能和没有精力,缺乏自信,过分地依赖别人,缺少主见,过分服从别人的意志,希望别人安排自己的生活,对他人依赖性强。

(九)其他类型人格障碍

其他类型人格障碍包括被动攻击性人格障碍、抑郁性人格障碍和自恋性人格障碍等。

五、心境障碍

在生活中,情感体验应和个人的客观环境和生活处境相符合,无缘故的情感和强度过大的情感均属异常现象。在精神疾病中,有一类以情感异常为主要表现的疾病,叫作心境障碍。

心境障碍是以显著而持久的情感或心境改变为主要特征的一组心理障碍。情感异常表现为过分高涨或过分低落,仅以情感高涨为症状的被称为躁狂发作,或称躁狂症;仅以情感低落为症状的被称为抑郁发作,或称抑郁症,还有的时而躁狂,时而抑郁,称为双向情感障碍;有的一次发作中同时出现躁狂和抑郁,称混合发作。在大学生的心理疾病中,心境障碍属于发病率较高的一类。

(一)躁狂发作

躁狂发作的患者情绪高涨,表现为心情十分愉快,自我感觉良好,对一切都感到满意;整日喜气洋洋,无忧无虑,觉得自己聪明、能干、脑子反应快,说话滔滔不绝,想象力丰富;有夸大自己能力的倾向,对未来充满憧憬;有宏伟的目标和计划,认为自己能做出一番惊天动地的事业。患者精力异常旺盛,整日忙碌不停,好管闲事,爱在大众面前表演,花钱大方。但其行为往往有始无终,病情严重的患者自我控制力下降,举止粗野,并可能有破坏和攻击行为。

(二)抑郁发作

抑郁发作患者情绪低落、忧伤、苦恼,十分痛苦,对生活悲观绝望,觉得度日如年。患者的思维活动受到抑制,感到脑子反应慢,变笨了,认为自己无能力,思考问题吃力,不能解决问题,说话缓慢,对提问回答迟缓,语言速度减慢。患者对什么都提不起兴趣,不愿学习工作,不愿与人交往,平日动作缓慢,或静坐发呆,或卧床不起,严重者连生活都不能打理,还可能产生自责、自罪和自杀倾向。

(三)双向情感障碍

双向情感障碍是时而躁狂,时而抑郁,呈周期性变化。有一段时间情感欣快,行为增多,脑子反应快,什么都想干,另一段时间情绪低落,缺乏兴趣,什么都不想干,躁狂和抑郁交替出现。

(四)恶劣心境

恶劣心境也是心境障碍的一种,以持久的心境低落为特征的轻度抑郁,从不出现躁狂。抑郁时常伴有焦虑、躯体不适和睡眠障碍,常常自我评价低,悲观绝望,丧失兴趣,社会交往退缩,易激惹,思维困难,注意力减退,活动效率下降。

六、精神分裂症

精神分裂症是一种最常见的精神疾病。患者存在个性改变,思维、情感、行为等多种异常,精神活动与环境不协调,难以正常地参与工作和学习,一般智力状况良好,患病时间较长。

(一)精神分裂症的常见症状

精神分裂症的心理异常表现非常复杂。一般认为,除了智能障碍和意识障碍,几乎所有的心理异常都可能在精神分裂症患者中出现。该病患者精神活动脱离现实,认识、情感、意志活动分裂,不相协调,其具有特征性的精神症状主要有以下几个方面。

1. 幻觉

据有关资料,大约有半数以上的精神分裂症患者有幻觉症状,最常见的幻觉是幻听。无客观诱因地听到有人在说话,内容可能是在争论某件事,评论某个人,或者指令患者去做某事,也有听到噪声,听到有声音重复他的思维等。其他各种幻觉在精神分裂症患者中都可能出现。

2. 妄想

患者出现不合实际的观念或看法,其内容离奇,逻辑荒谬,发生突然,常人难以理解。妄想的类型以关系妄想、被害妄想和影响妄想最为常见。关系妄想是患者总觉得周围发生的某些现象都与自己有关。被害妄想是患者坚信有人想害他,在他饭里下毒,怀疑对象可能是陌生人或同事、朋友、家人。影响妄想是患者认为有某种力量在影响他的思想,如射线、无线电波等。其他类型妄想在精神分裂症中均有出现。患者对妄想内容一般不愿主动暴露,而是以某种行为表现出来。

3. 思维联想障碍

精神分裂症患者的思维活动缺乏连贯性和逻辑性,在意识清楚的情况下,出现缺乏具体内容和现实意义的思维,思维内容前后不连贯,缺乏相互联系,可有思维松弛、象征性思维、破裂性思维等多种思维活动障碍。

4. 情感活动异常

精神分裂症患者的情感反应与思维内容和外界刺激不相符合,患者对周围环境的情感反应变得迟钝或平淡,对什么都没有兴趣,对环境中的一些较强的刺激缺乏相应的情绪反应,和周围人不能建立情感上的联系。有些患者可能出现情感倒错,如笑着叙述自己的不幸,或哭着描述自己愉快的经历。一些急性发作的患者还会出现没有原因的情感剧烈变化,如激动、兴奋、紧张、焦虑等,这些反应大都在幻觉妄想支配下出现。

5. 意志行为障碍

精神分裂症患者大多有明显的意志行为减退。患者对社交、学习和工作没有兴趣,不主动参与活动,行为懒散、被动,严重时终日卧床或呆坐,孤僻离群,脱离现实。患者还有不受意愿支配的动作或行为,如机械模仿、意向倒错、固执动作等。有些患者也可能有精神兴奋和意志行为增强,有的患者在幻觉妄想支配下可能出现自杀、伤人毁物等危害行为。

(二)精神分裂症的常见类型

根据症状表现的不同,精神分裂症可以划分为以下四种类型。

1. 单纯型

单纯型一般在青少年时期发病,主要表现为思维贫乏、情感淡漠和意志减退,被动,孤僻,生活懒散,活动减少,不求上进,与人疏远,行为退缩,脱离现实,无法适应社会生活。单纯型精神分裂症一般无幻觉妄想,容易被忽视或误诊。

2. 青春型

青春型多在青春期急性发病,病情进展快,以思维破裂、情感和行为极不协调为主要临床表现,还可能出现幻觉妄想片段凌乱、有较明显的思维联想障碍、思维内容荒谬离奇、思维结构凌乱、情绪反应不协调、行为幼稚愚蠢、本能意向亢进等症状表现。青春型精神分裂症是较为常见的类型。

3. 紧张型

紧张型多发病于青壮年,有紧张性兴奋和紧张性木僵两种形式。紧张性兴奋是不协调的精神运动性兴奋,患者行为明显增多且杂乱,行为常突然发生,无目的性,不可理解,可出现冲动性伤人、自伤或毁物行为,或骂人、喊叫。紧张性木僵表现为精神运动性抑制,患者缄默不语,不吃不喝,静卧不动,对环境变化毫无反应等。紧张性兴奋和紧张性木僵可单独出现,也可交替出现。

4. 偏执型

偏执型又称妄想型,是最为常见的类型。偏执型主要表现为猜疑和各种妄想,如关系妄想、被害妄想、嫉妒妄想、钟情妄想、夸大妄想、自罪妄想、非血统妄想、物理影响妄想等,内容多脱离现实,结构凌乱,可伴有幻觉和感知综合障碍,情绪和行为受幻觉和妄想的支配,可能出现恐惧、冲动、自伤或伤人毁物行为。

对上述几类常见的心理疾病,应以预防为主。如果发病就应尽快就医,在药物治疗的同时给予心理干预并争取有效的社会支持,一般都可取得较好的疗效,至少可以将损失降到最低程度。

课堂实践

匹兹堡睡眠质量指数(PSQI)

指导语:下面一些问题是关于您最近一个月的睡眠状况,请选择或填写最符合您近一个月实际情况的答案。

1. 最近一个月,通常晚上是_____点上床睡觉。

2. 最近一个月,从上床到入睡通常需要_____分钟。

3. 近一个月,通常早上_____点起床。

4. 近一个月,每夜通常实际睡眠_____小时(不等于卧床时间)。

对于下列问题请选择一个最适合您的答案。

5. 近一个月,因下列情况影响睡眠而烦恼:

a. 入睡困难(30 分钟内不能入睡) ①无　②<1 次/周　③1~2 次/周
④≥3 次/周

b. 夜间易醒或早醒　　①无　②<1 次/周　③1~2 次/周　④≥3 次/周

c. 夜间去厕所　　　　①无　②<1 次/周　③1~2 次/周　④≥3 次/周

d. 呼吸不畅　　　　　①无　②<1 次/周　③1~2 次/周　④≥3 次/周

e. 咳嗽或鼾声高　　　①无　②<1 次/周　③1~2 次/周　④≥3 次/周

f. 感觉冷　　　　　　①无　②<1 次/周　③1~2 次/周　④≥3 次/周

g. 感觉热　　　　　　①无　②<1 次/周　③1~2 次/周　④≥3 次/周

h. 做噩梦　　　　　　①无　②<1 次/周　③1~2 次/周　④≥3 次/周

i. 疼痛不适　　　　　①无　②<1 次/周　③1~2 次/周　④≥3 次/周

j. 其他影响睡眠的事情　①无　②<1 次/周　③1~2 次/周　④≥3 次/周

如有,请说明。

6. 近一个月,总的来说,您认为自己的睡眠质量 ①很好　②较好　③较差
④很差

7. 近一个月,您用药物睡眠的情况　①无　②<1 次/周　③1~2 次/周
④≥3 次/周

8. 近一个月,您常感到困倦吗　①无　②<1 次/周　③1~2 次/周　④≥3
次/周

9. 近一个月,您做事情的精力不足吗　①没有　②偶尔有　③有时有　④经
常有

计分方法

因子 1:睡眠质量

第 6 题:"很好"计 0 分;"较好"计 1 分;"较差"计 2 分;"很差"计 3 分。

因子 2:入睡时间

第 2 题:"≤15 分钟"计 0 分;"16~30 分钟"计 1 分;"31~60 分钟"计 2 分;
">60 分钟"计 0 分;

第 5 题 a:"无"计 0 分;"<1 次/周"计 1 分;"1~2 次/周"计 2 分;"≥3 次/
周"计 3 分。

累加第 2 题和第 5 题 a,得分为"1"计 0 分;"1~2"计 1 分;"3~4"计 2 分;
"5~6"计 3 分,即为因子 2 得分。

因子3:睡眠时间

第4题:">7小时"计0分;"6~7小时"计1分;"5~6小时"计2分;"<5小时"计3分。

因子4:睡眠效率

床上时间=起床时间(第3题)-上床时间(第1题)

睡眠效率=睡眠时间(第4题)÷床上时间×100%

因子4得分为:">85%"计0分;"75%~84%"计1分;"65%~74%"计2分;"<65%"计3分。

因子5:睡眠障碍

第5题b~j项,"无"计0分;"<1次/周"计1分;"1~2次/周"计2分;"≥3次/周"计3分。

因子5得分为:累加第5题b~j项得分,结果为"0"计0分,"1~9"计1分;"10~18"计2分;"19~27"计3分。

因子6:睡眠药物

第7题:"无"计0分;"<1次/周"计1分;"1~2次/周"计2分;"≥3次/周"计3分。

因子7:日间功能障碍

第8题:"无"计0分;"<1次/周"计1分;"1~2次/周"计2分;"≥3次/周"计3分。

第9题:"没有"计0分;"偶尔有"计1分;"有时有"计2分;"经常有"计3分。

因子7得分为:将第8题和第9题相加,结果为"0"计0分;"1~2"计1分;"3~4"计2分;"5~6"计3分。

PSQI总分为以上7个因子得分之和,总分范围为0~21分,得分越高说明睡眠质量越差,总分大于7分提示有睡眠质量问题。

课后思考

1.什么是心理障碍?怎样评价大学生的心理障碍?

2.如何看待心理疾病?

本章相关知识链接

第十三章　大学生心理危机

情 景 导 入　· ·

　　"活着还是死去,这是一个问题。"哈姆雷特的这句名言最近经常在小 M 的脑海中盘旋。作为一名大三的学生,小 M 面临着人生去向的重大抉择。考研,还是就业? 出国,还是留在国内? 这些问题在小 M 心中不断纠结。这样的选择不仅要考虑自己的意愿,而且要考虑女朋友的想法。与女友谈了快两年了,两人感情一直不错。女友是个乖乖女,她父母希望她毕业后回到他们身边工作,而且提前帮她找到一个不错的事业单位。如果小 M 也去那座城市工作,两人一定皆大欢喜。但小 M 还想有更好的发展,想读研,看到周围不少同学忙着申请国外大学的研究生入学资格,自己也蠢蠢欲动。

　　女友是决心回家乡工作了。即便小 M 在国内读研,三年的分隔能否保住爱情的果实尚未可知,更不要说出国了。放不下美丽善良的女友,也放不下自己一展宏图的志向,小 M 在这两难的选择中一筹莫展。越是临近考研报名的期限,小 M 越是纠结、痛苦。近日他白天精神恍惚,学习没有效率,晚上辗转反侧,不能入眠,脑海中做着各种可能的推演,一会倾向这一边,一会倾向那一边。焦虑紧张和压抑的情绪让他每天都痛苦不堪。在烦恼中煎熬,小 M 真担心自己哪天受不了了,做出出格的事情。

　　小 M 的痛苦在于两难的抉择,一边是美满的爱情,一边是理想的事业,放弃哪一方都是令人痛苦的,但现实的条件却让他必须放弃一个。小 M 所处的这种极度痛苦、焦虑不安,甚至出现自杀念头的状态就是心理危机。大学生在学习生活中会面临各种压力和挑战,如学习的失败、交往的困惑、恋爱的苦涩、自我的迷失、择业的困顿等,当遭遇失败,丧失所爱,面临重大抉择时,都可能出现心理危机。及时发现和解决心理危机,是大学生心理健康教育工作的重要环节,是提高大学生心理健康水平,防范校园意外事件的必由之路。

· ·

第一节　认识心理危机

危机可以拆解为"危险"和"机遇"两部分来理解,渡过危险才能获得发展的机遇。在个体的成长和发展过程中,心理危机总是与快速的生长发育和环境条件的急剧变化相伴随。

一、什么是心理危机

心理危机也称危机,是个体遭受严重的、灾难性的重大生活事件或精神压力,或面临个人难以克服的困难,生活状态发生明显变化,并出现极度痛苦、焦虑不安、绝望等不良心理反应的过程。

由此概念可以看出,心理危机包含三层意思:第一,存在具有重大心理影响的生活事件,如重大疾病、亲人亡故等;第二,引起急性情绪扰乱或认知、躯体和行为等方面的改变,这些改变不同于一般情绪反应,有强烈的体验和对生活工作造成了明显的影响,但其表现又不符合任何精神疾病的诊断标准;第三,当事人用平常解决问题的手段暂时不能应对或者应对失败,即所面临的问题超出当事人的解决能力。

在心理危机研究方面,心理学家 G. 卡普兰(G. Caplan)的开创性工作受到广泛的认可,他首次提出心理危机干预理论。卡普兰认为,危机是个体面临突然或重大的生活逆境所出现的心理失衡状态。当一个人面对困难情境或重大打击,用他先前处理问题的方式及其惯常的支持系统不足以应对所面临的困境时,就会产生暂时的心理困扰,因为面对的困难情景超过了他的应对能力,所以出现心理失衡。还有人认为,危机是人们遭遇了超出他们资源和应付能力的事情或境遇,个人无法应对而导致的一种解体状态。危机如果不能及时缓解,就可能导致个人行为、情感和认知方面的功能失调,所以在危机中个人需要外在资源的帮助和支持。

打击事件或称应激事件是心理危机产生的必要条件。应激事件的强度是相对于个体的应对能力而言的,同一个事件让某些人产生心理危机,而另一些应对能力强的人则可能不会产生心理危机。心理危机的产生不仅与应激事件有关,还与个体对事件的评估有关,如果个体认为应激事件意义重大,危害严重,就可能产生心理危机。因此,心理危机不是个体经历的事件本身,而是个体对自己所经历的困难情境的情绪反应状态。

心理危机是一种特殊的状态,心理危机的特征可归纳为以下四个方面:①普遍性与特殊性。普遍性指危机是普遍存在的,每一个人在人生的不同阶段都可能产生心理危机。特殊性指面对同一情境每一个人产生的危机都是不同的,而在同一个人身上不同时期经历的危机也各有差异。②突发性与复杂性。危机是不期而遇,突如其来的,个体毫无准备,因此才会产生强烈的心理反应。复杂性指危机引起的心理反应不遵守一般的因果规律,让常人难以理解。③无助性和动力性。危机中的个体在应激事件面前是无力的、无助的,由无助感引发许多情绪反应。动力性指在环境较高的要求和压力下,个体会付出更大的努力,调动更多的资源来应对压力,在一定条件下提高工作学习效率;④危险性与机遇性。危机潜伏着危险,如果个体不能及时降低危机的反应,就可能使心理失衡持续存在,严重的可能导致心理崩溃或诱发精神疾病。机遇性指危机是危险与机遇并存,有较高的要求和挑战,才有提升自我能力的可能,突破困境会得到比原来更好的结果。

二、心理危机的一般过程

从个体觉察到危机的存在,到产生各种情绪和行为反应,再到最后渡过危机,是一个发展的过程。

(一)前危机期

前危机期指危机发生之前的时期。此时个体能够应对生活中的各种事件,个人能力和环境要求保持平衡,但个体感受到某些威胁事件可能发生,并对此产生不安感。个体也可能遭遇一些打击强度较大的事件,运用常规的应对方法不足以摆脱困境,并产生一定的压力感。

(二)冲击期

冲击期指高强度的生活事件发生后的前几个小时。此时个体会产生焦虑、惊恐等强烈情绪反应,出现不合理思维,应对行为失败,个别人还可能出现意识障碍。在冲击期个体会将事件视为一种威胁或者丧失,并切实感受到事件带来的压力,如果不能及时解决问题,危机会进一步发展。

(三)危机期

危机期是指在冲击期产生的各种表现持续存在,个体因为不能解决面临的问题而采用退缩、否认问题、合理化或形成不适当的投射的一段时期。在此阶段,个体的紧张焦虑达到难以忍受的程度,渴望寻求解脱,有强烈求助愿望。

(四)适应期

在适应期阶段,个体要么采用积极的方法成功地解决了问题,要么接受现状,承认既成事实的丧失,或者环境发生了改变,要求降低,压力减少。此阶段个体的社会功能逐渐恢复,自我评价上升,焦虑紧张降低,逐渐开始适应社会生活。

(五)后危机期

危机的冲击基本过去,经过危机的过程,可能产生两种结果,一种是在实践中学会了许多积极的解决问题的方法和应对危机的技巧,让个体更加成熟,对危机的应对能力提高;另一种是危机造成了长期的消极影响,如导致人格改变,长期抑郁,滥用药物(包括毒品)、酗酒、吸烟,或诱发精神疾病。

三、心理危机的种类

心理危机是生活中不可避免的现象,根据危机的特点,可以分为三种类型。

(一)发展性危机

发展性危机是指在正常成长和发展过程中,急剧的变化或转变所导致的异常反应。成长的过程中会有各种转折或挑战,对新的环境、新的要求,用原有的习惯和行为方式不能顺利适应,就会出现发展性危机。例如一位首次离家的新生入校后,对陌生的校园环境、陌生的同学和全新的学习和管理方式无法适应,出现学业成绩下滑,自我感觉痛苦,感到迷茫、困惑,甚至要求退学,就属于发展性危机。

在大学生活中,对所学专业不认可或转换新的专业,加入新的社团,参与挑战性的研究,临近毕业而没有满意的工作,与同学、老师发生人际冲突等,都可能导致发展性危机。发展性危机是成长中的正常现象,成熟的过程就是在克服一个个困难,战胜一个个危机。

(二)境遇性危机

境遇性危机是指环境中出现个人无法预测和控制的特殊事件而引起的心理危机。导致境遇性危机的事件往往是对人影响巨大,危害严重或使个体生活状态发生显著变化的事件,如失恋、突然得重病、亲人重大变故、遭遇各种天灾等。

境遇性危机具有突发性和震撼性。它往往是突如其来的、无法预知的,使人遭受重大打击。如果对某事件有所准备,产生的影响就会减小,例如在失恋之前双方已有多次谈到两人不合适,迟早要分手,各自都有心理准备,到分手时的心理反应就会较小,而如果一方还沉浸在对美妙爱情的向往和憧憬中,另一方提出分手,就会产生强烈的打击。

境遇性危机和个体所遭遇的事件紧密相关,在受到打击后的反应强烈,如果不能得到及时帮助,就可能出现灾难性后果。如果得到恰当帮助或者个人承受能力较强,则会随着时间的推移对人的影响逐渐减小。

(三)存在性危机

存在性危机是由个人生存状态引发的危机。在一定的年龄,人都会考虑人生的目的、意义,都会对自己的生理、心理和社会性特点进行评价和认可,这是自我意识的成熟与完善的过程。当已有人生观念与现实或新的观念发生冲突时,当自己的现实条件和理想状态矛盾时,都会出现存在性危机。

存在性危机与个人的心理成熟程度有关,心理发展越成熟,对自我认同程度较高,人生观、价值观与现实较为适应的人较少出现存在性危机。大学生由于高中以前过分强调文化学习,生活内容单一,考虑自我、了解社会的机会较少,往往人生观念不成熟,对自己的了解和认同度不高,进入大学后,更为复杂的人际关系和对社会的接触了解更多,使其容易出现存在性危机。例如认为自己太内向、幼稚在交往中出现矛盾等,都会让大学生否定自我,出现存在性危机。

存在性危机虽然在强度上较情境性危机弱,但往往持续时间长,影响的层面深,会对人产生较为持久的影响。解决存在性危机仅仅靠心理支持或消除情绪和行为反应是不够的,需要对心理矛盾做深入的分析,形成成熟的人生观念,对自我有准确的把握。

讨论议题

- 心理危机对于大学生有何积极的作用和消极的影响?
- 你曾遭遇过哪种心理危机? 渡过危机之后你有怎样的反思或总结?

第二节　大学生心理危机及危机干预

高中生以高考为最高目标,过着单纯的学生生活,而大学生除了要应对学习压力,还要面对各种发展问题,容易出现心理危机。学习心理危机的原因、表现和影响等方面知识可以使人对危机有一定的心理准备,在危机出现时不至惊慌失措。了解应对危机的方法和求助渠道可以让个体在最短的时间里恰当处理,顺利渡过危机。同时,了解心理危机应对知识,有助于提高解决危机的能力以及耐受压力的能力,降低在遭遇危机后的不良情绪和消极行为,是大学生保持良好心态,提高心理健康水平的一个重要方面。

一、大学生常见心理危机

在大学这个特殊的阶段,大学生在各种环境压力和要求下可能出现心理危机,并对其学习生活造成明显的影响。常见的心理危机有以下几个方面。

(一)成长危机

大学生在年龄上已经步入青年,但由于长期单纯的学习生活,接触社会较少,生活阅历浅,心理发展相对滞后。不少学生进入大学才认真考虑人生观、幸福观等问题,自我认同、人生定位、未来的目标等问题时常困扰学生,使其产生心理危机。大学生生理发育已经完成,性生理成熟,性意识增强,渴望异性的友谊和爱情,但其爱情观却不成熟,对异性缺乏了解,自己的恋爱标准还不稳定,会经常处于要不要恋爱的矛盾、渴望异性和不善与异性相处的矛盾之中,如果不能正确对待,容易产生心理危机。

(二)感情危机

恋爱是大学生中的常见现象,据调查,有60%左右的大学生有过恋爱经历或正在恋爱。正在恋爱的学生可能会因不善处理双方关系,出现矛盾或争吵,或者因不知对方是否适合自己而困惑。当然最严重的感情危机还是失恋，因为爱情是如此美好，失去它就会让人产生极度的痛苦。有人失恋后怀疑人生的目标，有人失恋后怀疑活着的意义，还有人在失恋后可能出现自伤，甚至自杀的倾向，或者变爱为恨，攻击恋爱对象。

（三）就业危机

高校扩招，毕业人数增加，社会竞争激烈，就业压力大，一些学生就业困难，从而产生心理危机。就业困难的原因有两种，一种是绝对的就业困难，某些专业由于技术革新或行业不景气，社会需求减少，导致这些专业的学生就业困难；另一种是相对的就业困难，社会所提供的职位不能满足学生对就业的期望造成的就业困难，希望去的岗位竞争太激烈，而愿意聘用的岗位学生又不愿意去。目前我国城乡差别大也是造成就业困难的一个原因，城市，尤其是大城市的求职人数多，工作岗位有限，而广大农村缺乏专业人才，但由于工作条件差，待遇低，许多大学生不愿到农村就业。近几年国家出台的鼓励大学生到农村就业的措施，发挥了积极作用。

就业压力不仅是造成高年级学生心理危机的原因，而且对低年级大学生也有相当大的影响。每一年的就业形势都让大学生重新认识和评价自己所学专业，影响其对未来的规划。一些贫困大学生对就业形势更为关注，更容易因就业困难产生心理危机。

（四）学业危机

学习是学生的主要任务，也是评价学生的主要标准。学习任务重，压力大，所学课程不及格，或者出现留级、休学、退学，会给学生造成很大的冲击。因而学业失败的学生会非常痛苦，出现精神紧张，个别学生会因此诱发精神疾病。学业危机是大学生的一种常见危机。入学适应不良是许多大一新生学习困难的原因，或因进入大学后失去学习目标和动力，或者对大学的学习方法、管理模式不适应，致使原本在高中学习很好的学生出现学习问题，又因学习问题对自我能力产生怀疑。不喜欢所学专业也是出现学业危机的原因，部分学生所学的专业并非自愿，而是家长要求或学校调剂，因而学习兴趣不浓，学习成绩差。也有部分大学生参加了过多的社团活动或勤工助学、社会实践，占用时间过多，影响了学习成绩。

（五）人际危机

良好的人际关系是事业成功、生活幸福的基本条件，也是大学生心理健康的主要指标。大学生人际关系危机主要是指在交往过程中表现出不适应、逃避交往、自闭、自负，因不善处理人际关系而产生人际冲突。与高中学生相比较，大学生年龄较大，心理独立性、闭锁性强，交往中自我暴露较少，较难形成紧密的人际关系。大学生来自五湖四海，存在地域的差异，而且家庭背景、生活方式、价值观念、性格特征、兴趣爱好等方面均存在较大的不同，这给人际交往带来一定的阻力。也有部分大学生过分自我,交往中不考虑他人感受,容易对他人造成伤害,出现各种人际矛盾后不善于处理,产生人际危机。

(六)其他危机

除上面五种常见危机外,大学生中还可能因其他原因出现心理危机,如贫困学生会因经济问题出现心理危机,遭遇意外事件打击的学生出现突发性心理危机,个别有身体残疾或者患有慢性疾病、难治性疾病的学生会因躯体问题产生心理危机,有学生因评优、评奖学金失败而出现心理危机,等等。

二、大学生心理危机的原因

当前社会经济快速发展,竞争激烈,生活工作压力大,虽然充满了机遇与挑战,但也给人带来许多心理问题。校园中的大学生也不断感受到社会的影响,就业压力,专业前景等让大学生困惑迷茫,不知所措。导致大学生心理危机的原因很多,可以归纳为以下几个方面。

(一)环境要求的变化

大学的学习要求、人际关系、生活环境等方面与高中有很大差异,有可能成为危机的原因。不习惯集体住宿,不善于与人交往,与室友关系紧张是一些大学生出现心理危机的原因,人际关系紧张导致情绪恶劣,出现心理危机。在班级里的地位变化也是大学生心理危机的一个原因,进入大学后,大家都比较优秀,原来在高中班级中的优越感没有了,为此感到失落、痛苦,产生心理危机。还有学生因为不适应大学的学习方法,或没有专业兴趣,学习方面出了问题,经过一次考试后有不及格的课程,这些一直以学习好为骄傲的学生难以接受自己变成了不及格的差生,从而产生心理危机。

(二)自我矛盾与冲突

大学生处于心理发展的特殊时期,由于在高中以前缺乏社会阅历,对自我问题思考较少,进入大学后知识掌握和智力发展有很大优势,但社会经验不足,不会处理人际关系,心理发展不平衡,经常处于矛盾之中。大学生会出现理想与现实的矛盾、理智与情感的矛盾、独立和依赖的矛盾、闭锁和渴望理解的矛盾等。在一些外在因素的影响下,这些矛盾会更加凸显,让大学生为之迷惘困惑,进而导致心理危机。

生活目标缺失和自我定位不明确也是导致心理危机的原因。高考之前,进入大学是学习生活的目标,进入大学后,这个目标不存在了,而要确定一个新的目标并非易事。是要专心学习还是要全面发展,自己适合做什么工作,将来是要做技术工作还是要做行政工作等问题让大学生无所适从,有人热衷于参加社团活动或干兼职忽视了学习,有人投入学习又会怀疑所学内容以后有没有用,不知该干什么,将来能干什么。

人格发展不完善也是大学生容易出现心理危机的原因。有研究认为,容易陷入心理危机的个体在人格上有一定的特异性,主要表现为看问题比较表面和消极,过分内向,做事瞻前顾后、犹豫不决,情绪不稳定,自信心过低,过于依赖他人,行为冲动等。价值观是人格的核心组成,在应试教育的影响下,大学生的价值观比较单一,认为学习成绩是唯一衡量个人价值的标准,忽视其他方面的素质,一旦在学习上出现问题,就很容易产生心理危机。

(三)自我与环境冲突

环境包括许多方面,如人际环境、家庭环境、学校环境、社会环境等。个人应对能力不能满足环境要求也是产生心理危机的原因。在大学期间,环境中的许多因素向大学生提出挑战,有的可能诱发大学生的心理危机。

人际冲突是大学生心理危机的主要原因之一。在集体生活中,人际矛盾在所难免,一些学生不善于处理人际冲突,导致心理失衡,表现为自卑、抑郁、悲观、怨恨等负性情绪,引发心理危机。恋爱问题也是人际关系的一种,由于不善于处理感情问题,恋人间容易出现冲突和矛盾,失恋后会产生痛苦、无助、愤怒等消极情绪,造成感情危机。

与家庭的矛盾冲突也可能是危机的原因。因专业选择、恋爱问题、职业选择等问题与家人意见不一致,出现矛盾,有些大学生所学专业是父母决定的,本人并不喜欢所学专业,要求转专业与家长产生冲突。有的学生家庭经济状况较差,难以负担学费和生活费,也会形成心理危机问题。

大学生与社会环境也可能出现冲突。科技迅猛发展,社会竞争激烈,对大学生产生了间接影响。近些年大学生就业问题成为社会关注的焦点,就业岗位不足与大学生对就业期望较高形成明显反差,大学生在面临就业还是考研,不同职位间的选择等问题也可能出现心理危机。

(四)意外打击与丧失

个别大学生在校期间遭遇了某些意外事件,导致心理危机。例如地震后有亲人亡故的学生遭受了剧烈的心理冲击,难以接受丧失亲人的现实,痛苦、绝望,处于心理危机之中。还有交通意外,自己或家人患有重大疾病,丢失大额财物等对个体的基本生活造成明显影响,也会使其陷入危机之中。

由于不可预期性和巨大的冲击性,发生意外事件后个体会有强烈的心理和行为反应,表现为极度痛苦、恐惧焦虑、心理耗竭等。随着时间的推移,心理反应的强度虽然有所下降,但其影响会持续较长时间,影响的范围也会从危机事件本身扩大到环境、自我的各个方面,需要长期的干预和辅导。

三、大学生心理危机预防与发现

心理危机预防是指经过一定的措施和手段防止或减少心理危机的出现。大学生心理危机的预防工作应该渗透到大学教学、管理、服务等各个方面。从宏观角度讲,大学生心理危机预防是一个全员参与的系统工程,需要校领导、各个职能部门、教师和学生管理干部以及全体学生的共同参与。具体来说,可以从以下几个方面开展大学生心理健康教育和心理咨询工作。

(一)全员心理健康教育

目前大学生心理健康教育工作受到了教育行政部门及各高校的普遍重视,按教育部的要求,各高校都应有专门的心理健康教育机构和专职教师,许多高校把大学生心理健康教育课程作为必修或者选修课,在普及心理健康知识,提高学生心理健康水平等方面发挥了积极作用。另外,心理健康专题讲座、宣传展板、网络报纸等媒体宣传,也都起到了很好的心理健康教育作用。

心理健康教育能够给学生提供心理健康知识,介绍心理调节方法,提高学生适应环境和解决自身问题的能力,可以消除学生对心理障碍和心理咨询的误解,培养心理健康意识和有问题寻求心理咨询帮助的习惯。

心理健康教育不仅应该面向全体学生,而且要面向全体教职员工。可以举办面向任课教师、研究生导师、学工系统干部、学校各职能部门干部、后勤服务人员的心理健康讲座或培训。这些培训一方面对提高教职工心理健康水平有帮助,另一方面可以培养他们的心理健康意识和沟通交流技巧,在日常教学管理工作中贯彻心理健康教育原则,发现存在心理问题或心理危机的学生。

(二)普及心理危机常识,培养危机发现者

及时发现心理危机并给予恰当帮助是解决心理危机的重要环节。心理健康教育中应包含心理危机的相关内容,让学生了解心理危机的原因、表现和应对方法,学习在其他同学出现心理危机时应如何沟通交流、及时报告。

可以开设以心理危机干预为主题的专题讲座,让学生和教职员工了解心理危机的表现和特点,熟悉有自杀自伤倾向者的常见征兆,了解对问题学生的一般处理方法和应该告知的人员,及时对有自杀可能的学生采取监护措施,防范意外事件的发生。

可以有重点地对宿舍长、班干部等人进行培训,使他们成为危机的发现者。由于他们与同学接触紧密,能够较快地掌握同学中出现的问题,及时对本宿舍、本班出现危机的同学提供帮助,并向学院报告,使有危机的同学能够得到更多帮助。此外,班主任、辅导员等学工系统干部经常接触学生,也是发现危机的生力军。研究生是一个特殊的群体,导师与之接触较多,是重要的危机发现者。

(三)建立心理危机的发现和报告机制

应建立宿舍、班级、学院、学校四级危机发现和干预机制。在班级层面,对宿舍舍长和班干部进行心理危机知识培训,使其掌握危机干预的基本知识和技能;在院系层面,要有专门负责学生心理健康的老师,重点关注学习成绩差、逃课、离

群索居的学生,发现可能出现的危机;在学校层面,心理咨询中心作为专业机构,对学院不能解决的,处于严重危机状态,或者出现心理异常的学生进行诊断和干预。

在四级危机发现和干预机制的每一个层面,都应有对于出现危机学生的评估和报告制度,明确哪些问题需要马上处理,哪些问题要告知什么部门,使每一个出现危机的学生都能被及时发现和干预,避免出现不良后果。

在院系和学校层面,还应与处理危机的相关部门建立顺畅的沟通合作关系,如校医院、公安处、教务处等部门在解决学生危机中都会发挥积极作用,可以将这些部门纳入心理危机发现和干预体系,使这个体系可以更高效地工作。

(四)积极开展心理咨询,解决学生心理问题

有效的咨询可以让学生正视面临的危机,帮助学生更好地应对问题,解决危机,从而大大降低危机的影响。在咨询中还可以将许多心理问题解决在萌芽状态,不至于让问题累积成为心理危机,尤其是对发展性危机和存在性危机,心理咨询的作用更是无从替代。

(五)通过心理普查等渠道及时发现危机学生

心理测验量表是经过编制、计分、评价、解释等过程确定的反映某些心理特点的科学工具,通过心理测验,可以比较系统地了解人的心理状态。一些量表还具有发现问题学生的功能,对量表筛查出的学生,应慎重对待,一些学生可能夸大自己的问题,出现假阳性,也有一些学生会在测验时掩饰,不暴露问题,造成假阴性。所以,对筛查出的学生应仔细鉴别是否存在危机,而未查出的也不能完全排除,应结合学生平时学习生活表现综合判断。

讨论议题

· 出现心理危机的大学生能否很快自我恢复?为什么?
· 出现心理危机时,怎样做才是合适的?

四、大学生心理危机干预

帮助他人渡过危机就是心理危机干预的过程。由于遭遇强烈的外界刺激,产生了明显的心身反应,心理危机往往难于自我康复,需要在他人的帮助下渡过难关。

(一)心理危机干预的概念

危机干预就是从心理上解决迫在眉睫的危机,使症状得到立刻缓解和持久的消失,使心理功能恢复到危机前水平,并获得新的应付技能,以预防将来心理危机的发生。与心理咨询不同,危机干预针对处于心理危机之中的人,工作重点在于缓解心理压力,降低危机后强烈的情绪和行为反应,使个体能够顺利渡过危机,恢复原有的社会功能。

鉴于前述的危机的特点,心理危机干预必须清楚地认识到以下几点:①危机干预责任重大,干预对象是处于崩溃边缘的人,稍有不慎就可能出现严重的后果;②危机干预的时效性要求高,必须在第一时间给予处理,反应缓慢会贻误时机;③危机干预不是咨询师或者辅导员一个人的事情,而需要危机者周围所有人的积极配合,在不同层面给予帮助,共同解决危机,渡过难关。

（二）心理危机评估

评估心理危机的性质和程度是进一步开展危机干预的前提。个体处于情绪困扰不一定都是心理危机,如果不加区别地对出现情绪困扰的人都进行心理危机干预,不仅无助于问题的解决,还可能是反应过度,对其生活学习造成不良影响。因此,需要仔细区分存在情绪问题者的认知、情绪和行为表现以及与环境压力之间的关系,判断问题的程度及影响。

评定危机时,应从认知、情绪和行为三个方面考虑其程度和影响。在认知方面,处于危机状态时注意力集中于急性悲伤之中,并从而导致记忆和察觉的改变,难于准确区分事物,不能清楚辨别事物间的关系。由于极度痛苦,思维出现混乱,做出决定和解决问题的能力受到影响。虽然存在混乱和歪曲的感知过程,但一旦危机解决,这些混乱将随之消失。在情绪方面,表现出高度的焦虑和紧张,有丧失感和空虚感,可出现恐惧、恼怒、罪恶、烦恼、害羞等情绪反应。在行为方面,处于危机者不能完成职业功能,不能专心学习或工作,与人隔绝,回避与人交往,与社会的联系被破坏,感到与人脱离或相隔遥远,或者过分依赖他人。出现危机者往往拒绝他人帮助,认为接受帮助是自己软弱无力的表现等。

经过评估,需要在两个层面做出决定:一个是危机者是否存在生命危险,有自杀、自伤或者伤害他人的攻击性冲动行为;另一个是判断危机者能否履行其社会功能或职责,是否与周围环境隔离并已经离开其所处的自然社会环境而达到严重危机状态。同时,要对危机者的家庭、学校等环境资源评定,家庭环境中,哪些是促发危机的因素,哪些是防止危机的因素,在其解决危机时,哪些是可利用的资源,等等。

对危机者,不仅应评估危机的程度,还应评估危机的紧急程度。应对危机评估结果区别对待,特别紧急者需要在数分钟内提供服务;紧急者需要相关人员迅速做出反应,但不需要即刻到达;较为紧急者需要在 24 小时内做出反应;一般紧急者需要在数天内提供干预;不紧急者的不良处境在较长时间里存在,不需要立即干预,可以在两周内处理。

心理危机评定是一项专业性很强的工作,但并非只有专业人员才可以做。危机具有突发性和紧急性,常需要在最短的时间里做出评定和处理,因此,危机评定可以由两类人员分别进行。一类是在第一线工作的班主任和辅导员,他们与学生接触时间长,也是学生管理的责任人,能在第一时间了解危机,对危机的紧急性和危害做出初步评定和处理,但要做好危机评定,班主任和辅导员需要接受专业的培训。另一类是学校心理咨询中心专业教师,他们经过心理危机干预正规培训,具备心理危机的评定和处理能力,可以准确评定危机的程度,在出现危机后,应很快到达现场,与班主任和辅导员一道进行心理危机评定,并对危机处理提出建议。

(三)心理危机干预的途径

心理危机干预根据心理危机学生情绪和行为反应的强度采取不同的处理措施。一般心理危机干预应该是一对一的帮助和辅导,但在一些特殊情况下,其他途径的干预也会发挥重要作用。

1. 医疗处理与个别辅导

出现心理危机的个体有极度痛苦、焦虑紧张等强烈情绪反应,在这种状况下很难进行心平气和的沟通交流,此时医疗的介入是非常必要的。所以对有强烈情绪反应的个体应首先送精神专科医院治疗,以药物干预使个体的情绪在较短的时间里逐渐平静。

医疗处理只能改变情绪,而不能改变个体对危机事件的认识评价。所以经过医疗处理之后,有必要对心理危机者进行个别辅导或者心理咨询。面对面的心理咨询可以帮助个体分析危机产生的原因和机制,帮助个体正确认识危机,引导个体宣泄情绪,缓解压力。有的出现危机但情绪反应不太强烈的学生,能够意识到自己的问题,自愿来到咨询中心寻求帮助,此时不需医疗处理,咨询师可以在危机评估的基础上进行心理咨询,帮助学生走出危机的影响。

2. 陪护与支持

从遭遇打击事件到最后走出危机,个体会经历一个情绪和行为反应的过程。在这个过程中,除个别辅导外,来自周围人的陪护和支持也必不可少。陪护就是陪伴和保护,使处于心理危机中的个体在他人的视线范围内,目的是防范自杀、自伤等意外事件的发生。陪护者可以通过沟通交流给予危机者以支持和鼓励,帮助危机者看到希望,坚强地面对现实的困境。

要实现有效的陪护,建立大学生心理危机干预系统是非常必要的。危机干预是一个系统工程,需要学校各个职能部门和全体师生的共同参与,建立大学生危机干预系统可以协调各部门的力量,在危机干预中各自发挥积极作用。根据我国大学生心理危机干预的实践,宿舍、班级、院系、学校四级危机预警和干预机制发挥了非常重要的作用。

3. 热线电话

我国第一条电话心理咨询热线被称为"希望热线",为出现心理危机者提供帮助,目前许多城市都开通了热线电话。在大学校园中,热线电话也是一个发现和干预危机的重要渠道。热线电话有一些其他形式所不能替代的优势:首先,电话方便易得,每个学生都有手机,不管在什么情况下,拨打一个电话,就可以得到专业帮助;其次,热线电话有匿名的特点,可以让出现危机的学生消除表达的顾虑,也减少了因担心他人嘲笑而产生的恐惧;最后,使用热线电话会让处于危机中的学生有一定的主动权和控制感,只要他觉得不满意,随时都可以挂断电话。值守热线的人员必须接受专业的危机干预训练。热线电话可以由专业教师值守,也可以由经过培训的学生值守,但值班者都应有足够的心理危机干预知识。

4. 现场干预

现场干预是在出现危机的现场进行心理干预。有的学生在遭遇巨大打击后情绪失控,行为失常,必须在当场帮其慢慢平静,例如有自杀倾向的学生已经站在楼顶,伤害行为随时都可能发生,危机干预人员必须立刻到达现场,设法阻止意外的出现。这时仅有心理咨询中心的教师是不够的,还需要公安人员和医疗人员到达现场,以便随时制止和处理意外。

5. 网络干预

当今社会,网络越来越普及,一些危机可能在网络上有所表现。例如在某些网站的论坛上有可能出现表现危机的帖子,因为网络的匿名性,不容易很快找到发帖者,此时就可以先通过论坛的留言、站内信息或电子邮件开展危机干预。

6. 家庭和社会干预

处于危机中的人不仅需要专业心理干预,还需要家人、朋友及其他社会成员的支持。社会支持是指一个人通过社会联系所能获得的他人提供的帮助,这种帮助可以是物质的,也可以是精神的。一个人可以获得支持的主要来源包括家人、亲戚、朋友、同学、老师等。大学生一般远离父母,同学、老师、朋友的帮助是最直接的社会支持。

（四）心理危机干预方法

心理危机干预是一项专业性很强的工作,需要经过系统培训才能掌握。下面简要介绍危机干预的步骤和常用方法,为大家提供一些借鉴。

1. 危机干预的步骤

每一个心理危机都有其特点,解决危机的方法和途径也各不相同,但危机干预的过程又有共性,格里兰(Gilliland)和詹姆斯提出了危机干预六步法,具体包括以下步骤。

（1）确定问题。明确当事人存在的问题以及问题的严重程度,应用倾听、共情、正常、尊重等咨询技术获得当事人的信任,并了解危机出现的前因后果,当事人对危机的认识和态度,当事人有无应对危机的尝试等。确定问题后要及时与有关人员沟通,采取进一步的措施。

（2）保证当事人安全。出现危机的学生都有危险的可能,学校应组织相关人员对当事人进行陪护和监督,进行危险评估,危险性高的学生应由专业人员监护,并联系专科医生给予必要的医疗处理。保证当事人安全是危机干预工作的基本任务,也是核心任务。

（3）给予支持。当事人内心存在矛盾和痛苦,如果不能充分表达,就容易出现极端行为,相关人员在危机干预中应根据当事人的具体情况,鼓励其讲出心中的痛楚,哭出来,骂出来,充分宣泄后情绪就会慢慢稳定,同时,给予当事人足够的支持,让当事人知道工作人员是愿意帮助他的,是有能力为其提供帮助的,让他相信工作人员能够理解他、认同他,而且确实很在乎他。

（4）提出可变通的应对方式。许多处于危机中的人都会认为自己遇到了不可逾越的鸿沟,最终的结局只能是自己无法接受的最糟糕的结果,而且由于处于危机时思维僵化、判断力降低,当事人会认为自己已经没有任何希望,只能用极端方式从痛苦中解脱。实际上,任何事情都有变通的余地,工作人员要在干预中让当事人知道换一个角度、变一个方法,问题可能得到顺利解决,即便解决有的问题的确有困难,但也可以通过调整自己的期望来适应现实。

（5）制订计划安排。应明确哪些人员对当事人危机的解决可以提供什么样的帮助,他们应在什么时间、以何种方式介入危机干预。对当事人的危机反应,工作人员应确定有什么方法可以避免危机进一步恶化,有什么方法可以帮助当事人更好地解决问题,有什么方法可以改善当事人的生活状态等。在整个计划过程中,一定要尊重当事人,不要让他觉得自己失去自主,任人摆布,还有让当事人知道危机干预的最终目标,使其相信专业人员的能力,相信自己能够发生积极的改变。

（6）得到承诺。在危机干预计划获得当事人同意后,工作人员就可以按照计划展开危机干预工作。在实施之前,要得到当事人不出现极端行为的承诺,同时要让当事人知道,如果产生极端行为的冲动,应如何自我调节,如何在第一时间通知危机干预者,并承诺在干预者到来之前不做出极端行为。

2. 一般性干预技术

往往最早发现危机的是同学、班主任或辅导员老师,他们虽然缺乏危机干预的知识和经验,但只要掌握一般性的危机干预技术,也可以在危机干预中发挥积极作用。

（1）沟通技术。沟通交流是获得信息的重要手段,也是建立彼此信任的过程。面对处于危机中的学生,干预者运用沟通技术让其讲出自己的痛苦和问题,鼓励其倾诉。倾诉一方面可以让危机干预者得到较多的信息,另一方面可以让处于危机的学生有机会整理自己的思绪,表达自己的态度和观念,更好地澄清自己的问题。

沟通技术包括尊重、共情、真诚、倾听、询问、鼓励等。尊重是指能够完全接纳当事人的现状和问题,平等、礼貌地对待当事人;共情是指能够站在对方的立场,体会对方的思想和感情,能够理解当事人;真诚要求以真实的我与当事人进行交流,而不是做样子、摆姿态;倾听是指专心地听对方的叙述,并且要积极思考,有关注性的反应;询问是指根据谈话目的提出问题,要求对方回答,询问可以引导谈话方向,也可以澄清当事人叙述中不清楚的地方;鼓励是指表示认可当事人的某些表达,或者重复他刚刚谈到的话,以期将话题引向深入。各种沟通技术都以对当事人的关切、爱护和帮助的责任为前提,真诚地提供帮助。

(2)支持技术。支持技术是指通过暗示、鼓励、安慰、理解、保证、疏泄、发掘资源、环境改变、镇静药物等过程让当事人感到亲友及干预者的精神支持。这类技术的应用旨在尽可能地解决目前的危机,使当事人的情绪得以稳定,认识到周围人在意自己的问题,关心自己的生活状态。还可以用指导、解释、说服的方法帮助当事人放弃极端行为。

(3)情绪调节技术。处于危机之中的人会有许多不良的情绪反应,包括感到紧张、沮丧、绝望、悲观等,这些情绪反应不仅是内在的、强烈的不适感,而且消极的挫折体验会将危机进一步恶化。调整不良情绪,使当事人情绪逐渐平静,是降低危机风险,减少主观痛苦的有力措施。

情绪宣泄是对危机者最有效的舒缓情绪技术,鼓励当事人表达自己此时此刻所体验到的各种情绪,让其明了在危急之中自己的这些反应都是可以理解的,是允许的,表达出情绪有助于问题的解决。当事人或痛哭,或大叫,或谩骂,在不伤害他人的前提下的情绪宣泄可以缓解紧张情绪。

放松技术也是一种重要的情绪调节技术。危机中的紧张、恐惧情绪非常普遍,放松可以让紧张消退,让恐惧缓解。深呼吸是最简单,也是最有效的放松技巧,可以指导当事人吸气—保持几秒—呼气,体会呼气后的放松感,还可以运用肌肉紧张—松弛的训练,配合吸气,使某块肌肉高度紧张,再呼气,彻底放松那块肌肉,体会、比较紧张和放松的感觉。自我暗示和冥想也可以达到放松的目的。

转移注意力可以降低危机事件对当事人的影响,忽视和忘却让自己感到紧张焦虑的事件,多想想生活中更多让人满意的事情。转移注意力可以降低危机在生活中的意义,使人能更加平静地面对危机。

3. 专业干预技术

专业工作者进行危机干预,除上述一般干预技术外,还可运用各种专业技术,深入开展危机干预工作,帮助危机者彻底走出危机,恢复正常生活。

(1)认知干预技术。认知学派认为,情绪和行为受人对刺激事件认识评估的影响,不同的认识导致不同的情绪行为反应。20 世纪 60 年代,从认知途径对人的心理危机进行干预的研究开始,认知干预受到临床心理学界的重视,并逐渐形成了若干认知改变技术。认知是客观事件或外部刺激与个体情绪和行为反应的中介因素,出现心理危机者往往存在对客观事件的认知偏差或认知失调,要走出危机,必须改变不正确的认知,或者通过妥协式的认知改变接纳某些无法挽回的丧失。理性情绪疗法和贝克认知疗法是较为常用的认知疗法,在危机干预中可以有效地发挥作用。

（2）行为干预技术。行为干预着眼于危机者的行为改变。目的在于通过干预消除或降低个体在危机中的各种不良行为,培养或提高积极或有效行为。行为干预以正强化、负强化、行为塑造等方法为主,如将当事人喜欢、令其愉快的事物与特定的目标行为相联结,使目标行为增加,是正强化的方法;因某些行为的出现使令人痛苦、难受的负性刺激减少,这些行为也可以得到强化,是负强化的方法;还可以持续强化接近目标行为的表现,同时消退违背目标行为的表现,使某种目标行为得以形成,是行为塑造的方法。行为干预技术可以对抗危机后出现的行为退缩。

（3）紧急事件干预晤谈技术。杰弗里·米切尔（Jeffrey Mitchell）于20世纪70年代提出了紧急事件应激晤谈法（critical incident stress debriefing, CISD）。CISD最初是为了维护应激事件救护者的身心健康,后被多次修改完善并推广使用,现在被用来干预遭受各种创伤的个人,成为危机干预的一个基本工具。CISD一般用于小组晤谈,通常在事件发生的2～10天内进行,持续3～4小时。在重大灾难中,CISD通常在3或4周后实施。

CISD一般分为7个阶段。①介绍期（introduction phase）。指导者和小组成员的自我介绍,指导者说明CISD的规则,强调保密性。②事实期（fact phase）。要求所有当事人从自己观察到的角度出发,提供危机发生时的所在、所见、所闻、所嗅、所为等。③感受期（thought phase）。鼓励求助者暴露自己有关事件最初的和最痛苦的想法,从事实转到思想,开始将事件人格化,让情绪表露出来。④反应期（reaction phase）。这是当事人情绪反应最强烈的阶段,当事人谈到自己对危机的情感反应时,指导者要表现出更多的关心和理解。⑤症状期（symptom phase）。确定个人的痛苦症状,可以从心理、生理、认知和行为等方面来描述。⑥教育期（teaching phase）。让当事人认识到其躯体和心理行为反应在严重压力之下是正常的,是可以理解的,并讨论积极的适应和应对方式,提醒可能的并存问题（如过度饮酒）。⑦再登入（re-entry）。对前面的讨论进行概括,回答问题并考虑需要补充的事项,提供进一步服务的信息。

CISD提供了一个安全的环境让当事人用言语来描述痛苦,并有小组的支持,而且在需要时能得到进一步的支持,对于减轻各类事故引起的心灵创伤、保持内环境稳定有重要意义。

第三节　自杀的预防与干预

自杀是世界范围内的一个重大公共卫生问题,同时,是一个社会问题和医学问题。把自杀作为一种社会现象和心理危机来研究始于19世纪。自杀是大学生非正常死亡的重要原因之一。了解自杀现象的规律性,对于及时发现和预防自杀有重要意义。

一、认识自杀

自杀的概念似乎显而易见,但要进行科学研究,就必须对这种现象做出明确的界定。

(一)自杀的定义

自杀是个体自愿并主动采用各种手段结束自己生命的行为。自杀是一个复杂的社会现象,不同学者有各自的理解,法国社会学家埃米尔·迪尔凯姆(Emile Durkheim)认为自杀是:由死者本身完成的主动或被动的行为所导致的直接或间接结果;美国心理学家爱得温·施耐德曼(Edwin Schneidman)对自杀的定义为自己引起、根据自己的意愿使自己生命终结的行为。从心理学角度分析,自杀者多数是由于生活中遭遇困境而产生强烈的内心冲突,陷入心理危机中不能自拔,难以承受心理痛苦而产生的异常行为。

(二)自杀的分类

1. 按照自杀的结果划分

(1)自杀已遂。实施自杀行为并导致死亡的结局。根据自杀的概念,自杀者对死亡的结局是有充分认识的,所以醉酒、疲劳驾驶导致的死亡都不属于自杀。

(2)自杀未遂。有自杀行为但未导致死亡的结局。有的自杀未遂是实施自杀后被他人发现而得到救治,有的是实施自杀后自己反悔,主动中止自杀行为。

(3)自杀意念。偶然体验的自杀行为动机,个体有自杀的打算,或思考自杀的可能,但没有采取实际行动。自杀意念是一种比较隐蔽的心理活动,虽然是一过性的,但也有可能转化为自杀行为。

2. 按照心理活动的发展过程划分

(1)情绪型自杀。也称冲动型自杀,在一定的情绪影响下发生自杀行为,当事人对自杀的后果并没有充分考虑,只是冲动之下,发生意外行为。

(2)理智型自杀。对自杀的后果有充分的认识和考虑,明确自杀的理由和对其他人的影响,在对生存价值做了认真考虑之后,选择死亡。

3. 按自杀动机划分

(1)心理解脱型。认为现实问题的重压无法承担,只有以死来摆脱痛苦。

(2)寻求关注型。在生活中被忽视或受到不公正对待,以死来得到家人、领导或社会大众的关注。

(3)抗争惩罚型。在受到欺负、压迫或某些不公正待遇之后,以死来惩罚那些导致自己痛苦的人。

(4)要挟型。以自杀作为手段来达到其他目的,只要目的达到,自杀行为自然终止。

二、自杀的动机和原因

任何行为都有其动机和原因,自杀也不例外,了解自杀的动机和原因对于自杀预防有重要意义。

(一)自杀动机

自杀的动机多种多样,主要包括要逃离现实,摆脱痛苦;以自杀实现"精神再生";牺牲自己使别人过得更幸福;惩罚自己的罪恶行为(现实的和想象的);保持自己道德和人格上的完美;作为一种表达自己困境,向外界寻求帮助和同情的手段等。还有学者将自杀动机分为两类:第一类是人际动机,把自杀作为一种影响、说服、操纵、改变、支配别人行为或感觉的一种方法,其影响的对象通常是其配偶、情人或家庭成员;第二类是个人内心动机,常见于与其他人失去联系的老年人,主要目的在于表达不能满足自我需要所遭受的压力和刺激。

(二)大学生自杀的原因

自杀的原因多种多样,包括个体有难以承受的压力又找不到足够的社会支持;存在情绪恶劣,或失恋等情感危机;因为患有严重疾病,有难以忍受的痛苦或不愿拖累亲友;有抑郁症、精神分裂症等心理疾病;感到孤独、空虚,认为生活没有意义等。有研究认为,大学生自杀的原因主要包括以下几个方面。

1. 学业压力

由于长期以来形成的学习成绩是评价学生的唯一标准的观念,一些大学生认为学业的失败是无法接受的事情。在一些名牌大学,学生入学时成绩排名靠前,所以对大学学习成绩的期望较高,一旦成绩不好或没有像高中一样优异,就会遭受挫折,并可能因此轻生。

2. 抑郁症等神经症

抑郁症患者情绪低落,认为活着没意义、没价值,并伴有强烈的自杀意念,有可能因此导致自杀。

3. 环境适应不良

大一新生中较多存在对环境的适应问题,有人不适应大学的学习方式,出现学业问题,有人不适应集体生活,有人对新的人际关系不能适应,还有人进入大学后失去了奋斗的目标,等等。由各种不适应引发的孤独感、无助感,不适应的挫败感等都可能是自杀的诱因。

4. 情感挫折

恋爱是大学生中较为常见的现象,由于缺乏两性交往经验,有的大学生在恋爱后出现矛盾和问题,有的在交往一段时间后分手,产生失恋后的痛苦,也有大学生因恋爱得不到家人的认可或其他原因而殉情。

5. 其他原因

如家庭经济困难、职业发展问题、遭遇意外打击、自己或家人患病、与家人关系紧张等也可能是大学生自杀的原因，但这些原因较为少见。

三、大学生自杀的高危人群

在大学生中，有的人面临一些重大压力或问题时容易出现心理危机，属于自杀的高危人群。界定和关心高危人群，是自杀干预的一项重要工作。研究认为，大学生自杀的高危人群包括以下几个方面。

1. 学业困难者

学习是大学生的主要任务，而且在目前的教育机制下，只有学习成绩好的学生才有机会进入大学。但因入学适应等种种原因，有的学生学习困难，甚至出现不及格，陷入痛苦。南京危机干预中心的调查显示，学习压力占大学生自杀原因的29.8%。

2. 感情困扰者

感情困扰主要指恋爱问题，尤其是失恋给大学生造成明显的心理冲击，为失去所爱而痛不欲生。南京危机干预中心的调查显示，恋爱失败占大学生自杀原因的44.2%。

3. 人际交往困难者

大学生中有个别离群索居者，是预防自杀特别需要关注的群体。他们没有朋友，有问题无人倾诉，得不到朋友的感情支持，人际交往不好又成为其否定自己，痛恨自己的理由。离群索居者容易出现各种心理问题，而且出现问题后不容易被人发现。

4. 经济状况差者

一些大学生家庭经济状况差，难以负担大学期间的各种费用，他们通过减免学费、获得经济资助等多种渠道维持学业。一些贫困生自强不息，勇敢面对生活，但有的贫困生因经济问题自卑自责，怨天尤人，出现心理危机。

5. 突然遭遇重大打击者

大学生社会阅历少，对打击的承受力差，在遭遇一些意外事件时，往往难以承担，产生自杀倾向。常见的重大打击如亲人去世、父母离婚、家庭经济突陷困顿、身患绝症、怀疑自己患有某种严重疾病等。

6. 精神疾病者

有研究显示，大多数自杀者都有一些抑郁症状，可以说，抑郁症是自杀的主要原因。另外，焦虑症、厌食症和贪食症、适应障碍、精神分裂症等患者容易出现自杀。

四、自杀预兆及危险性评估

绝大多数自杀并非突发,大约2/3的自杀倾向者都有可观察到的征兆。早期发现有自杀倾向者,并评估危险的可能,从而针对性地给予及时援助,是预防自杀行为发生的重要措施。

(一)自杀的前兆

自杀倾向者从产生自杀意念到做出自杀决定和行为往往要经历痛苦的过程,在此过程中会暴露出一些与自杀有关的线索,及时发现这些线索并有效干预,是预防自杀的重要举措。常见的自杀前兆包括以下几个方面:①在言谈中表现出严重的孤独、无助和失望;②表现出专注于死亡,包括用艺术、诗歌或故事来描绘死亡;③表达过死的念头,讨论过死的方式;④制订自杀计划并寻求实施自杀的方法、计划;⑤表现出对未来失去兴趣,回避为未来前途做现实的计划,回避或拒绝讨论生活的意义;⑥死前会把自己的决定告诉给一两个非常要好的朋友;⑦做出最后行为,如突然把个人有价值、有纪念性的物品送人;⑧深度抑郁症状;⑨过去曾经有过自杀未遂的历史;⑩行为上戏剧性的变化,例如一向谨慎的人忽然对什么都不在乎,内向的人突然开朗起来,等等;⑪曾经情绪一直不好,突然变得很平静,甚至比较高兴了(意味着他已经决定把自杀作为自我解脱的方法);⑫冲动的、突发倾向的、失控的行为,例如无故与人争吵,不顾忌地发泄;过多吸烟、酗酒等。

(二)自杀危险性评估

对自杀危险性评估是预防自杀的重要环节和组成部分。虽然具有自杀危险因素的个体并不一定会采取自杀行为,但对于高危人群的筛选有很大意义。大学生心理辅导工作可从以下几个方面进行自杀危险性的预测和评估:①面临严重的发展危机或负性应激源,如学业失败、失恋、经济拮据、家庭不幸、人际关系破裂、严重躯体疾患而个体承受力差;②有明显的心理精神障碍和人格缺陷;③直接或间接暗示过自杀,有自杀计划,有个人或家庭自杀史;④有过自我伤害或自杀未遂的行动;⑤向亲人、朋友、老师或者在日记中透露对人生的悲观情绪,缺乏明确生活目标,对生活失去信心;⑥近期有情绪、言语、行为及状态的明显异常。

如果一个大学生具有明显的上述表现,则可认为有较高的自杀危险性,必须引起高度重视并及时采取干预措施。

讨论议题

· 你怎样理解自杀前的征兆?

五、自杀预防与干预策略

大学生自杀的预防与干预是一项综合性工作,既需要咨询中心专业教师的努力,也需要班主任、辅导员、同学、家人的共同参与。大学生自杀预防和干预需要从以下几个方面开展工作。

(一) 普及自杀预防知识

学校通过讲座、宣传页、班级活动等多种形式普及自杀预防知识,让每一位学生了解自杀的危害、原因、危险因素等知识,特别是要了解面临危机的学生在情绪和行为上的表现以及各种自杀的征兆。自杀预防知识的普及一方面可以起到让学生了解自杀危害,了解心理危机的解决途径,在自己面临问题时可以及时寻求帮助,避免产生自杀倾向;另一方面让学生有能力识别自己周围有自杀倾向的同学,了解有自杀倾向学生的报告渠道和一般处理方法。

有人认为和学生谈论自杀会诱发自杀念头,事实并非如此,与有自杀倾向者讨论自杀,可以及时发现他们的自杀企图和计划,可以对自杀风险进行评估,可以让自杀念头公开化而消除其神秘感,进而让有自杀倾向的学生更好地面对现实,考虑除了自杀之外的解决问题方法,从而降低自杀风险。

(二) 发现并关注高危人群

高危人群出现自杀的可能性大,需要及时发现并予以关注。开展针对高危人群的面谈有利于及时掌握情况,不管学生是否出现危机,只要其处于考试不及格、失恋、经济困难等容易产生危机的情形,就由辅导员约见,了解学生对事件的认识评价、情绪状况及学习生活状态。如果学生对事件的评价恰当,反应适中,有较强的耐受压力和挫折的能力,那么给予必要的处理,保持联系,做到一般关注即可。如果学生对事件情绪和行为反应强烈,主观痛苦明显,就需要特别关注,动员同学、朋友予以支持和帮助,并建议学校咨询中心进行危机评估,由专业人员对其进行危机干预。

(三) 提高学生耐受挫折能力

因为各人耐受挫折的能力不同,在相同强度的压力和打击之下的反应也会不同。在课堂教学、讲座、学生活动等形式的心理健康教育中应加强挫折教育,让学生知道生活中的挫折、压力和打击是在所难免的,只有不断战胜困难,才能持续进步。提高学生的自我认知水平,能够比较客观地看待自我和环境,对自己有恰当的期望,避免因高期望所致的失望和痛苦。还可以举办心理训练活动,采用团体互动、模拟演练等方式让学生了解在压力打击下的恰当反应。鼓励学生改善人际关系,面临挫折时积极利用各种社会支持资源,出现情绪行为反应后知道如何求助。

(四) 解决诱发自杀的心理问题

自杀是在许多原因诱发下的一个结果,是当事人以自己的常规方法不能解决问题时的无奈选择。预防自杀,需要解决诱发自杀的问题,在发现危机学生后,应认真评估,确定导致危机的原因,针对不同原因采取相应措施来解决,例如自杀多是由抑郁症引起,就要通过心理咨询和治疗以及药物治疗改善抑郁情绪,增强自我认同。

(五)出现自杀行为的处理

如果有学生正在实施自杀行为,危机干预专业教师、学生管理干部、校保卫人员、校医院急诊医生等人员应立即到场,采取有效措施制止,在保障安全后,由危机干预专业人员在评估的基础上开展危机干预,对当事人做出恰当的处置。之后,应及时通知家长,并安排班主任、辅导员以及同学对其进行 24 小时陪护,确保危机学生的安全。若发现有明显自杀倾向,或者已经有了自杀计划的学生,应对其进行及时的危机干预,安排陪护,防范意外事件。

(六)积极发挥危机干预系统的作用

防范自杀是危机干预工作的主要任务之一。危机干预系统在自杀预防中应发挥积极作用,从学校领导到各级学生管理干部、学校心理咨询中心教师等人员应密切配合,及时沟通信息,发现危机学生,给予恰当处置。同时,学校要培养每一位教职工和学生重视心理危机的意识,提升其心理危机应对能力。

📖 课堂实践

1. 生命线

准备一张大纸,一支笔,坐下来静静地思考一下自己的过去、现在和未来,画一条自己的"生命线"。

将纸横放,在纸中间画一条横线。横线的最左端标上"0",代表你出生的那一刻,线的右端划上箭头,代表生命的延续,这条线就代表你一生的轨迹。

在横线上每隔一段画一个点,代表 10 年,找出你现在的年龄所在的位置"N"点。

N 点的左边是你的过去。回顾你过去的经历,把对你有较大影响的年龄点标出。如果一个事件对你的影响是积极的、令你满意、快乐的,就由该点向上画一条线,影响越大,线就越长。如果一个事件对你的影响是消极的、令你痛苦的,就由该点向下画一条线,同样地,影响越大,线就越长。在竖线的顶端标出这是什么事件,如"获得学校三好学生""考试不及格被家长训斥"等。

N 点的右边是你的未来。认真思考一下自己的未来,想想自己未来都想做些什么? 在什么年龄做? 未来还会遇到什么打击挫折? 用笔在生命线的相应位置标出一个点,在该点的上面画一条竖线,代表你对该事件期待和令你满意的程度,在该点的下面画一条竖线,代表完成该事件可能会遇到的困难。

标完生命线上的重要事件后,注视这条线,思考从出生到现在,在生命线上面写下的那些令人满意的事件对自己现在有什么积极的和消极的影响? 在生命线下面的那些令人不满的事件对现在又有什么积极的和消极的影响? 怎样客观地、辨证地看待过去的经历?

再看看生命线上标在未来的事件,这些事件是否明确?是否可行?这个蓝图是否令人满意?设想一下当生命即将走向终点的时候,你会对自己的一生有怎样的总结?从那一点看现在,现在应该做出怎样的努力?

2.我生命中的珍爱

拿出一张纸,在上面写上自己最珍爱的5样,可以是某人,可以是某物,也可以是某事。

如果因为某种无法克服的特殊原因,使你必须失去这5样中的一样,会是哪一样?设想一下这个人或物真的要离你而去了,你内心有什么感受?

如果因为某种无法克服的特殊原因,使你必须失去剩下4样中的一样,会是哪一样?设想一下这个人或物真的要离你而去了,你内心有什么感受?

如果因为某种无法克服的特殊原因,使你必须失去剩下3样中的一样,会是哪一样?设想一下这个人或物真的要离你而去了,你内心有什么感受?

如果有一天,你必须失去剩下两样中的一样,会是哪一样?设想一下这个人或物真的要离你而去了,你内心有什么感受?

剩下最后一样了,为什么是他(她、它)?他(她、它)对你意味着什么?最终有一天,你珍爱的最后这一样也不得不离开了,你痛苦吗?有什么感受?有什么思考?

哦,谢天谢地!好在这些都是假设,你生命中的所有珍爱还在身边,经历这一番假设的丧失,你有什么思考?

课后思考

1.既然心理危机是成长过程中很难完全避免的现象,那么怎样减少危机的伤害,从危机中汲取成长和发展的营养?

2.对于自杀预防,从同学和班级的角度,应该做哪些工作?

本章相关知识链接

第十四章　情绪问题与情绪管理

情 景 导 入

　　小 M 是某重点高校大二的学生,近一个月来,她突然变得闷闷不乐,学习没有了动力,也不喜欢参加学校组织的各种活动,和朋友们的联系也越来越少了。"我一定是有问题了,现在的我跟原来的自己根本就不像同一个人……"小 M 走进咨询室很认真地对咨询师说。"能谈谈为什么有这样的感受吗?"咨询师问到。小 M 靠在沙发上,沉默了一会打开了话匣子。原来,进入大二以后,小 M 对大学原有的新鲜感已经完全消失,她不得不面对"单调、重复、枯燥"的生活。原来一起玩的朋友有的开始谈恋爱了,有的又有了更好的朋友,她觉得自己很孤单,心里很多话也不知道跟谁说。大一的时候自己作为班干部,觉得很有优越感,但随着同学们不再喜欢积极参加班级活动,这种优越感也逐渐成为她的负担。最后,小 M 很认真地说道:"其实,最困惑的是我开始变得很茫然,总是很矛盾,想做一件事情,但是一番激动以后就失去了兴趣和勇气,我开始变得有点'神经病',一会特别兴奋,对什么都充满信心,一会又觉得特别沮丧,觉得自己其实什么都做不好……不知道自己到底是什么样的人,到底该怎么样才能不让我一直这么矛盾?我好想做回那个整天开开心心的自己。"

　　读完这段话,是不是发现我们身边也有这样的小 M 呢?或许在某种程度上你也遭受着和她一样的困惑。其实,小 M 的例子在大学生群体中是很常见的。那么大学生的情绪到底有什么样的特点呢?大学生活中可能会遭遇到哪些常见的消极情绪呢?大学生又该如何调节和控制自己的情绪呢?相信通过本章的学习你对这些问题会有一个很好的认识。

第一节　大学生情绪特点

中国有句古话:人非草木,孰能无情?情绪确实与每个人的日常生活息息相关,它们总是直接或间接地对人们的生活、工作和学习产生或大或小的影响。随着自我认知的逐渐发展和对社会生活了解的逐渐加深,如何认识和管理自身情绪开始成为大学生越来越关注的一个重要话题。想要有效管理大学生的情绪,首先要了解大学生在情绪表达和情绪内容等方面的特点,同时必须认识到各种情绪与身心健康、学习生活之间的密切联系。

一、大学生情绪表达的特点

从发展心理学的角度看,大学生还处在青春期发展的后期,其情绪表达还存在某些与中学时期较为相似的地方。具体来看,大学生情绪表达主要表现出以下几个方面的特点。

1. 存在较强的冲动性和爆发性

进入大学以后,大学生开始要独立面对陌生环境和人际交往等方面带来的压力。外界丰富的刺激使得大学生开始有更多的机会接触和了解社会生活,但由于其经验缺乏和自我认知不完善,在遭遇挫折或者不如意的时候,大学生往往很难控制自己的情绪和行为。面对那些自己不满意或者不赞同的事情,大学生较难进行冷静、理智的分析,他们多是追随自己内心的想法和信念,不顾一切地去做"斗争",做出一些激烈、盲目,甚至是社会影响恶劣的行为。从笔者的工作经验来看,大学生群体(特别是低年级大学生)存在冲动、不计后果的特点,多数大学生对自己曾经的冲动行为表现出了后悔和内疚,但却很难控制情绪的发生。

多年前的几起大学生伤害他人的案件震惊社会,虽然这几起案件的发生都是由多种因素共同造成的,但是不难发现当事人在面对应激事件的时候没能控制自己的冲动情绪是酿成悲剧的直接原因,冲动使他们丧失了理智。

2. 具有一定波动性

相对中学生来说,大学生认知能力得到了进一步发展,对情绪的控制能力也有了一定提升。但是对比成年人来说,大学生的情绪还是表现出一定波动性的特点。生活、学习中的小事都可能会影响大学生的情绪,使其时而兴高采烈,时而怒不可遏,时而垂头丧气,正如开篇案例中的小 M。大学时期学生情绪的波动性与其自身敏感性有关,一首哀伤延绵的乐曲、一部催人奋进的电影、他人一句无心的言语,都可能引起大学生情绪的波动。

3. 具有外显性和内隐性

大学生意气风发,充满了青春活力,经常喜怒形于颜色。一般而言,通过观察面部表情和语气语调就能对大学生当时所处的情绪状态作出判断,与成熟的成年人相比,他们不擅长隐藏和修饰自己的情绪。但与中学生相比,大学生开始有了控制自己情绪的意识,一般而言在意识到自己情绪失控或者表达不当之后,他们会较为迅速地做出调整,使自己的情绪反应与情境相符,这就使大学生情绪表达具有一定的内隐性。前面我们提到的小 M,她在进行咨询的过程中曾不止一次表示,虽然自己最近一段心情一直不是很好,但是遇到同学还是会热情打招呼,在同学面前表现出良好的情绪状态。

二、情绪的内容特点

大学生活是丰富多彩的,大学生的情绪体验正如其生活体验一样精彩而复杂。人类有喜、怒、哀、乐、惧等最基本的情绪体验,这些情绪体验根据强度的不同和社会情境的差异形成了人类精细而微妙的情绪系统。大学的丰富生活为大学生提供了多种新鲜刺激,他们开始体会到一些从未有过的感受。另外,恋爱过程中的各种情感体验也为大学生的情绪系统注入了新的内容。

大学生情绪内容随着年级的变化存在一定的差异。大学一年级的学生刚入校,其情绪主要分为两类:一类大学生对自己的大学、专业感到相对比较满意,愿意积极投入大学生活,他们的情绪主要是愉悦、新奇、满足等正性情绪体验;另一类大学生则相反,他们往往对所在的学校有较多的不满意,也不愿意融入现有的班级集体,他们经常会陷入对过去的怀念和对现实的抱怨中,他们往往处于孤独、落寞的消极情绪体验之中。有学者认为,大学二年级的学生情绪波动最大。大二的学生经过一年的大学生活,已经失去了刚入校时的新鲜感,自己在学业、人际交往、情感发展方面的压力和问题开始逐渐暴露,要应对的问题也开始变得具体而烦琐,因此大二的学生往往处于一种动荡的情绪体验之中。大三的学生经过两年的学习和生活,其情绪体验趋于平静,同时大三学生逐渐掌握调控情绪的技巧和方法。大四学生往往开始要面对找工作等重要人生议题,对步入社会心存恐惧,同时对自己的未来有着极大的不确定感,大四学生的情绪体验变得复杂、焦躁不安。因此总体来看,大三学生的情绪是最平静的。

三、情绪对大学生学习生活的影响

生活当中人们都有这样的体验,高兴的时候感觉周围的任何东西都有光彩,难过的时候感觉什么事情都不顺利,情绪对人们的生活会有促进或阻碍的作用。

(一)情绪与身心健康之间的重要关系

正如大家所熟知的,"屋漏偏逢连夜雨",人们正在经受消极情绪折磨的时候,身体也往往会出现这样或那样的问题。例如,我们正在为是否能顺利通过某项重要考试特别焦虑的时候,我们竟然因为突发急性中耳炎而不得不定时到医院接受治疗。我国古代中医强调的喜伤心、怒伤肝、忧伤肺、思伤脾、恐伤肾,展示了不同情绪与人类各主要脏器之间的关系。现代医学也有很多研究表明,情绪确实会对人们的身体健康产生重要影响,例如积极良好的情绪状态可以促进病人的康复,减轻病人的症状。情绪对人们心理健康的影响就更容易被理解了,现代社会生活中日益高发的抑郁症和焦虑症等心理问题，都与个体持久的不良情绪体验有关。

(二)情绪与学习效率的关系

我们都有这样的经历，在心情特别沮丧或者特别高兴的时候往往学习效率都不高。沮丧的时候看书并不能对自己的糟糕心情起到缓解或者转移注意力的作用，相反，看书的时候还会越看越烦；特别高兴的时候，头脑中活跃的都是让自己兴奋不已的事情，往往书看了半天，却并不知道自己都看了些什么。我们也可以回忆一下，自己在什么时候学习效率最高呢？没错，心情平静、情绪体验良好、放松的时候学习效率往往是最高的。由此可见，极端情绪对学习效率的影响是消极的，而适中积极的情绪活动强度有利于学习效率的提高。

(三)情绪与考试成绩的关系

有的学生可能会有疑问：情绪和考试成绩之间也有关系吗？答案是肯定的。例如高考，有的学生平时成绩很不错，但高考成绩不理想，他们自己也会坦言考试的那些题基本都做过，而且平时做得都挺好的。那么是什么影响了他们的成绩呢？进一步询问你会发现，他们往往是过于紧张，有的学生考试前几天晚上整夜睡不着，有的在考场上紧张得连字都写不好。这样的情绪状态怎能有好的成绩？当然，对考试一点都不紧张也是不行的，看看班上每次倒数几名的那些学生就明白了。可见，考试成绩和情绪强度之间也呈现倒"U"型曲线的关系。

(四)情绪与创造力

有学者认为，当一个人情绪状态良好时，易于在大脑皮层形成优势区。这种状态下，旧的神经联系容易被激活，同时利于形成新的神经联系。创造能力是大学生急需提升的重要能力之一，早在2002年卢家楣等人的研究就提出情绪状态与学生创造性能力之间存在联系。他们以初二的学生为研究对象，发现从创造性的流畅性和变通性两方面考虑，愉快情绪状态下学生创造性的发挥水平显著高于不良的情绪状态。事实上，我们在现实生活中也不难发现，那些潜能得到充分发挥的人大多经常有良好的情绪体验。

课堂实践

你的情绪稳定吗？

1.看到自己最近一次拍摄的照片，你有何想法？

a.觉得不称心　　　　　　b.觉得很好　　　　　　c.觉得可以

2.你是否想到若干年后会有什么使自己极为不安的事？

a.经常想到　　　　　　b.从来没想过　　　　　　c.偶尔想到

3.你是否被朋友、同事、同学起过绰号、挖苦过？

a.这是常有的事　　b.从来没有　　　　　　c.偶尔有过

4.你上床以后，是否经常再起来一次，看看门窗是否关好、炉子是否封好等？

a. 经常如此　　　　　　b. 从不如此　　　　　　c. 偶尔如此

5. 你对与你关系最密切的人是否满意?

a. 不满意　　　　　　　b. 非常满意　　　　　　c. 基本满意

6. 你在半夜的时候,是否经常觉得有什么值得害怕的事?

a. 经常　　　　　　　　b. 从来没有　　　　　　c. 极少有这种情况

7. 你是否经常因梦见什么可怕的事而惊醒?

a. 经常　　　　　　　　b. 没有　　　　　　　　c. 极少

8. 你是否曾经有多次做同一个梦的情况?

a. 有　　　　　　　　　b. 没有　　　　　　　　c. 记不清

9. 有没有一种食物使你吃后呕吐?

a. 有　　　　　　　　　b. 没有　　　　　　　　c. 记不清

10. 除去看见的世界外,你心里有没有另外一种世界?

a. 有　　　　　　　　　b. 没有　　　　　　　　c. 记不清

11. 你心里是否时常觉得你不是现在的父母所生?

a. 时常　　　　　　　　b. 没有　　　　　　　　c. 偶尔有

12. 你是否曾经觉得有一个人爱你或尊重你?

a. 是　　　　　　　　　b. 否　　　　　　　　　c. 不清楚

13. 你是否常常觉得你的家人对你不好,但是你又确知他们的确对你好?

a. 是　　　　　　　　　b. 否　　　　　　　　　c. 偶尔

14. 你是否觉得没有人十分了解你?

a. 是　　　　　　　　　b. 否　　　　　　　　　c. 不清楚

15. 你在早晨起来的时候最常有的感觉是什么?

a. 秋雨霏霏或枯叶遍地　b. 秋高气爽或艳阳天　　c. 不清楚

16. 你在高处的时候,是否觉得站不稳?

a. 是　　　　　　　　　b. 否　　　　　　　　　c. 有时这样

17. 你平时是否觉得自己很强健?

a. 是　　　　　　　　　b. 否　　　　　　　　　c. 不清楚

18. 你是否一回家就立刻把房门关上?

a. 是　　　　　　　　　b. 否　　　　　　　　　c. 不清楚

19. 你坐在小房间里把门关上后,是否觉得心里不安?

a. 是　　　　　　　　　b. 否　　　　　　　　　c. 偶尔是

20. 当一件事需要你做决定时,你是否觉得很难?

a. 是　　　　　　　　　b. 否　　　　　　　　　c. 偶尔是

21. 你是否常常用抛硬币、玩纸牌、抽签之类的游戏来测凶吉?

a. 是　　　　　　　　　b. 否　　　　　　　　　c. 偶尔

22. 你是否常常因为碰到东西而跌倒?

a. 是　　　　　　　b. 否　　　　　　　c. 偶尔

23. 你是否需用一个多小时才能入睡,或醒得比你希望的早一个小时?

a. 经常这样　　　　b. 从不这样　　　　c. 偶尔这样

24. 你是否曾看到、听到或感觉到别人觉察不到的东西?

a. 经常这样　　　　b. 从不这样　　　　c. 偶尔这样

25. 你是否觉得自己有超越常人的能力?

a. 是　　　　　　　b. 否　　　　　　　c. 不清楚

26. 你是否曾经觉得因有人跟着你而心里不安?

a. 是　　　　　　　b. 否　　　　　　　c. 不清楚

27. 你是否觉得有人在注意你的言行?

a. 是　　　　　　　b. 否　　　　　　　c. 不清楚

28. 当你一个人走夜路时,是否觉得前面潜藏着危险?

a. 是　　　　　　　b. 否　　　　　　　c. 偶尔

29. 你对别人自杀有什么想法?

a. 可以理解　　　　b. 不可思议　　　　c. 不清楚

以上各题的答案,选 a 得 2 分,选 b 得 0 分,选 c 得 1 分。

总分 0~20 分,表明你情绪稳定,自信心强,具有较强的理智感。你有一定的社会活动能力,能理解周围人的心情,顾全大局。你是个性情爽朗、受人欢迎的人。

总分 21~40 分,说明你情绪基本稳定,但较为深沉,对事情的考虑过于冷静,处事淡漠消极,不善于发挥自己的个性。你的自信心受到压抑,办事热情忽高忽低,瞻前顾后,踌躇不前。

总分在 41~50 分,说明你的情绪极不稳定,日常烦恼太多,心情处于紧张和矛盾中。

如果你的得分在 50 分以上,则是一种危险信号,请务必寻求专业人士的帮助。

摘自:中华心理教育网.

讨论议题

·随着自己慢慢长大、成熟,生活中对你的情绪造成影响的问题是否发生了变化? 都发生了哪些变化?

第二节　大学生常见情绪问题及自我调节

大学生正处于青春期向成年期的过渡时期,具有青年期情绪发展的共同特点。大学生在生理发育接近成熟的同时,心理也经历着急剧的变化,在情绪上的变化尤其明显且多元,极易产生不同程度的情绪问题,从而影响身心健康。本节着重介绍大学生常见的情绪问题及其自我调节的方法。

一、焦虑

焦虑具有一定的普遍性,在很多情况下,个体都会体验到不同程度的紧张、焦虑。例如当你要去参加一项重要面试时,当你要见辅导员老师时,当你见到暗恋的对象时,你可能内心会充满担心、不安、紧张和焦虑。

(一)什么是焦虑情绪

焦虑是一种情绪反应,是个体对当前或预感到的挫折产生的一种紧张、忧虑、不安而兼有恐惧性的消极情绪状态,它包括自尊心与自信心的丧失、失败感与内疚感的增加等。

适度的焦虑能诱发人的活力,激发人的潜能,对个体的发展是有益的,但过度焦虑往往会使个体因为过度紧张而出现认识面狭窄、注意涣散、身体不适等不良现象。

(二)焦虑的分类

1. 状态焦虑和特质焦虑

状态焦虑是在特定情境下产生的情绪状态,具有暂时性和不稳定性。例如许多人在考试前、面试前、公共场合发言、与权威人士交流时都会感到紧张。特质焦虑是指相对持久的人格特征中的焦虑倾向。

2. 神经性焦虑、现实性焦虑和道德性焦虑

神经性焦虑是指当大学生意识到内心的欲望与冲突却无法控制时所发生的紧张感。现实性焦虑是由现实环境的压力与困难引起的。道德性焦虑是由社会准则引起的大学生内心的冲突。大学生的焦虑常常不是单一的,经常是两种焦虑甚至是三种焦虑的混合。

大学生常见的焦虑主要有考试焦虑、身体健康焦虑和社交焦虑三种。考试焦虑,即由于担心考试失败或期待获得较好的成绩所产生的一种焦虑、紧张状态,考试焦虑会随着考试日期的临近而日益凸显。身体健康焦虑是指由于对身体健康过分关注而产生的焦虑不安,并常伴随有失眠、头疼等躯体症状。社交焦虑指个体过分关注他人对自己的评价,尤其担忧他人对自己产生负性评价,往往是由个

体对自己缺乏信心、缺少交往练习等导致的。

（三）焦虑产生的原因

总体而言，焦虑是由个体对可能存在的危险或威胁的预感所诱发。当个人遇到利害冲突、灾难、疾病困扰或竞争威胁与挑战时，预感到无力避免、无法应付的威胁，就会产生焦虑、紧张等情绪，有时还伴随一些躯体症状。对于大学生来说，产生焦虑的原因多源于学习、生活和人际关系方面所遇到的挫折。学习方面，有的学生进入大学之后，发现自己在学习上的优势变得不明显，难免会产生自卑、焦虑等情绪，实际上大学中对学生的评价更趋向于多元化，不再只关注学习成绩。此外，大学的授课模式与中学相比更加灵活，进度变快，很多新生一时难以适应，容易因知识接受困难而产生焦虑情绪。人际关系方面，部分学生大学之前没有住过校，缺乏宿舍集体生活的经验，对处理宿舍关系感到无力应付，从而诱发焦虑。

（四）克服焦虑的方法

1. 学会科学认知

认知评价能力对个体的焦虑水平影响很大。如果一个人能对自己有一个较全面、客观的认知和评价，就能扬长避短，在现实环境中找准自己的位置，以此来发展和完善自己。

2. 学会适当调整自己的期望

研究表明，把对好成绩的期望降到适当的水平，可以减轻考试焦虑。由此可见，对自己要求过高，如考试绝不能失利、演讲必须很精彩等想法，给个体造成了沉重的思想负担，将期望降低，心态平和，反而会表现得更好。

3. 在锻炼中增强自信

有的学生在考试和竞赛来临前易产生焦虑，可能是由于他们缺少充分的成功经验，所以学生可以抓住各种机会锻炼自己，提升自己，不断积累成功经验，增强自信。

4. 学会做放松训练

放松训练是缓解焦虑等各种负性情绪的一种简便易行的方法。可以一边听着舒缓的音乐，一边进行腹式深度呼吸训练，具体做法是以舒服的姿势坐或卧好，用鼻缓慢地吸气，同时轻轻扩张腹腔，即鼓起肚子，在感觉舒服的前提下，尽量吸得越深越好；然后屏气 1 秒钟，再用嘴缓慢地呼气，同时收缩腹肌。呼吸的过程身体要尽量放松，节奏要均匀，一呼一吸基本在 5 ~ 15 秒，持续 10 分钟左右。

二、抑郁

面对身边各种各样的事，有的大学生感觉不如意，觉得生活百无聊赖，找不到一点儿兴致。对于大多数学生，抑郁情绪只会持续不长的一段时间，并且程度也不怎么严重。

（一）什么是抑郁情绪

抑郁是大学生中常见的情绪问题。不少大学生在遇到学习成绩下降、失恋、家庭出现意外变故等刺激后，由于心理上无法承受这些刺激所带来的压力就会出现抑郁情绪反应。

抑郁情绪常伴随有厌恶、羞愧、自卑、苦闷等情绪体验，是一种以持久的心境低落、消沉为特征的情绪状态，如果抑郁情绪持续过久，就可能发展成为抑郁症。但需要特别指出的是，抑郁情绪与抑郁症彼此既有联系，又有区别。前者属于一种不良情绪困扰，需要的是心理上的调整；后者属于精神疾病，需要及时到医院就诊。

（二）大学生抑郁情绪的表现及原因

情绪低落、思维迟缓、郁郁寡欢、闷闷不乐、兴趣丧失、缺乏活力，干什么都打不起精神，不愿参加社交，故意回避熟人，对生活缺乏信心，体验不到生活的快乐，并伴随有食欲减退、失眠等症状。长期的抑郁会严重伤害大学生的身心健康，从而使大学生缺乏甚至丧失正常的社会功能。

大学生抑郁情绪的出现有多方面的原因，既受外部突发应激事件的影响，如家庭变故、失恋、学习成绩下降、意外伤害等，也受个人内部心理原因的影响。相同的应激事件对不同的人来说，会有不同程度的抑郁情绪反应，这是由个体本身的原因导致的。一些大学生产生抑郁是由于对一些负面事件的歪曲认知以及因此而对自我价值的不合理评价引起的。此外，抑郁也由积极强化的缺乏所引起。突然发生的抑郁是由于习惯了的积极强化突然消失所导致。马丁·塞利格曼(Martin E. P. Seligman)提出抑郁是"习得性失助"的结果，即当认识到（习得）自己的处境是自己不能加以控制时产生一种无助感，从而被动接受这一情境的压力而陷入抑郁。

（三）如何调节抑郁情绪

要克服抑郁情绪，可从以下几个方面进行调节。

1. 及时宣泄和清理负面情绪

要摆脱抑郁情绪，应及时发泄和清理负面情绪。愤怒、悲伤、焦虑、烦躁等消极情绪，压抑久了就会引发更糟糕的情绪，应及时发泄出来，或以其他途径清理掉。

2. 多参加积极的活动

大学生应多参加积极的活动，如运动、聚会等会让人心情愉悦，在参与积极活动的过程中，大学生可以从中汲取更多的正能量，从而降低自己的消极情绪。

3. 寻求积极的社会支持

大学生在陷入抑郁情绪时，要有意寻求积极的社会支持。在大多数情况下，来自朋友、家人、老师以及心理咨询机构的理解与支持，会给人们更大的勇气面对困难,改善现状。

三、孤独

马斯洛认为,归属感是 18 ~ 25 岁之间的一种重要需要。进入大学后,身边的同学不怎么熟悉,交往一段时间后又觉得没有那么亲近,这些都让大学生产生一种形单影只的感觉,孤独感由此而生。

(一)什么是孤独感

大学生作为一个特殊的社会群体,正处于人生发展的重要时期,建立和维持满意的人际关系是成长和发展的一个重要目标。他们在积蓄知识的同时,非常期望能被社会或他人接纳与认可,渴望和谐友好的人际关系,需要友谊的滋养与爱情的抚慰,从中获得激励、自信和归属感。然而由于种种原因,这些需求时常难以满足,因而与其他年龄阶段的人相比,大学生的孤独感表现得尤为强烈。可以说,孤独已成为大学生心理问题的一个重要方面。另外,在当前的社会形势下,如果大学生不能在充满人际交往的社会中寻求友谊,建立自己的社交支持网络,就会被社会孤立起来,不能成为一个独立成熟的社会人。因此,孤独与自我封闭、缺乏友谊将影响大学生社会化进程。研究显示,大学生的心理健康水平与孤独感有显著性相关,所以大学生的孤独问题应引起高度重视。

孤独感是指与周围环境相隔离的孤苦伶仃的情绪体验。有孤独感的大学生,常常把自己封闭起来,经常冷眼看世界,认为人是自私的、尔虞我诈的,所以他们总是独来独往,封闭自己的心灵,他们要么孤芳自赏、自命清高,要么愤世嫉俗、与世隔绝,给人的感觉很怪异。孤独感与独处不同,独处是一种能力,是心理健康的表现。

(二)产生孤独感的原因

大学生孤独的心理状态,一方面受自身所处的特定时期情绪活动的影响,另一方面受与大学生活有关的多种因素的影响,主要有对新环境的不适应、现实与理想的冲突、学习和恋爱的挫折、人际关系的紧张及生活事件的刺激等,具体表现为以下几个方面。

1. 自身的闭锁心理

容易产生孤独体验的大学生的人格特征表现为:性格比较内向,过分关注自己的主观世界,缺乏自信,不擅长与人交往,性格不够随和,心胸狭窄、猜疑心重,使自己与外界产生隔阂,进而产生孤独的情绪体验。

2. 理想与现实的冲突

大学生缺乏社会实践,往往把现实想象得过于理想化。然而,理想与现实还是有差距的,当理想受挫,不能转化为现实时,易导致强烈的心理冲突。这是因为社会对大学生的期望相对比较高,加上自身的优越感,大学生比较理想化,当周围的人对自己的评价不像想象得那么高,或者理想受挫时,就容易产生孤独的心理体验。

3.学习与竞争压力

大学校园群英荟萃,大学生易感受到竞争的压力。有的大学生急功近利,所设定的目标与期望远远超过自己的实际能力,对未来没有明确的定向,由此造成身心压力。如果学习与竞争的压力得不到释放,就容易出现孤独感。

4.对新环境的不适应

所有的大学新生都面临着对学习生活方式、人际关系等新环境的适应,都面临由原来依赖、被动的学习生活方式向自主生活方式的转变问题。一些适应能力比较差的学生,因对生活、学习的不适应引起孤独的情绪体验。

5.恋爱受挫

在大学里,男女生交往有较为宽松的环境。当恋人因社会现实、他人干预、情意不和等因素而感情破裂时,失恋的挫折就会严重影响大学生的心理、生活和正常的学习活动。失恋者常表现为逃避现实,缩小人际交往圈,产生孤独情绪。而单相思者所承受的痛苦更为严重,自己的感情不被对方理解和接受,很容易让他们自暴自弃,一蹶不振,产生孤独心理。

四、愤怒

在生活中遇到一些不满的事情时,人们会产生一腔怒火,这时的情绪就是愤怒。愤怒容易让人失去理智,冲动是魔鬼,所以我们要让自己尽量冷静下来后再去处理问题。

(一)愤怒及其产生原因

愤怒是指因极度不满而情绪激动,它是人们在遇到挫折、受到攻击或羞辱时常见的一种负性情绪反应。个体在体验到这种情绪时往往伴随攻击、冲动等不可控制的行为反应以及相应的生理唤醒。国内外有关愤怒情绪的研究已经表明,愤怒情绪可能会造成有害后果,例如导致个体身心健康水平下降,破坏人际关系和谐,引起冲突,甚至发生严重危害社会安全的事件。对于大学生而言,愤怒情绪也是常见的情绪问题之一,这种负性情绪会对学生的身心健康和学习生活造成消极影响,同时给学校学生管理工作带来不稳定的因素。

研究发现,校园冲突背后都有愤怒情绪作为诱发因素。其实,愤怒情绪本是人与生俱来的反应,只要控制得当或者能够得到合理发泄,这种情绪就无所谓好坏之分。然而大学生的愤怒情绪值得关注的核心问题在于,他们对这种情绪缺乏有效的调节机制,以至于做出不恰当或是过激的行为。

大学生处在人生发展中的自我同一性探索阶段,人格存在不稳定性。在这一时期,他们所面临的理想与现实、欲望与道德之间的矛盾冲突也是前所未有的多。人格不稳定造成的情绪波动、认知偏差等问题与学业、就业等方面压力交织,会使大学生更容易产生负性消极情绪,尤其是愤怒情绪。加之当代大学生多为独生子女,如若在其成长过程中缺乏有效的情感交流和必要的人际交往,就无法形成良好的情绪表达和控制能力,在面对激烈冲突时就很可能被愤怒情绪所支配而不是有效调控愤怒情绪,从而做出非理性的、不被认可的行为。

(二)如何调节愤怒情绪

1.正确认识愤怒情绪

正确认识愤怒情绪,首先需要明确愤怒是一种正常的情绪反应,是人们所共有的一种自我防御机制,在一定程度上能够保护机体免受伤害。人们需要控制的是过度的愤怒情绪以及由其引发的对自己和他人产生伤害的行为。认识这一点的重要作用在于避免大学生因为将愤怒视为危害,而过分压抑愤怒情绪的表达。因为压抑愤怒情绪并不等于消除愤怒情绪,过度的压抑还可能导致这种消极情绪的堆积以至于最终爆发,造成更加严重的后果。

2.冷静思考、沉着应对

当个体产生愤怒情绪时,要对引发自己产生这种情绪的原因进行思考。有时发泄愤怒情绪的对象并不一定是真正引起自己愤怒情绪的对象。分析愤怒情绪的原因一方面可以避免迁怒他人,另一方面分析本身需要时间和理智,在寻找原因的过程中,愤怒情绪的水平也在逐渐降低。

3.适度宣泄、自我放松

当产生愤怒情绪时,大学生应尽量避免仍将注意力维持在引发愤怒情绪的对象身上,避免使愤怒升级并产生直接冲突。大学生可以利用身边的资源宣泄愤怒情绪,如进行体育锻炼、与好友倾诉、写日记、到特定场所放声歌唱等,也可以通过放松训练来缓解情绪。

五、悲伤

面对无能为力的事情时,人们会感慨自己的渺小,懊悔,痛哭流涕。对于大多数人来说,悲伤可以宣泄内心的情绪,释放内心的压力,然后找到更好的应对方法。当然也要注意过度伤心会损害健康。

(一)什么是悲伤

悲伤是指因失败、分离、丧失等引起的情绪反应,包含沮丧、失望、气馁、意志消沉、孤独和孤立等情绪体验。悲伤是人们在生活中很容易体验到的一种消极情绪,在现实情境中,亲子分离、亲人亡故、学业失败等因素都可引发悲伤。悲伤情绪是一种普遍存在的情绪体验,然而如果个体过于沉溺于悲伤情绪,以致这种消极情绪转化为消极心境,弥散到日常生活的其他方面,就会对个体的健康发展产生不利影响。

（二）如何调节悲伤情绪

1. 接受悲伤情绪

与愤怒情绪一样，有效调节悲伤情绪的第一步应该是接受自己的这种情绪。基本上大多数人在遭遇失败、分离、丧失等事件时都会产生悲伤情绪，如果遇到上述情景时个体没有表现出悲伤，而是表现得淡漠，反而会被认为是心理异常。所以个体应该认可自己表现出的悲伤情绪，千万不能过分压抑。

2. 寻求社会支持

寻求社会支持是一种缓解悲伤情绪的积极措施，如寻求好友、亲人的陪伴，或者参加支持性小组。前文已经提到，悲伤情绪本身包含有孤独的情绪体验，加入支持小组的作用之一就在于消除孤独。个体还可以通过小组交流的过程向他人倾诉自己的经历和体验，得到他人的支持，这本身就有疗愈功效，同时能够从他人处获得走出悲伤的经验，增强安然度过这一阶段的信心。

3. 以积极的眼光看待问题

当遭遇引发悲伤情绪的事件时，要尽量将注意力放在该事件给自己带来的积极意义上。例如失恋时，悲伤是一种合理的情绪反应，首先应该适度地发泄悲伤情绪，哭泣不失为一种有效的方法，当然要以不损害身体健康为前提。其次应该肯定自己恋爱经历中积极的一面，而不是因为未能得到预期结果而对整个恋爱关系全盘否定。最后对恋爱失败这一客观事件进行合理归因，分析出哪些导致恋爱关系终结的原因是自己可以控制的，如过于依赖对方、缺乏独立性等，并对这些问题进行改进，为下一段恋爱打好基础。

📚 **课堂实践**

抑郁自评量表（SDS）

指导语：以下描述列出了有些人可能会有的问题，请你仔细阅读每一条，然后根据最近一个星期以内你的实际感觉选择最符合的描述。

a：很少有（过去一周内，出现这类情况的日子不超过一天）

b：有时有（过去一周内，有 1~2 天有过这类情况）

c：大部分时间有（过去一周内，有 3~4 天有过这类情况）

d：绝大部分时间（过去一周内，有 5~7 天有过这类情况）

1. 我觉得闷闷不乐，情绪低沉。

a. 很少有　　b. 有时有　　c. 大部分时间有　　d. 绝大部分时间有

2. 我觉得一天之中早晨最好。

a. 很少有　　b. 有时有　　c. 大部分时间有　　d. 绝大部分时间有

3. 我一阵阵地哭出来或者觉得想哭。

a. 很少有　　b. 有时有　　c. 大部分时间有　　d. 绝大部分时间有

4. 我晚上睡眠不好。

a. 很少有　　b. 有时有　　c. 大部分时间有　　d. 绝大部分时间有

5. 我吃得跟平常一样多。

a. 很少有　　b. 有时有　　c. 大部分时间有　　d. 绝大部分时间有

6. 我与异性密切接触时和以往一样感到愉快。

a. 很少有　　b. 有时有　　c. 大部分时间有　　d. 绝大部分时间有

7. 我发觉我的体重在下降。

a. 很少有　　b. 有时有　　c. 大部分时间有　　d. 绝大部分时间有

8. 我有便秘的苦恼。

a. 很少有　　b. 有时有　　c. 大部分时间有　　d. 绝大部分时间有

9. 我心跳比平时快。

a. 很少有　　b. 有时有　　c. 大部分时间有　　d. 绝大部分时间有

10. 我无缘无故感到疲乏。

a. 很少有　　b. 有时有　　c. 大部分时间有　　d. 绝大部分时间有

11. 我的头脑跟平常一样清楚。

a. 很少有　　b. 有时有　　c. 大部分时间有　　d. 绝大部分时间有

12. 我觉得做以前经常做的事并没有困难。

a. 很少有　　b. 有时有　　c. 大部分时间有　　d. 绝大部分时间有

13. 我觉得不安而平静不下来。

a. 很少有　　b. 有时有　　c. 大部分时间有　　d. 绝大部分时间有

14. 我对将来抱有希望。

a. 很少有　　b. 有时有　　c. 大部分时间有　　d. 绝大部分时间有

15. 我比平常容易激动。

a. 很少有　　b. 有时有　　c. 大部分时间有　　d. 绝大部分时间有

16. 我觉得做出决定是容易的。

a. 很少有　　b. 有时有　　c. 大部分时间有　　d. 绝大部分时间有

17. 我觉得自己是个有用的人,有人需要我。

a. 很少有　　b. 有时有　　c. 大部分时间有　　d. 绝大部分时间有

18. 我的生活过得很有意思。

a. 很少有　　b. 有时有　　c. 大部分时间有　　d. 绝大部分时间有

19. 我认为如果我死了别人会生活得好些。

a. 很少有　　b. 有时有　　c. 大部分时间有　　d. 绝大部分时间有

20. 平常感兴趣的事我仍然照样感兴趣。

a. 很少有　　b. 有时有　　c. 大部分时间有　　d. 绝大部分时间有

评分标准：

每一个条目均按 1、2、3、4 四级评分。受试者根据最适合受试者情况的时间频度计分 1(很少)，或 2(有时)，或 3(大部分时间)，或 4(绝大部分时间)。20 个条目中有 10 项(第 2、5、6、11、12、14、16、17、18 和 20)是用正性词陈述的，为反序计分，其余 10 项是用负性词陈述的，按上述 1~4 顺序计分。SDS 评定的抑郁严重度指数按下列公式计算：

抑郁严重度指数 = 各条目累计分/80(最高总分)

指数范围为 0.25~1.0，指数越高，抑郁程度越高，其中评分指数在 0.50 以下者为无抑郁；0.50~0.59 为轻微至轻度抑郁；0.60~0.69 为中至高度抑郁；0.70 以上为重度抑郁。

注：本量表只做症状评定，不做诊断，必要时请咨询医生。

第三节　情绪管理

现代心理学、生理学及医学的研究表明，情绪对人的身体健康有很大影响。积极的情绪状态，能为人的神经系统功能增加新的力量，促进个体潜能的发挥，而消极的情绪状态则会对机体产生有害的影响。情绪管理就是在了解自己情绪特征的基础上，通过建立科学的情绪宣泄和调控机制，自觉克服和消除负面情绪的影响，保持积极向上心态的过程。有效的情绪管理和压力应对策略对大学生的学习、人际交往和身心发展都起到重要作用，是其成长成才的必要保障。

一、保持良好心境

心境，又称心情，是一种微弱、平静而持久的情绪状态。人随时处在某种心境之中，只是不一定为人们所意识到罢了。保持良好的心境，是人生修养的一个重要内容。

(一)保持良好心境的意义

1.心境影响人的生活态度

同样是落日西下，心境不好的人惆怅唏嘘"夕阳无限好，只是近黄昏"，心境好的人却会赞美它"虽已近黄昏，夕阳无限好"。由此可见，良好的心境会带给人们积极愉悦的情绪体验。心理学家约翰·麦克劳德(John Macleod)等曾通过让被试阅读材料的方法，诱发他们的积极和消极情绪，然后要求被试回想过去生活中发生的事件，在回忆结束后，预测在未来半年内类似的快乐或者不快乐的事情再次发生的可能性。研究结果表明，处于积极快乐心情的被试更容易回忆快乐的往事，并且与处于消极心情的被试相比较，他们预测将来会发生更多令人愉快的事和更少令人不快的事。可见,处于积极心境的人倾向于用积极的心态去面对未来,而处于消极心境的人则更多地用消极的心态去判断未来会发生的事情。

2. 心境影响人的社会交往

大学生生活在一个微型社会中,协调好人际关系是学生健康成长的重要条件之一。情绪健康、心胸开阔是维系正常人际关系的纽带。一个微笑、一次握手、一个诚挚的眼神、一句温暖的话语,都会起到沟通心灵、增进友谊的效果。假如一个人常在他人面前任由负面心境支配而不加以控制,如乱发脾气,久而久之,他人就会将之视为难以相处的人,甚至再也不来往。研究表明,那些经常处于冷漠、自卑、暴躁等消极心境的大学生往往会表现出社交退缩、社交攻击等社会交往模式,进而严重阻碍人际交往,妨碍团结和友谊。

3. 心境影响人的身体健康

学者阿维森纳(Avicenna)曾做过情绪实验,他把两只体质相同,喂养方式也相同的小羊置于不同的外界环境中生活:一只小羊羔随羊群在水草地快乐地生活;而另一只却邻狼笼而居,在极度惊恐的状态下,这只小羊羔根本吃不下东西,不久就因恐慌而死去。可见,心境对健康起着重要作用。

现代生理学、心理学和身心医学的研究表明,烦恼、发怒、抑郁等消极不良的心境往往会引起或激发某些疾病的产生。例如,长期抑郁或恐惧,会导致胃溃疡、高血压等多种疾病。而更为重要的是,消极不良的心境会抑制机体免疫系统的功能,容易引起癌症或其他疾病。临床上有许多癌症患者在发病前大多都曾经有过持续较长的消极情绪。而积极良好的心境,如愉快、欢乐等,可以引起心输出量增加,促进全身血液循环,使人精神振作,增进身体健康。

(二)保持良好心境的方法

1. 要有积极的生活态度

积极心态是一种主动的生活态度,拥有积极生活态度的人无论遇到顺境还是逆境,对事情都有足够的控制能力。积极的人面对问题会看到机会,而对生活抱有消极心态的人却只能看到忧患和风险。

2. 要有宽广的胸怀

古人云:"君子之所取者远,则必有所待;所就者大,则必有所忍。"胸怀宽广之人,不会因眼前琐事或蝇头小利而斤斤计较,不会为一时得失或成败而大起大伏。他们在成功面前能保持清醒的头脑,不沾沾自喜;在挫折面前能冷静地思考,不怨天尤人。

3. 要有正确的期望值

只有正确认识社会环境和自我价值,才能常常保持良好的心境。人是社会的人,要适应环境,而不是让环境来适应自己。只有适应了环境,才能改造环境,并在改造中求得发展。另外,应该把个人的志向抱负定位在自己的能力范围之内,切不可好高骛远。

二、及时调节不良情绪

每个人在生活中都会有伤心烦恼的时候,但是要知道,情绪是思想的产物,人们对自己的情绪并不是无能为力的。心理学家通过理论研究和实践验证,创立了许多行之有效的情绪自我调节方法。大学生可以根据自己的心态有选择地加以使用,从而做自己情绪的主人。

(一)积极自我暗示法

自我暗示,就是个人通过内部语言、书面语言或想象等方式,来自我调节情绪的方法,它既可以用来松弛过分紧张的情绪,也可用来激励自己。心理学的实验表明,当一个人静坐并默默地说"勃然大怒""气死我了"等语句时,心跳会加剧,呼吸也会加快,就好像真的要发起怒来。相反,如果默念"喜笑颜开""兴高采烈"之类的词语,那么他会产生一种愉悦的体验。由此可见,自我暗示可以在不知不觉中对自己的意志、心理乃至生理的状态产生影响。因此,在遇到挫折时,适当地进行自我安慰,如告诉自己"胜败乃兵家常事""我每天都可以做得更好"等,可以缓解矛盾冲突,解除焦虑、抑郁、烦恼和失望情绪。

(二)理性情绪法

美国心理学家阿尔伯特·埃利斯(Albert Ellis)提出"情绪ABC"理论,他认为人的消极情绪和行为障碍结果C(consequences),不是由某一激发事件A(activating events)直接引发的,而是由经受这一事件的个体对它不正确的认知和评价所产生的某种信念B(beliefs)所直接引起的。这种信念也称为不合理信念。不合理信念有三个特征。①绝对化要求。人们以自己的意愿为出发点,认为某一事物必定会发生或不会发生,如"我必须获得成功""他应该对我好"等。②过分概括化。一种以偏概全的不合理思维方式,一方面表现为对自身的不合理评价,如一遇到挫折便概括为自己"没用""前途渺茫";另一方面表现为对他人的不合理评价,别人稍有一点不对就完全否定他人,一味责备他人。③糟糕至极。这种不合理的信念认为某一事情发生了,必定会非常可怕、非常糟糕、非常不幸。怀有这些信念的人极易陷入情绪困扰中。

大学生在运用理性情绪法时,应首先分析自己有哪些消极情绪,从中分析、综合、抽象、概括出相应的不合理信念,鼓励自己向理性观念转化,对比两种观念下个人的内心感受,有助于排除不良情绪。

(三)转移注意法

转移注意法是指当遇到令人不愉快的人和事时,有意识地运用各种方法把注意力转移到其他活动上的一种自我调节方法。转移注意,一方面中止了不良刺激源的影响,防止不良情绪的泛化、蔓延;另一方面,通过参与新的活动特别是自己感兴趣的活动可以达到增进积极情绪体验的目的。因此,当自己情绪不佳时,可以有意识地转移话题或做点别的事情来分散注意力,如看电影、听音乐、散步、打球、旅游等,这些都可以使紧张情绪松弛下来。

(四)适度宣泄法

因挫折造成焦虑和紧张时,消除不良情绪最简单的方法莫过于宣泄。较妥善的办法是找亲朋好友倾诉,将自己的苦闷说出来。这样,一方面使不良情绪得以发泄,另一方面也可以获得情感支持和理解,增强克服困难的信心。放声痛哭也是一个好办法。精神病学家曾对331名18~75岁的人进行调查,结果表明男性、女性在哭过以后心情都会变得轻松。另外,在愤怒时跑步、游泳、参加大运动量的活动都有助于释放激动情绪带来的能量。但是,宣泄一定要注意场合、身份、气氛,注意适度有节并且无破坏性。

(五)放松训练法

放松训练法主要是个体用自己的意志调节机体的机能,通过机体的主动放松增强其对生理和心理活动的控制,达到降低唤醒水平,调整情绪的目的。放松训练可使肌肉放松、呼吸深沉、思想入静、杂念全无。由于心理压力和生活方式的变化,有的大学生心理应激水平高,心理冲突强度大,非常容易引起一些消极的身心反应,如头痛、头晕、睡眠障碍等躯体化症状,以及消极的情绪反应,如恐惧、紧张、烦躁等。放松训练可以帮助人们减轻或消除这些不良的身心反应。

三、挫折与应对

"人生不如意十之八九",挫折在很多时候都会与人不期而遇。挫折对于人们来说,让人们觉得有压力,不好面对,但是一旦解决之后,又会积累更多的人生经验,对自己产生更深入的自信。

(一)认识挫折

挫折是指个体的意志行为受到无法克服的干扰或阻碍,预定目标不能实现时所产生的一种紧张状态和情绪反应。挫折包含三层含义。一是挫折情境,指客观上或个体主观上认定的阻碍其目标实现的情境或条件。二是挫折认知,即个体对挫折情境的认知、态度和评价,这是产生挫折和如何对待挫折的核心要素。同一挫折情境下,不同的挫折认知会产生不同的应对反应。例如有的学生面对失败会泰然一笑,再接再厉,而有的学生却会悲观失望,一蹶不振。三是挫折反应,即伴随着挫折认知而产生的情绪体验和行为反应,可表现为焦虑、愤怒和攻击等。

挫折是客观存在的,人只要有追求、有欲望,就会有失败、有失望,尤其是对刚处于人生起步阶段的大学生来说,挫折更是难以避免。挫折并不完全是消极的,它有弊有利。在某些情况下,它可以激发人们的意志努力,使人坚强、成熟,在逆境中奋起。

（二）挫折的来源分析

造成挫折的原因是多方面的,受挫折影响的程度也因主观感受而不同。总的来说,挫折是由外部因素和内部因素产生的。

1. 外部因素

形成挫折的外部因素即由外界阻碍和限制而形成的挫折情境,包括自然因素和社会因素。自然因素是指非人力所能及的一切客观因素,如地震、洪水、交通事故、疾病等。社会因素包括个人在社会生活中受到的经济、宗教、道德、风俗习惯等人为因素的限制。例如生活上遇到不公平的待遇,经济上不能满足自己的需要,与同学相处发生矛盾等。

2. 内部因素

构成挫折的内部因素包括个人在生理、心理以及知识、能力等方面的阻碍和限制,如身高、体形、容貌、知识结构、健康状况、自我期望等。大学生普遍有较强的自尊心,争强好胜和追求完美的心理较强,所以,大学生的挫折很多都来自个人的内部因素。例如,有的人对自己的相貌不满意,觉得自己不如其他人;有的人因为身高问题而苦恼;有的人过于自信,对自己提出不切实际的要求而无法达成。这些都会让自己产生挫败感。

（三）增强挫折承受力

1. 正确看待挫折

挫折是客观存在的,关键在于人们怎样对待它。挫折既是一种危机,也是一种挑战。挫折虽然带来的是不愉快的情绪体验,但也可以成为自强不息、奋起拼搏的动力。同时应该看到,挫折也并不总是发生的,生活中还有很多快乐、幸福的事情。所以,在遇到挫折时,不应始终停留在挫折带来的无助失望中,而应该尽快从情感的痛苦中解脱出来,以理智面对挫折。

2. 订立恰当的个人目标

目标是人们进行活动的动力,而能否成功则取决于目标的高低是否适合个人的能力或条件。目标过低或者过高都不利于增强个体的自信心和自尊心。如果目标恰当、方向准确,自己又能持之以恒,这样产生挫折感的机会就比较少,即使遇到挫折也能积极应对。

3. 总结经验教训

善于总结失败和挫折中的教训,是增强挫折承受力的重要方面。一方面,要从失败中吸取教训,考虑确定的奋斗目标是否恰当、实施的途径和方法是否正确、造成挫折的原因来自何处,争取改进。另一方面,要及时发现自己的优点和长处,振作精神,从而在以后的学习、生活和工作中增强信心、直面挫折。

4. 主动寻求专业的帮助

当一个人受到挫折陷入不良情绪而不能自拔时,还可以寻求系统、专业的疏导和帮助。受挫者可以在心理咨询师的引导下,对自己有更正确的认识,消除内心障碍,化解不良情绪和行为反应,最终获得心理上的成长和人格上的完善,从而提高挫折耐受力。

四、压力管理

压力产生后,人们会身体紧张,睡眠紊乱,茶饭不思,注意力难以集中,长时间的压力会导致心理问题。压力管理可以帮助人们面对自己的问题。

(一)什么是压力

压力,是指由刺激引起的、伴有躯体机能以及心理活动改变的一种身心紧张状态。适度的心理压力会成为人成长的内部驱动力,促使其主动发展。但是过度的压力会使人处于较高的紧张和亢奋状态,长期得不到缓解就容易引起神经的抑制,影响人的身心健康。

压力主要来自内、外两个方面,尤以内部为主。内心挫折和冲突是最重要的内部因素。现实生活中,每个人都可能陷入挫折境遇,挫折感多了,自然会形成心理压力。而冲突是一种心理困境,是在选择权衡中产生的,面临的选择越多,产生的冲突困扰越大,压力也就越大。

(二)压力反应

1. 心理反应

压力引起的心理反应有警觉、思维集中、情绪唤起等,这是适度的反应,有助于个体应付环境。但过度的压力会引起人注意力下降、情绪调节能力变差、自信心降低、忧虑与无助感出现等。

2. 生理反应

在压力状态下,机体必然伴有不同程度的生理反应,主要表现在中枢神经内分泌系统和免疫系统方面。过度的压力会使人口干、腹泻、头痛,长期处于压力状态下还会使人免疫力下降。常见的与压力有关的疾病有胃溃疡、紧张性头痛、高血压、癌症等。

3. 行为反应

压力状态下的行为反应可分为直接反应和间接反应。直接的行为反应是指直接面临紧张刺激时为了消除刺激源而做出的反应,如演讲前反复背诵讲稿。间接的行为反应是指借抽烟、喝酒等方式来减少或暂时消除压力带来的苦恼的反应方式。

(三)压力的自我管理

1. 压力反应处理

通常人们面对自己无法顺利处理的压力源时,常常凭直觉采取不合理的方式,如逃避、攻击,这不仅不能有效处理压力,还会使压力增大或者持续时间更长。

不良的情绪表现往往会干扰问题解决过程。因此舒缓情绪是面对压力的第一步，只有在平静的心态下才能理智地解决问题。正确的做法应该是冷静地认清压力的性质、理性思考，最后解决问题或者寻求帮助。

另外，值得注意的是当面对压力和紧张情绪困扰时，要避免不当的宣泄行为，如依赖药物、酗酒、大量抽烟或涉足不良场所等，以免给自己造成不必要的伤害。

2. 建立对世界的控制感

心理学家朱利安·罗特(Julian Rotter)在1954年提出了控制感的概念，对个体的归因倾向和差异性进行说明。罗特发现，个体对自己生活中发生的事情及其结果的控制源有不同解释。他把那些认为自己可以控制周围环境，无论事情成功还是失败都是由于自己的能力或者努力等内部因素造成的人称为"内控型"，把那些认为发生在自己身上的事是由自己无法控制的外部力量造成的人称为"外控型"。

内控型的人在面对压力时，往往会采取主动积极的方式去面对，而外控型的人则更可能采取回避、发泄的策略，不会主动去寻找事情的解决办法。大学生应该建立起对世界的控制感，坚信事情的成败取决于自己，这样，在面对压力时，就能够鼓起勇气、增强自信心，去寻找积极有效的问题解决策略。

3. 培养良好的时间管理习惯

心理学研究发现，不良的时间管理行为，如不能正确合理地分配时间、考试前临时抱佛脚等，是大学生心理压力的主要来源之一。当面对压力时，有良好的时间管理行为的人在时间运用上具有目的感、定向感，通过合理管理时间，如计划、安排、设定任务完成顺序等，可以有效地降低压力。相反，不能有效利用时间往往会导致个体生活作息的错乱和压力感的增加。因此，大学生应该培养良好的时间管理习惯。

五、情商及其培养

智商与一个人的学习能力有关，情商和一个人的沟通能力有关。心理学家发现，一个人的成功，超过70%和情商有关，智商占的比例并不高，可见提高情商非常重要。

（一）什么是情商

情商，即情绪智力商数(emotion intelligence quotient, EQ)，是相对智商IQ而言的，是衡量情绪智力发展水平高低的一项指标。1990年，心理学家彼得·萨洛维(Peter Salovey)和约翰·梅尔(John Mayer)首次正式提出了"情绪智力"这一术语，用以描述对情绪的认知、评估和表达能力，思维过程的情绪促进能力，理解与分析情绪、获得情绪知识的能力以及对情绪进行成熟调节的能力。

然而，真正让情商一词走出心理学的学术圈，成为人们耳熟能详的日常用语的是哈佛大学的丹尼尔·戈尔曼（Daniel Goleman）教授。他的著作《情感智商》一经出版即在全世界掀起了一股情商热潮。戈尔曼将情商分为五个方面。①认识自身情绪的能力。戈尔曼认为，认识自身情绪是情商的基础，这种能力对了解自己非常重要。②妥善管理自己情绪的能力。情绪管理必定建立在自我认知的基础上，通过自我调节，摆脱不良情绪。③自我激励的能力。无论是要集中注意力还是发挥创造力，将情绪专注于某一目标都是非常必要的。成就任何事情都要有情感的自制力。④认知他人情绪的能力。即善解人意，并由此与不同性格的人融洽相处。⑤人际关系的管理能力。一个人的领导能力、人际和谐程度都与这项能力有关，充分掌握这项能力者常是社会上的佼佼者。

（二）大学生情商培养的重要性

高校中的学生若面临各种心理压力就会影响其正常的学习和生活。有的大学生面对纷繁复杂的世界，心理压力过大，认为前途渺茫，无所适从，出现抑郁症、强迫症等症状。当代大学生的情商水平有待进一步提高。

世界卫生组织对健康的定义是生理、心理及社会适应三个方面全部良好的一种状况，而不仅仅是指没有生病或者体质健壮。可见，情商是衡量一个人是否健康的重要标准。良好的情商能够帮助大学生提高心理素质，培养健全人格，促进社会适应能力。在充满竞争和挑战的社会中，只有高情商的人才能在激烈的竞争中脱颖而出。

据《21 世纪报》（英文）报道，美国对 733 位拥有数百万美元的富翁做了调查，结果显示，对他们的成功起作用的前几位因素均为"诚实地对待所有的人"以及"与人友好相处"等情商因素。很多时候情商比智商更重要。从无数成功者的案例中我们也能发现，这些成功者具有一些共同的非智力因素特征，如清醒的自我认知、稳定的情绪、和谐的人际关系和不屈不挠的勇气等。可见，情商和智商相比在更大程度上决定着一个人的成败。

（三）情商的培养方法

1.监督自己和他人的情绪变化

只有对自己和别人的情绪有了觉察和了解，才能冷静下来分析问题、认识问题。当自己产生负性情绪时，要树立调整情绪的自觉意识，可以通过自我暗示遏制冲动、自我激励建立自信，放松身心，不在情绪反应强烈的时候做重要的决定和行动。另外，大学生要理性认识别人的情绪，更好地与对方交流、沟通。情商高的人，之所以在生活中受欢迎，就是因为他们能够敏锐地知觉和评估自己和他人的情绪，并能及时对自己的情绪进行有效的调节和控制。

2.培养同理心，学会理解他人

同理心，是指在人际交往过程中，能够体会他人的情绪和想法，理解他人的立场和感受，站在他人的角度思考和处理问题的一种方式。它是情商的重要组成部分,也是一个人人格成熟和社会化的标志。培养同理心,首先,要学会倾听,在别人说话时集中注意力,用点头、微笑的方式表示你理解对方的想法,不任意打断他人讲话,这些都是倾听的表现方式,也表示了你对他人的尊重;其次,要能够换位思考。只有将心比心,包容他人,才能缓解矛盾,减少误会。

3. 建立和谐人际关系,培养团队合作精神

积极的人际交往,良好的人际关系,可以使人精神愉快,充满信心,正确认识和对待生活中的各种矛盾,形成积极向上的优秀品质。在如今这个竞争与合作共存的时代,个人的价值只有在集体中才能更好地显现,大学生要学会合作。合作是一种宽容的胸怀、高尚的美德,更是一种为人处世的本领。

在实践中学习与提高是培养情商的有效途径。"纸上得来终觉浅,绝知此事要躬行"。在处理繁杂事务的过程中,在与各界人士打交道的过程中,大学生可以收获知识,经历磨炼,积累经验,从而提高创新能力、协作能力、决策能力和动手能力,以达到提高情商、完善自我的目的。

讨论议题

· 你认为智商和情商哪个对成功更重要,为什么?

课后思考

1. 通过本章的学习,请结合自身情况谈谈大学生情绪活动有哪些具体特点。
2. 学生应该怎样培养良好的情绪习惯? 如何调节和控制自己的不良情绪?
3. 请查阅相关资料,并根据自身情况完成一份"情绪报告"。
4. 在生活中,大学生应如何看待压力和挫折?
5. 请结合自身的实践经验,谈谈如何在生活中培养和提高自己的情商。

本章相关知识链接

第十五章 行为问题与习惯养成

20岁的小Q迷恋网络已有一年多了。他最初仅仅是不上自习、不写作业,到后来几乎不上课,一天有10个小时左右坐在寝室的电脑前,专注地打网络游戏,或者忘乎所以地在论坛上与网友聊天。当辅导员老师查宿舍看到他时,发现他衣冠不整,疯狂地敲打着键盘上几个控制游戏的键,时而显得焦急,时而洋洋得意。他看起来好像很多天都没有睡过觉一样,显得疲惫不堪。"怎么又没有去上课?"听到辅导员的问话,小Q连头都不抬,待打过一关后,才舒了口气,幽幽地答道:"反正去了也听不懂。"辅导员老师意识到,小Q沉湎于网络游戏已经不能自拔,如果不及时帮助他减少网络使用,等待他的将是休学乃至退学。

大学生中像小Q一样迷恋网络的人不在少数。社会经济日益进步、人们生活水平不断提高,计算机与互联网迅猛发展和普及,全世界卷入信息时代的浪潮中。大量信息的冲击、生活的便捷和丰富的资源方便了人们的生活,同时带来了以青少年为主要群体的行为问题,如网络成瘾、吸烟、酗酒、暴力行为等。本章主要对各种常见的不健康行为及其危害进行阐述和探讨,并力求帮助大学生培养良好的生活习惯和行为习惯。

第一节 良好生活方式的意义

良好的生活方式不仅能促进个人的身心健康,而且对未来的发展有着深远影响。大学生处于增长知识、强健身体的关键阶段,只有具备了良好的学习生活习惯才能在人生的舞台上实现自己的梦想。因此,如何培养当代大学生养成良好的学习和生活习惯,克服熬夜、长时间上网、饮食不规律、不按时吃早饭、睡懒觉等不良习惯,对提高大学生身心健康有重要意义。

一、生活方式的意义

生活方式是一个人习惯化的行为表现,体现了人在生活中最基本的态度和导向。例如一个从小就温顺、听话的孩子,他往往在家里非常听话,在学校也非常听老师的话,通过顺从和听话,他获得了很多称赞和好处,因此,他习得了听话这一与人交往的方式。他进入大学后,也会极力扮演一个听话的人,希望有一个权威,无论是老师还是家长,能给他一些权威的建议,他只需要完全听从权威的建议,就能够取得很好的成绩。但如果找不到这个权威,他就会感到无助、不适应,甚至会表现出不自信,陷入迷茫的状态。因此,很多大一新生在入校体验过大学的新鲜感后,往往会陷入迷茫。每个人的成长经历都不同,正是因为这种不同,会形成具有鲜明个性特点的生活方式,这种方式可能对别人来说没有意思,但对习惯于自己独特生活方式的人则具有重要意义。著名的人格心理学家阿德勒认为每一个人都是自己生活的主角、创造者及艺术家。在追求自己人生目标的过程中,人们形成了个人独特的生活方式。每个人对自己、对别人、对生活的各种概念和想法,最终构成了一个人的生活方式。了解一个人的生活方式就好比了解作家的风格,如阿德勒所说:我们可以选择从任何地方开始,每项表现或表达都会带领我们往同一方向,朝着同一动机,同一种旋律,这是人格建构的地方。生活方式和个人所赋予的生活意义有密切联系。只有真正懂得了生活意义的人,才能有健康积极的生活方式。而找不到生活意义的人,生活就会乱成一团,自己也不知道自己想做什么,应该做什么。生活方式实际上和每个人对生活意义的追寻这一重要的生命课题密切相关。

二、生活方式的分类

美国现实心理治疗法的创始人威廉·格拉瑟(William Glasser)认为,每个人都有意无意地通过行为在选择属于自己的独特的生活方式,所有的行为都来源于人们内在世界的需求,为了满足内在世界的需求,达到有效控制自己生活的意图,主动选择行为习惯,人们就会有意无意地按照内在需求去选择行为,进而选择自己的生活。人们的生活方式透露出他们对生活的不同设想。基于这种想法,有学者将当代大学生的生活方式归纳为四种类型。

1. 传统型

顾名思义,传统型延续的是传统学生的状况,类似中学时三点一线的生活,每天刻苦学习,绝不放松。虽然他们有时也会有青春的冲动,但一般很快会压抑自己的需要,觉得那些都是不现实的想法,认为上大学的唯一出路是努力读书。他们努力获得社会对大学生角色的赞同和接受,认为现在社会就是需要文凭、证书。他们大多数人因社会要求、家人期待而努力,一般表现为认真、上进、努力。

2. 时尚型

和传统型相反,时尚型的大学生则是另一种完全不同的表现,他们可能不热衷于专业的学习,他们一般处在社会流行的前列,穿着打扮、聊天谈资等都涉及时下最流行的东西。他们表现得更为开放,更容易接触新鲜事物。

3. 随意型

随意型的学生在很多方面都表现出了随意的特点。他们追求舒适安逸,不求最好,往往随遇而安,不会过分在意什么事或什么人,只在意自己的内心是否舒服、平衡。他们不苛求自己也不苛求别人,所以也很容易保持平和的心态。他们不过分热衷于什么,也不过分反对什么,自在、洒脱。

4. 会玩会学型

这种学生往往是大家羡慕的对象,很多大学生都希望自己既会玩又会学,各方面都有出色的表现。这种学生往往是"别人家的孩子"。他们不但成绩非常优秀,而且兴趣爱好广泛,在一些特长上有非常出色的表现,如钢琴八级、专业游泳运动员等。他们能很好地进行时间规划和管理,在保证学习成绩优秀的同时,他们的身影可能会出现在赛场上、舞台上。这些学生往往是人群中的焦点。

每种类型都会有自己的独特之处,都会因自己的特点得到好处,也都会因自己的特点付出代价。所以,关键要认识自己得到的是什么,付出的是什么,得到与付出是否平衡。每个大学生都有追求自己生活方式的权利,当想清楚后,就可以试着追求比较适合自己的生活方式。

三、影响个人生活方式的因素

阿德勒非常重视了解一个人的生活方式。他认为,通过了解一个人的生活方式,就能够理解这个人,从而也就找到了教育一个人的方法和途径。影响人生活方式的因素有以下几个。

1. 家庭特点

要了解一个人的生活方式,就需要了解这个人家中的具体情况,让其描述亲人的特点,例如自己的父母各自是什么样的人,他们对子女的态度是怎样的。父母的关系、邻里关系如何,家中是否有兄弟姐妹,兄弟姐妹有怎样的特点,他们以怎样的方式进行互动。

2. 童年记忆

童年记忆主要涉及 5 岁以前的主要生活印象,类似于"三岁看到老"的说法,阿德勒认为人在 5 岁左右人格已经形成。人对生活理解、对生活目标的设定,以及达到目标的方式、情绪表达等方面都基本固定。虽然以后他们也可能改变,但在没有改变的必要前,大部分的人还是会继续采用儿童期固定成形的习惯。阿德勒学派认为人们只会记住与目前观点一致的过去事件,所以这些童年经验对于了解其生活方式,是重要的线索。

3. 优先偏好

这是评鉴生活方式的一条重要途径。以色列心理学家恪弗尔提出人们的四种偏好：优越、控制、安逸、讨人喜欢。每一种偏好都会有一套主要的行为形态及自我说服的信念。人们所做的选择除非经过对质挑战，否则会持续主宰他们对压力与困难的立即性反应。

4.社会情景因素

生活方式往往体现了人们的态度，暗含了人们对自己、对别人、对世界及对生活的解释，会引导他们的行为和表现。例如，若一个人认为自己不完美就是失败，这种想法会影响其行为。对人们的爱情、工作、友谊等关系进行探索后，就会发现其固定的行为方式，抽取出这些固定的行为方式，进而找到人们在生活方式中的一些基本态度和错误。例如，过度概括化，错误或不可能的目标，可能会表述为"如果我要有被爱的感觉，我就必须取悦每一个人"；否定个人价值，表述为"我太笨了，所以没有人想跟我在一起"。了解这些错误的概括行为方式的方法，并重新审视这些观点，将对人们认识和改变自己提供帮助。

四、形成有效生活方式的途径

人的生命是有限的，对自己的人生进行有效管理是非常重要的，对每个人意义重大，因此形成多元的生活方式，人们有必要进行一些有效、积极的生活管理。

1.培养良好的生活习惯

习惯是人在后天生活中通过长期重复某个动作而形成的一种行为方式。在日常生活中如果不注意培养良好的生活习惯，就很容易滋生一些坏的习惯。而良好习惯的形成，是一个长期积累，持之以恒的过程，不是一蹴而就的。无论是谁，良好的习惯都是经过一段时间的训练后才形成的。只要我们希望自己有所改变，就完全有可能改变。好的习惯是一个不断寻找、不断培养的过程，良好的习惯一旦坚持下来，必将会终身受益。对大学生来说，应该养成以下生活习惯。

（1）养成早起早睡的习惯。大学生每天都有确定的上课时间，如果一味坚持自己的"猫头鹰型"的晚上干活，白天休息的习惯，上课效率就会下降，上学就变成了自学。甚至不好的习惯可能造成失眠，导致神经衰弱，也会因和同学的生活不同步，造成人际关系紧张，给自己的学习和生活带来许多不便。大学生活毕竟是一种集体生活，集体生活条件下，保持一致的生活步调是必须的。

（2）合理饮食。主副食搭配合理。大学生还处在生长发育的高峰期，合理饮食对发育来说是非常重要的。

（3）培养良好的卫生和运动习惯。养成良好的卫生习惯可以减少生病，同时会让人展现出非常整洁的状态，给别人留下良好的第一印象，有利于人际圈的建立。养成良好的运动习惯，坚持体育锻炼，可以是有技巧的训练，也可以是散步、爬山。技巧性的体育锻炼不仅能让人们学会更有效地控制自己的身体，而且会在学习中磨炼品质。体育锻炼还可以使人放松，从而提高学习效率。

2.培养良好的时间管理习惯

培养时间观念是进行生活管理的重要环节,大学生也要学会高效利用时间。什么事情在什么时间做最有效,什么事情先做比什么事情后做更好,其实都"有机可乘"。你可以按照紧急和重要对自己的事情进行排序,有效利用时间,同时要根据自己的特点安排,进行有效管理,从而让自己的生活更充实。

3.形成良好的财务管理习惯

进入大学往往是独立的第一步,独立意味着自己管理自己,包括财务管理。大学生可以对每个月的消费进行计划,对收支进行管理,例如记录两个月的花销,并根据这两个月的花销对自己的钱财进行划分,如用于学习、生活、娱乐、交友的花费,以及收入等。通过日常财务管理,大学生能够加强对生活的掌控感,从而增强顺利度过人生的信心。

4.远离不良的生活习惯

处于大学阶段的学生,正是一个好奇心强、容易被诱惑的年龄,有可能因为好奇形成一些不良的生活习惯,如吸烟、饮酒、吸毒等,这些生活习惯对大学生的身心健康有很大的危害。

(1)吸烟。吸烟致癌在世界范围内已经得到公认。流行病学调查表明,肺癌死亡人数中约85%由吸烟造成。吸烟者患肺癌的危险性是不吸烟者的 13 倍,如果每日吸烟在 35 支以上,则其危险性比不吸烟者高 45 倍。心血管疾病死亡人数中有30%~40%由吸烟引起,死亡率的增长与吸烟量成正比。吸烟者常患有慢性咽炎和声带炎,吸烟者患慢性气管炎较不吸烟者高 2~4 倍。吸烟可引起胃酸分泌增加,并能抑制胰腺分泌碳酸氢钠,致使十二指肠酸负荷增加,诱发溃疡。烟草中烟碱可使幽门括约肌张力降低,使胆汁易于返流,从而削弱胃、十二指肠黏膜的防御因子,促使慢性炎症及溃疡发生,并使原有溃疡延迟愈合。

(2)饮酒。酒是一种成瘾物质,对不同性别、不同年龄的人群都有影响。长期酗酒对多个脏器都会造成明显伤害。酒精对心血管系统的损害显著,通过对 560 例酗酒者健康状况调查显示,酗酒组心血管疾病明显高于对照组,相对危险性为 3.4 倍。酒精对肝脏的损害非常严重,每日摄入酒精大于 40 克,持续时间多于 5 年,酒精性肝病的危险性显著增加。研究发现,饮酒时间越长、总酒精摄入量越大,肝癌的发病危险越大,酗酒使肝癌的发病危险增加 2.57 倍。有资料表明长期酗酒者发生急性肺炎的概率增加,长期酗酒也是慢性酒精中毒者死亡的主要原因之一。大学生过量饮酒,会使思维迟缓、记忆力下降,学习效率下降。酗酒可出现孤僻、忧郁、暴躁和冲动等心理障碍,导致责任感、道德感和责任感下降,影响人际交往。酒醉后的兴奋状态常会使人行为失态,做出有悖于社会公德、违法、违纪的行为,还可因丧失自控能力后伤及他人或使自己遭到意外伤害。酒后人的自制能力下降,是非判断失常,出现一些错误的言论或行为,做出错误的选择,甚至造成终生遗憾。

（3）毒品。毒品被称为当今世界的最大公害之一。毒品的种类很多，常见的有鸦片、大麻、可卡因（白粉）、冰毒等。毒品使用会引起功能失调和组织病理变化，表现为嗜睡、感觉迟钝、运动失调、幻觉、妄想、定向障碍等。滥用毒品的青少年身体机能较一般人差，其中有七成人出现精神科短期症状，如幻想、妄想和被害感，还有自杀倾向，有15%的人出现持续性的视觉失调症状。吸毒者在危害自身的同时，危害家庭和社会。吸毒使家庭经济陷入破产，导致亲属离散，甚至家破人亡。吸毒对社会生产力造成巨大破坏。首先，吸毒导致身体疾病，影响生产；其次，吸毒造成社会财富的巨大损失和浪费，毒品活动还造成环境恶化，缩小了人类的生存空间。同时，吸毒现象诱发了各种违法犯罪活动，扰乱了社会治安，给社会安定带来巨大威胁。

讨论议题

· 你的生活方式属于哪种类型？你的所得与付出都是什么，拿出一张纸，把它们写下来，仔细思索，不断补充，一直到你觉得好像再没有什么可写的为止。

· 结合实际，讨论自身不良的生活习惯，并制定可行性改正方案。

第二节　不健康行为

进入大学后，由于家长不在身边，老师也不像高中那样时刻盯着自己，有些学生容易放松自己，逐渐形成一些不健康的行为习惯，如吸烟、酗酒等。目前在大学校园中还出现了一些新的不健康的行为，进而成为一种障碍，常见的有进食障碍和睡眠障碍。进食障碍包括神经性厌食、神经性贪食等。睡眠障碍包括失眠、晚睡强迫症。

一、进食障碍

进食障碍是一组以进食行为异常为主的精神障碍，主要包括神经性厌食、神经性贪食以及神经性呕吐等。

神经性厌食的主要特征为故意限制饮食，使体重降至明显低于正常的标准。人们为了控制肥胖，往往采取过度运动、引吐、导泻等方法以减轻体重。一些具有神经性厌食的人有时会用胃胀不适、食欲下降等理由来解释其限制饮食的做法。这种做法往往会造成营养不良、代谢和内分泌紊乱，严重者中，女生出现闭经，男生出现性功能减退等现象。

神经性贪食的特征主要表现为反复发作和不可抗拒的摄食欲望及暴食行为。与神经性厌食类似，人们害怕自己变胖，常常在神经性厌食后，处于异常饥饿的状态,控制不住地大量进食,往往已经饱腹仍控制不住地一直进食,体会不到吃东西的快乐,而是一种痛苦,而在进食结束后,往往又会立即采取引吐、导泻、禁食等方法以消除暴食引起发胖的极端措施。两者具有相似的病理心理机制,多数神经性贪食者是神经性厌食的延续者。神经性厌食和贪食都不是由器质性病变引起的,而是多与心理社会因素有关。

对于大学生而言,正常体重的期望值可以采用身高厘米数减 105 得到正常平均体重公斤数,或用体重指数(体重指数＝体重千克数/身高米数的平方)计算并评估,判断厌食症的标准为:体重比正常平均体重减轻 15% 以上,或体重指数为 17.5 或更低。例如,一个人身高 1.64 米,体重 48 公斤,那么她的体重指数为 17.8,这就意味着她正处于神经性厌食症的边缘,需要予以关注。

(一)进食障碍的影响因素

影响进食障碍的因素主要分为个人因素和社会文化因素。

1. 个人因素

一项对大学生的 10 年长期随访研究发现,个性中具有高度的完美主义、高度的恐惧和更低的人际交往信任感往往容易预测进食障碍。完美主义是一个重要的进食障碍的预测因素。此外,高度焦虑的倾向可以作为潜在的进食障碍的预测因子。低自尊也可以引起进食障碍。认为自己超重的具有高度完美主义倾向的女性,往往在低自尊时更容易出现贪食症状,而高自尊女性不太可能出现同样的症状。

强烈的持续时间长的负面情绪往往也可能预测未来进食障碍的发作,其中抑郁症状与食物病理学强烈相关。希尔伯特·西蒙(Herbert Simon)等发现儿童患者的抑郁症状预测了其以后青春期前的饮食失调行为。

2. 社会文化因素

家庭成员暴饮暴食、有情感障碍患病的家族史等都可能带来进食障碍的高发病风险,此外,有研究表明,不安全的依恋模式也可能预示人的进食障碍的症状更为严重。

低人际关系信任也是进食障碍的预测因素之一,研究发现,不良的人际关系(如虐待、攻击),在进食障碍的男性和女性患者中普遍存在。

社会文化影响对进食障碍也有很强的影响。现代社会以瘦为美的观念盛行,人们在以瘦为美的社会中会感知到更多的压力,这种压力是人产生进食障碍并维持这种不良生活方式的原意,青春期女性更易受到这种文化氛围的影响,甚至会延伸到成年早期。

此外,心理社会功能受损也能预测未来进食障碍的发生。教练或老师的负面评论,或兄弟姐妹的饮食、身材等相关的负面评论可以预测大学生进食障碍的高发病率。同时,儿童期的情绪虐待也与进食障碍的发生显著相关。这种关系是由人们情绪感知的无效性和情感不稳定性所调节的,即情绪虐待可能导致情绪障碍,进而导致进食障碍的发生。

(二)进食障碍的调节方法

首先,建立对体态、饮食营养的正确认识,纠正进食障碍中歪曲的思想、信念和价值观。进食障碍的产生往往是因为有歪曲的、不合理的信念而产生的,因此,人们在面对进食障碍的困扰时,要将自己的参照系统放大,处于社会标准下,而不是自己的内心。

其次,改变不适当的饮食习惯。参照营养的标准进行饮食,在保证营养适当的情况下,对饮食进行合理调整,以达到营养均衡,同时对身体不产生负面影响。

再次,形成良好的应对情绪问题的方式。进食障碍的出现往往是由于人们应对情绪问题的方式比较单一,当出现不能解决的问题时,只用单一的方式进行处理,容易产生失控。为了对自己的生活有掌控感,人们就会对自己最容易控制的方面进行控制,但这种方式往往是饮鸩止渴。合理的方式是增加更多选择的应对方式,从而在面对问题时能够有更灵活的应对策略,真正增强掌控感。

二、睡眠障碍

人的一生约有 1/3 的时间是在睡眠中度过的。睡眠是人类生命活动所必需的生理心理过程。它不是简单觉醒状态的终结,而是不同生理心理现象循环往复的主动过程。人体睡眠和觉醒的交替与昼夜节律相一致,这种昼夜节律的变化是人体生物钟体系的重要功能之一。睡眠障碍主要有失眠和晚睡焦虑症。

失眠是最为常见的睡眠问题之一。一项分析研究发现,我国普通人群失眠障碍的患病率约为 15%。失眠障碍已成为全球第二大流行性精神疾病,并且是抑郁、焦虑、痴呆等疾病的高风险因素之一。

失眠常表现为入睡困难、易醒、早醒等。失眠的临床诊断应根据失眠者必需的临床特征、失眠症的诊断标准、失眠症的严重程度判断标准、失眠者的认知行为特征和情绪特征等综合判断。失眠症的严重性可以通过睡眠困难的频率、强度、持续时间及对白天工作、生活质量和心境的影响等维度加以判断。失眠在日常生活中可以表现为:入睡困难(长于 30 分钟)、睡后醒来再入睡时间超过 30 分钟;睡眠效率(睡眠时间与躺在床上的时间比)低于 85%;睡眠干扰每周发生 3 个或更多的夜晚,暂时的失眠持续时间不到一周。

(一)入睡困难

入睡困难是很多人经历过的睡眠问题,情绪烦躁不安、过度兴奋、环境影响等因素导致不能很快入睡,持续时间超过 30 分钟以上。入睡困难会导致睡眠时间缩短,影响次日精神状态。对于入睡困难者,可以采用以下方式进行调整。

首先,放松心情。睡前半小时内避免从事紧张的工作或让人兴奋、情绪激动的事情。同时,要理解在生活中偶尔的失眠对人的生活没有很大影响,往往越在意失眠,越不想要失眠,大脑对"不"的反应不敏感,只能注意到"失眠",注意力越集中在失眠上,越是紧张,难以放松,就越难入睡。

其次,保持规律生活。规律的生活有助于形成稳定的生活方式,当定时睡眠与起床成为习惯时,人们就会建立适合自己的生物钟。身体会对规律有记忆,当到睡觉时间,人们就会渴望睡觉,即使偶尔晚睡,生物钟也会促使人早晨仍按时起床。

再次,保持适度运动。良好的运动习惯有利于睡眠。运动过后,身体放松,非常有利于睡眠,运动后的睡眠往往也更为香甜,但需要注意的是,睡前半小时不要剧烈运动,否则身体会给大脑发送紧张信号,反而不利于睡眠。

同时,要将学习、休息、娱乐进行区分,在固定的位置从事适合的事情,不在床上看书、打电话、看电视、玩游戏。躺在床上,即开启睡眠模式。

最后,慎服促进安眠的药物。不要随意服用药物促进睡眠,如自我调整没有效果,可以去医院就诊,根据医生的建议服用适合的药物来改善睡眠。

此外,注意饮食,晚餐适量。不能进食过多也不能不进食,当人处于过饱或饥饿状态,胃部会刺激大脑,不利于睡眠。注意睡前不要喝如咖啡、可乐、茶等刺激性的饮料,这些饮料同样能引起大脑的兴奋。

即使以上建议不能生效,也要保持按时上床的习惯。如实在无法入睡,可起床做一些最不令人烦心的活动。失眠后不要怨天尤人,不要埋怨或迁怒他人。因为这样会导致人际关系的紧张,使自己的心情更不好,更易失眠。

(二)晚睡强迫

失眠障碍的另一种表现方式是晚睡强迫,即反复的、不能自控的晚睡。晚睡往往是内外因的相互作用的结果,有很多因素会导致晚睡,包括享乐活动、工作、学业、情感、人际与家庭等。有研究显示,青年人熬夜行为的动机主要表现在以下几个方面。

首先,大学阶段的个体正处于自我意识发展的关键阶段,期望通过各种方式认知自我、成就自我,彰显自我独特性。熬夜人群常常提出熬夜"能享受独处自由",某种程度上,熬夜为他们提供了突破规则限制的自由感。

其次,一些人会自动形成一个晚睡群。渴望与人友好相处的人,当伙伴、室友晚睡时,则出于友好相处的动机,或求得伙伴或室友的接纳,往往选择体谅或容忍伙伴、室友的晚睡行为,而自身的睡眠时间也会为与他们贴近而推迟,最终也成了晚睡群体中的一员。

再次,有拖延症的人往往更容易晚睡,拖延的深度成因是内在驱动力不足,以及对任务完成后的新进程的惧怕。拖延症的人往往更为焦虑,当人们在完成某项任务时,另一方面由于任务缺乏吸引力而苦恼,一方面被最后期限威胁,于是在潜意识中安慰自己"夜里头脑更清醒""没人打扰效率高",而这些说法往往能暂时缓解焦虑或收到"临时抱佛脚"的局部效果,常常被误以为有价值。

如何应对晚睡强迫症呢?首先,要学习识别并放弃自己面对各种夜间享乐活动的非理性决策方式,为其应对工作、学业、情感、人际与家庭等生活压力提供应对方式教育与辅导。其次,了解自己熬夜行为背后潜藏的不良应对方式,尝试运用积极的应对方式处理问题。再次,认识自己的睡眠类型是晚睡晚起的夜晚型睡眠还是早睡早起的清晨型睡眠。这两种睡眠类型各有利弊,人们可以针对自己的睡眠类型主动地进行调节。

三、攻击行为

在社会经济快速发展的今天,各种矛盾的撞击导致攻击和暴力行为时有发生。青少年是发生暴力行为的主要群体之一。了解攻击行为的类别和影响因素,及时防范攻击行为,是大学生心理健康教育的重要方面。

(一)攻击行为的分类

社会心理学家 A. H. 巴斯(A. H. Buss)按身体和语言、主动和被动、直接和间接三个单元的标准将攻击行为分为八种类型,见表 15 – 1。

根据攻击目的,攻击行为可分为两类:敌意性攻击和手段性攻击。敌意性攻击是指以伤害他人为唯一目的的冲动性伤害行为,往往伴有较明显的情绪波动。手段性攻击是指为达成某一利益目标而进行的伤害行为,带有计划性,愤怒和敌意的程度较低。

表 15 – 1　攻击的类型

攻击的类型	例子
身体的——主动的——直接的	冲撞、殴打
身体的——主动的——间接的	设置陷阱
身体的——被动的——直接的	静坐示威
身体的——被动的——间接的	拒绝做事
语言的——主动的——直接的	侮辱他人
语言的——主动的——间接的	散布关于他人的谣言
语言的——被动的——直接的	不回答别人的问话
语言的——被动的——间接的	别人受到非难时不为其辩护

根据攻击行为的外在表现,攻击行为可分为两类:直接攻击和间接攻击。直接攻击通过打斗、口头等来表示,包括身体攻击、言语攻击以及嘲笑等外显的攻击方式。间接攻击常在不敢或不愿直接攻击时发生,或在挫折的来源不明时引发,表现形式包括不见、回避、拒绝、排他等,或是将激怒的情绪发泄到其他的人或物上。

（二）攻击行为的影响因素

研究认为,攻击行为受到以下几个因素的影响。

1. 厌恶事件

一些令人厌恶的体验会诱发攻击行为。如疼痛、令人不适的炎热、受攻击、过度拥挤等。

2. 群体影响

群体中他人的要求和从众作用的影响会增加攻击行为。例如游行集会时出现打砸抢现象,球迷闹事时出现的打架斗殴,战争中以国家或民族的名义进行的残酷杀戮,等等。

3. 攻击线索

攻击线索不是攻击产生的必要条件,只是增加了发生攻击的可能性。当攻击线索"拔掉瓶塞",胸中怒火喷涌而出时,攻击行为最容易发生。

4. 媒体影响

研究表明,观看媒体中的暴力,无论是即时的还是长期的,都会增加攻击行为和暴力行为的可能性。这是因为观看暴力使人降低抑制,引起模仿。在对一项208例判刑罪犯的调查中,10人之中有9人承认他们通过观看犯罪节目学到新的犯罪技巧。

电子游戏作为一种娱乐产品正越来越受到大众的欢迎。与非暴力游戏相比,玩暴力游戏常常更容易产生以下几种情况:提高唤醒水平(心跳加速和血压升高);引发攻击性思维;唤醒攻击性情绪;诱发攻击性行为;减少亲社会行为。父母应该关注孩子周围的媒体,并保证其接触健康的媒体,至少在家里做到这一点。

（三）攻击行为的预防对策

高校学生的暴力事件不容忽视,那么应如何对此种现象进行预防呢?

1. 家庭层面的预防

大学生的攻击行为与父母的养育方式密切相关。研究显示,父母双亲的情感温暖、理解与大学生的攻击性呈明显负相关,而父母对子女的过分干涉、拒绝、否认、溺爱都与攻击行为呈明显正相关。因此,父母应该创设良好、轻松的家庭环境,给予子女更多的关注,及时恰当地给予孩子理解、爱和支持,使孩子在得到父母之爱和关怀的同时,满足自己被尊重的需要,从而能够以更好的心态与人交往,进而减少攻击性。

2. 学校层面的预防

在学校层面,攻击行为预防至少可以从三个方面考虑:第一,进行适当的课程化的心理训练,提高大学生的社会交往技巧与社会能力,促进其社会化发展水平;第二,特定的体育训练与身体放松有助于身心反应与大脑中生化反应协调一致,进而减少攻击行为的出现;第三,加强心理咨询工作,帮助大学生及时调节不良情绪,鼓励合理宣泄,消除攻击行为。

3.加强社会支持

调查显示,攻击行为与社会支持关系密切。善于从周围环境获取社会支持,包括物质上的直接支援和社会网络、团体和非团体等的支持,并且在主观上能体验到情感上的支持,感觉自己被社会所尊重和理解等,都有可能减少攻击行为的产生。人越感觉自己被支持,满意度提高,愤怒和敌对的情绪就越低。

4.媒体暴力的控制

媒体暴力主要包括电视、电影、电子游戏暴力等。通过有效的手段控制媒体暴力,减少青少年接触攻击行为的机会,也是预防攻击行为的重要手段。另外,根据社会学习理论,青少年能够学习媒体中的暴力行为,也可学习亲社会行为,增加媒体中亲社会行为的内容,有利于增加亲社会行为,进而减少暴力行为。

5.矫正人格偏差

人格特质决定人适应环境的行为模式。研究发现,反社会型人格与青少年犯罪存在高相关。反社会人格者具有易冲动、内控力差、焦虑紧张、不关心他人、缺乏同情心和内疚感、不害怕惩罚等特点,容易导致攻击行为。所以既要矫治大学生群体中个别人格障碍者,又要注重塑造大学生健全的人格。

课堂实践

晚睡测试

请看下列选项,如果你的回答"是"多于"否",那么你就可能有晚睡强迫;如果90%都是"是",那么你的晚睡强迫非常严重,需要引起你的重视。请大家根据问卷结果,讨论一下如何克服晚睡强迫。

1.每天都感觉非常痛苦。无论是上学还是上班,白天忙乱的生活几乎让你没有时间安排自己的事情,更没有时间娱乐和休息。

2.坐在公交车、地铁或者办公桌甚至教室课桌前,只要一闭眼就有睡着的感觉随时围绕着你,挥之不去。

3.眼中总是布满血丝,红红的,或者黑眼圈明显,时不时打哈欠。

4.白天需要经常喝咖啡之类的东西提神,或者抽烟提神。

5.晚上回家后困倦感变成了兴奋感,开始上网,或者看小说、电影,然后,无法自抑。打游戏的时候总是想着"下一局就是最后一局",或者看连续剧时想着"看完这集就睡觉",结果每次都食言。

6.每天都睡得非常晚,都是两三点之后才睡。第二天起床的时候对昨天熬夜后悔得不得了,但晚上回来依然熬夜到凌晨。

7.回家后尤其是睡前,甚至躺在床上的时候会辗转反侧,总有"还有好多事情没做,就这么睡觉太可惜了""现在就睡觉太浪费时间了,不如先做点什么吧"之类的想法。

8. 认为自己在深夜的时候，尤其是凌晨三点左右，头脑异常清晰，思路清楚，做任何事情都能达到"灵感爆发"的程度。

9. 经常凌晨睡觉，偶尔有一天早早躺在床上就会胡思乱想，睡不着，然后，无法克制自己想要和平时一样做些什么的冲动。

10. 很多事情明明可以白天做，却偏要留在半夜再做，认为"白天有白天的工作和事情，晚上才是做这些的时候"。

第三节　网络成瘾

互联网是个神奇的东西。它信息丰富，传递快捷，开阔了大学生的视野，为大学生提供了大量的学习机会和学习材料，满足大学生学习知识、开阔视野的需要，激发了大学生的创造性和求知欲。大学生享受着互联网带来的便利，在网络中畅游、搜集学习资料、阅读国内外新闻时事、寻找就业信息、与亲朋好友聊天交流，在网上论坛、在线栏目里点评天下大事，关注国家命运，等等。网络带给人们很多的好处。

首先，带给人灵活而匿名的个人身份，使人在上网的同时，突破现实中的种种限制和约束，产生非常自由的感觉。其次，产生平等的地位，因为网络的特殊环境造成身份平等，现实生活的身份地位不再重要，创造更多新的机会和自我实现途径。再次，易于建立广泛的人际关系，网络的特点使人们更易于建立广泛的人际关系，丰富开拓人们对世界的认识和看法。最后，提高效率，以前要等待很久的消息现在只需几秒，使得沟通变得非常高效，并且及时。

网络也是一把双刃剑。网络已经深入大学生学习、生活的各个领域，对大学生的学习方式、生活习惯甚至思维方式都产生了极其深刻的影响。网络为大学生带来方便的同时带来诸多负面效应，如网络成瘾、人际隔离、情感混乱、道德感缺失、身体健康状况下降等问题。目前，高校学生沉迷于虚拟网络而荒废学业已经成为大学生的主要行为问题之一。

互联网的迅猛发展给人们的学习、生活、工作带来了前所未有的便捷和效率，它已经不仅仅是一种技术，而逐渐成为许多人的生活模式。作为新时代的大学生必须掌握和熟练使用互联网才不会被社会所淘汰。可是在享受网络的诸多益处的同时，大学生也必须防止自己在网络世界里误入迷途，不要影响正常的学习、工作和身心健康。

一、网络成瘾的界定

最初"成瘾"一词指对某种物质有生理上的依赖。后来研究者发现，有些行为可能并不涉及任何具有直接生物效应的物质,但却表现出与物质成瘾一致的强烈心理和行为效应。因此成瘾的概念由原来的物质成瘾扩大到行为成瘾,指一种异乎寻常的行为方式,由于反复从事某些活动,给人带来明显痛苦或影响其生理、心理健康、职业功能或社会交往等。在此基础上,研究者们提出了赌博成瘾、计算机成瘾等行为成瘾问题。

不同心理学家对网络成瘾的概念定义不尽相同。最早提出网络成瘾概念的是纽约精神病学家、心理医生伊什卡·戈德堡(Ivan Goldberg)。他借用 DSM-IV 中关于药物依赖的判断标准,指出网络成瘾是一种应对机制的行为成瘾。

网络心理学家金伯利·扬(Kimberly Young)于 1996 年在美国心理学会年会上发表了《网络成瘾:一种新的临床疾病》,公布了自己对网络成瘾的实证研究。金伯利·扬认为,网络成瘾是一个笼统名词,涉及广泛行为与冲动自制等问题,在性质上与病理性赌博极为相似,是一种冲动控制障碍。

2018 年 6 月,世界卫生组织在 ICD-11(草案)中提出,游戏成瘾是一种游戏(数码游戏或视频游戏)行为模式,特点是对游戏失去控制力,日益沉溺于游戏,以致其他兴趣和日常活动都须让位于游戏,即使出现负面后果,游戏仍然继续下去或不断升级,导致在个人、家庭、社交、教育、职场或其他重要领域造成重大的损害。

二、网络成瘾的诊断

测量网络成瘾的量表较多,国内也陆续推出编制的网络成瘾问卷。但认可度比较高、使用较为广泛的是金伯利·扬的网络成瘾诊断标准。他参照病理性赌博的诊断标准,制定出由 8 个题目组成的网络成瘾诊断问卷。只要对其中 5 个及以上题目给予肯定回答就被诊断为网络成瘾。①我会全神贯注于网际或在线活动,并且在下网后总是念念不忘网事。②我觉得需要花更多的时间才能在线上得到满足。③我曾努力过多次想控制或停止使用网络,但并没有成功。④当我企图减少或停止使用网络,我会觉得沮丧、心情低落或是容易脾气暴躁。⑤我花费在网络上的时间比原先计划的还要长。⑥我会为了上网而甘愿冒重要的人际关系、工作、教育或工作机会损失的危险。⑦我曾向家人、朋友或他人说谎以隐瞒我涉入网络的状态。⑧我上网是为了刻意逃避问题或试着释放一些感觉,诸如无助、罪恶感、焦虑或沮丧。

后来比尔德(Beard)等对金伯利·扬的 8 个标准进行了修改,认为前 5 个标准是网络成瘾必须满足的标准,缺一不可,而后面 3 个标准中,只要有一个符合就可以诊断为网络成瘾。这个修改不仅完善了金伯利·扬的标准,也使得这个标准对网络成瘾的诊断更加准确和有效。

学者戴维斯(Davis)的"戴维斯在线认知量表"(DOCS)提出网络成瘾诊断的 5

个维度:安全感、社会化、冲动性、压力应对、孤独 – 现实,共36题,采用7级自陈量表形式测试,若总分超过100或任一维度上的得分达到或超过24,即为网络成瘾。

台湾学者陈淑惠以大学生为样本,制定了中文网络成瘾量表(CIAS)。该量表共26题,4级自陈量表形式,包含5个因素:强迫性上网行为(不能抑制上网欲望)、戒断症状与退瘾行为(不上网时的心理状况)、网络成瘾耐受性(上网时间越来越长)、时间管理问题(上网时间与非上网的安排现状)、人际及健康问题(对人际关系和身体的影响)。问卷总分代表个人网络成瘾的程度,分数越高就表示网络成瘾倾向越高。

三、网络成瘾的类型

研究者认为,网络成瘾可以分为以下五种基本类型。

1. 网络色情成瘾(cybersexual addiction)

网络色情成瘾表现在难以控制对色情网站的访问,并浏览、下载色情画面,进入成人聊天室。有专家指出每周花费11个小时以上用来漫游色情网站的人就有色情成瘾的嫌疑。调查显示,网民的年龄主要集中在18~30岁,其中又以18~24岁的居多。他们通过传统媒介获取的该类信息有限,再加上好奇心,对网络色情内容不能很好抵制。

2. 网络关系成瘾(cyber-relational addiction)

过分迷恋在线人际关系。一些"网虫"每天花费大量的时间在网络聊天和电子邮件上,因而产生对网络交际强烈的心理依赖。长期上网聊天的学生自觉不自觉地形成被"异化"了的交往方式:一方面他们是网络交际的高手,与网友侃侃而谈;另一方面他们在现实生活中沉默寡言,封闭内心世界。

3. 网络强迫行为(net compulsions)

网络强迫行为是指难以控制地从事某些网络活动,包括强迫性地网上购物、在线赌博、网上拍卖、观看视频等活动。强迫性的网络活动给网络使用者带来了烦恼:自己明明知道某种网络行为需要停止,但却不能自控,并因此烦恼、自责。

4. 信息超载(information overload)

信息超载是指强迫性地从网上收集无关紧要的或者不迫切需要的信息,堆积和传播这些信息。网络是信息的宝库,也是信息的垃圾场。网络信息种类繁多、数量巨大、质量良莠不齐,许多人感到面对浩瀚的信息时常常手足无措。由于网页之间可以方便地链接,人很容易从一个网页转到另一个网页,使网络活动不再是有用的信息搜索,而变成漫无目的的网页浏览,并因此浪费了许多时间和精力。

5. 计算机成瘾(computer addiction)

计算机成瘾主要是指沉迷于电脑程序设计、玩电脑游戏等活动。这种类型的成瘾者将网络游戏作为缓解压力、逃避现实问题的手段,在遇到困难后就躲到网络游戏中,让自己暂时忘却生活的烦恼。精心设计的网络游戏让人感到有趣和放松,及时的强化机制也很容易使人产生价值感,自控力较差的人很容易上瘾。

四、网络成瘾的危害

网络成瘾作为一种病态行为,会对大学生的身心健康产生严重影响。

1. 对身体健康的影响

据有关调查显示,网络成瘾者使用计算机的时间每周至少超过 20 小时。有研究证明,长时间上网会使神经内分泌系统发生变化,对视力和其他生理功能的危害也非常严重,还会使多巴胺的分泌水平提高,使人在短时间内高度兴奋但随后便是颓废、消沉。长时间无节制上网也会导致青光眼、肺病变、中枢神经失调,使人情绪低落、睡眠障碍、生物钟紊乱、食欲下降、体重减轻、精力不足、自我评价降低、思维迟缓等问题,还可能导致神经衰弱。

2. 对心理健康的危害

网络成瘾的人常伴有心理和行为异常,甚至可能诱发心理障碍或精神疾病。网络成瘾可使人认知发展受阻,反应机能失调,出现虚拟与现实角色倒错等问题,严重的甚至可能导致人格异化,出现"网络虚拟人格",变得自恋、偏执,产生反社会人格倾向等严重心理疾病。

3. 对社会功能的影响

网络成瘾者往往把大部分时间和精力投入网络,满脑子都是网络游戏、聊天、购物或虚拟人际交往,导致现实生活中学业荒废、工作无序、家庭冲突、亲子冲突、人际关系淡漠、道德感低下、产生自残和攻击意念及行为,使人的社会性功能受到严重损害。

4. 网络成瘾的社会危害

有人将网络成瘾比喻成"电子海洛因",不仅危害个人的身心健康,严重影响其社会性适应功能的发挥,也会引发诸多社会问题。网络形成了一个虚拟的社会,难以具备现实社会的社会规范。网民以化名上网,放纵自己的言行,忘却自己的社会责任,甚至散布谣言,制造虚假舆论,引发社会信任危机。网上暴力、网络欺骗、网恋导致现实家庭破裂等道德沦丧事件,甚至网络传销、网络诈骗等网络犯罪问题也日益凸显。

网络是大学生的良师益友,可以开阔大学生的视野,促进大学生的学习生活,但是一旦利用不当,沉迷其中,则后患无穷,害人害己。

五、网络成瘾者的自我调节

对于大学生出现的网络心理问题,需要及时发现,及时调适。

1. 科学安排上网时间,合理利用互联网

首先,明确上网的目标,制订上网计划。每次上网之前把想做的事写下来,逐一完成后立即下网。反复多次的行为训练可以帮助大学生有计划地上网,避免无目的性地在网上"闲逛",耗费大量时间。其次,控制上网操作时间。每天操作累积不应超过 5 个小时,连续操作 1 小时后应有 10 分钟左右的休息时间。还可以根据情况设定强制关机时间,准时下网。

2. 用转移和替代的方式摆脱上网成瘾

培养各种兴趣爱好,丰富的兴趣爱好可以把成瘾者从网络中"解放"出来。当他们发现现实生活中的某项实际的活动比整天沉溺于网络世界对生活更有意义时,自然就会逐渐告别"网虫"身份。针对大学生网络成瘾问题,学校应净化校内网络环境,引导大学生正确使用网络,同时应丰富校园文化生活,创造积极健康的校园氛围,培养大学生多种兴趣,使他们在现实生活中体验乐趣,将网络文化与传统的校园文化活动结合起来,把大学生引导至虚拟与现实相结合的正常轨道。

3. 了解网络危害

大学生应了解过度上网带来的危害,认识到过度上网不仅占用大量时间,而且还会成瘾。大学生可阅读一些网络导致学业失败、社会功能受损的报道,对网络的负面效应逐步形成客观的认知。

4. 解决现实问题

现实问题如果不能及时解决,网络就不可避免地成为逃避的场所。有的大学生不能面对自己考试成绩不理想的现实而上网,并长期不学习,导致多门功课学不懂。只有学习困难解决了,过度上网者才会有放弃网络的动力,放弃过度上网才能成为可能。

5. 培养健康、成熟的心理防御机制

有研究表明,网络成瘾与人格因素有关,一定的人格倾向使人容易成瘾,网络只是造成上瘾的外界刺激之一。因此要不断完善自己的个性,培养广泛的兴趣爱好和较强的个人能力,学会合理宣泄,正确面对挫折,逐渐形成成熟的心理防御机制,而不要一味地躲在虚拟的世界里逃避现实。

6. 发挥亲人、朋友和专业人士的作用

网络成瘾者可以通过多种渠道达到戒除网瘾的目的。可以在亲戚朋友的帮助下控制自己的上网时间,在同学、老师的帮助下克服学习困难,有了他人的参与,戒除网瘾就不再是一个人的孤军奋战,社会支持的作用可以让网络成瘾的戒除更加有效。如果经过自己的努力和亲友的帮助还不能走出网瘾,就应该寻求专业心理咨询师的帮助。

课堂实践

网络使用态度调查

班上同学分为若干个小组,以组为单位开展大学生网络使用调查。每个组经过讨论,设计一套有关网络使用态度的调查表,然后用该调查表对另一组同学进行调查。汇总调查结果并在全班汇报。

课后思考

1. 你怎样看待网络文明?

2. 总结自己一周的业余生活,并在下表中打"√"记录,并与同学对比讨论。

我的业余生活			
打篮球	谈恋爱	吃零食	看电影
上网	聊天	逛街	游玩
唱卡拉 OK	睡懒觉	打牌	读休闲书
挣钱	听音乐	踢足球	吸烟

3. 你认为怎样才能有效预防和矫正网络成瘾?

第十六章 自助与求助

情 景 导 入

　　正在上大四的小天最近常常被周围同学羡慕,因为学习软件工程的他被国内一所著名的企业录用,而其漂亮的女朋友也将会去同一所城市工作,大家都称赞他是"爱情事业双丰收"。同学们都依稀记得,刚入学时的小天性格内向,不善交际,现在却乐观开朗,热情自信。究竟是什么原因让小天发生这么大的变化呢?刚入校时,小天由于来自农村,经济条件不好,专业能力也与同班同学有很大差距,所以极度不自信,又由于家庭生活环境以及从小养成的一些性格特质,他常常郁郁寡欢,心情低落。他不但与同学相处有困难,更由于自己的性格原因,与家乡的女朋友也分手了。小天对此特别痛苦,但值得庆幸的是他对自己的问题有了清醒的认识并且想去改善。于是他阅读了很多心理调节以及相关心理学方面的书籍,慢慢了解到自己的问题并且找到了改善的方法。同时,通过同学的介绍,他参加了学校心理咨询中心开展的心理成长小组活动,不但从老师那里了解了更多心理学的知识和心理调适的方法,而且在小组中得到了帮助与支持,他与其他同学共同探讨、分享,一同得到了心灵的成长。慢慢地,他变得自信了,学习成绩大幅度提高,并且主动与同学交往,同时也收获了甜蜜的爱情。在别人看来,小天像是换了一个人。小天说,这都得益于心理学知识的帮助和专业老师的引导。他相信自己未来会更自信、更阳光、更加享受生活。

　　其实,小天的例子在大学生群体中是很常见的。那么大学生遇到心理问题时应该如何自助和求助呢?本章主要通过介绍自助、求助的理论和技巧及心理咨询常识,帮助大学生消除对心理障碍和心理咨询的误解,培养大学生主动调整心态,积极寻求帮助的习惯。

第一节 自助的技巧

　　受学习与生活环境改变的影响,大学生可能或多或少会出现一些心理困扰。

很多问题表现轻微,影响较小,没有必要去麻烦别人或寻求心理咨询的帮助,这时就应当学会自助,通过自身的力量去解决问题,排除困扰,得到更好的发展。在日常生活中,我们应该学习心理健康知识,掌握自助的技巧,主动调节自己的心态,丰富自己的生活,培养健全人格,发展积极向上的健康心理。

一、丰富生活内容

相信很多学生在生活中会感到寂寞、无聊、压抑,而情绪起伏、心理困扰等也常常是在这种负面状态下产生的。丰富生活内容,多体验不同种类的活动,可以让大学生更加享受生活,领略生活中美好的事物,养成健康的生活方式,从而摆脱心理困扰,保持健康积极的心理状态。

(一)加强运动

运动可以帮助人们在保持身体健康的同时放松心情,舒缓压力。大学生可以参与足球、篮球、羽毛球等运动强度较大的活动,在锻炼身体的同时释放压力,也可以进行像散步这样轻松舒缓的运动,有研究表示,散步可以平静内心,减轻焦虑感。心理健康发展,必须以正常发展的身体,尤其是以正常健康发展的神经系统和大脑为物质基础。运动能够促使身体健康,为心理发展提供坚实的生理基础。另外,运动还能推动大学生自我意识的发展,使其有一个正确的自我认知,同时,运动能培养大学生良好的意志品质,如坚持不懈、团结友爱等。

(二)外出旅游

在时间充足、条件具备的情况下,外出旅游无疑是一个让个人生活更加丰富的方法。人们在旅游的过程中,游览好山好水,相逢投趣的知己,可以让自己寄情于大自然,在更为广阔的世界中让内心世界得到舒缓与熏陶,在游赏美景的同时,增强内心力量,提高心理境界。

(三)倾听音乐

有研究表明,倾听适宜的音乐可以影响生理指标,缓解紧张情绪。人们在听音乐放松的过程中,不仅可以让自己的学习、工作效率更高,而且释放压力,有利于保持轻松愉快的心情,享受每天的生活。如何利用音乐来缓解压力是一门专门的科学,音乐治疗专家指出,音乐的旋律、节奏和音色通过大脑感应可引发情绪反应,并进一步影响生理状态,如果懂得如何控制反应过程,便能利用音乐来有效松弛神经。可见,音乐的作用是不可小觑的。

(四)团体活动

大学生参加团体活动,不仅可以享受活动本身的魅力,也可以在与人交往、交流的过程中缓解心理困扰,培养健康心态。团体活动可以是学校社团组织的各种校内活动,如兴趣小组研讨、电影沙龙、户外拓展等,也可以是跟朋友们聚餐、唱歌、爬山等。积极参与到这样的活动中,定能受益匪浅。

二、恰当自我期待

大学阶段是自我意识走向成熟与完善的阶段。对自我有正确、客观的认识和期待是保持心理健康的重要条件。

正确的自我期待可以减少失败的概率，让人更多体会到成功的喜悦。大学生自我认知方面的问题主要表现为高估自我和低估自我两个方面。有的大学生对自己评价过高，认为自己是非常了不起的、优越的、能干的、没有缺点的，这种高估容易产生骄傲自满、盲目乐观的情绪，但实际上他们没有自己认为的那么好，在具体的事件中遭遇失败和冲突，产生挫抑感。相反，有的大学生自我评价过低，对自己缺乏信心，不接纳自我，甚至自我厌恶、自我绝望，限制自己对美好生活的憧憬，这样也会处于不良情绪中。

正确认识自我、恰如其分地评价自我是恰当自我期待的基础。要全面了解自己，既包括自己的相貌、身份、家庭情况等外在特点，也包括气质、性格、兴趣、意志等内在心理品质。人们可以通过他人的评价来认识自我，也可以通过自我反思、自我实践来更清楚地认识自己。有了客观、准确的自我认知才可以树立合适的目标，形成合理的自我期待。

恰当的自我期待还要克服完美主义。完美主义者不能容忍自己出现一点失误，不能接受自己不如他人，对自己的要求过高，往往会因为无法达到自己所定的目标而感到自责，从而引发抑郁情绪。要想保持心境平和，重要的原则就是努力争取那些能争取到的东西，安然接纳那些自己所不能改变的事物。所以，准确的自我认知、恰当的自我期待，就是不给自己提出脱离实际的过高要求，使自己不陷入自我埋怨、自我责怪的境地。在自我期待、自我实现的道路上，大学生应该立足于现实，选择适合自己的正确道路，尽最大努力发挥最佳水平，充分实现自己的人生价值。

三、心理体验，及时觉察

自助行为的产生必须要经过心理问题自我觉察阶段和自助评估阶段，当事人是否察觉自己存在心理问题是自助和求助的重要前提。人们应当在日常生活中随时关注自己的心理状态，察觉自己的心理体验，关注情绪变化，这样才能及时发现问题，进而进行有效调节。

"心理体检"可以帮助大学生更好地觉察自我。"心理体检"是采用心理测验的方法了解自己的心理状态。有很多心理量表可以帮助大学生了解自己的心理健康状态，例如抑郁自评量表可以评估抑郁情绪的程度，症状自评量表可以了解自己的主观不适感。目前，许多高校都通过心理测评建立大学生心理健康档案，目的就是及时帮助大学生掌握自己的心理健康状况，防患于未然。所以，大学生应当积极参与心理测评,通过对自身的了解和体验来保持心理健康状态。

另外,大学生还可以通过自我评估来了解自身状态。具体的做法是记录自己最近1~2周的心理与行为的各种表现,然后分析这些表现对个人的影响如何,包括:①自己的行为是否严重偏离了年龄特征;②自己的学习、工作是否被影响;③是否严重影响了对自己与现实的接触;④是否影响了自己的自我评判,使自己无法悦纳自我;⑤是否明显地妨碍了自己的人际关系和社会交往;⑥是否对自己的身体健康有明显的影响。如果在其中出现一个及以上严重影响,就应当引起注意,采取相关的自助或求助措施。

四、主动调整心态

积极的心态可以让大学生内心充满阳光,帮助其在学习生活以及整个人生的道路上走得更加快乐、顺畅。要想保持良好的心理健康状态,大学生在日常生活中就要学会主动调整心态。积极的心态是一种生活态度,在面对工作、问题、困难、挫折、挑战和责任时,从正面、积极的一面去想,积极采取行动,努力去做,认真体验成功。

(一)培养积极的思维习惯

积极的思维习惯可以提高生活质量,让思路更开阔,看问题更客观,让人变得更加健康、积极、乐观、自信。培养积极的思维习惯,首先,主动选择积极的关注点。传统教育常常要求个体发现自己的不足、缺点等消极因素,如果过于关注这些,就会使学生常常感受到压力和痛苦。其次,构建积极的自我对话模式,在自我对话中要倾向于肯定、鼓励。在遇到事件时,积极选择、乐观解释、积极评价、积极暗示以及积极期待都是构建积极的自我对话的方式。积极选择就是既在选择前采取积极、鼓励的态度,又在选择后做出积极反应和努力,并且能够坚定地为自己的选择负责任。乐观解释就是培养自己对事件采取乐观态度去解释的风格,对好事的乐观解释风格就是将成功的原因归为自己的能力、努力等内部因素,而将坏事归因为外部的不稳定因素,这样能增强人们的自尊感和自信心。当然,乐观解释不是自我欺骗,而是客观、中肯地解释事件。积极评价就是时常对自己采取积极的描述和评价,例如"我是一个优秀的人""同学和老师们都很喜欢我"。暗示是使用频率最高的自我对话模式,积极的心理暗示会帮助人们增强意志,保持良好情绪,取得令自己满意的结果。积极期待包括对自己的期待、对他人的期待以及对事件的期待,这些乐观积极的期待也都是人们养成积极思维习惯的一部分。

(二)培养积极的心理品质

积极的心理品质有助于个体发挥自己的优势,塑造积极向上的自我力量。积极心理品质的养成,能够让大学生更加有效地学习和工作、更加友善地与人交往、更加充实地享受生活。

1.习得乐观

在生活中,有悲观的人也有乐观的人,悲观的人常常从负面的角度看问题,遇到困难时容易放弃,经常会陷入抑郁中。乐观的人则会将挫折与困难看作是一种挑战,更努力地去克服它。所以乐观的人一般在学校的成绩比较好,在职场中的表现也比较好,呈现出更好的生活状态。心理学家塞利格曼(Seligman)认为乐观是指人们对已发生的事件进行解释时,对好事件做持久的、普遍的和个人的归因,而对坏事情做短暂的、具体的和外在的归因。这种对事件的解释方式是后天习得的,人们可以通过学习,将悲观的归因方式转向乐观的归因方式,这就是习得乐观。塞利格曼认为一个人选择乐观还是悲观,取决于其解释问题与挫折的方式是采取乐观的归因方式,还是悲观的归因方式。乐观让人健康、快乐,而悲观却导致相反的结果。在日常生活中,人们对不同的情境已经形成了自动化的反应,要习得乐观,就需要有意识地改善过去的自动化反应,从而形成新的、更有效的方法去解释生活事件。习得乐观,保持乐观的生活态度,可以让人们在遇到挫折时仍能满怀信心地继续前行,从危机中看到转机,从困境中看到希望。

2.建立自信

自信就是相信自己,是指人对自己的个性心理与社会角色进行积极评价的结果。它是一种有能力或采用某种有效手段完成某项任务、解决某个问题的信念。自信包括对自己的优势与劣势有正确的认识,并对自己的实力、优势有正确的估计和积极的肯定,同时包括坚定的信念,即相信自己有能力实现既定目标,特别在问题难度加大时,表现出对自己决定或判断的认可。自信是一种良好的心理品质,会让人勇敢、坚强,激励人们不畏困难,挖掘潜力。对大学生来讲,自信尤为重要,它直接影响大学生的自我评价和自我定位以及自我理想的设计和把握。自我概念是指人们对自己的比较稳定的看法,实际上就是自我认知。它包括了人们通过经验、反思和他人的反馈而获得的有关自己的认识。所以自信就意味着积极的自我意识,对自己有着正面的认识和评价以及积极的体验。

自信是一种心理状态特点,也是一种心理习惯,这种心理习惯和状态是可以在日常生活中有意识地培养训练的。那么如何建立自信呢? 首先,正确估价自己的力量,并且将它适当提升10%,不要变成一个自我中心主义者,但要保持应有的自尊。其次,多发现自己的长处和优点,展现自己优秀的一面,并且时刻给予自己积极的心理暗示,赞扬自己、鼓励自己,通过自我积极的暗示机制,鼓舞自己的斗志,增加心理力量,使自己逐渐树立起自信心。另外,建立自信的另一个条件就是要随时觉察并摒弃消极思想,及时察觉消极思想,并且用积极思想代替它。日常生活中有一些提高自信的小方法,大家可以试一试,例如在上课或开会时挑前面的位置就座、学会正视他人、练习当众发言、咧嘴大笑、积极参加集体活动等。

3.学会幽默

幽默是一种积极心理品质,也是一种情绪表现。它是调整心态的工具,是面临困境时减轻心理压力的方法之一。幽默是一种智慧的表现,它必须建立在丰富知识的基础上。一个人只有具备审时度势的能力,广博的知识,才能做到谈资丰富,妙言成趣,从而幽默地应对问题。因此,培养幽默感需要在日常生活中广泛涉猎各种知识,充实自我,陶冶情操,乐观对待现实。幽默也是一种宽容精神的体现,要善于体谅他人,要学会幽默,就要学会雍容大度,克服斤斤计较。乐观与幽默是亲密的朋友,生活中如果多一点趣味和轻松,多一点笑容和游戏,多一份乐观与幽默,那么困难就更加容易克服,也就很少出现整天愁眉苦脸、忧心忡忡的痛苦者。培养深刻的洞察力,提高观察事物的能力,增强机智敏捷的能力,也是提高幽默感的重要方面。只有迅速地捕捉事物的本质,以恰当的比喻,诙谐的语言表达出来,才能使人们产生轻松的感觉。

(三)提升耐挫能力

学生们也许会发现,自己心态不好的时候往往是遇到挫折和困难的时候,如果没有较好的耐挫能力,就很难保持良好的心态。

1. 学会接受挫折

每个人在一生中都不可避免地要遇到或大或小的挫折,学会用接受的态度面对挫折,是提升挫折耐受能力的重要条件。挫折是生活中的一部分,是不可避免的,对它保持客观的认识是接受的前提条件。而人生中很多转折、飞跃的时刻往往就发生在挫折之后。将挫折看作是生活中的重要部分来接受,可以降低挫折来临时的焦虑和抑郁,摆脱负面情绪的困扰。

2. 提高挫折商

挫折商又被称作逆境商(adversity quotient,AQ)。它是指人们面对逆境时的反应方式,即面对挫折时摆脱困境和超越困难的能力。如果大学生能保持乐观的心态面对挫折,拥有顽强的意志力克服挫折,就可以被认为是一个高挫折商的人。

保罗·史托兹(Paul G. Stoltz)教授将挫折商划为四个部分。①控制感。即人们对周围环境的信念控制能力。面对逆境或挫折时,控制感弱的人只会逆来顺受,听天由命,而控制感强的人则会凭借一己之力主动地改变所处环境,相信人定胜天。②起因和责任归属。高逆境商者往往能清楚地认识到使自己陷入逆境的起因,并甘愿承担一切责任,能够及时采取有效行动,痛定思痛,在跌倒处再次爬起。③影响范围。高逆境商者往往能够将在某一范围内陷入逆境所带来的负面影响仅限于这一范围,并能够将其负面影响程度降至最小。例如,身陷学习中的逆境,就仅限于此,而不会影响自己的课余生活;与恋人吵架,就仅限于此,而不会因此走到分手的境地。④持续时间。逆境所带来的负面影响既有影响范围问题,又有影响时间问题。逆境将持续多久? 造成逆境的起因因素将持续多久? 逆境商高的人会倾向于认为逆境持续时间短暂,并且通过自己的积极态度,将它控制在较短时间内,而逆境商低的人,则往往会认为逆境将长时间持续,事实便常常会如他们所想。

(四)及时调节不良情绪

1. 学会宣泄

人们可以通过适当的方式与途径将不良情绪宣泄出来。例如,哭,可以让不良情绪随着眼泪释放出来,对消极情绪起到缓解作用;喊,可以是唱歌,吼几声,发泄心中的一股"气";诉,当不愉快时,不要自己生闷气,要学会倾诉,找朋友聚一聚,或者找同学、亲人、老师倾诉,把自己积郁的消极情绪倾诉出来,以得到关注、开导和安慰。从心理健康角度来说,合理宣泄可以消除因挫折带来的精神压力,可以减轻精神疲劳,使不良情绪得到淡化和减轻。

2. 改变认知

改变对引起不良情绪的事物的看法,以改变自己的不良情绪。不良情绪的产生,通常是由于人们只注意到事物的负面或暂时困难的一面。如果换个角度,把注意力集中到事物的正面或光明的一面,就会看到解决问题的希望,从而改变情绪。

3. 转移注意力

将注意的焦点从引起不良情绪的事情上转移到其他事情上,这样有助于人们从不良情绪中解脱出来,从而激发积极愉快的情绪反应。转移注意力可以通过参加自己平时感兴趣的活动实现,例如通过游戏、运动、听音乐、看电影等活动将自己从负面情绪中解脱出来。转移注意力也可以通过改变自己所处的环境实现。例如出去放松一下,寄身于大自然中,得到身心的解脱。如果没有机会出去放松,那么在室内也可以通过改变房间的格局、种植花草等形式来让自己转移注意焦点,同时得到情绪的改善。

4. 积极自我防御

大学生们可以运用积极的自我防御机制来应对挫折中的不良情绪,例如适度的合理化和升华。合理化是将引起挫折的事件和不良情绪进行合理化解释,让难以接受的事情变得可以接受,这样消极情绪就会得到缓解。升华是一种高级的防卫机制,也是有效应对挫折和消极情绪的方法,具体的做法就是将消极的情绪与头脑中的闪光点相联系,把不良的情绪转化为积极有益的行动,将情绪激起的能量引导至对人、对己、对社会都有利的方向,例如进行诗歌、书法绘画等文艺作品的创作,或者参加一些社会公益活动,这不但积极应对了挫折,又服务了社会。

👥 讨论议题

· 日常生活中你有什么建立自信的好方法吗?

第二节　善于求助

在人一生的适应和发展过程中,多数人都有可能出现心理困扰或障碍,其中许多人需要心理援助。但有研究表明,大量需要援助的人,甚至是处于危机状态的人,并不主动寻求帮助。而关于求助倾向,国内外的研究均发现个体在遇到心理问题的时候,表现出先求诸己,后求诸人的倾向,很少有一遇到心理问题自己不做尝试就求助于人的现象。研究还发现,如果要寻求帮助,大多数人愿意从家人或朋友那里获得帮助,而不愿意到专业的心理咨询机构去寻求帮助。对大学生的调查研究显示,在面对心理困扰时,大部分学生会采取积极的应对方式,但是还有四分之一的学生会采取消极的应对策略。在面临困扰要寻求帮助的时候,大学生首选的求助对象是朋友,其次是恋人、家人,而心理咨询师、教师是大学生较少求助的对象。由此可见,像朋友、恋人、家人这样的社会支持系统是大学生最常求助的资源。上一节已经介绍了在面临心理困扰时一些自助的技巧,这一节将主要探讨遇到困扰时如何在周围的关系中寻求支持,得到帮助。

一、人际关系与心理健康

人是社会性动物,人的一生都处在简单或复杂的人际关系中,对于大学生来说,大学阶段是一个建立和维持人际关系的重要阶段。人际关系是人与人之间在活动过程中直接的心理上的关系或心理上的距离。人际关系反映了个人或群体寻求满足其社会需要的心理状态。因此,从心理学角度来说,人际关系的变化、发展取决于双方社会需要满足的程度。研究表明,人际关系良好的人生活会更幸福些。心理疾病往往由紧张、冲突所引起,社会支持可防止或减少心理紧张所造成的心理伤害。有调查与研究表明,社会支持与心理健康的联系是由于人际关系对心理健康产生了作用。在绝大多数情况下,社会支持、良好的人际关系和高度的自我尊重可以使人保持健康的心理状态。

人际关系在人的成长与发展过程中起着重要作用。精神分析理论认为,人从出生到死亡的整个过程都存在于一定的关系中,而这种关系的好坏直接影响了个体的心理健康。婴儿出生后,首先要与母亲建立关系,这种依恋关系直接影响其日后长远的发展,也影响到与其他家人、朋友、外界社会的关系。进入校园,走入社会后,个体的关系从母亲、家人转向了外界,在更大的范围中建立起了人际关系,而其关系的好坏与否也直接影响到个体的心理状态。弗洛伊德曾说过,人伴随分娩而产生的基本焦虑,只有依靠他人才能得到缓解。人本主义理论也表达了人际关系、社会需要的重要作用。马斯洛认为,人人都具有这样一种基本需要:他需要归属于一定的社会团体,他需要得到他人的爱与尊重,这些社会需要是与吃饭、穿衣等生理需要同等重要的缺失性需要,必须得到满足,否则,将使主体丧失安全感进而影响心理健康。人本主义心理学家罗杰斯提出的人际关系哲学也强调人际交往对个体成长的意义。罗杰斯是根据自身的体验和成长经历得出这一结论的。人与人的交往有很多益处,人们不仅可以交流思想,而且可以分享各种想法和情感:对未来的梦想、内心的感受、隐私的冲动等,通过沟通,可以相互启迪、丰富彼此人生;在友谊关系中,人们相互接纳及彼此探索,可以促进个人的成长,满足其自我实现的需求。而这些都是保持良好心理状态的保证。

所以在现实生活中,人际关系好的人朋友多、人际支持资源广,人们之间互相关心、互相帮助,可以降低心理压力,化解心理障碍,有利于心理健康。人际关系差的人缺乏知心朋友,心里话得不到诉说和发泄,只有把所有的问题都压抑在心中,这样,问题不能得到有效化解,很容易把心理问题累积并放大,甚至产生心理障碍。因此,对于大学生来讲,友好的同学、朋友关系,亲密的恋人关系,紧密的家人关系以及和谐的师生关系都会对促进身心健康发挥积极作用。

二、发现自己的社会支持资源

"社会支持"是健康心理学关注的一个重要话题,它既包括人们所拥有的客观的、物质化或可以数量化的支持,也强调人们主观上对支持的感受和体验。社会支持是健康生活的重要保障,当人处于应激之中,良好的社会支持系统可以给人们力量和信心;当处于顺境之中,它同样可以给人们支持与鼓励。社会支持虽然是由生活中的其他人提供的,但也会因为每个人的个性差异导致人们对社会支持的感受度和利用度有所不同。具体来说,所谓个人的社会支持系统,指的是人们在自己的社会关系网络中所能获得的、来自他人的物质和精神上的帮助和支援。一个完备的支持系统包括亲人、朋友、同学、同事、老师、上下级、合作伙伴等,当然,还应当包括各种社会服务机构中陌生人的支持。每一种系统都承担着不同功能。对于大学生而言,亲人可提供物质和精神上的帮助,朋友较多承担着情感支持,老师则会给予学业上的指导和帮助。

从表层关系来看,每个人的社会关系网好像都差不多,无非是父母手足、同学朋友,但深入观察,每个人从中获得的支持却有很大的差异。有的人在个人支持系统中与他人分享生活,共享乐趣,充满幸福感,遇到困难时也总能获得及时而有力的帮助;而有些人则不然,他们虽然和别人一样也拥有客观存在的关系网络,但是与其中的人相处得很糟糕,平时生活中得到的情感支持不多,在陷入困境的时候,会处于孤立无援的状态,找不到可以求助的对象。为什么拥有同样的社会关系网,可人们所得到的支持却有这么大的差异呢? 这是因为,尽管社会支持系统是在现有的社会关系网络中产生的,但是有社会关系网并不一定就有充分有效的社会支持系统。除朋友之外,每个人的社会关系网基本上是与生俱来的客观存在,例如无论是谁,个体出生后就有了与家人的关系,上学后就有了固定的同学关系,工作后就有了同事、工作伙伴,但社会支持系统则不然,是需要个体去努力发现、建立并维护的。否则,即使在"亲人"这种天生最为密切的血缘关系中,也有可能得不到支持。所以作为大学生来讲,其实每个人身边的社会支持系统都是比较健全的,资源也很丰富,有家人、老师这些长辈,更有来自不同地方、不同专业的全校同学,也有自己以前结交的亲密伙伴、朋友,也许还会有与其一同分享喜怒哀乐的恋人,需要做的就是善于发现这些资源并用心维护。

建立获取社会支持资源的意识对于建立并维护社会支持体系是十分重要的。也许有的大学生认为,花费时间和精力去建立人际关系网络、维护社会支持系统的意义并不大。然而,这种想法恰恰忽略了人们心灵的终极追求。不管一个人怎样看待人生目标,怎样看待成就,他最终需要的,还是获得精神上的满足和自我价值的认可。有时候,考试的高分、研究工作的成功可能在某种程度上补偿了人们的需要,但更高的目标、更强的竞争对手仍令人们望而生畏。因此人们常会发现,有的人表面看起来貌似很成功,但他内心深处并不快乐和满足,因为他缺少分享的渠道,缺少支持的来源。良好的人际关系是获得温暖、爱、归属与安全感的最佳渠道,这是人们内心深处最需要的慰藉。大学生更应该认识到,作为社会的人,个体心理发展变化与周围的社会环境是一种相互的关系,在维持自身的心理健康状态时,社会支持的作用是其他条件不可替代的。在快乐、高兴的时候,人们需要分享,良好的社会支持会让每个人更好地体验积极情绪;在遇到困难,感到紧张、孤独无助的时候,更需要社会支持给予人们支持与力量。对于大学生来讲,从社会支持中,不仅可以获得实质性的帮助,如学业的辅导、学习方法的借鉴,而且可以获得精神上的支持,例如来自他人的关心、安慰和情感支持可以抚平其内心的苦痛,而向别人诉说的本身也是一种释放和宣泄,可以缓解内心的冲突和紧张。

三、人际求助技巧

许多人不能获得良好的社会支持并非因为缺乏人际资源,而是缺少求助的勇气和技巧。掌握求助技巧才能发挥社会支持系统的积极作用,人际求助技巧主要包括以下几个方面。

(一)学会主动倾诉

当遇到困难或苦闷时,有的学生不愿意主动倾诉,将苦闷憋在心里,这样往往会让自己的心情更加糟糕。倾诉是一种方法,也是一种能力,通俗来说,就是将自己内心的苦闷、惆怅向别人诉说,以得到忧郁的排解和内心的疏通。

(二)克服消极的求助心理

许多学生在遇到心理困扰时不愿求助是因为觉得不好意思,没有勇气将自己软弱的一面展现给其他人,需要克服羞耻感,避免求助中的消极心理。很多人觉得向别人诉说自己的苦闷是软弱的表现,特别是对于很多男同学来说。其实这种想法是不对的,每个人都有心情不好的时候,为一些事情忧郁、烦恼是再正常不过的事情了,向别人主动求助,不仅可以得到内心的舒缓,同时可以加深彼此的了解,加强彼此的关系。

(三)主动向不同的群体寻求帮助

大学生的社会支持资源相对来说还是比较广泛的,除了家人,还有朋友、室友、同学、恋人以及师长。要想得到有效的帮助,大学生在平时就要主动参与社交活动,建立良好的人际关系。校园里团体活动丰富多彩,大学生主动参与到集体活动中,不但可以认识更多的人、获取更多的资源,也可以让之前的友谊更加紧密、牢靠。在遇到困扰时,大学生可以根据不同的问题类型来选择所要求助的对象,例如情绪困扰、情感问题可以求助朋友,学业问题、择业问题可以求助学长、老师。相同的问题也可以求助不同的人,这样会得到多方面的回馈和抚慰。所以不同的社会支持资源可以提供不同的支持和帮助,大学生们要将寻求帮助的视野拓宽,以求得到更全面的支持。

(四)选择具有良好品质、值得信任的求助对象

人们之所以寻求社会支持,是因为想要得到充分的理解、支持和关怀。首先,选择的求助对象应该是值得信任的人,因为信任,才敢于将自己埋藏在心的困扰、惆怅说出来,并且相信他不会任意将这些秘密散播出去,不会伤害自己。其次,要选择拥有良好品质的人。求助的对象需要本身具有正能量,这样在求助的过程中,他们自身所散发、传递出的正能量会不自觉地感染求助者,指引求助者发现正面的、阳光的一面。求助对象也需要具备其他的一些良好品质,如充分的同理心、善良、乐观,善于保守秘密。只有这样,求助者才能从他们身上得到让自己舒服的安慰、支持和鼓励,让自己的心灵得到真正的慰藉。

(五)积极给予他人社会支持

社会支持是建立在人际关系基础上的,而人际关系是相互的,所以社会支持也是相互的,我们接受他人支持的同时,也应给予别人帮助和支持。首先,在平时生活中要善于发现别人的问题和困扰,如果觉察到他人有情绪不好、心理状态不佳,可适当给予询问,但也不可强迫。其次,在帮助别人的过程中,一定要耐心、温柔、不强制性地给予建议。因为人们在倾诉的时候,往往不是想要得到什么要求或指示,而是找到一个倾听的对象和获取内心支持的力量。给予帮助的过程,也是一个感受爱与被爱的过程,求助对象可以体验到自身存在的价值感和自己的被需要感。

四、朋辈辅导

朋辈就是年龄相近的同辈和朋友。为什么要选择朋辈呢,因为年龄相近的人

有一些共同的时代特征,这些共同点便于助人者和求助者更好地交流。另外,对于求助者来说,如果对方与自己年龄相仿,那么他感受到的压力相对较小,更倾向于诉说自己的问题。所谓的朋辈辅导实际就是非专业心理工作者,经过必要的选拔、培训和监督,向周围需要心理帮助的校园里的同龄人提供心理疏导、安慰和支持,既具有心理咨询的某些特点,又具有同伴交流的性质,朋辈辅导的助人行为是具有志愿性的。有效的朋辈辅导应该具备两大前提条件:一是保密的环境;二是朋辈辅导员与求助者之间切实的信任关系。这两大条件是学生放心地寻求帮助的基本保障,也是对朋辈辅导员的基本要求。朋辈辅导的进行需要必要的过程和步骤,一般来说,需要经过以下步骤来进行。

(一)严格的选拔

朋辈辅导员自身的素质是有效实施帮助的核心。一般来说,辅导员需要具有一些积极、优秀的品质,如乐观、善良、具有同理心、热情、尊重他人、善于倾听并且善于沟通等。选拔过程通常包括最初的招募、必要的筛选、全面的培训以及最后的考核。考核形式应该多样化,不能局限在单一的纸笔考试方式,角色扮演、咨询实践等都可作为有效的考核方法。

(二)专业的培训

朋辈辅导员首先要学习基础的心理学知识以及心理咨询的基本技术。虽然不要求朋辈辅导员像专业的心理工作者一样掌握全面、深入的知识,但需要对这些知识和流派观点有所了解,只有这样,才能保证他们提供比普通的同学、朋友更专业、有效的帮助。更重要的是,他们需要学习在朋辈辅导中应用到的心理咨询的技术和技能,一般还需要掌握识别心理危机以及心理危机的干预技巧、识别常见的精神障碍等,以及倾听、复述、面质、情感反应等技术。培训的方式也不仅仅局限于课堂讲座,角色扮演、团体实践和反馈、小组讨论等方式在一定程度上更有助于增强培训效果。

(三)朋辈辅导的具体实施

朋辈辅导的具体实施可以是多种多样的,如热线辅导、面对面辅导、网络辅导、团体支持性小组等。每一种形式虽然遵循的目标和原则是一致的,但由于体现形式的不同,在具体的实施过程中会有所区别,这就要求专业的心理老师在培训的过程中进行不同形式的辅导。不管采用何种形式,专业老师的督导是非常必要的,督导要做到及时、有效,既帮助朋辈辅导员解决他们在辅导中解决不了的问题,也帮助他们解决在辅导过程中自身出现的问题。另外,在实施过程中,朋辈辅导员的主动性也是非常必要的。他们不只解决前来寻求帮助人群的问题,也要善于发现身边同学的问题,遇到其他同学的小困扰,要主动安慰和帮助,遇到有严重的心理危机问题的学生,要及时干预和主动报告。

讨论议题

· 你在寻求社会支持资源时,最看重对方什么品质?

· 如果选拔你作为校园朋辈心理辅导员,你会通过哪些努力来提高自己的朋辈辅导能力呢?

课堂实践

我的支持系统

一、活动目的

检查自己心灵斜拉桥(支持系统)的现状、构成、性质和质量。

二、活动准备

白纸、笔若干。

三、活动操作

1.每人一张白纸、一支笔。

2.请在纸上写下"我的支持系统"几个字。

3.请各位猜想:当你遇到灾难或无以名状的忧郁和危机之际,你将和谁倾心交谈? 你会向谁发出呼救? 你能得到谁的帮助?

4.在纸上写下你的答案,数量不限。

5.在小组内分享各自所写的结果。

我的支持系统

四、相关讨论

1.谁是患难之交?

2.系统成员中的性别比例如何? 年龄跨度如何?

3.系统成员中构成成分(情感、事业、生活上的朋友)如何?

4.系统成员名单的长短各有什么利弊?

5.你有什么新发现或感悟?

第三节　心理咨询

心理咨询是一门科学,是一种专业的技术,它与日常同学间、好友间、父母长辈间的谈话不同,与一般人理解的谈心、思想政治教育工作也有很大的区别。心理咨询不是一种社交谈话,不是普通的会见,不是简单的资料提供,不是逻辑分析,不只是安慰和开解,不仅仅是教导和说教,不是单单解决问题,也不是给予一个肯定的答案和为求助者做决定,更不会直接评判或指责求助者。心理咨询是一种指导性的、不做任何评判的、适应提供建议的、帮助求助者通过自身的改变和成长解决自己问题的过程。

一、了解心理咨询

国际心理学联合会编辑的《心理学百科全书》认为心理咨询有两种定义模式:一种是教育模式,一种是发展模式。该书认为:咨询心理学始终遵循着教育的而不是临床的、治疗的或医学的模式。咨询对象(不是患者)被认为是在应付日常生活中的压力和任务方面需要帮助的正常人。咨询心理学家的任务就是教会他们模仿某些策略和新的行为,从而能够最大限度地发挥其已经存在的能力,或者形成更为适当的应变能力。该书还指出,心理咨询强调发展的模式,它试图帮助咨询对象得到充分的发展,扫除其正常成长过程中的障碍。所以,一般认为,心理咨询是一个助人自助的过程,咨询师向来访者提供一个支持性的环境,通过运用专业知识与技能,以及与来访者建立良好的互动关系,帮助来访者发现其自身的潜能,让来访者在今后生活中进行自助,以实现更好的自我成长发展和适应环境的能力。

(一)心理咨询的对象

一般来说,心理咨询的对象是所有具有咨询需要的群体或个体,他们可能是儿童、青年人、中年人、老年人等。具体来说,心理咨询的主要对象可分为三大类:①精神正常,但存在一定适应问题或心理困扰并请求帮助的人;②精神正常,但心理健康出现问题并请求帮助的人群;③特殊对象,即临床治愈的精神疾病患者等。其中,心理咨询最一般、最主要的对象是健康人群,或者是存在心理问题的亚健康人群,而不是人们常误会的"病态人群",如躁狂症、精神分裂症等患者是精神科医生的工作对象。

大学生心理咨询中心的咨询老师运用心理学的原理和方法,对在校学生的学习、适应、发展、择业等问题给予直接或间接的指导、帮助。学校的心理咨询对象与普通的心理咨询有所不同,高校里的心理咨询对象主要针对的是在校大学生。

321

(二)心理咨询的任务

心理咨询的任务,从总体上说,是帮助正常人群在生活中化解各类心理问题,克服种种心理障碍,矫治不良行为,理顺并完善健康的人格结构,纠正不合理的认知模式和非逻辑思维,学会调整人际关系,深化自我认知,端正处事态度,构建健康的生活方式,强化适应能力等。心理咨询完成上述任务,皆为达到一个最终的目的,就是提高个人的心理素质,促进个人的内心成长和自我发展,使个体拥有健康、愉快、有意义的生活。心理咨询的具体任务包括:①认知自己的内、外世界;②纠正不合理的欲望和错误观念;③学会面对现实和应对现实;④使求助者学会理解他人;⑤使求助者增强自知之明;⑥协助求助者构建合理的行为模式。

(三)心理咨询的原则

心理咨询是一项专业性很强的职业活动。心理咨询师是经过正规培训、具备执业资格的专业人员,心理咨询师必须遵守职业道德,按照一定的规范和原则进行咨询。心理咨询的基本原则指在心理咨询中对咨询师的基本要求,主要包括以下几个方面。

1. 保密原则

为求助者保密是心理咨询的一个基本原则。心理咨询时可能涉及个人隐私,保密是对求助者的基本尊重,是建立信任的咨询关系的基础。保密原则要求不向他人泄露咨询内容和求助者隐私,严格保管案例记录和心理测验报告,进行案例分析或教学科研时应隐去可以识别求助者身份的个人信息。但如果在咨询中出现伤害自己或他人的可能,则不受保密原则限制,咨询师应及时告知有关人员以避免出现恶性事件。

2. 价值中立原则

保持价值中立是心理咨询的另一个重要原则。基于不同的成长历史和现实环境,每一个人都形成了自己的价值观念体系,各种价值观念没有绝对的对与错,除了部分会危害他人和社会的价值观念外,大多数价值观念都是可以被社会容纳的。咨询师应尊重求助者的价值观,以宽容和接纳的态度对待不同的价值观。只有保持中立的价值观才能避免咨询中的对立和冲突,建立良好的咨询关系,保证咨询效果。

3. 平等原则

咨询师和求助者是平等的,双方不仅在人格上平等,应相互尊重,而且在解决心理问题的重要性上也是平等的,咨询师的水平再高,都需要求助者本人的理解和认可,咨询指导才会得到实施,改变才会发生。平等原则要求咨询师不能高高在上,摆架子,歧视求助者,而要尊重求助者,多倾听他们的问题和意愿,在与求助者充分协商的前提下开展咨询。

4. 助人自助原则

心理咨询是要帮助求助者解决心理问题,但咨询的过程是在咨询师的引导下,求助者不断自我发现、自我调整和自我完善的过程,求助者是咨询的主体,是问题的承担者和改变的责任者。助人自助原则要求咨询师帮助求助者学会自己帮助自己,也就是要"授人以渔",而不是"授人以鱼",所以,在咨询过程中,咨询师不能给予具体的措施,而是帮助分析、澄清,让求助者自己发现解决问题的具体方法,以免求助者对咨询师形成依赖。

5. 关系单一原则

良好咨询关系是心理咨询的基础。咨询关系不同于其他人际关系,在心理咨询职业道德和咨询对象的求助意愿两方面共同作用下,心理咨询能够在最短的时间里达到较为深入的人际关系,但如果除咨询关系以外,还有别的人际关系,就会妨碍良好咨询关系的建立。关系单一原则有两点要求,一是如果原来存在其他人际关系,如同学、朋友关系,就不要再建立咨询关系,可由别的咨询师咨询;二是咨询期间及之后咨询师与求助者不能建立其他关系。咨询关系的单一性可以打消求助者在咨询中的顾虑,增加咨询师的可信度和权威性,有利于咨询的开展。

(四)心理咨询的一般过程

心理咨询不是简单的谈话和聊天,它是按照一定程序实施的科学手段,按照一定规范进行的有序操作。心理咨询的整个过程一般包括以下几个基本阶段。

1. 建立良好的咨询关系

良好的心理咨询关系的建立是有效心理咨询的前提,也是决定咨询成败的关键。咨询关系是一种真诚、平等、信任、尊重、客观的关系,咨询关系本身就具有促进改变功能。它是心理咨询的起点和基础,有助于求助者顺畅表达自我,使咨询师真实了解求助者的情况,准确确立咨询目标并有效达到目标。一般来说,建立良好咨询关系的途径和方法包括尊重、热情、真诚、共情和积极关注等。

2. 收集信息

此阶段的重要任务就是广泛深入地收集与求助者及其问题有关的所有资料。常见的收集资料的方法有填表法、观察法、谈话法和测验法。

3. 分析诊断

咨询师根据收集到的有关信息和材料,对求助者的问题进行分析和诊断,明确其问题的类型、性质、程度等,以便确立目标,选择方法。

4. 确立目标与制订计划

咨询师与求助者双方,应在心理分析和诊断的基础上,共同协商并制定心理咨询与辅导的目标,通过明确的咨询目标,引导咨询过程。进而,咨询师结合双方商定的目标,根据问题的性质、环境的联系以及求助者自身的条件,设计达到目标的方案,来指导咨询的进行。

5. 实施咨询与治疗

咨询师根据确立的目标和拟定的计划,采取行动,达到咨询目标。这一阶段是心理咨询与辅导中最为关键、最具影响力、最根本的阶段。咨询师以专业的心理学方法和心理咨询技能帮助求助者解决心理问题,提高心理健康水平。

6. 结束心理咨询

这一阶段咨询师应处理好关系结束和效果巩固等问题。咨询师需对咨询做一个小结,帮助求助者回顾咨询的要点,检查目标的实现情况,指明求助者的进步、成绩和需注意的问题,并鼓励求助者说出其对咨询的感受和对目标是否实现的评判。咨询关系的结束往往会面临一些求助者的焦虑、依恋等,咨询师应妥善处理好这些问题,并且知道在咨询结束后求助者应如何自我管理、自我帮助。

二、心理诊断与心理测评

心理诊断与心理测评非常重要,是有效实施心理咨询和心理治疗的前提条件。

(一)心理诊断概述

心理诊断是运用心理学的理论和技术,对求助者的心理活动和人格特征进行评估和鉴定的过程,目的是确定其心理问题的程度和性质。心理诊断是实施咨询和治疗前的决策过程。心理诊断一般采用观察法、会谈法、实验法、测验法和量表法来评定人的心理和行为状态。一般认为,心理诊断是以心理学的方法和工具为主,对个体或群体的心理状态、行为偏移或障碍进行描述、分类、鉴别与评估的过程。在对存在心理问题的人进行干预时,心理诊断也被当作心理问题评估,指的是干预者通过访谈、测验、观察、个案、问卷等方法来收集当事人的信息,并运用分析、推论、假设等手段对其心理问题的基本性质加以判定的过程。一般而言,充分收集信息并有效分类,进而确定影响求助者心理健康的若干重要变量,是评估问题的主要目的。所以,评估问题既影响着心理干预目标的最终确立,也影响着干预策略的选择与实施。

(二)心理诊断的基本方法

心理诊断可以通过不同的方法实现,每种方法都有其特色和优点。在诊断中,咨询师可以运用多种方法进行诊断以得到更严谨的诊断结果,也可针对不同的求助者和个案特点选择相应的方法。

1. 观察法

观察法是指在自然状态下有目的、有计划地对求助者进行系统的观察和考察,然后做出评估的心理诊断方法。这里所说的自然状态是指咨询师对求助者不加以控制,不施以人为的影响。观察包括外表、行为、语言特点、思维内容、认知功能、情绪与判断等。

2.测量法

心理诊断的测量法是依据一定的法则,用数量化手段对心理现象或行为加以确定和测定的方法。心理测量根据功用可划分为智力测验、人格测验、神经心理学测验等;根据测验方法可分为问卷法、作业法、投射法等。心理诊断一般应用的都是经过严格编制与测验、在国际上广泛应用的量表。例如,想要探索求助者的人格特质,可以用到艾森克人格问卷(EPQ)、卡特尔16种人格因素问卷(16PF)等;对求助者的心理问题做综合性的评估,一般会用到90项症状清单(SCL-90);要评估求助者抑郁症状的轻重程度,一般运用抑郁自评量表(SDS);评定焦虑症状的轻重程度,一般运用焦虑自评量表(SAS)。

3.作品分析法

作品分析法是通过采集求助者的作品(包括绘画、手稿等),结合临床症状和其他资料对作品进行分析,从而有效评估其心理水平和心理状况的分析方法。

4.摄入性谈话法

摄入性谈话法是通过以问题为中心的会谈,从而获得求助者的背景资料、求助目的和对咨询的期望的谈话方法。在会谈中应注意,除了倾听求助者主动提出的求助内容,还应注意在初诊接待中观察到的"疑点",以及咨询师根据心理测评结果发现的问题。同时,会谈需在咨询师的控制下进行,也就是说会谈的方向、所涉及的问题以及会谈时间都必须是有计划、有目的的。

5.综合分析法

综合分析法是对通过上述各种诊断方法获取的诊断信息进行综合,并依据一定的判别标准或理论模式得出诊断结果或评价意见的诊断方法。例如在对求助者进行观察时发现其情绪低落,具有抑郁的表现,那么结合量表测验的结果可对其做进一步的诊断,最后再结合会谈中求助者提出的求助内容及其背景,做出综合性的分析和诊断。

(三)心理诊断的重要性

心理咨询师要想切实帮助求助者解决心理问题、排除心理障碍,就必须对其智力、情绪和个性有一定的了解;对其个人生活史、目前生活状况、人际关系、工作性质有一定了解;对其心理问题或障碍的形成发展、严重程度以及对其他心理活动的影响有一个确切的判断,然后才能选择最恰当的咨询方法,制定符合求助者实际情况的方案。在心理咨询和治疗的临床实践中,这个过程常常被称为"心理诊断"。但"诊断"这一概念过分强调了结果而忽视了过程,所以,随着学科发展,为更确切地说明治疗之前的决策过程,目前多采用"心理评估与诊断"这一概念。

(四)心理测评

心理测评是依据一定的心理学理论,使用一定的操作程序,对人的能力、人格及心理健康等心理特性和行为进行数量化的过程。心理测评采用数量化的方法来衡量个体心理因素水平和个体心理差异,按测评的内容、对象特点、表现形式、目的、时间、要求等分为若干种类。心理测评可用于各机关、企业选拔人才等,也是上述心理诊断方法的重要部分。本节主要介绍应用于心理咨询中的心理诊断、心理评估和辅助咨询的心理测量。

心理测评在心理咨询应用中的要点包括以下三个方面。①选用量表对求助者进行测评必须经过求助者同意并说明其对咨询与治疗的意义。心理咨询师必须尊重求助者的权利,只有当求助者表示同意并愿意密切配合时,才可以实施测评工作。②咨询师选择测评量表需有针对性,应依据求助者的心理问题,选择恰当的心理测验。在初诊接待时,心理咨询师一般先通过摄入性会谈法,对求助者的心理问题进行初步理解和判断,之后,为提高理解和判断的可靠性,再选择相应的问卷或量表做进一步的量化分析。③如果测评结果与临床的观察、会谈等的言论出现不一致的地方,不可轻率以任意一方做结论,需重新进行会谈以及测评。

三、克服对心理咨询的羞耻感

有研究显示,心理问题带来的对自身的羞耻感以及求助心理咨询的羞耻感是妨碍个体寻求专业帮助的重要原因。

(一)克服因消极自我归因而引发的羞耻感

对心理问题进行内归因,并认为自己对问题的起因负有责任,可能会影响自尊,进而引发负面的求助态度,使得一些个体不愿意求助于专业机构。因此要克服羞耻感,就要对自己的心理问题进行正确合理的归因,避免因内归因而产生自责。当然,如果真的是自身问题引发的心理问题,那么也没必要贬低自己,应该正确地面对并接纳自身以及问题,并寻求专业的帮助。

(二)克服因对外界的消极认识而引发的羞耻感

研究表明,个体认识到对心理求助行为的社会容忍度也与求助行为相关。如果个体认识到心理求助行为的社会容忍度较低,那么感受到的社会偏见如羞耻、丢面子等就比较高,这种经验一方面会阻碍个体主动寻求专业的心理咨询,另一方面个体也会降低对心理咨询专业服务和专业人员的信任程度、接受程度,对求助的有效性、对可预见的与咨询有关的压力也会持比较消极的态度。所以克服羞耻感,就要改变自己对外界的认识,如果个体认识到的对心理求助行为的社会容忍度较高,则会更倾向于寻求专业心理咨询的帮助。为此我们一方面需要培养正确、积极的对外界的认识,另一方面应该更专注于自己的需求和感受,减少对他人或外界的评判关注。

(三)克服因对心理问题及心理咨询的错误认知而引发的羞耻感

虽然近些年来心理咨询在我国持续快速发展,社会上出现了很多心理咨询专业机构,各高校、中小学也建立了心理咨询中心,但是很多人对心理问题和心理咨询的认识还是较为片面的,对心理咨询存在一些认识误区,常见的误区有以下两种。

误区一,认为心理问题就是精神病。很多人将心理问题等同于精神病,为了不承认自己有精神病,很多人即使出现了一些心理问题,也不愿寻求专业的帮助。其实心理问题和精神病完全不同,心理问题属于正常心理的范围,而精神病则归属于异常心理。有心理问题的人对自己的问题能够正确认识,并且有着摆脱痛苦的愿望,然而精神病患者多表现为对主客观世界的认知不相符合,往往没有自知力,不会主动求医。而通常所说的心理咨询机构主要就是为存在心理问题的人服务的,精神病患者则需要到医院精神科接受治疗。对于大学生来说,大多数人所面临的都是心理问题,所以大可不必慌张,也不必觉得苦恼或羞愧,出现心理问题是正常的,人们所要做的就是及时寻求专业的帮助,尽快减少心理问题所带来的痛苦,从而拥有健康快乐的生活。

误区二,认为健康人不需要心理咨询。很多人认为,健康人是不需要心理咨询的,其实不然。一方面,任何心理问题的产生和发展都是一个过程,许多人目前看来很健康,社会功能完全没有受损,人际交往、学习工作等方面都很正常,但其内心深处可能会有一些伤痛,如果这些伤痛一直被压抑、得不到缓解,那么这些被压抑的消极因素在今后遇到一些刺激时就很容易引发心理问题。所以在平时,每个人都应需要进行心理保健。另一方面,即使外在和内在都很健康的人,也可以寻求心理咨询的帮助。心理咨询不只是为个体解决心理问题,也是一种促进个体自我发展的过程。无论个体有没有心理问题,心理咨询师和整个心理咨询的过程都会给个体提供一个安全、舒适、支持性的不同于外界任何地方的环境。在这种环境中,个体可以得到情绪的缓解和精神的放松,个体在咨询中被无条件关注和尊重是在其他环境中所得不到的;另外,在咨询师的引导下,在整个心理咨询过程中,个体可以更全面、更深入地认识自我,更好地接纳自我,通过对自己以及过去经历的探讨和觉知,得到内心的成长,这对每一个人都是有益的,所以健康人也可以去做心理咨询,并且受益匪浅。

四、大学生如何寻求心理咨询帮助

心理咨询可以帮助学生们解决各种心理问题。大学生了解一些寻求咨询的常识,可以让求助的过程更加有效和快捷。

(一)了解心理咨询的基本过程,积极配合

在咨询初期,清晰、全面、及时地向咨询师提供有关资料,信任咨询师,努力建立良好的咨询关系;在咨询中期,积极参与对自己的问题的分析和咨询方案的制定,并配合咨询师的指导和建议,主动解决问题;咨询后期认真总结咨询中的收获,学会自己分析和解决问题,逐渐减少对咨询师的依赖。

(二)承认心理问题的顽固性,对咨询有恰当的期望

在心理咨询中,有的问题比较具体,而且持续时间短,对学习生活的影响小,可以在短时间里解决,但大部分心理问题与个人成长经历、人格特点等因素有关,而且问题持续的时间长,解决起来就比较困难,需要较长时间的咨询才可能有所改变。所以,寻求咨询时,不强求一两次见效,而要在对自己的问题的性质和程度的准确把握基础上,对咨询有恰当的期望。一般来讲,只要大学生自身的心理问题的发生频率不断降低,强度不断减弱,就应当充满信心,坚持下去。

(三)勇于承担改变的责任,主动探索,积极尝试

有人认为,咨询有没有效果就看咨询师的水平高不高,其实不然。在咨询中,咨询师的作用固然不容忽视,但咨询有无效果起决定作用的却是求助者本人,因为只有本人才是改变的主体,是咨询方案的最终执行者。尤其在咨询改变阶段,求助者应主动探索解决问题的方法,按照与咨询师商定的方案积极尝试。

(四)遵守咨询纪律,尊重咨询师劳动

一般咨询需要提前预约,在约定时间后,应准时到达咨询室,如因故不能按期咨询,应提前告知咨询师。如需提前结束咨询,应征得咨询师同意。在咨询中尊重咨询师,不讲不礼貌语言。

(五)咨询前适当准备,咨询后积极实践

在第一次咨询前,应明确自己目前面临什么问题,问题的诱发原因和发展过程,以及希望通过咨询达到什么目的等。在咨询结束后,应根据咨询中达成的意见或咨询师的建议积极实践,认真体会。再次咨询时,应归纳自己一周以来有什么改变,遇到什么困惑,再次咨询希望有什么收获。咨询前恰当的准备可以缩短收集资料和分析的时间,咨询后积极的实践可以提高咨询改变的效率。

(六)求助于同一名咨询师有利于保持咨询的连续性,有利于问题的解决

每一位咨询师都有其专业所长和局限,在咨询前可以对咨询师有所了解,一旦开始咨询,就应连续在同一位咨询师处咨询,如某咨询师的专业方向与自己的问题不相配合,应向该咨询师提出并请其转介给其他咨询师。

五、正确看待咨询效果

心理咨询是一个过程,咨询效果也不是一蹴而就的,咨询效果不是心理咨询师完全决定的,其实更多的是来自求助者自己的配合程度以及自身的潜在力量。

(一)影响咨询效果的因素

一般来说,心理咨询效果与以下几个因素有关。

1.咨询师的业务水平和个人素质

咨询师的专业与技能水平直接影响心理咨询中所运用方法是否得当,以及能否为求助者提供一个包容、支持性的环境,能否积极引导求助者走出困境;咨询师

自身的个人素质也会从咨询中流露出来,间接影响咨询的细节和整个过程。

2. 求助者对咨询师的信任程度

求助者对咨询师是否信任直接影响到整个咨询的进展和效果。如果求助者对咨询师不够信任,那么会阻碍他/她的自我开放程度,也会使得他/她对咨询师及咨询本身有抵触。

3. 求助者在咨询中的开放程度

心理咨询是心与心的沟通,想要更好地解决问题,求助者就要做到尽可能多的自我开放。求助者只有将自己全部的心结和压抑的事件、情绪讲出来,咨询师才能更好地帮助其探讨心理问题的根结、找到解决的途径和方法。

(二)评价咨询效果的维度

那么想要知道咨询效果怎么样,如何做全面的咨询效果评估呢? 一般来说,可以从以下几个维度来评定。

1. 求助者对咨询效果的自我评估

求助者对自己的问题是否得到解决或自己的心理状态是否得到调适做出评估,例如求助者认为自己过去无法释怀的东西现在释怀了,舒服了,以前经常出现的消极情绪问题现在很少出现了等。

2. 求助者社会功能状况改变的客观现实

社会功能状况改变是咨询效果的直接表现。例如求助者的社会交往是否恢复正常,人际交往是否没有障碍,是否可以轻松自如地参与团体活动、社会活动,是否可以保障学习、工作的效率等。

3. 求助者周围人群

求助者周围人群可以从求助者平日生活中的外在表现来评定求助者的状况是否得到好转,例如家人、朋友、同事对求助者的情绪状态、与人交往的态度等做评判。

4. 咨询师的评定

咨询师通过对咨询过程的掌握和对求助者的观察,评定求助者在情绪、认知、自我评定等方面是否有进步,以及在咨询之外的生活中是否有积极的生活态度与直面困难的勇气等。

5. 求助者咨询前后心理测量结果的比较

量表可比较客观地展现求助者在特定的问题以及全面的心理状态方面是否得到改善和提高。

需要注意的是,求助者不可认为咨询效果的好坏完全取决于咨询师,其实求助者自己才是效果好坏的主要作用者。如果求助者不开放自我、不积极配合、不积极改善,那么再好的咨询师也无能为力。另外,咨询的过程本身只是求助者做出改变的一部分,更多的改善需要求助者将从咨询中获取的积极态度和正能量延续到日后的日常生活中,以实现真正的自我健康发展。

课后思考

1. 在遇到挫折或者心理困扰时,你应该如何应对?

2. 结合你的实际情况,谈谈如何让自己在日常生活中的心态更加积极向上?

3. 通过本章的学习,你认为自己今后会在什么情况下去寻求专业心理咨询的帮助呢?

本章相关知识链接

参考文献

[1] 樊富珉,李卓宝.重视和加强大学生心理健康教育[J].教育研究,1996(7):21-24.

[2] 姚本先,陆璐.我国大学生心理健康教育研究的现状与展望[J].心理科学,2007,30(2):485-488.

[3] 张大均.论人的心理素质[J].心理与行为研究,2003,1(2):143-146.

[4] 王宁霞.大学生心理素质教育探究[J].西南科技大学学报(哲学社会科学版),2007,24(2):73-76.

[5] 马洁.大学生心理健康研究进展[J].中国慢性病预防与控制,2011,19(6):659-661.

[6] 仰滢.我国大学生心理健康教育20年回顾与展望[J].中国高教研究,2008(7):77-79.

[7] 朱赤.美国学校心理咨询的历史、现状和发展趋向[J].华中师范大学学报(哲社版),1994(5):98-103.

[8] 林崇德,申继亮.大学生心理健康读本[M].北京:教育科学出版社,2005.

[9] 黄希庭,郑涌.大学生心理健康教育[M].上海:华东师范大学出版社,2009.

[10] 江光荣,吴才智.大学生心理健康教育[M].武汉:华中师范大学出版社,2012.

[11] 姚萍.大学生心理健康与咨询[M].北京:北京大学出版社,2010.

[12] 马立骥.大学生心理健康教育与实训[M].杭州:浙江大学出版社,2012.

[13] 刘新民.大学生心理健康的维护与调适[M].合肥:中国科学技术大学出版社,2009.

[14] 肖少北.大学生心理健康教育[M].广州:暨南大学出版社,2010.

[15] 章志光,金盛华.社会心理学[M].北京:人民教育出版社,2011.

[16] 俞国良.社会心理学前沿[M].北京:北京师范大学出版社,2010.

[17] 王耀廷,王月瑞.心理学史上的76个经典故事[M].上海:汉语大词典出版社,2005.

[18] 津巴多,利佩.影响力心理学[M].邓羽,肖莉,唐小艳,译.北京:人民邮电出版社,2009.

[19] 时蓉华.社会心理学[M].杭州:浙江教育出版社,2002.

[20] 巴克.社会心理学[M].南开大学社会学系,译.天津:南开大学出版社,1986.

[21] 巴伦,伯恩.社会心理学[M].黄敏儿,王飞雪,译.上海:华东师范大学出版社,2004.

[22] 沙莲香.社会心理学[M].北京:中国人民大学出版社,2002.

[23] 津巴多,约翰逊,韦伯.津巴多普通心理学[M].王佳艺,译.北京:中国人民大学出版社,2008.

[24] 格里格,津巴多.心理学与生活[M].王垒,王甦,译.北京:人民邮电出版社,2003.

[25] 韦德,塔佛瑞斯.心理学的邀请[M].白学军,译.北京:北京大学出版社,2007.

[26] 陆璐,姚本先.大学生的自我意识及其对心理健康的影响[J].中国电力教育,2007(11):116-117.

[27] 李笑燃,钟建军,陈中永.心理自助结构及其系统构建[J].山东师范大学学报(人文社会科学版),2008,53(5):56-59.

[28] 孙霞.论大学生的自我意识与心理健康的关系[J].南京晓庄学院学报,2011(5):94-96.

[29] 赖文龙.大学生自我意识研究[J].心理科学,2009,32(2):495-497.

[30] 闫志英,周述刚.浅谈大学生自我意识的矛盾冲突、偏差及其调试[J].社会心理科学,2002(4):34-37.

[31] 聂振伟.高职心理健康教师用书[M].北京:北京师范大学出版社,2004.

[32] 金宏章,张劲松.大学生心理健康教育(教师用书):理解·规范·提高[M].北京:科学出版社,2010.

[33] 陈红英,舒刚.大学生心理健康教程[M].武汉:武汉大学出版社,2012.

[34] 吕慧英,扶长青.我心飞翔:大学生心理健康教育读本[M].武汉:华中科技大学出版社,2012.

[35] 王丽焕,张录全,肖建伟.大学生心理健康教育教程[M].北京:对外经济贸易大学出版社,2012.

[36] 卢勤,周宏,邵昌玉.大学生心理健康理论与实践[M].成都:四川大学出版社,2010.

[37] 布朗.自我[M].陈浩莺,等译.北京:人民邮电出版社,2004.

[38] 李中莹.重塑心灵[M].北京:世界图书出版公司,2006.

[39] 达菲,阿特沃特.心理学改变生活[M].张莹,丁云峰,杨洋,译.北京:世界图书出版公司,2006.

[40] 王超.卓越员工自我管理[M].北京:北京工业大学出版社,2012.

[41] 宋宝萍.大学生心理健康教育[M].西安:西安电子科技大学出版社,2007.

[42] 张日冉,陈丽.大学生心理健康[M].大连:大连理工大学出版社,2006.

[43] 彭聃龄.普通心理学[M].北京:北京师范大学出版社,2004.

[44] 孔燕.微笑成长:大学生心理健康教育案例[M].合肥:安徽人民出版社,2003.

[45] 李桦.假如太阳愿意:学子、学习与生命[M].北京:高等教育出版社,2008.

[46] 连榕,张本钰.大学生心理健康[M].北京:北京师范大学出版社,2012.

[47] 吴才智,蒋湘祁.大学生心理健康[M].上海:华东师范大学出版社,2013.

[48] 贾晓明.大学生心理健康:走向和谐与适应[M].北京:北京理工大学出版社,2010.

[49] 周家华,王金凤.大学生心理健康教育[M].北京:清华大学出版社,2010.

[50] 王才康.考试焦虑量表在大学生中的测试报告[J].中国心理卫生杂志,2001,15(2):96－97.

[51] 江光荣,吴才智.大学生心理健康教育[M].上海:华东师范大学出版社,2012.

[52] 岳晓东.爱情中的心理学[M].北京:机械工业出版社,2010.

[53] 金盛华.社会心理学[M].北京:高等教育出版社,2010.

[54] 王丽萍,黄车白.大学生心理健康[M].北京:北京师范大学出版社,2011.

[55] 王菁华,翟常秀.大学生心理健康教育教程[M].青岛:中国海洋大学出版社,2012.

[56] 郑爱明.儿童家庭治疗[M].南京:江苏教育出版社,2011.

[57] 于立东.大学生心理健康教育[M].南京:南京大学出版社,2010.

[58] 张宏如.大学生心理素质训练[M].北京:企业管理出版社,2008.

[59] 季辉,赖芳.大学生恋爱与婚姻[M].天津:天津大学出版社,2012.

[60] 李克玉,张静.婚姻家庭社会学[M].北京:新华出版社,2010.

[61] 邱泽奇.社会学是什么[M].北京:北京大学出版社,2002.

[62] 李芹.社会学概论[M].济南:山东人民出版社,2012.

[63] 阎文蓉.每天10分钟学会人际沟通技巧[M].北京:机械工业出版社,2011.

[64] 钟谷兰,杨开.大学生职业生涯发展与规划[M].上海:华东师范大学出版社,2008.

[65] 唐宁.读懂你的性格,选准你的职业[M].钱峰,译.沈阳:辽宁教育出版社,2000.

[66] 保罗·D.蒂戈尔,巴巴拉·巴伦-蒂戈尔.就业宝典[M].李楠,等译.北京:中信出版社,2002.

[67] 肖继军,王雪玲,涂常青.大学生就业力训练教程[M].长春:吉林大学出版社,2011.

[68] 尹忠泽.大学生职业生涯规划[M].长春:吉林大学出版社,2007.

［69］奥西普,菲茨杰拉德.生涯发展理论［M］.顾雪英,姜飞月,译.上海:上海教育出版社,2010.

［70］GCDF 中国培训中心.全球职业规划师资格培训教程［M］.北京:中国财政经济出版社,2006.

［71］龚文霞.大学生就业心理障碍与对策探析［J］.湖南工业大学学报(社会科学版),2008,13(3):151－157.

［72］姚本先.大学生心理健康教育［M］.北京:北京师范大学出版社,2011.

［73］郭永玉.人格心理学导论［M］.武汉:武汉大学出版社,2007.

［74］薛德均,田晓红.大学生心理与心理健康［M］.北京:中国林业出版社,2007.

［75］季丹丹,陈晓东.现代大学生心理健康教育［M］.北京:清华大学出版社,2009.

［76］周蓓.大学生心理健康教育［M］.北京:电子工业出版社,2007.

［77］江远,张成山.新编大学生心理健康教育［M］.北京:清华大学出版社,2009.

［78］孙宏伟,陈玉焕.大学生心理健康教育［M］.北京:中国传媒大学出版社,2009.

［79］TIMOTHY P, CARMODY, JOHN R, et al. Hostility asa health risk factor: relationship with neurot-icism, type A behavior, attentional focus and in-terpersonal style［J］. Journal of Clinical Psycho-logy. 1989, 45 (5): 754－762.

［80］BROMBERGER J T, MATTHEWS K A. A longitudinal study of the effects of pessimism, trait anxiety, and life stress on depressive symptoms in middle-aged women［J］. Psychology and Aging, 1996,11(2): 207－213.

［81］姚萍.大学生心理健康与咨询［M］.北京:北京大学出版社,2009.

［82］江开达.精神病学［M］.北京:人民卫生出版社,2010.

［83］刘平,兰胜作.大失眠症临床检查与最佳治疗方案［M］.天津:天津科学技术出版社,2002.

［84］叶斌.大学生心理健康教育［M］.南昌:江西高校出版社,2010.

［85］吕澜.大学生心理健康教程［M］.北京:中国社会科学出版社,2011.

［86］贾晓明,陶勑恒.大学生心理健康［M］.北京:北京理工大学出版社,2005.

［87］翟书涛.危机干预理论和实践［J］.临床精神医学杂志,1993,3(3):172－176.

［88］杨德森.行为医学［M］.长沙:湖南科学技术出版社,1998.

［89］段鑫星,程婧.大学生心理危机干预［M］.北京:科学出版社,2006.

［90］曾庆娣.大学生心理危机干预研究综述［J］.思想理论教育,2006(12):52－55.

［91］苏巧荣,苏林雁.大学生心理辅导［M］.杭州:浙江大学出版社,2005.

［92］王淑兰,徐浩渊.大学生心理健康与自我调适［M］.西安:陕西人民教育出版社,2002.

[93] 赵文杰.大学生心理卫生[M].上海:复旦大学出版社,2005.

[94] 沃瑟曼.自杀:一种不必要的死亡[M].李鸣,译.北京:中国轻工业出版社,2003.

[95] 王群.危机干预与大学生自杀危机干预[J].上海师范大学学报(哲社版),2005,34(2):108-113.

[96] 黄晓音.大学生自杀问题研究进展[J].中国校医,2005,19(4):436-438.

[97] 樊富珉.我国青少年自杀研究及预防对策[J].临床精神医学杂志,2005,15(4):241-243.

[98] 戴朝护.大学生心理健康[M].北京:北京大学出版社,2011.

[99] 卢家楣,刘伟,贺雯,等.情绪状态对学生创造性的影响[J].心理学报,2002,34(4):381-386.

[100] 沈德立.大学生心理健康[M].北京:高等教育出版社,2013.

[101] 刘峰,蔡迎春.大学生心理健康:心理成长之旅[M].北京:清华大学出版社,2011.

[102] 王淑兰.大学生心理健康教育教程[M].西安:世界图书出版公司,2009.

[103] 孟昭兰.情绪心理学[M].北京:北京大学出版社,2005.

[104] 张大均,邓卓明.大学生心理健康教育:诊断·训练·适应·发展[M].重庆:西南师范大学出版社,2004.

[105] 中山大学心理健康教育咨询中心.心灵的成长:关爱心灵的礼物[M].广州:中山大学出版社,2008.

[106] 邱鸿钟.大学生心理卫生[M].2版.广州:广东高等教育出版社,2004.

[107] 蒋长好,朱永国.悲伤情绪的积极调节及其对震后心理援助的启示[J].中国特殊教育,2008(6):73-77.

[108] JEROEN W, ROLF J. Help-seeking attitudes and utilization patterns for mental health problems of surinamese migrants in the Netherlands[J]. Journal of Counseling Psychology, 2001, 48(1): 28-38.

[109] CHANG T. Online counseling:prioritizing psychoeducation, self-help, and mutual help for counseling psychology research and practice[J]. Counseling Psychologist, 2005, 33(6): 881-890.

[110] 耿柳娜,高纯清.朋辈咨询:我们在一起[M].合肥:安徽人民出版社,2010.

[111] 顾晓虎.大学生心理素质训练教程[M].南京:南京大学出版社,2013.

[112] 李梅,黄丽.大学生心理健康十二讲[M].北京:北京师范大学出版社,2012.

[113] 刘枫,王成奎.大学生的求助行为及其"关系"取向的助人模式[J].江苏高教,2007(5):121-122.

[114] 连榕,张本钰.大学生心理健康[M].北京:北京师范大学出版社,2012.

[115] 石梅.大学生心理健康教育[M].北京:科学出版社,2010.

[116] 孙宏伟,陈玉焕.大学生心理健康教育[M].北京:中国传媒大学出版社,2009.

[117] 夏勉,江光荣.心理求助行为:研究现状及阶段-决策模型[J].心理科学进展,2006,14(6):888-894.

[118] 夏勉,江光荣.个人责任归因对心理求助行为的影响[J].中国临床心理学杂志,2007,15(2):217-222.

[119] 夏勉,江光荣.归因、自我效能和社会容忍度对心理求助行为的影响[J].心理学报,2007,39(5):892-900.

[120] 郭念锋.心理咨询师(三级)[M].北京:民族出版社,2012.